本橋正美
Motohashi Masami

林　　總
Hayashi Atsumu

片岡洋人
Kataoka Hiroto

編著

要説

管理会計事典

Encyclopedia of Management Accounting

清文社

はじめに

　本書は、管理会計の基礎知識がわかり易く理解できることを目指したハンディな「管理会計事典」である。まず、本書が出版されたことに関して、本書の企画から出版までの経緯について述べておくことにしよう。

　本書は、最初2014年6月に本橋が幹事を務める研究会の際に、本橋と林が大学や大学院の授業などで管理会計の基礎知識が得られるハンディな管理会計事典を作ろうかという話がきっかけであった。その後、本書の全体像すなわち体系やページ数、章立てなどについて検討し、2014年12月に執筆予定者へ執筆分担の依頼などを行って本書の制作がスタートした。

　本書の制作で一番重視したことは、管理会計の基礎的なテーマについて体系的に論点整理が行われ、比較的質が高く使い易いものにすることである。すなわち、大学の学部や大学院の授業、また、公認会計士試験、あるいは日本商工会議所などの簿記検定試験の参考書として、さらには、企業の経営管理者や社会一般にも利用できる便利な事典とすることである。そのことを達成するため、執筆者が可能なかぎり共通の認識を持って執筆できるように執筆要領を作成し、執筆を依頼した。本書の企画から完成までに多少の時間がかかってしまったが、2015年7月には、本書全体の各章の節立てを執筆者に送り、原稿の完成を促すことにした。

　本書の内容は、公認会計士試験の論文式・短答式試験の出題範囲について網羅している。一方、単に公認会計士試験などの受験のための参考書ということではなく、大学や大学院の管理会計の授業の教材として利用できるように、管理会計の基礎的かつ重要な項目を取り上げている。具体的には、§6の「管理会計の倫理基準」、§7の「管理会計の歴史 / 管理会計の体系」、§8の「戦略管理会計」の章は、公認会計士試験の出題範囲には入っていないテーマであるが、これらの項目の重要性に鑑み、取り上げた次第である。

　本書の体系は、Ⅰの「原価計算編」とⅡの「管理会計編」に分類し、全体で18章構成とした。そして、ハンディな著書であるためには各章のページ数は基本的に24ページ程度とし、以下に示すように、比較的ページ数が必要であると思われる§3、§4、§5、§14、§17の5つの章に30ページを割り当てた。結果として、章によってページ数の超過または不足が出てしまった。また、各章の内容、すなわち取り上げるべきテーマあるいは論点、取り

上げる項目の網羅性、質、理論のみの章を除いて理論と計算のバランス、設例の程度や数などに関しては、各章の執筆者に一任している。本書の編集過程で、若干の執筆者に修正を依頼しているが、編著者が大幅な修正を行うことは控えることにし、あくまでも執筆者の判断を尊重して、すべての章の原稿の完成に至った。章の構成は下記のとおりである。

Ⅰ　原価計算編
§ 1　原価の基礎概念
§ 2　実際原価計算 / 部門別計算 / 個別原価計算
§ 3　総合原価計算Ⅰ（単純総合原価計算）（30ページ）
§ 4　総合原価計算Ⅱ（工程別 / 組別 / 等級別 / その他の総合原価計算）
　　　（30ページ）
§ 5　標準原価計算（30ページ）

Ⅱ　管理会計編
§ 6　管理会計の基礎概念 / 管理会計の倫理基準
§ 7　管理会計の歴史 / 管理会計の体系
§ 8　戦略管理会計
§ 9　MCS / BSC
§10　経営組織と管理会計
§11　短期利益計画 / 予算管理 / 直接原価計算
§12　経営分析
§13　資金管理 / キャッシュフロー管理
§14　原価管理（原価企画 / 原価維持 / 原価改善）/ 品質管理会計（30ページ）
§15　ABC / ABM / ABB
§16　差額原価収益分析
§17　投資計画の経済性計算（30ページ）
§18　生産 / 在庫管理と管理会計

　本書は上記のような経緯のもとで出版に至ったのであるが、もし内容の不十分な箇所があるとすれば、読者諸賢の忌憚のないご意見・ご要望にお応えできるように、版を重ねることができれば、その際に改めることにしたいと考えている。

最後に、本書の出版に献身的に尽力してくれた株式会社清文社の橋詰 守氏にこの場を借りて感謝申し上げたい。また、本書の編集や校正、索引の整理などの作業で大山口菜都美氏（秀明大学助教）に協力していただいた。ここに記して謝意を表する次第である。

2016年3月　駿河台の研究室にて　本橋　正美

[執筆者一覧]

I　原価計算編

§1　林　　　總（公認会計士 / 税理士 / 明治大学専門職大学院特任教授）
§2　山本　宣明（LEC 会計大学院教授）
§3　山本　宣明（前　掲）
§4　片岡　洋人（明治大学専門職大学院教授）
§5　小川　正樹（ME マネジメントサービス代表取締役）

II　管理会計編

§6　本橋　正美（明治大学専門職大学院教授）
§7　本橋　正美（前　掲）
§8　新江　　孝（日本大学教授）
§9　伊藤　克容（成蹊大学教授）
§10　伊藤　克容（前　掲）
§11　結城　邦博（LEC 会計大学院兼任講師）
§12　小川　正樹（前　掲）
§13　山本　宣明（前　掲）
§14　諸藤　裕美（立教大学教授）
§15　片岡　洋人（前　掲）
§16　前田　　陽（明治大学教授）
§17　前田　　陽（前　掲）
§18　林　　　總（前　掲）

要説
管理会計事典
目次

I 原価計算 編

§1
原価の基礎概念 ……………………………………………… 3

1. 原価計算の意義・目的 ——————————— 3
(1) 原価計算をしないことによる不都合 *3*
(2) 原価計算の目的 *3*

2. 制度としての原価計算 ——————————— 8

3. 原価の本質 ——————————————— 8
(1) 原価の定義 *8*
(2) 原価の本質 *9*
(3) 原単位 *11*
(4) 支出原価と機会原価 *11*

4. 原価の諸概念 ——————————————— 12
(1) 実際原価と標準原価 *12*
(2) 製品原価と期間原価 *14*
(3) 全部原価と部分原価 *15*

5. 製造原価要素の分類基準 ————————— 16
(1) 原価収集と原価集計 *16*
(2) 「基準」における原価要素の分類 *17*

6. 非原価項目 ——————————————— 21

§2
実際原価計算 / 部門別計算 / 個別原価計算 …… 27

1. 実際原価計算 ——————————————— 27
(1) 実際原価の定義 *27*
(2) 2つの原価計算制度 *27*
(3) 実際原価計算の計算手続 *28*

2. 費目別計算 —————————————————— 28

(1) 材料費計算　*29*

(2) 労務費計算　*32*

(3) 経費計算　*35*

3. 部門別計算 —————————————————— 37

(1) 部門の意味　*37*

(2) 製造部門と補助部門　*38*

(3) 部門費配賦の方法　*39*

(4) 部門別予定配賦　*43*

4. 個別原価計算 ————————————————— 46

(1) 個別原価計算の意義　*46*

(2) 個別原価計算の計算方法　*46*

(3) 製造直接費の直課　*46*

(4) 製造間接費の配賦　*47*

(5) 差異分析　*50*

(6) 仕損の処理　*54*

§3
総合原価計算Ⅰ ·· *59*
（単純総合原価計算）

1. 総合原価計算の意義と単純総合原価計算 —— *59*

2. 単純総合原価計算の流れ ———————————— *60*

3. 月末仕掛品の評価 ——————————————— *60*

(1) 月末仕掛品の評価方法　*61*

(2) 完成品原価の算定方法　*61*

4. 仕損・減損・作業屑の処理 ————————— *68*

(1) 度外視法と非度外視法　*68*

(2) 各処理の概説　*70*

§4
総合原価計算Ⅱ ……………………………… 77
（工程別 / 組別 / 等級別 / その他の総合原価計算）

1．工程別総合原価計算 ——————————— 77
(1) 工程別総合原価計算の意義と種類　77
(2) 工程別総合原価計算の方法：累加法と非累加法　78
(3) 加工費工程別総合原価計算：加工費法　84
(4) 予定原価または正常原価による工程間の振替え　86

2．組別総合原価計算 ——————————— 86
(1) 組別総合原価計算の意義と種類　86
(2) 組別総合原価計算の方法　86

3．等級別総合原価計算 ——————————— 91
(1) 等級別総合原価計算の意義と種類　91
(2) 等級別総合原価計算の方法　91

4．その他の総合原価計算 ——————————— 96
(1) 連産品・主製品・副産物・作業屑　96
(2) 副産物等の処理　97
(3) 連産品の原価計算　97

§5
標準原価計算 ……………………………… 101

1．標準原価計算の意義 ——————————— 101
(1) 標準原価計算制度とは　101
(2) 原価標準の諸概念　102
(3) 標準原価算定の目的　103
(4) 標準原価計算の手順　104

2．標準原価と原価標準の算定 ——————————— 107
(1) 標準直接材料費の原価標準　107
(2) 標準直接労務費の原価標準　111
(3) 製造間接費の原価標準　117

3. 標準原価差異の算定と分析 ——————— 119
- (1) 直接材料費差異　*120*
- (2) 直接労務費差異　*123*
- (3) 製造間接費差異　*127*
- (4) 原価差異の会計処理　*131*

4. 標準原価を用いた原価管理 ——————— *132*
- (1) 標準原価管理の狙い　*132*
- (2) 原価管理の重点　*132*
- (3) 標準原価管理成功のポイント　*133*

Ⅱ　管理会計 編

§6
管理会計の基礎概念 / 管理会計の倫理基準 …… *139*

1. 管理会計の意義および基礎概念 ——————— *139*
- (1) 管理会計の意義　*139*
- (2) 財務会計と管理会計との相違　*140*
- (3) 管理会計の機能　*140*
- (4) 会計情報基準　*142*
- (5) 管理会計の基礎概念　*143*

2. 管理会計における原価概念 ——————— *144*
- (1) 管理会計における原価の基礎概念　*144*
- (2) 全部原価計算と直接原価計算の用語　*146*
- (3) 原価管理の問題　*146*
- (4) 管理会計における特殊原価概念（意思決定のための原価概念）　*148*

3. 管理会計における利益概念 ——————— *150*
- (1) 管理会計における利益の基礎概念　*150*

4. 管理会計の倫理基準 ——————— *154*
- (1) IMA（NAA）による「管理会計人の倫理的行動基準」(1983年)　*154*
- (2) IMA による「職業倫理基準」(2005年)　*155*

5. 管理会計を取り巻く企業の経営倫理問題 —— *157*
- (1) 企業倫理・コンプライアンスの現状　*157*

(2) 内部告発と公益通報者保護制度の動向　*158*

(3) 企業倫理実践システム構築の必要性　*159*

(4) ECS2000の概要　*159*

§7
管理会計の歴史 / 管理会計の体系 ······· *163*

1. 管理会計の歴史研究と分析アプローチ ── *163*
(1) 管理会計史研究の意義　*163*

(2) 企業研究アプローチ　*164*

2. 管理会計の生成と発展に関する諸説 ── *165*
(1) 田中隆雄教授　*165*

(2) 上總康行教授　*167*

(3) 廣本敏郎教授　*169*

(4) アメリカ管理会計史の概要　*172*

3. 管理会計の体系 ── *175*
(1) 伝統的管理会計の体系に関する学説　*175*

4. 伝統的管理会計と戦略管理会計 ── *176*
(1) 伝統的管理会計と戦略管理会計との関係　*176*

(2) 意思決定会計 / 業績管理会計 / 戦略管理会計マトリックス　*177*

(3) 戦略管理会計の生成　*178*

(4) 戦略管理会計の概念　*180*

(5) 戦略管理会計で用いられる技法　*181*

§8
戦略管理会計 ················· *185*

1. 経営戦略の概念 ── *185*
(1) 戦略経営とは　*185*

(2) 企業戦略と事業戦略　*186*

(3) 経営戦略の策定・実行と創発　*187*

(4) 多様な経営戦略論　*188*

(5) ポーターの経営戦略論　*189*

(6) 経営戦略の管理　*193*

2. 戦略管理会計の概念 ——————————— *193*
　　(1) シモンズの戦略管理会計　*193*
　　(2) 戦略的コスト・マネジメント　*195*
　　(3) その他の戦略管理会計手法　*199*

3. 戦略管理会計の本質 ——————————— *201*
　　(1) 戦略管理会計の意味　*201*
　　(2) 企業戦略・事業戦略との関係　*203*
　　(3) 経営戦略の策定・実行・創発との関係　*203*
　　(4) 管理会計の「適合性の喪失」と戦略管理会計　*204*

§9
MCS / BSC ································· *207*

1. MCS の意義 ——————————— *207*
　　(1) MCS とは　*207*
　　(2) MCS の位置づけ　*208*
　　(3) MCS の外延の拡張　*209*

2. BSC とは何か ——————————— *212*

3. 4 つの視点の内容 ——————————— *214*
　　(1) 財務の視点　*215*
　　(2) 顧客の視点　*215*
　　(3) 社内ビジネス・プロセスの視点　*216*
　　(4) 学習と成長の視点　*216*

4. 戦略マップの役割 ——————————— *217*

§10
経営組織と管理会計 ································· *223*

1. 分権化と管理会計 ——————————— *223*

2．事業部制会計の構造 ———————————— 225

(1) 事業部自体の業績測定　*225*

(2) 事業部長の業績測定　*226*

(3) 利益センターと投資センター　*226*

(4) 投資センターの業績測定尺度：ROIとRI　*227*

3．グループ経営のための管理会計 ———————— *231*

(1) EVA　*231*

(2) 内部振替価格　*232*

(3) MPC　*234*

(4) シェアードサービス　*235*

(5) シェアードサービスの導入効果　*236*

4．事業価値・企業価値の評価 ———————————— *237*

§11
短期利益計画 / 予算管理 / 直接原価計算 ……… *245*

1．短期利益計画 ———————————————— *245*

(1) 短期利益計画の意義　*245*

(2) CVP分析　*245*

(3) 固定費と変動費の分解　*251*

(4) CVP分析の仮定　*252*

(5) 損益分岐点比率と安全余裕率　*252*

(6) 経営レバレッジ　*255*

2．予算管理 ——————————————————— *257*

(1) 予算管理の意義　*257*

(2) 予算管理の機能　*257*

(3) 予算の体系と種類　*258*

(4) 予算編成の手続　*262*

(5) 予算統制と予実差異分析　*263*

3．直接原価計算 —————————————————— *266*

(1) 直接原価計算の特徴　*266*

(2) 直接原価計算の計算方法　*267*

(3) 直接原価計算の利点　*271*

(4) 全部原価計算から直接原価計算への調整　*271*

§12
経営分析 273

1. 経営分析の意味と方法 ———————— 273
(1) 企業の事業活動と経営分析の意味 273
(2) 経営分析の目的と区分 274

2. 収益性の分析 ———————————— 275
(1) 収益性分析の意義と体系 275
(2) 資本利益率の分解 276
(3) 取引収益性分析の意義と体系 276
(4) 活動性分析の意義と体系 279

3. 安全性分析 ———————————— 280
(1) 安全性分析の意義と体系 280
(2) 流動性分析の意義と比率 281
(3) 健全性分析の意義と分類 281
(4) 健全性分析の主要指標 283

4. キャッシュフロー分析 ——————— 285
(1) キャッシュフロー計算書の意義 285
(2) キャッシュフロー計算書の様式 286
(3) キャッシュフロー分析 287
(4) キャッシュフロー分析の主要指標 288
(5) 収益性比率 289
(6) 安全性比率 290

5. 成長性分析と生産性分析 ——————— 291
(1) 成長性分析の意義と基本パターン 291
(2) 成長性の指標 292
(3) 生産性の意義と体系 293
(4) 付加価値の意義と種類 294
(5) 生産性分析の主要指標 295
(6) 生産性分析の実践 297

§13
資金管理 / キャッシュフロー管理 301

1. 資金管理の意義 ———————————— 301

2. 短期と長期の資金管理 ———————— 301
(1) 短期の資金管理　*301*
(2) 長期の資金管理　*305*

3. 正味運転資本と運転資金 ———————— 306
(1) 正味運転資本　*307*
(2) 運転資金　*307*
(3) CCC（キャッシュ・コンバージョン・サイクル）　*308*

4. 現金資金の管理：
キャッシュ・マネジメント・システム —— 312
(1) プーリング　*312*
(2) ネッティング　*313*
(3) 支払代行　*313*
(4) その他の手法とインプリケーション　*314*

5. キャッシュフローの管理 ———————— 315
(1) 短期のキャッシュフローの管理　*315*
(2) 長期のキャッシュフローの管理　*316*

§14
原価管理（原価企画 / 原価維持 / 原価改善）
/ 品質管理会計 317

1. 原価管理の概念 ———————————— 317

2. 原価維持の意義と特徴 ———————— 319
(1) 実際原価計算による原価管理の欠点
　　（標準原価計算による原価管理が必要になった背景）　*320*
(2) 標準原価計算による原価管理　*320*
(3) 標準原価計算による原価管理の有用性の低下　*321*
(4) 採用度合い　*323*

3. 原価企画の意義とプロセス ――――――― 325
- (1) 原価企画の定義　*325*
- (2) 原価企画のプロセス　*325*
- (3) 原価企画の主要なツール　*328*
- (4) 原価企画の組織的要因　*330*

4. 原価改善の意義と特徴 ――――――――― 335
- (1) 製品別原価改善　*335*
- (2) 期別・部門別原価改善　*336*

5. 品質管理会計の意義と特徴 ――――――― 336
- (1) 品質管理活動　*336*
- (2) 品質原価計算　*337*

§15
ABC / ABM / ABB ……………………………… *343*

1. 序：ABC登場の背景 ――――――――――― 343

2. ABCの計算構造と方法 ――――――――― 346
- (1) ABCと伝統的方法　*346*
- (2) コスト・ドライバーの階層　*348*

3. ABCの本質と資源の消費・利用 ―――― 353
- (1) 資源の投入と利用　*353*

4. ABMの意義：ABCからABM ――――― 357
- (1) ABCからABMへ　*357*
- (2) 付加価値活動と非付加価値活動　*358*

5. ABB：活動基準予算 ――――――――――― 360

§16
差額原価収益分析 ································· 365

1. 差額原価収益分析の基礎概念 ——————— 365
 (1) 個別計画とは　*365*
 (2) 差額原価、差額収益、差額利益　*365*
 (3) 特殊原価調査で用いられる原価概念　*366*
 (4) 総額法と増分法　*368*

2. 差額原価収益分析による計算例 ——————— 371
 (1) 戦略的意思決定と義務的意思決定　*371*
 (2) 差額原価収益分析を用いた業務的意思決定の諸問題　*371*

3. 最適セールス・ミックスの意思決定 ————— 380
 (1) 組合せの最適化問題　*380*
 (2) 線形計画法　*380*

4. 価格決定の意思決定 ——————————— 384
 (1) 会計モデルに基づく価格決定　*384*
 (2) 全部原価法　*384*
 (3) 部分原価法　*384*

5. 経済的発注量モデル ——————————— 387
 (1) 在庫関連の原価　*387*
 (2) 経済的発注量　*387*
 (3) 発注点在庫量　*390*

§17
投資計画の経済性計算 ··························· 391

1. 投資計画に付随する基礎概念 ——————— 391
 (1) 投資計画と資本予算　*391*
 (2) 戦略的意思決定の特徴　*392*
 (3) 貨幣の時間価値　*392*
 (4) キャッシュフロー　*394*
 (5) フリーキャッシュフロー　*398*
 (6) インフレーションによるキャッシュフローの修正　*398*
 (7) 資本コスト率の計算　*399*

(8) 経済命数　*404*
　　(9) 経済性評価尺度の種類　*404*

2. 時間価値を考慮しない経済性評価尺度 ―――― *405*
　　(1) 回収期間法　*405*
　　(2) 原価比較法　*405*
　　(3) 投資損益法　*406*
　　(4) 会計的利益率法　*407*

3. 時間価値を考慮した経済性評価尺度 ―――― *410*
　　(1) 割引回収期間法と割増回収期間法　*410*
　　(2) 正味現在価値法　*413*
　　(3) 内部利益率法　*417*
　　(4) 正味現在価値法と内部利益率法　*420*
　　(5) 収益性指数法　*420*
　　(6) 投資案間の関係と資本配分　*421*

4. 投資計画へのリスクへの対応 ――――――――― *423*

§18
生産 / 在庫管理と管理会計 ････････････････････････････ *425*

1. 生産管理 ――――――――――――――――――― *425*
　　(1) 生産管理の目的　*425*
　　(2) 品質（Quality）、原価（Cost）、納期（Delivery）の必要性　*426*
　　(3) 生産形態　*426*
　　(4) 生産形態と原価計算方式　*429*

2. 在庫管理の目的 ――――――――――――――― *430*
　　(1) 在庫が増加する原因　*430*
　　(2) 在庫が増えることの弊害　*431*

3. ジャスト・イン・タイムと管理会計 ――――― *431*
　　(1) トヨタ生産方式　*431*
　　(2) ムダの概念　*432*
　　(3) 作りすぎを防止するJITと自動化　*432*
　　(4) JIT生産方式が管理会計に及ぼす影響　*435*

4．制約理論（TOC：theory of constraints）と管理会計 —————— 437

(1) TOC におけるシステムの考え方　437

(2) 制約（constraints）　437

(3) TOC 活用による改善　438

(4) スループット会計（throughput accounting）　438

(5) TOC 評価指標　439

5．マテリアルフローコスト会計（MFCA:material flow cost accounting）—————— 445

(1) 伝統的管理会計との違い　445

(2) マテリアルフローコスト会計（MFCA）の基本構造　446

原価計算基準 —————————————————————— 451

複利現価係数表 ————————————————————— 472

年金現価係数表 ————————————————————— 473

I
原価計算
編

§1

原価の基礎概念

1．原価計算の意義・目的

(1) 原価計算をしないことによる不都合

　なぜ原価計算は必要なのか。別の問い方をするならば、原価計算をしないと企業にとってどのような不都合があるだろうか。

　第1に、製品種類ごとの原価がわからない。したがって、数ある製品の中で、何が会社に利益をもたらしているかがわからない。売れ筋製品が、実は原価割れだったということにもなりかねない。逆に、利益が出ないからという理由で、積極的に販売されていない製品が高利益率だったりする。いずれも珍しいことではない。第2に、期末日の製品と仕掛品の正しい棚卸資産原価がわからず、期間損益が計算できない。第3に効果的な原価管理が難しくなる。すなわち、他社との競争に勝ち抜くためには日常的に原価管理活動が必要である。ところが、原価計算をしなければ、そもそもどこにどれだけの原価が発生したかがわからないし、その原価が許容範囲であるかどうかもわからない。

(2) 原価計算の目的

　原価計算基準（以下「基準」）一（一）によれば、「原価計算には、各種の異なる目的が与えられるが、主たる目的」として、財務諸表作成、価格計算、原価管理、予算統制、経営意思決定の5つをあげている。

① 財務諸表を作成するため

> 企業の出資者、債権者、経営者等のために、過去の一定期間における損益ならびに期末における財政状態を財務諸表に表示するために必要な真実の原価を集計すること。（「基準」一（一））

Ⅰ 原価計算編 — 3

財務会計は複式簿記が前提であることはいうまでもない。複式簿記は発生原価を分類集計する計算システムである。しかし発生原価を集計するだけでは期間損益は計算できない。つまり、期末の棚卸資産原価わからなければ期間利益は確定しない。そのためには、インプット原価である発生原価をアウトプット原価である売上原価に変換する必要がある。すなわち、製造原価に期首と期末の棚卸資産（仕掛品・製品）原価を増減調整して、売上原価を計算するのである。とはいえ、簡便な見積計算によって棚卸資産原価を計算すればいいのではない。

図表1-1　財務諸表作成目的 [水増し後の数字]

仕掛品

期首残高	200		
材料費	1,000	製品原価	1,800 [800]
労務費	500		
経　費	400	期末残高	300 [1,300]
計	2,100	計	2,100

製　品

期首残高	400		
製品原価	1,800 [800]	売上原価	2,100 [1,100]
		期末残高	100
計	2,200	計	2,200

〔　〕は水増後の数字

製造原価報告書		水増し後
材料費	1,000	1,000
労務費	500	500
経費	400	400
期首仕掛品棚卸高	200	200
期末仕掛品棚卸高	△300	△1,300
当期製品製造原価	1,800	800

△はマイナス

損益計算書		水増し後
売上高	2,500	2,500
売上原価		
期首製品棚卸高	400	400
当期製品製造原価	1,800	800
期末製品棚卸高	△100	△100
売上総利益	400	1,400

貸借対照表		
仕掛品	300	1,300
製品	100	100
………		

棚卸資産の水増しの影響
　　期末仕掛品原価を1,000万円水増しして1,300万円にすると、製品原価は1,000万円減り800万円、売上原価も同額減って1,100万円となり、売上総利益は100万円過大に計上される。

仮に、期末棚卸資産原価が多めに計算されれば、期間損益はその額だけ過大に計算されてしまう。たとえば、期末の仕掛品原価が300万円であるのに1,000万円過大に評価して1,300万円とした場合、期間利益も1,000万円過大になる。評価金額がそのまま期間損益に影響するから、期末棚卸資産は利益調整に使われやすいのである。したがって、期末棚卸資産原価は原価計算基準に準拠して適切に計算しなくてはならないのである。

② 価格計算のため

第2の目的は、価格計算に用いるためである。一般に取引価格は市場の需給バランスで決まる。換言すれば、市場がない製品の価格は、なんらかの合理的な根拠に基づいて価格を決める必要がある。

わが国において、戦前から戦後にかけて、原価計算は価格を決定する上で重要な役割を担っていた。

> 物価庁要綱では、価格の決定を目的とすることに関連して売上品の総原価がきわめて重要な原価概念となる。売上品の総原価とは、売上品の製造原価に販売直接費を加え、さらに一般管理及び販売間接費の配賦額を加えた額で、これに適正な利潤を加算することによって売上品の価格が決定されるのである。（諸井勝之助『原価計算基準』制定50年『LEC会計大学院紀要』第10号（2012）p.2）

現代においても、防衛省を初めとする公官庁の調達物資や、企業が下請からの購入品について原価をとりきめるときなど市場価格がない場合、予定価格計算に原価計算が用いられている。

> 予定価格とは、国が契約を締結する際に、その契約金額を決定する基準として、契約担当官等があらかじめ作成する見積価格をいいます。（中略）　いわば、落札決定の基準とする最高制限価格としての意味を持つほか、与えられた予算をもって、最も経済的な調達をするために、適正かつ合理的な価格を積算し、これをもって入札価格を判断する尺度としての意味を持っています。すなわち、予定価格は、契約金額を決定し適正な契約を行うための基準となるものです。中央調達における原価計算業務は、この予定価格を算定するために行われるものです（装備施設本部HP、装備施設本部の概況　平成26年版　第4章原価計算）

③ 原価管理のため

第3の目的は原価管理に用いるためである。

> 経営管理者の各階層に対して、原価管理に必要な原価資料を提供する目的である。原価管理とは、原価の標準を設定してこれを指示し、原価の実際の発生額を計算記録し、これを標準と比較して、その差異の原因を分析し、これに関する資料を経営管理者に報告し、原価能率を増進する措置を講ずることをいう。(「基準」一章一（三）)

　原価管理は「所与の生産諸条件を前提として、達成可能な標準を設定し、この目標に従って、作業の実施を統制すること」（櫻井通晴著、『経営のための原価計算（第5版）』中央経済社（1996）p.6）であり、標準原価計算を使った原価維持活動のことである。また「原価を能率増進」するとは、インプットに対するアウトプットの割合を高め、生産性の向上を実現することである。具体的には、材料、労働力、設備、資金などをムダなく消費し、製品原価を引き下げて製品を作ることである。

　つまり、同一の設計図、同一設備、同一工程の規格品を継続的に生産する場合、現場レベルでの標準を設定し（plan）、作業実績を収集し（do）、標準と実績との比較分析（check）を行って標準と実績の乖離の原因を究明し、原価能率増進のための是正処置を講ずる（action）ことである。そして、この活動のために原価計算情報が使われるのである。

　したがって、製品設計や設備や工程などの生産諸条件の変更により標準原価そのものを引き下げる原価改善活動は、ここには含まれない。

④ 予算編成および予算管理のため

第4の目的は予算管理を有効に行うためである。

> ここに予算とは、予算期間における企業の各業務分野の具体的な計画を貨幣的に表示し、これを総合編成したものをいい、予算期間における企業の利益目標を指示し、各業務分野の諸活動を調整し、企業全般にわたる総合的管理の要具となるものである。(「基準」一（四）)

　経営者は、挑戦的目標であるビジョンに向かって経営戦略を立て、3〜5年後を見据えた中長期経営計画を策定する。この中長期経営計画の第1年目の行動計画を貨幣価値に置き換えたものが予算である。全社予算は各業務分

野の具体的な行動計画を積み上げて、全社レベルで総合編成して作られる。

　ここで予算期間とは予算統制の対象となる期間のことであり、利益管理の対象期間である会計期間と一致させる必要がある。また、各業務部門の具体的な行動計画が会社の目標利益をもたらさない場合は、本社と各部門との間でなんども調整を行う必要がある。こうして予算の編成と統制は、企業全体の利益管理を行う手段と位置づけることができる。

　なお「基準」は「予算編成の過程は、たとえば製品組合せの決定、部品を自製するか外注するかの決定等個々の選択的事項に関する意思決定を含むことは、いうまでもない」とし、業務活動執行に関する個別的選択事項の意思決定を予算管理目的に含めている。

⑤　経営の基本計画設定のため

　第3の目的は経営計画における戦略的意思決定である。

> 経営の基本計画を設定するに当たり、これに必要な原価情報を提供すること。ここに基本計画とは、経済の動態的変化に適応して、経営の給付目的たる製品、経営立地、生産設備等経営構造に関する基本的事項について、経営意思を決定し、経営構造を合理的に組成することをいい、随時的に行なわれる決定である。（「基準」一（五））

図表1-2　原価計算の目的

目　的	内　容	会計領域	原価情報の利用者
財務諸表作成	仕掛品、製品等の棚卸資産原価を計算	財務会計	外部利害関係者
価格計算	政府や公企業等への納入価格決定のため	管理会計	内部利害関係者
原価管理	原価統制ないし原価維持で原価低減は含まない		
予算編成および予算管理	業務的意思決定も含む		
経営の基本計画策定	製品、経営立地、生産設備等経営計画に関する事項		

　いくつもの代替案から最善の案を選択することを意思決定という。経営の意思決定には、経営の基本構造の変換をともない随時断片的に行われる戦略

I　原価計算編 — 7

的意思決定（たとえば設備投資）と、経営構造を前提として行われる業務的意思決定（たとえば自製か購入か）の2つに分かれるが、ここにいう「基本計画」についての意思決定は、前者の戦略的意思決定のことであり、特殊原価調査とよばれる。なお特殊原価調査は複式簿記機構のらち外で行われる原価計算であるから、制度としての原価計算には含まれない。

2．制度としての原価計算

　原価計算には以上のような様々な目的があり、そこには特殊原価調査も含まれる。しかしながら、「基準」二では「この基準において原価計算とは、制度としての原価計算をいう。原価計算制度は財務諸表の作成、原価管理、予算統制等の異なる目的が、重点の相違はあるが相ともに達成されるべき一定の計算秩序である。」としている。つまり、「基準」が定める原価計算の範囲を複式簿記機構の枠内としており、特殊原価調査は含まれていない。
　「複式簿記機構の枠内」の意味について敷衍しておこう。
　すなわち、複式簿記において、消費された経営価値は材料費、労務費、経費など形態別に分類され、仕掛品、製品へと形を変える。この流れを貨幣価値で表現するのが原価会計である。制度としての原価計算は、財務会計に対して仕掛品原価、製品原価、売上原価の原価情報を提供するとともに、予算管理並びに原価管理に必要な原価情報を経営管理者に提供するものである。つまり、「基準」が対象としている原価計算は、複式簿記機構において、財務会計機構と有機的に結びつき常時継続的に行われる計算体系である。

3．原価の本質

　原価計算基準が前提とする原価の本質について見ていきたい。

(1) 原価の定義

　アメリカ会計学会における1951年度「原価概念および基準委員会」の報告書によれば「原価とは、特定の目的を達成するために発生しまたは発生する

であろう犠牲を貨幣単位で測定したものである」としている。

一方、「基準」一（三）では原価を次のように定義している。

原価計算制度において、原価とは、経営における一定の給付にかかわらせて、把握された財貨又は用役（以下これを「財貨」という。）の消費を、貨幣価値的に表わしたものである。

(2) 原価の本質

つまり、「基準」は経済価値の消費をすべて原価とするのではなく、次の4つの要件を満足したものを原価としている。

① 原価は経営過程における経済的価値の消費であること（価値消費性）

企業の経営過程（ビジネスプロセス）は、材料の購入、加工、物流、販売、代金回収するまでの一連の付加価値活動である。この過程において、材料、労働力、生産設備等の経済的価値を消費し、給付すなわち半製品、製品等の新たな価値を作り出している。このことから、原価に関して次の点が重要である。

第1に経済価値は購入しただけでは原価とはならない。たとえば、購入した材料は消費されるまでは「材料」という資産であり、特定の製品を製造するために消費されて初めて「材料費」という原価となる。労働力は購入と消費が同時であるから、当月の支払賃金はそのまま原価である。また税法上、特に認められている損金算入項目や法人税や住民税、配当金など利益剰余金に課する項目は経済価値の消費ではないから、原価ではない。

② 原価は、一定の給付にかかわらせて把握されたものである（給付関連性）

給付とは、経営が作り出す財貨をいい、経営の最終給付である製品だけでなく、中間的給付である仕掛品、半製品も給付に含まれる。つまり、原価は消費した経済価値のうち、経営が作り出した新たな価値である製品、仕掛品、半製品に集計したものである。

③ 原価は、経営目的に関連したものである（経営目的関連性）

経営の目的は一定の財貨（製品）を生産し販売することであるから、製造

I 原価計算編 — 9

原価だけでなく、販売費も一般管理費も原価である。その一方で、(i) 経営目的に関連しない寄附金や、(ii) 支払利息、割引料、社債発行割引料償却、社債発行費償却、株式発行費償却等の財務費用、(iii) 投資資産たる不動産、有価証券、貸付金や、(iv) 未稼働の固定資産、長期にわたり休止している設備等のように、経営目的に関連しない資産に関する減価償却費、管理費、租税等の費用は原価に含まれない。

④ 原価は、正常的なものである（正常性）

　原価は、正常な状態のもとにおける経営活動を前提として、把握された価値の消費である。したがって、異常な状態を原因とする価値の減少を含まない。たとえば、(i) 通常生じる範囲の減損や仕損は原価に含まれるが、経験したことのない異常な減損や仕損は原価に含まれない。(ii) 火災、震災、風水害、盗難、争議等の偶発的事故による損失、(iii) 予期し得ない陳腐化等によって固定資産に著しい減価を生じた場合の臨時償却費、(iv) 延滞償金、違約金、罰課金、損害賠償金、(v) 固定資産売却損および除却損、(vi) 異常な貸倒損失、(vii) 減損損失等は非原価項目となり、原価には含まれない。

図表1-3　原価の分類と本質

一般概念としての原価（特定の目的を達成するために発生しまたは発生するであろう犠牲を貨幣単位で測定したもの）	原価項目	定義	経営の給付に関わらせて把握された財貨または用役の消費を貨幣価値で表現したもの
		本質	1．経営過程における経済価値の消費
			2．経営において作り出される一定の給付に添加される価値
			3．経営目的に関連したもの
			4．正常なもの
	非原価項目	定義	原価計算制度において原価に参入しない項目
		具体例	1．経営目的に関連しない価値の減少
			2．異常な状態を原因とする価値の減少
			3．税務上特に認められている損金項目
			4．その他利益剰余金処分に関するもの

(3) 原単位

　原価管理を行う場合、はたして貨幣価値で表した原価は役に立つであろう。

　つまりこういうことである。貨幣価値で表した10万円の材料費も10万円の労務費も、貨幣価値で表した原価は同じである。たとえば、材料費が1kg1,000円の金属を100kg消費したことで生じた原価であるのに対して、労務費は従業員に対して時間単価1,000円で100時間の労働を行ったことにより生じた原価である場合、同じ10万円であっても原価の構成要素はまったく異なる。このように貨幣価値で表現した原価は物量と単価に分解できるが、原価管理の対象は物量で測定した数量や時間である。これを原単位という。

　原価計算基準は、以下のように原単位の重要性を説明している。

> 原価計算は、原価の標準の設定、指示から原価の報告に至るまでのすべての計算過程を通じて、原価の物量を測定表示することを重点におく。(「基準」六 (二) 7)

　たとえば、製造工程で消費された材料は物量（個数、kg等）で測定され、これに単価を乗じて貨幣価値（材料費）に変換される。そして仕訳により複式簿記機構に取り込んで、製造原価報告書、損益計算書、貸借対照表に反映される。つまり、原価は仕訳により生じるのではなく、仕訳の前に原単位で生じていることに留意すべきである。

　原単位情報は、原価管理をする上で極めて重要である。目標となる標準原価と実際原価との差（原価差異）を分析する場合、金額の比較だけではその原因はわからない。当該原価の発生源に遡り、その原因を物量単位で分析しなければ、原価差異の本当の原因はわからないのである。

　　材料費（貨幣価値）＝材料消費量（原単位）×材料単価

　　労務費（貨幣価値）＝作業時間（原単位）×時間単価

(4) 支出原価と機会原価

　ところで、原価計算では原価を貨幣価値で測定することが要求されているが、何をもって貨幣価値とするかについては、支出原価と機会原価の2つ測定基準がある。支出原価による測定は、過去、現在、未来のいずれかの時期

に支出する貨幣支出によるもので、原価計算制度で用いる基準である。もう1つの機会原価は、複数の代替案のうち1つを選択し、他を選択しなかった結果失われる利益のことである。たとえば、3,000万円のマンションの購入対価は支出原価である。このマンションの売却時価が4,000万円になったとき、マンションを売却するか住み続けるか判断を迫られた場合にどう考えるか。売却せずに住み続けるとした場合、売却したら得られたであろう4,000万円を犠牲にしていると考えられる。これが機会原価である。機会原価は、原価計算制度のらち外において、業務意思決定や基本計画（「基準」一（五））の意思決定の際に用いられる概念である。

4．原価の諸概念

「基準」は先に説明した一般的な原価概念を「原価」、一般的な原価の概念に従属する個別的原価概念を、以下の「原価の諸概念」として整理している。

(1) 実際原価と標準原価

① 実際原価

実際原価とは、財貨の実際消費量をもって計算した原価のことである。つまり実際消費量を用いている限り、これに乗ずる単価は過去の支出原価によって測定された実際価格だけでなく、将来の予想支出原価によって定めた予定価格を用いた場合でも実際原価である。

実際原価＝実際消費量×実際価格

実際原価＝実際消費量×予定価格

なお、過去の実際消費量であっても、原価の正常性の観点から異常な状態を原因とする異常な消費量であれば非原価項目となり、実際原価の計算で実際消費量には含めない。

② 標準原価

標準原価とは、財貨の標準消費量に予定価格または正常価格を乗じて計算した原価である。

標準原価＝標準消費量×予定価格または正常価格

ここに標準消費量とは科学的、統計的調査に基づいて能率の尺度となるように予定された経済的価値の消費量を意味する。たとえば、材料標準消費量、標準作業時間、標準機械時間等として設定する。これに予定価格または正常価格を乗じて計算した原価が標準原価である。

標準原価計算制度において用いられる標準原価は、標準消費量に何を用いるかによって、現実的標準原価または正常原価に分かれる。

(i) 現実的標準原価は良好な能率のもとにおいて、その達成が期待され得る標準原価であるから、原価管理に最も適するだけでなく、棚卸資産価額の算定および予算の編成のためにも用いられる。

(ii) 正常原価は、経営における異常な状態を排除し、経営活動に関する比較的長期にわたる過去の実際数値を統計的に平準化し、これに将来のすう勢を加味した正常能率、正常操業度および正常価格に基づいて決定される原価である。

③ 予定原価

標準原価として、実務上予定原価を意味する場合がある。予定原価とは、将来における財貨の予定消費量と予定価格とをもって計算した原価をいう。予定原価は、予算の編成に適するだけでなく、原価管理および棚卸資産価額の算定にも用いられる。

予定原価＝予定消費量×予定価格

④ 制度としての標準原価に含まれない理想標準原価

理想標準原価とは、技術的に達成可能な最大操業度のもとにおいて、最高能率を表す最低の原価をいい、財貨の消費における減損、仕損、遊休時間等に対する余裕率を許容しない理想的水準における標準原価である。実務において、原価管理のために時として用いられることがある。

I 原価計算編 — 13

理想的標準原価＝理想的標準消費量×標準価格

図表1-4　実際原価と標準原価

		制度としての原価計算
実際原価	財貨の実際消費量で計算した原価	
	実際原価＝実際消費量×実際価格	
	実際原価＝実際消費量×予定価格	
標準原価	財貨の標準消費量に予定価格または正常価格を乗じて計算した原価	
	標準原価＝標準消費量×予定価格または正常価格	
予定原価	将来における財貨の予定消費量と予定価格で計算した原価	
	予定原価＝予定消費量×予定価格	
理想的標準原価	理想的水準における標準原価	
	理想的標準原価＝理想的標準消費量×標準価格	

(2) 製品原価と期間原価

　製品原価と期間原価は、原価計算が企業会計における原価会計を担っていることから必然的に生じる概念である。

図表1-5　製品原価と期間原価

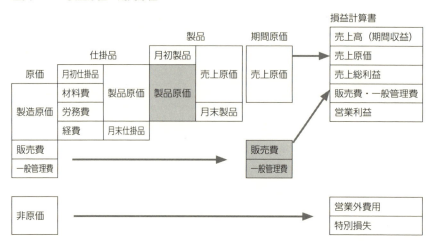

原価は、財務諸表上収益との対応関係に基づいて、製品原価と期間原価に区別される。製品原価とは、一定単位の製品に集計された原価をいい、期間原価とは、一定期間における発生額を、当期の収益に直接対応させて、把握した原価をいう。（「基準」四（二））

図表 1 - 5 で示すように、製造活動で消費された原価は、まず製品に集計して製品原価となり、次に製品が販売された期間に回収される。一方、販売費や一般管理費のように製品の製造活動にかかわらない費用は、発生した期間原価として、期間収益（売上高）から回収する。

(3) 全部原価と部分原価

原価は、集計される原価の範囲によって、全部原価と部分原価に区別される。

全部原価とは、一定の給付に対して生ずる全部の製造原価又はこれに販売費および一般管理費を加えて集計したものをいい、部分原価とは、そのうち一部分のみを集計したものをいう。（「基準」四（三））

原価計算基準では全部原価に販売費及び一般管理費が含められている。製造原価計算を行う全部原価計算は、製造活動で消費したすべての原価要素、すなわち材料費、労務費、経費で製品原価を計算する方式である。全部原価と全部原価計算では原価の範囲が異なる点に留意したい。代表的な部分原価計算に、直接原価計算がある。これは、製造原価を変動費と固定費とに区分して、部分原価である変動製造原価だけで製品原価を計算する方式である。

図表 1 - 6　全部原価と部分原価

全部原価	全部原価計算	部分（直接）原価計算
製造原価	変動費	変動費
	固定費	
販売費・一般管理費		

I 原価計算編 — *15*

変動損益計算書

売上高				
売上原価		売上総利益		
		販売費・管理費		営業利益
変動費	固定費	変動費	固定費	

5．製造原価要素の分類基準

(1) 原価収集と原価集計

　製造活動とは、製品を製造するために、資源（材料、労働力、機械等）を

図表1-7　製造原価の分類

	製造原価要素の分類基準	分　類	例
原価収集	原価の発生形態による分類	材料費	原材料費、買入部品費
		労務費	賃金、給与、法定福利費
		経費	外注費、光熱費
	経営上の機能に基づく分類	材料	主要材料費
		労務費	直接賃金
		経費	国内旅費
	操業度との関連による分類	変動費	材料費、外注費
		固定費	減価償却費、リース料
		準変動費	電気代、ガス代
		準固定費	タクシー料金
	管理可能かどうかに基づく分類	管理可能費	変動部分の電気代、交際費
		管理不能費	契約により解約不能
原価集計	製品との関連による分類	直接費	直接材料費
			直接労務費
			直接経費
		間接費	間接材料費
			間接労務費
			間接経費

投入（消費）して価値を創り上げる活動である。ここにおいて、原価収集とは資源の投入にともなって発生した原価を収集する手続のことである。

　一方、原価集計とは、収集した原価を特定の原価部門や製品などの原価計算対象に結び付ける手続である。

(2) 「基準」における原価要素の分類

　原価情報を財務会計、原価管理、予算管理に用いるためには、原価要素を適切な基準で分類する必要がある。分類基準には、形態別分類、機能別分類、操業度との関連による分類、製品との関連における分類、管理可能か不能の分類などがあり、必要に応じて使い分ける。

① 形態別分類

> 原価要素の形態別分類は、財務会計における費用の発生を基礎とする分類であるから、原価計算は、財務会計から原価に関するこの形態的分類による基礎資料を受け取り、これに基づいて原価計算をする。この意味でこの分類は、原価に関する基礎的分類であり、原価計算と財務会計との関連上重要である。（「基準」八（一））

　形態別分類は、投入される資源の種類により分類する基準である。つまりどの経営資源が消費されたかによる分類であり、最も基本的な分類基準であり、財務会計における費用の発生を基礎とする分類基準である。形態別分類基準を採用することで、製造原価要素は、材料費、労務費および経費に属する各費目に分類される。材料費は、物品の消費によって生ずる原価をいい、素材費（原料費）、買入部品費、燃料費、工場消耗品費、消耗工具器具備品費などに細分する。労務費は、労働用役の消費によって生ずる原価をいい、賃金（基本給のほか割増賃金を含む）、給料、雑給、従業員賞与手当、退職給付費用、退職金、法定福利費（健康保険料負担金等）などである。また材料費と労務費以外の原価は経費に分類される。

　つまり、企業会計では、原価計算の最初のステップである費目別計算と、財務会計における発生費用を勘定科目と金額ともに一致させることで原価計算と財務会計の発生費用は連動する。

I 原価計算編 — 17

② 機能的分類

　機能的分類とは、原価が経営上のいかなる機能（働き）のために消費されたか、あるいは原価が経営上いかなる役割で消費されたか、という観点による分類である。たとえば、材料費は、主要材料費、補助材料（修繕材料費、試験研究材料費）、労務費は、直接賃金（加工直接賃金や組立直接賃金）、間接作業賃金（営繕作業賃金も保全作業賃金）、手待賃金等に、経費は、動力用電力費・冷暖房用電力費、国内旅費・海外出張旅費など各部門の機能別経費に分類する。この機能別分類も財務会計との結びつきが強い分類基準である。

③ 操業度との関連における分類（変動費と固定費）

　操業度の増減に対する原価発生の態様による分類であり、原価要素をこの基準によって固定費と変動費とに分類する。固定費とは、操業度の増減にかかわらず変化しない原価要素をいい、また変動費は、操業度の増減に応じて比例的に増減する原価要素である。ここで操業度とは、生産設備、従業員数、販売体制など経営を行う能力を一定としたとき、その利用度のことである。操業度の基準として、機械時間、生産量、直接作業時間、売上高などが用いられる。また、両者の中間的な原価として、準変動費と準固定費がある。

図表1-8　操業度との関連による分類

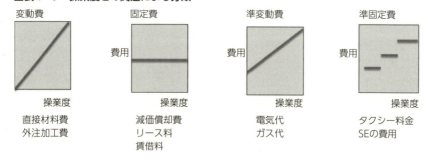

(i) 変動費

　　操業度の変化につれて比例的に変動する原価要素。直接材料費や外注費、直接労務費が典型例である。製鉄業におけるコークスなどの燃料費も変動費である。

(ii) 固定費

　　操業度が増えても減っても総額では変化しない原価要素。減価償却

費、固定資産税、火災保険料、リース料、不動産賃借料、役員報酬、間接作業者の労務費がある。
(iii) 準変動費

電気代や水道代のように基本料金の設定があり、ある範囲では使用量に関係なく固定費、これを超えると使用量に比例して料金が増加する原価要素である。

(iv) 準固定費

作業現場の監督者の賃金、タクシー料金、システム開発でのSE（システムエンジニア）の費用のように、ある操業度の範囲では固定費だが、これを超えると追加的に人が必要になって原価が増え、再び固定化する原価要素である。

④ 製品との関連における分類基準

製品との関連における分類とは、製品に対する原価発生の態様、すなわち原価の発生が一定単位の製品の生成に関して直接的に認識されるかどうかの性質上の区分による分類である。原価要素は、この分類基準によってこれを直接費と間接費に分類する。

(i) 直接費は、これを直接材料費、直接労務費および直接経費に分類し、さらに適当に細分する。
(ii) 間接費は、これを間接材料費、間接労務費および間接経費に分類し、さ

図表1-9　まとめ

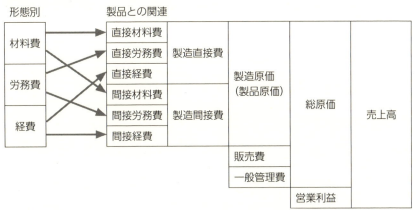

らに適当に細分する。必要ある場合には、直接労務費と製造間接費とを合わせ、または直接材料費以外の原価要素を総括して、これを加工費として分類することができる。

(iii) 実務での分類方法

　実際にどのようにして発生原価を直接費と間接費に分類するのであろうか。原価計算実務では、製品種類ごとに使用する材料は部品構成表（BOM：Bill of material）に登録される。BOM に登録された材料は、払出し時に製品別に使用される材料の消費量と金額が計算できるから直接材料費、登録されていない材料の消費を間接材料費として分類する。たとえば、時計を製造するための文字盤、針、竜頭、ケース、ムーブメント、バンド、ネジ類などの材料費は、BOM に登録されているから、すべて直接材料費である。一方、洗浄剤とか釘などは、全体としてドラム缶1本分使ったとか1箱使ったということはわかるものの、どの製品にどれだけ使ったかがはっきりつかめない。このように製品に対して直接的に集計できない材料の消費を間接材料費に分類する。

　労務費でいえば、製品ごとの作業に直接携わった直接作業時間に対する労務費は直接労務費である。しかし、直接作業者であっても、掃除をしたり朝礼やミーティングに参加したりした時間に対応する労務費は、特定の仕掛品や製品に跡づけることができないから間接労務費である。なお、従業員が従事した作業が、製品に対して直接か間接かは「作業日報」に作業時間を記入して把握する。

　経費は材料費や労務費以外の費用のことである。通信費、水道光熱費、事務用品費、賃借料などの経費は、特定の製品に直接集計することは困難であるから、間接経費として処理する。一方、加工作業、塗装、メッキを外部の協力会社に委託した場合の外注加工費は、当該製品に直接集計できるから直接経費である。また、特定の製品を作るための機械や金型の減価償却費も直接経費である。

⑤ 原価の管理可能性に基づく分類

　原価の発生が部門の管理者によって管理し得るかどうかによる分類であり、原価要素は、この分類基準によってこれを管理可能費と管理不能費とに分類する。下級管理者（課長）にとって管理不能費でも、上級管理者（部長）にとっては、管理可能費となることもある。

部門ごとに集計される原価は予算によって管理する。たとえば、営業部や製造部などの部門管理責任者にとって、その部門で発生する原価を自らの責任と権限で管理できるかどうかで、管理可能費と管理不能費に分類する。この場合、ある部門管理者に管理不可能費となる理由は、様々である。

(i) 権限がない

その管理者に権限が与えられなければ責任もない場合。たとえば、交際費の予算が部長だけに与えられている場合、部長には管理可能費だが、課長にとっては管理不能費である。

(ii) 短期か長期か

経営者であっても、従業員給与、建物や機械などの減価償却費、コンピュータや車両のリース料、固定資産税などは短期的には管理不能であるが、中長期的には増やすことも減らすこともできるから管理可能費である。

(iii) 管理できるが、しない

本来は管理できるものの、何らかの理由で管理しない原価である。たとえば、電力量は測定できるものの、部門ごとに電力計が付いていないために部門の実際消費量が測定できない場合は、管理不能である。事務用品を総務で一括して購入し費用処理する場合も部門責任者にとっては管理不能である。

(iv) 他部門からの配賦額

補助部門費を配賦する場合、複数の部門の共通原価をそれぞれの部門に配賦する場合、また本社費を各事業部が負担したりする場合、配賦額された費用は管理不能費である。

6. 非原価項目

非原価項目とは、原価計算制度において、原価に算入しない項目をいい、おおむね次のような項目である。

(1) 経営目的に関連しない価値の減少
(2) 異常な状態を原因とする価値の減少
(3) 税法上特に認められている損金算入項目
(4) その他の利益剰余金に課する項目

I 原価計算編 — *21*

図表 1-10　非原価項目

分類		例		参照
（一） 経営目的に関連しない価値の減少	1	次の資産に関する減価償却費、管理費、租税等の費用	(1) 投資資産たる不動産、有価証券、貸付金等	○「基準」三 (三) 原価は、経営目的に関連したものである。経営の目的は、一定の財貨を生産し販売することにあり、経営過程は、このための価値の消費と生成の過程である。原価は、かかる財貨の生産、販売に関して消費された経済価値であり、経営目的に関連しない価値の消費を含まない。財務活動は、財貨の生成および消費の過程たる経営過程以外の、資本の調達、返還、利益処分等の活動であり、したがって、これに関する費用たるいわゆる財務費用は、原則として原価を構成しない。
			(2) 未稼動の固定資産	
			(3) 長期にわたり休止している設備	
			(4) その他経営目的に関連しない資産	
	2	寄附金等であって経営目的に関連しない支出		
	3	支払利息、割引料、社債発行割引料償却、社債発行費償却、株式発行費償却、設立費償却、開業費償却、支払保証料等の財務費用		
	4	有価証券の評価損および売却損		
（二） 異常な状態を原因とする価値の減少	1	異常な仕損、減損、棚卸減耗等		○「基準」三 (四) 原価は、正常的なものである。原価は、正常な状態のもとにおける経営活動を前提として、は握された価値の消費であり、異常な状態を原因とする価値の減少を含まない。
	2	火災、震災、風水害、盗難、争議等の偶発的事故による損失		
	3	予期し得ない陳腐化等によって固定資産に著しい減価を生じた場合の臨時償却費		
	4	延納償金、違約金、罰課金、損害賠償金		○「基準」四 (一) 2 正常原価とは、経営における異常な状態を排除し、経営活動に関する比較的長期にわたる過去の実際数値を統計的に平準化し、これに将来にすう勢を加味した正常能率、正常操業度および正常価格に基づいて決定される原価をいう。正常原価は、経済状態の安定している場合に、棚卸資産価額の算定のために最も適するのみでなく、原価管理のための標準としても用いられる。
	5	偶発債務損失		
	6	訴訟費		
	7	臨時多額の退職手当		
	8	固定資産売却損および除却損		
	9	異常な貸倒損失		
（三） 税法上特に認められている損金算入項目	1	価格変動準備金繰入額		○「基準」五 (三)、(四)
	2	租税特別措置法による償却額のうち通常の償却範囲額をこえる額		
（四） その他の利益剰余金に課する項目	1	法人税、所得税、都道府県民税、市町村民税		
	2	配当金		
	3	役員賞与金		
	4	任意積立金繰入額		
	5	建設利息償却		

設例 1 - 1

わが国の原価計算基準に照らして間違っているものはどれか。

1. 原価計算制度とは財務諸表作成のための原価計算であり、原価管理、予算統制等の目的のための原価計算は含まれない。

2. 原価計算制度には、基本計画目的で行われる特殊原価調査も含まれる。

3. 原価計算目的のうち価格計算目的とは、通常、市場で販売する製品原価の原価を計算する目的のことである。

4. 原価計算目的で原価管理目的とは、製品設計や生産諸条件の変更により標準原価そのものを引き下げる原価改善活動も含まれる。

5. 予算は各事業分野の具体的な計画を積み上げて全社レベルで総合編成して作られる。ここで企業の総合的経営管理は全社レベルでの利益管理のことであるから、各業務分野の具体的な行動計画が会社の目標利益をもたらさない場合は、本社と各部門との間で、部門予算と総合予算の調整が行われる。

6. 原価計算基準における原価とは、特定の目的を達成するために発生したすべての犠牲を貨幣単位で測定したものである。

7. 購入した材料は、特定の製品を製造するために製造工程で消費されて、初めて「材料費」という原価となる。

8. 税法上、特に認められている損金算入項目は原価である。

9. 原価は経営目的に関して消費された経済価値である。したがって、未稼働の固定資産、長期にわたり休止している設備、その他の経営目的に関連しない資産に関する減価償却費、管理費、租税等の費用は原価に含まれない。

10. 実際原価は、実際原価をもって計算した原価の実際発生額であるから、原価を予定価格等に実際の消費量をかけて計算しても、それは実際原価計算ではない。

11. 過去の実際消費量であっても、原価の正常性の観点から、異常な状態を原因とする異常な消費量は、実際原価の計算においてこれを実際消費量には含めない。

12. 実際原価のみが真実の原価であり、標準原価は真実の原価ではない。

13. 費目別計算においては、形態別分類が基礎となるべきであり、機能的分類の観点は考慮されない。

14. 機能別分類は、投入される資源の種類により分類する基準である。

I 原価計算編 — 23

15. 企業の原価計算制度は、真実の原価を確定して財務諸表の作成に役立つこと
　　を目的としており、原価を分析し、これを経営管理者に提供し、業務計画お
　　よび原価管理に役立つことは目的ではない。

16. 企業が、その原価計算手続を規定するにあたっては、この基準が弾力性をも
　　つものであることの理解のもとに、この基準にのっとり、業種、経営規模そ
　　の他当該企業の個々の条件に応じて、実情に即するように適用されるべきも
　　のである。

17. 予算編成の過程には、製品組合せの決定、部品を自製するか外注するかの決
　　定等個々の選択的事項に関する意思決定も含まれる。

18. 価格計算目的は、価格を決めるための根拠として原価を求めることだが、民
　　間企業の市販価格や受注価格というよりも、官公庁の立場から見た価格のこ
　　とを指している。

19. 原価は、経営において作り出された一定の給付に転嫁される価値であり、そ
　　の給付にかかわらせて把握されたものである。ここに給付とは、経営が作り
　　出す財貨をいい、それは経営の最終給付だけを意味する。

20. 実際原価とは、財貨の実際消費量をもって計算した原価をいう。その実際消
　　費量は、それが異常な状態を原因とする異常な消費量であっても、実際原価
　　の計算においてもこれを実際消費量である。

21. 標準原価として、実務上予定原価が意味される場合がある。予定原価とは、
　　将来における財貨の予定消費量と予定価格とをもって計算した原価をいう。
　　予定原価は、予算の編成に用いられるが、原価管理および棚卸資産価額の算
　　定には使わない。

22. 原価は、集計される原価の範囲によって、全部原価と部分原価とに区別され
　　る。全部原価とは、一定の給付に対して生ずる全部の製造原価またはこれに
　　販売費及び一般管理費を加えて集計したものをいい、部分原価とは、そのう
　　ち一部分のみを集計したものをいう。

23. 販売費及び一般管理費は全部原価に含まれない。

24. 原価の数値は、財務会計の原始記録、信頼し得る統計資料等によって、その
　　信ぴょう性が確保されるものでなければならない。このため原価計算は、原
　　則として実際原価を計算する。この場合、実際原価を計算することは、必ず
　　原価は取得価格をもって計算しなくてはならず、予定価格等をもって計算す
　　ることはできない。

25. 原価計算は、経営における管理の権限と責任の委譲を前提とし、作業区分等

に基づく部門を管理責任の区分とし、各部門における作業の原価を計算し、各管理区分における原価発生の責任を明らかにさせる。

26. 原価計算は、原価の標準の設定、指示から原価の報告に至るまでのすべての計算過程を通じて、原価の物量を測定表示することに重点をおく。

【解答】

1．× 「基準」一章二原価計算制度

2．× 「基準」一章二原価計算制度「原価計算制度は、財務会計機構のらち外において随時断片的に行なわれる原価の統計的、技術的計算ないし調査ではなく」

3．× 本文1．⑵②参照、市場のない製品の合理的な売価算定目的

4．× 本文⑵③参照、「基準」一章一原価計算目的（三）

5．○ 本文⑵④、「基準」一章一原価計算目的（四）

6．× 本文3⑵原価の本質、「基準」三原価の本質（四）「正常なもの」

7．○ 「基準」一章三原価の本質（一）

8．× 「基準」一章五非原価項目（三）

9．○ 「基準」一章五非原価項目（一）1

10．× 「基準」一章四原価の諸概念（一）1「消費量を実際によれば実際原価」

11．○ 「基準」一章三原価の本質（四）

12．× 「基準」三章四〇（二）「標準原価は、真実の原価として仕掛品、製品等のたな卸資産価額および売上原価の算定の基礎となる。」

13．× 「基準」二章一節八原価の分類（二）、本文5．製造原価要素の分類基準参照

14．× 「基準」二章一節八原価の分類（二）「機能別分類とは、原価が経営上のいかなる機能のために発生したかによる分類」

15．× 「基準」一章二原価計算制度「原価管理、予算統制等も含まれる」

16．○ 原価計算基準の設定について参照。

17．○ 「基準」一章一原価計算の目的（四）

18．○ 本文　1．⑵原価計算の目的参照

19．× 「基準」一章三原価の本質（二）「経営の最終給付のみでなく、中間的給付をも」含む）

20．× 「基準」一章三原価の本質（四）「原価は正常なもの」

21．× 「基準」一章四原価の諸概念（一）2「予定原価は、予算の編成に適するのみでなく、原価管理およびたな卸資産価額の算定のためにも用いられる。」

22．○ 「基準」一章四原価の諸概念（三）

23．× 「基準」一章四原価の諸概念（三）「全部の製造原価又はこれに販売費および一般管理費を加えて集計したもの」

24．× 「基準」一章四原価の諸概念（一）1「実際原価は、厳密には実際の取得価格を

I 原価計算編 — 25

もって計算した原価の実際発生額であるが、原価を予定価格等 をもって計算して
も、消費量を実際によって計算する限り、それは実際原価の計算である。」

25. ○「基準」一章六原価の一般基準（二）5
26. ○「基準」一章六原価の一般基準（二）7

参考図書

〔1〕原価計算基準（企業会計審議会 昭和37年11月8日）
〔2〕諸井勝之助「原価計算基準 制定50年」『LEC 会計大学院紀要第10号』 2012年12月
30日発行
〔3〕尾畑 裕「管理会計教育における複式簿記教育」『税経通信』2014年10月
〔4〕尾畑 裕「原価計算：過去から未来へ」『経理研究（54）』 中央大学経理研究所
2011年 pp.180-190
〔5〕廣本敏郎『原価計算論 第2版』中央経済社 2009年

§2

実際原価計算／部門別計算／個別原価計算

1．実際原価計算

(1) 実際原価の定義

　実際原価は原価計算の基礎であり、特に財務諸表を作成する上で必須の原価概念である。原価は一般に「価格×数量」で計算される。このうち、実際原価は財貨の実際消費量に基づいて計算される。価格は実際価格ないし予定価格等が用いられる。つまり原価計算における実際原価は、「実際消費量×（実際価格ないし予定価格等）」で計算される概念である。

(2) 2つの原価計算制度

　原価を捕捉する原価計算制度（制度としての原価計算、原価計算システム）は、原価計算基準（以下「基準」という）二で大別して2つの方法があるとされている。1つは実際原価計算制度であり、いま1つは標準原価計算制度である。いずれの原価計算制度を採用するにしても、実際原価を計算することは不可欠である。

　「基準」二で、実際原価計算制度は次のように定義されている。

実際原価計算制度は、製品の実際原価を計算し、これを財務会計の主要帳簿に組み入れ、製品原価の計算と財務会計とが、実際原価をもって有機的に結合する原価計算制度である。原価管理上必要ある場合には、実際原価計算制度においても必要な原価の標準を勘定組織のわく外において設定し、これと実際との差異を分析し、報告することがある。（「基準」二）

　すなわち、実際原価計算制度は製品の実際原価を計算するとともに、財務会計で求められる一会計期間の製造原価を実際原価で基本的に算定するものに他ならない（**図表2-1**参照）。ただし、原価管理として必要が認められる場合、標準原価を設定して実際原価と比較することがある。ここでのポイン

I　原価計算編 ―27

図表2-1　実際原価計算制度の機能

製品の実際原価 ────────▶ 一会計期間の実際原価

出所：「基準」を基に筆者作成

トは、「勘定組織のわく外」で比較する標準原価を設定することにある。実際原価計算制度に対置される標準原価計算制度では、標準原価が「勘定組織のわく内」に明示的に組み込まれる。それに対して実際原価計算制度は、あくまで実際原価によって製品の原価と一会計期間の原価を計算する。

(3) 実際原価計算の計算手続

「基準」七で、実際原価の計算手続は次のように規定されている。

> 実際原価の計算においては、製造原価は原則として、その実際発生額を、まず費目別に計算し、次いで原価部門別に計算し、最後に製品別に集計する。販売費および一般管理費は、原則として、一定期間における実際発生額を、費目別に計算する。（「基準」七）

「基準」では、実際原価の計算手続を製造原価と販売費及び一般管理費で分けていることが注目される。販売費及び一般管理費は期間原価と位置づけられ（「基準」四（二））、製造原価のような段階計算による製品への跡づけは原則としては考えられていない。

製造原価の実際原価は、費目別→部門別→製品別という段階計算を通じて算定される。費目別計算、部門別計算、製品別計算という3段階の計算によって算定する方法は、今日において標準的な理解となっている。

2．費目別計算

「基準」九で、費目別計算は次のように規定されている。

> 原価の費目別計算とは、一定期間における原価要素を費目別に分類測定する手続をいい、財務会計における費用計算であると同時に、原価計算における第一次の計算段階である。（「基準」九）

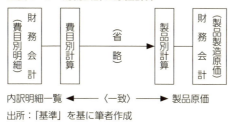

図表2-2　財務会計と原価計算

出所:「基準」を基に筆者作成

　費目別計算は、その名のとおり費目別に原価要素を分類測定するものに他ならない。たとえば材料費であれば、どのような材料が幾ら使用されたのかをまとめて表示する。労務費、経費も同様である。すなわち、費目別計算の一大機能はインプットコストをまとめて表示する役割にある。換言すると、費目別計算の有用性はインプットコストの一覧性にある。全体として多くの原価発生となっている費目が何なのかということが、費目別計算によって明確になる。しかもそれは財務会計と連動する。

(1) 材料費計算

　材料費は「材料消費量×材料消費価格」によって算定されるのが基本である。材料消費量は実際の材料消費量が基本となり、材料消費価格は購入原価が基本となる。しかしながら、業種業態・会社の規模や状態によって材料消費量と材料消費価格は種々の対応が図られる。

　材料消費量についていえば、実際の材料消費量を捉えるのであれば、当然逐次、材料の動きを捉えることが必要になる。したがって、「基準」一一（二）では「原則として継続記録法によって計算する」ことが示されている。そして例外的に継続記録法の適用が難しい・若しくはその重要度が低いところでは、「たな卸計算法を適用することができる」とされている。

　一方、材料価格で購入原価が基本となるのは、言うまでもなく純粋な購入価格以外にもかかる諸費用（材料外部副費と材料内部副費）を含めることによる。

　「基準」一一（四）、（五）では、諸費用の内容と含め方について細かく説明が行われている。また、同じ材料でも購入時期によって購入価格や付随費用に違いがあることも当然予想されるため、その対応についても「基準」一一

図表2-3　材料と材料費の区分

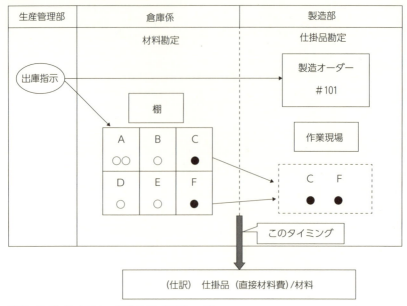

出所：林 總『わかる！　管理会計』(2007) p.186

（三）では先入先出法、移動平均法、総平均法、後入先出法、個別法といった方法が示されている。なお、後入先出法は現在では禁止されている。

　材料費計算で重要なのは、材料と材料費の区分である。その区分は製造オーダーに依拠する。製造オーダーに材料が紐づけられれば材料費となり、そうでない限りは材料である。

設例2-1　材料費

　主要材料Aを用いて製造を行っているとして、材料の購入代価に加えて材料副費の実際額を加算して購入原価を算定してきたところ、引取費用以外の材料副費は購入代価を基準として予定配賦することにした場合の差異を計算しなさい。

〔資料〕
　　材料Aの当月送り状価額　　　1,146,000円

材料副費の当月発生額

買入手数料	12,700円
購入事務費	16,800円
保険料	10,000円
関税	12,600円
引取運賃	67,100円
検収費	16,400円
保管料	15,800円

予定配賦する材料副費の年間予定発生額　　678,000円

材料Ａの年間予定購入代価　　24,000,000円

【解答】

材料副費予定配賦率	0.02825
当月予定配賦額	32,375
実際発生額	49,000

（内訳）

検収費、購入事務費、保管料

材料副費差異　　−16,626（不利差異）

【解説】

　材料副費予定配賦率は材料Ａの年間予定購入代価（24,000,000円）で予定配賦する材料副費の年間予定発生額（678,000円）を除したものである。求められた材料副費予定配賦率0.02825と材料Ａの当月送り状価額を乗じることで、当月予定配賦額32,375円が求まる。それと実際発生額を比較することで材料副費差異は計算される。問題は実際発生額に何を含めるかという点であり、ここでは内訳に示しているとおり検収費、購入事務費、保管料を含めている。結果、求まる材料副費差異は実際額が予定（予算）よりも大きくなるという意味で不利差異となっている。

Ⅰ　原価計算編 —*31*

(2) 労務費計算

　労務費は「実際作業時間ないし実際作業量×賃率」によって算定されるのが基本である。実際作業時間ないし実際作業量は、生産活動に直接従事した時間ないし作業によって測定される。また、直接工の直接作業時間のみが直接労務費を形成し、それ以外はすべて間接労務費を形成する。

　賃率は作業に従事する個人別に設定されるのが本来的である。ところが、賃率は「職場もしくは作業区分ごとの平均賃率」（「基準」一二（一））が用いられる。合理的な理由としては、たとえば、個人別としてしまうと作業者によって価格（賃率）による原価差が生じてしまうことが挙げられる。原価管理は作業時間や作業量の測定が重要であり、個人別の賃率差は作業効率を見

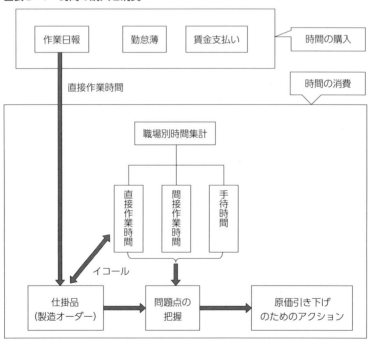

図表 2-4　時間の購入と消費

出所：林 總、前掲書（2007）p.191

る上でノイズになる。賃率でも予定賃率の利用は許容されるが、賃率の設定
は、それ自体が大きな論点である。

　なお、実際の賃金支払高と賃金消費高は別々に情報が保持される。実際の
賃金支払高は企業が労働者の時間を購入した対価であり、賃金消費高は購入
した対価（労働者の時間）のうち生産活動で消費された原価と解釈できる。

設例2-2　労務費

　次の資料に基づいて、機械工の予定平均賃率を求めた上で、賃率差異を計算し
なさい。

〔資料〕
〈年間予算〉

予定作業時間	9,800h
基本給	9,800,000円
残業手当	5,300,000円
危険作業手当	4,050,000円
家族手当	2,400,000円
従業員賞与	5,600,000円

〈当月作業時間〉
　原価計算期間は4月1日から同30日
　給与支払期間は3月21日から4月20日

3月21日～同31日	4月1日～同20日	4月21日～同30日	
272	580	250	(単位：h)

〈当月の労務費現金支払額〉
　1,853,975円
　(注) 危険作業手当、家族手当は予算どおり支払われた。

〈賞与について〉
　賞与は年1回、12月支給のため、当月は賞与引当金を繰り入れた。

Ⅰ　原価計算編 —33

【解答】

予定平均賃率	1,954円／h
賃率差異	10,903（有利差異）

【解説】

　予定平均賃率は年間予算で予定されている予定作業時間で、同じく予算で予定されている基本給と残業手当、危険作業手当の合計額を除することによって求められる。直接労務費として認識できる費目を適切に集計し平均賃率を求めることが必要である。そして、予定平均賃率が求まれば、実際の労務費現金支払額との間で賃率差異を求めることになる。賃率差異の計算にあたっては、現金支払額の期間と原価計算期間のずれを時間に基づいて調整計算することが必要になる。予算額としては予定平均賃率に4月1日から同30日までの就業時間を乗じて求め、そこから実際の現金支払額の給与支払期間と原価計算期間のずれを調整して月当たりの家族手当を足した額を差し引くことで賃率差異は求まる。従業員賞与は賞与引当金として繰り入れられているので、実際の現金支払額に入っていないことに注意する必要がある。

(3) 経費計算

　製造原価を構成する原価要素のうち、材料費と労務費以外となる原価要素は全て経費となる。経費も直接経費と間接経費に分けられる。直接経費の代表は外注加工費である。経費の多くは間接経費となる。

　「基準」一三（一）では、経費を「原則として当該発生期間の実際の発生額をもって計算する」として、予定価格等の利用も認めている。しかし、経費は内容が多岐にわたる。減価償却費のように実際にキャッシュ・アウトするわけではないものも含まれる。そこで、当該発生期間の実際の発生額を擬制することも含めて**図表 2 - 5** ような 4 つの分類と方法で対応することが一般的である（「基準」一三（二）、（三）を含めた対応方法）。

図表 2 - 5　経費の分類

月割経費	減価償却費、賃借料、保険料、固定資産税、特許使用料など、	数カ月分をまとめて支払う経費のうち、当月分を月割計算して求める経費
測定経費	水道料、電力量、ガス代など	計器によって消費量を測定し、これによって当月分の消費額を求める経費
支払経費	外注加工賃、通信費、保管料、雑費、旅費交通費など	支払額をもって消費額とする経費。ただし、未払額がある場合は調整する
発生経費	棚卸減耗費、仕損費など	当月の発生額をもって経費とする

出所：清水　孝『上級原価計算』第 3 版（2011）p.39

設例 2 - 3　経費

　資料に基づいて、当月経費実際発生額を求めなさい。計算過程で端数が生じる場合は小数点以下、四捨五入すること。

〔資料〕

厚生費支払額	80,000円	
	（前月支払額	7,000円）
	（当月未払額	6,000円）
外注加工賃	240,000円	

I 原価計算編 —35

棚卸減耗費	25,000円	
仕損費	2,000円	
年間保険料	360,000円	
減価償却費	機械取得価額	2,000,000円)
	耐用年数	5年
	残存価額	10%
	定額法による減価償却	
電力料支払額	6,000円	

(うち、基本料）500円）

検診日は毎月25日であり、検診測定による支払額となっている。原価計算期間は、毎月1日〜末日となっている。従量単価は毎月一定である。

前月25日	11,220kw
前月末	11,700kw
当月25日	13,000kw
当月末	13,700kw

【解答】

当月経費　412,680円

【解説】

　厚生費支払額の前月支払額と当月未払額の調整から始まり、当月にかかっている経費を適宜計算する必要がある。支払経費や発生経費である外注加工賃や棚卸減耗費、仕損費は単純に合算すればよいが、月割経費である年間保険料や減価償却費、測定経費である電力料支払額は調整計算が必要である。月割経費はまさに月ごとの額を計算し、測定経費は検診の消費量を原価計算期間に合わせて計算する必要がある。

3．部門別計算

　部門別計算は製造工場が大規模化・複雑化するとともに重要になる。費目別計算は全体を俯瞰するツールとして必要不可欠であるが、原価発生の原因にさかのぼるには具体的にどの部門のどこでどういう作業からといった情報が必要になる。つまり、部門別計算は基本的に原価発生の原因にさかのぼるためにある。費目別計算のところで見てきたとおり、費目別計算から製品別計算に直接繋がるのは限られた直接費のみである。残る多くの間接費（間接材料費、間接労務費、間接経費）は製造過程を支える種々の活動から生じる。部門別計算は、それら種々の活動による原価と流れ（コストフロー）を可視化しようとするものにほかならない。結果として、製品原価計算の正確性の向上が図られる。

図表2-6　原価部門の配置とコストフローのイメージ

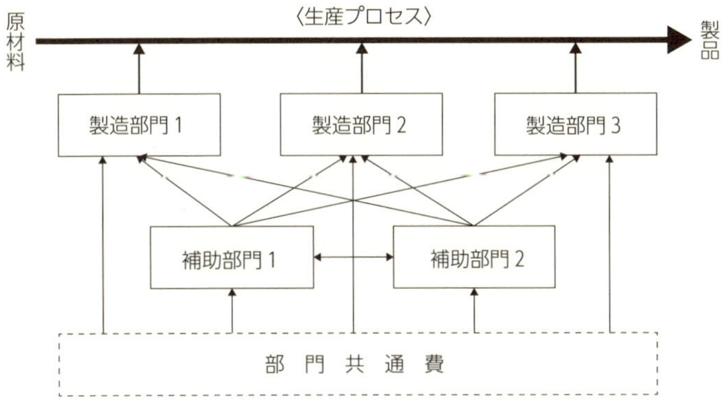

出所：筆者作成

(1) 部門の意味

　部門別計算を実行するには、適切に部門を設定することが必要である。通常、工場の中では原価部門しか存在しないので、原価部門（コストセンター）を適切に配置することが必要となる。「基準」一六では、原価部門が次のように規定されている。

I 原価計算編 —37

> 原価部門とは、原価の発生を機能別、責任区分別に管理するとともに、製品原価の計算を正確にするために、原価要素を分類集計する計算組織上の区分をいい、これを諸製造部門と諸補助部門とに分ける。(後略)(「基準」一六)

　すなわち、原価部門は原価の発生を機能別、責任区分別に管理するための計算組織上の区分を指す。ここで重要なのは「機能別、責任区分別」という件と「計算組織上の区分」という件である。部門別計算を実施するにあたって、物理的な組織図上の区分が基礎となることは現実には多いと思われる。しかしながら理論的に重要なのは、あくまで原価の発生を機能別、責任区分別に明確にすることであり、そのために必要な計算組織上の区分となる原価部門を設定するという考え方である。その上で、原価部門をどのように設定・配置すればよいかといえば、それは生産プロセスに沿って、生産プロセスとの関連によって設定・配置することが基本となる（**図表2-6**参照）。物やサービスの流れと原価の発生と流れを対応させることが、部門別計算と原価部門の配置の目的である。それが結果として原価計算の正確性を高める。

(2) 製造部門と補助部門

　「基準」一六では、原価計算組織上の原価部門を概念的に諸製造部門と諸補助部門に区分することが示されている。生産プロセスの流れに即して製造部門を幾つか設け、製造部門の活動を支える補助部門が幾つか設けられる。なお、製造部門と補助部門の内容はそれが計算組織上の区分であることと、物理的な組織体制を念頭に柔軟に考えられる必要がある。

　原価部門の適切な設定と配置を行った上で、部門別計算は行われる。部門別計算は各原価部門で個別に認識できる部門個別費と、各原価部門共通で認識される部門共通費を基礎として展開される。部門個別費は当然、当該部門に賦課（直課）する。次に部門共通費は関連する部門に適当な（最も適切な）配賦基準を用いて配賦する（cost allocation）。部門個別費の直課と部門共通費の配賦によって設定した各原価部門の部門費（部門個別費と部門共通費の合計）が算定される。ここまでが部門別計算の第1次集計とよばれる段階である。

　なお、部門費の算定を原価要素のどの範囲までとするかは、「製品原価の正確な計算および原価管理の必要によって」（「基準」一八（一））決定する必

図表2-7　部門別計算の全体プロセス

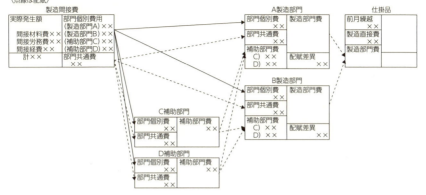

（注）補助部門間の用役の授受は想定していない。
出所：筆者作成

要がある。基本的に部門費の範囲は製造間接費ないしは加工費が念頭に置かれているが、「基準」一八（一）では個別原価計算で製造間接費だけでなく直接労務費、総合原価計算で加工費に止まらずすべての製造原価要素（直接費と間接費をすべて）を含めることもあることが示されている。

(3) 部門費配賦の方法

　部門別計算の第2次集計段階は、補助部門費の製造部門への配賦である。製造部門は当然ながら生産を担う。そして、補助部門は生産を何らかの形で支えているという位置づけから補助部門費を製造部門へと配賦する。この段階では前提として補助部門間のサービス（用役）の授受などがあれば、それに伴う原価発生と流れを配賦計算することを検討する必要がある。図表2-6における補助部門1と補助部門2の間の相互矢印（← →）は、このことを意識している。

　補助部門間のサービスの授受を原価計算（配賦計算）としてどのように認識して補助部門から製造部門への配賦を行うか。伝統的に3つの考え方に区分される方法が考えられてきた（**図表2-8参照**）。

　(i)の直接配賦法は補助部門間のサービスの授受を原価計算としては完全に無視し、あくまで各補助部門の部門費を製造部門に配賦する方法である。(ii)

図表2-8　補助部門から製造部門への配賦方法

補助部門間のサービスの授受に対する考え方	方　　法
(i) すべて無視	直接配賦法
(ii) 一部考慮・一部無視	階梯式配賦法
(iii) すべて考慮	連続配賦法、連立方程式法など

出所：筆者作成

の階梯式配賦法は、「直接配賦法のように補助部門間のサービスの授受をすべて無視することはせずに、一部は計算上考慮する方法である」（廣本敏郎・挽 文子『原価計算論』第3版（2015）p.186）。最後の(iii)の連続配賦法、連立方程式法、相互配賦法は補助部門間のサービスの授受をすべて考慮し配賦を行う方法である。理論的には(iii)の考え方が最も望ましいことは言うまでもないが、実務上は最もシンプルな直接配賦法が非常に利用されている（山本浩二、他編著『スタンダードテキスト管理会計論』第1版　p.39）。

〈単一基準配賦法と複数基準配賦法〉

　部門別計算の第2次集計段階である補助部門費の製造部門への配賦は、部門別計算の意義に照らすと原価発生の責任を明確にするものでなければならない。この点で配賦の精緻化を図る手段として、単一基準配賦法ではなく複数基準配賦法をとることが合理的とする考え方が存在してきた。

　複数基準配賦法は、第1次集計された部門費を変動費と固定費とに分けて配賦を行おうとする方法である。変動費はサービスを受ける補助部門ないし製造部門が補助部門のサービスを利用した（消費した）割合によって配賦する。一方、固定費はサービスを受ける補助部門ないし製造部門が、補助部門のサービスを利用するキャパシティ（消費能力）によって配賦する。

　複数基準配賦法は、原価発生の「因果関係を基礎とする原価計算において理論的に正しい配賦法である」（廣本敏郎・挽 文子、前掲書（2015）p.197）とされている。単一基準配賦法と複数基準配賦法の違いは、単に配賦基準が単一か複数かというだけでなく、配賦後の分析にも影響を与える。この論点は、次節の第4節 個別原価計算の差異分析で改めて説明する。

設例 2-4　部門別計算

　当工場は部門別原価計算を実施しており、補助部門費の配賦は、これまで直接配賦法を用いてきた。しかし補助部門間の用役の授受を計算上無視する方法では正確性に欠けるとの反省から配賦方法を変更し、連立方程式法による相互配賦法を採用することにした。次の〔資料〕に基づいて第1製造部門費と第2製造部門費を求めなさい。なお計算過程で端数が生じる場合、円未満を四捨五入する。

部門費データ　　　　　　　　　　　　　　　　　　（単位：円）

第1製造部	第2製造部	修繕部	動力部	工場事務部
2,440,000	1,560,000	323,000	486,000	415,800

補助部門費の配賦データ

	配賦基準	第1製造部	第2製造部	修繕部	動力部	工場事務部	（単位）
修繕部門費	修繕回数	100	80	—	20	—	回
動力部門費	動力供給量	300,000	150,000	50,000	—	—	kWh
工場事務部門費	従業員数	60	45	30	15	10	人

【解答】

〈解答のプロセス〉

① 工場事務部門費を配賦する。

② 工場事務部門費が配賦された修繕部門費と動力部門費を連立方程式で第1製造部門と第2製造部門に配賦する。

① 工場事務部門費の配賦（従業員数によって配賦する）

	第1製造部	第2製造部	修繕部	動力部	工場事務部
部門費	2,440,000	1,560,000	323,000	486,000	415,800
工場事務部門費	166,320	124,740	83,160	41,580	
合計	2,606,320	1,684,740	406,160	527,580	

② 工場事務部門費を配賦した後の修繕部門費と動力部門費を連立方程式により配賦する。

　　修繕部門費の最終配賦額を x、動力部門費の最終配賦額を y として計算する。

　　（修繕部門費は修繕回数、動力部門費は動力供給量で配賦する）

	第1製造部	第2製造部	修繕部	動力部
①の合計	2,606,320	1,684,740	406,160	527,580
修繕部門（x）	0.5	0.4		0.1
動力部門（y）	0.6	0.3	0.1	

修繕部門（x）＝406,160＋0.1y

動力部門（y）＝527,580＋0.1x

　上記の連立方程式を解いてxとyを求める。

修繕部門（x）463,554

動力部門（y）573,935

修繕部門（x）と動力部門（y）を上記割合で配賦する。

	第1製造部	第2製造部	修繕部	動力部
①の合計	2,606,320	1,684,740	406,160	527,580
修繕部門（x）	231,777	185,421		
動力部門（y）	344,361	172,181		
合計	3,182,458	2,042,342		

(4) 部門別予定配賦

部門別配賦は予定配賦を用いることで、原価管理および予算管理と結びつき、管理（計画と統制）のための道具となる。予定配賦とその差異分析の詳細は個別原価計算の製造間接費の配賦で改めて説明することを予定し、ここでは概略を説明する。

部門別予定配賦は、概ね次のような段取りを経る。

① 予定配賦率の算定
② 予定配賦
③ 実際発生額の集計（第１次集計と第２次集計）
④ 配賦差異の把握・分析

① 予定配賦率の算定

各製造部門の予定配賦率は、各製造部門の製造間接費を各製造部門の基準操業度で割ることで求められる。

$$\text{各製造部門の予定配賦率} = \frac{\text{各製造部門の製造間接費予算額}}{\text{各製造部門の基準操業度}}$$

上記式から理解されるように、予定配賦率を算定する前提は各製造部門の製造間接費の算定方法が確立していることと、基準操業度が確定していることである。前者の各製造部門の製造間接費の算定方法が確立していることというのは、**(1) (2) (3)** と説明してきた部門費配賦の構造が決まっていることを指す。関係づけが決まっているといってもよい。

そして、関係づけが決まっているところで予想される予算額と、そこで想定されている基準操業度を用いることで予定配賦率は求められる。いうまでもなくここで重要なのは、予定されている製造活動の内容と見積りが現実妥当性を有していることである。過去の経験と行動予定が現実的・実際的に総合されることが前提条件ともいえる。

② 予定配賦

予定配賦は、①で決定した予定配賦率を実際の製造活動に即して適用することを意味する。具体的には、製造指図書別または製品ごとの配賦基準と①の予定配賦率を乗じることで計算される。

I 原価計算編—*43*

予定配賦額＝予定配賦率×各製造指図書または製品ごとの配賦基準

③ 実際発生額の集計（第１次集計と第２次集計）

　②の予定配賦で実際の製造活動に伴って蓄積される予定配賦額は、実際発生額の集計額と比較されることになる。実際発生額は、既述のとおり既定の部門費計算に則って集計される。

④ 配賦差異の把握・分析

　予定配賦額と実際発生額の差は、配賦差異（配賦差額）として把握・分析されることになる。配賦差異は予定配賦額よりも実際発生額が多ければ不利差異、少なければ有利差異となる。なお、配賦差異は予算差異と操業度差異に分けて検討することができるが、当該論点は次節の個別原価計算で製造間接費の差異分析として言及する。

設例 2-5　配賦差異の算定1

　当工場では第１製造部門費、第２製造部門費のいずれでも直接作業時間を基準に予定配賦を行っている。以下の資料によって、配賦差異を算定しなさい。

① 製造部門費年間予算額
　　第１製造部門費　　　　240,000千円
　　第２製造部門費　　　　180,000千円
② 年間予定直接作業時間
　　第１製造部門　　　　　　300時間
　　第２製造部門　　　　　　200時間
③ 第１製造部門での当月の実際直接作業時間
　　製造指図書 No.101　　　　7時間
　　製造指図書 No.102　　　　8時間
④ 第２製造部門での当月の実際直接作業時間
　　製造指図書 No.101　　　　7時間
　　製造指図書 No.102　　　　8時間

⑤ 当月の製造部門費実際発生額

　　第1製造部門費　　　　　10,000千円

　　第2製造部門費　　　　　14,000千円

【解答】

第1製造部門配賦差異	2,000	（有利差異）
第2製造部門配賦差異	−500	（不利差異）

【解説】

　各製造部門の予定配賦率を① 製造部門年間予算額と② 年間予定直接作業時間からそれぞれ求める。次に、③と④の各製造部門で当月実際に行われた生産（製造指図書 No.101と102）と作業時間に基づき、予定配賦額を求める。求められた予定配賦額と⑤ 当月の実際発生額を予定配賦額と比較し、実際発生額が大きければ不利差異、小さければ有利差異とする。

4．個別原価計算

　個別原価計算は、部門別計算を含むか否かにより2種類に分類される。部門別計算を含まないものを単純個別原価計算といい、部門別計算を含むものを部門別個別原価計算という。

(1) 個別原価計算の意義

　「基準」三一では、個別原価計算は次のように規定されている。

> 個別原価計算にあっては、特定製造指図書について個別的に直接費および間接費を集計し、製品原価は、これを当該指図書に含まれる製品の生産完了時に算定する。(「基準」三一)

　すなわち、個別原価計算は特定製造指図書に基づいて個別的に原価を集計する方法にほかならない。そこでのポイントは、基本的な集計単位が特定製造指図書になっていることである。特定製造指図書つまり製造オーダーに原価が集計される。

(2) 個別原価計算の計算方法

　個別原価計算は製造直接費と製造間接費を特定指図書に集計することで成立する。

　製造直接費は、直接材料費、直接労務費、直接経費によって一般に構成される。生産との関連で直接な関係が認識される費用である。他方、製造間接費は共通して認識されるものとして、製品別に配賦することが必要になる。

(3) 製造直接費の直課

　製造直接費は、直接材料費、直接労務費、直接経費によって一般に構成される。生産との関連で直接な関係が認識される費用である。

① 直接材料費

直接材料費は、費目別計算で費目別に分類集計されるとともに特定製造指図書別に集計される。資産である材料が材料費となるのは、特定製造指図書が発行され出庫票（材料請求記録）などによって跡づけられることによる。

② 直接労務費

直接労務費は一般的に直接工の直接作業時間に賃率を乗じて算定される。直接工の直接作業時間以外の時間と間接工のすべての作業時間は間接労務費を構成する。したがって、直接労務費を算定する場合、直接作業時間を捕捉・測定することが重要となる。その捕捉・測定は、作業時間報告書によって行われる。直接材料費と同様に、特定製造指図書に紐づくことで直接労務費も賦課（直課）されることになる。

③ 直接経費

直接材料費や直接労務費と同様に、特定製造指図書に直接紐づけられる経費を直接経費という。経費は、そのほとんどが間接経費に分類される。したがって、直接経費に分類されるものはごく限られている。「基準」一〇では、直接経費の例として唯一、外注加工費が紹介されているが、現在でも代表的な直接経費は外注加工費（外注加工賃）といえる。

(4) 製造間接費の配賦

製造間接費は共通して認識されるものとして、製品別に配賦することが必要になる。配賦方法に関しては、次のような選択肢を検討する必要がある（**図表2-9**参照）。

① 配賦率を工場全体について総括的にただ1つ求めるか、部門ごとに求めるかによる分類

①の分類は、個別原価計算で部門別計算を行うか否か、つまり単純個別原価計算を選択するか部門別個別原価計算を選択するかという問題と関連している。部門別計算を行わない単純個別原価計算であれば総括配賦法となり、部門別計算を行う部門別個別原価計算であれば部門別配賦法を用いることになる。「基準」では、原則として部門別配賦法が選択されるべきことが示さ

I 原価計算編 —47

図表 2-9　製造間接費の配賦方法の選択肢

① 配賦率を工場全体について総括的にただ1つ求めるか、部門ごとに求めるかによる分類	a　総括配賦法 b　部門別配賦法
② 配賦基準になにを用いるかによる分類	a　物量基準 　　個数、重量、体積など b　金額基準 　　直接材料費、直接労務費、素価など c　時間基準 　　直接作業時間、機械作業時間など
③ 配賦率に実際値を用いるか、予定値を用いるかによる分類	a　実際配賦 b　予定配賦

出所：筆者作成

れている（「基準」三三（一））。これは、部門別計算が原価計算の正確性と原価管理を有効ならしめるために存在することを念頭に置いているためだと考えられる。

　総括配賦法も部門別配賦法も製造間接費を配賦することに変わりはない。工場一括で配賦するか部門別に配賦するかの違いがあるということである。総括配賦法も部門別配賦法の一部門と同様の方法をとることから、部門別配賦法を前提に基礎となる算式を次に示す（諸井勝之助『原価計算講義』(1965) p.111）。

$$\frac{1期間の製造部門別間接費}{同じ期間の製造部門別配賦基準数値}=部門別配賦率$$

　当然ながら上記算式は、部門別計算が一通りなされ製造部門別に部門費が集計されていることを前提にしている。総括配賦法の場合は、分子分母の製造部門別が工場全体となり、工場全体での配賦率が求められる。

② 配賦基準に何を用いるかによる分類

　次に、②の配賦基準を何にするかということが問題となる。配賦基準は、a 物量基準、b 金額基準、c 時間基準に分類できる。それぞれの具体的な基準は図表2-9に示したものが基礎となって、製品への配賦基準として妥当なものが検討される。

　理論的に重要なのは、製品（製造）との関連で配賦基準に適切な因果関係

が認められることである。因果関係の解釈は見解が分かれる場面が多分にあるものの、「配賦額は配賦基準の選択に大きく依存するものであり、配賦基準を選択するための判断基準が極めて重要」（廣本敏郎・挽 文子、前掲書（2015）p.107）といえる。製品の生産との関連で部門費を配賦することから、一般的には時間基準（作業内容が、もっぱら人的作業によるものであれば直接作業時間基準、機械作業によるものであれば、機械作業時間基準）が中心になると考えられる。

③ 配賦率に実際値を用いるか、予定値を用いるかによる分類

　①や②の選択とともに製造間接費の配賦で重要な論点が、実際値を用いるか予定を用いるかという問題である。言い換えると実際配賦か予定配賦かということである。「基準」三三（二）では予定配賦を原則とすることが謳われている。

　実際値を用いるには、たとえば、１期間の製造間接費の実際発生額を１期間の実際作業時間によって除して求める必要がある。これは１期間が終わらなければ配賦ができないことを意味する。つまり、原価計算のタイミングがどうしても遅れてしまうことが欠点として挙げられる。また、実際発生額や実際作業時間には様々な不能率が含まれている可能性があり、実際値はそれらの不能率を可視化することができないことが指摘できる。さらに前節の部門別計算の予定配賦でも述べたとおり、製造間接費は予定配賦と結びつくことで管理上、差異を検討できるようになる。

　結果、原価計算の迅速性や不能率の原因の可視化、経営管理との連係を意図して、予定配賦が原則ないし推奨される。製造間接費の予定配賦のプロセスをまとめたのが、**図表 2 -10**である。

　図表 2 -10のプロセスからいえることは、製造間接費の予定配賦で重要な役割を果たすのが基準操業度ということである。基準操業度について「基準」三三（五）は、「技術的に達成可能な最大操業度ではなく、この期間における生産ならびに販売事情を考慮して定めた操業度」とすることを求めている。これは予定と実際の意味ある比較を行うためである。意味ある比較を行うには、予定された操業度が実際の操業度と近似することが必要である。なぜなら、操業度が著しく乖離した場合、製造間接費の発生が大きく異なる可能性があるからである。近似することで不能率の原因分析に意味が生じるともいえる。

Ⅰ 原価計算編 —49

図表 2-10　製造間接費の予定配賦のプロセス

会計年度開始前	ⅰ．会計年度の開始に先き立ち、製造間接費予算を編成 （基準操業度、製造間接費予算の決定）
	ⅱ．製造間接費から予定配賦率を算定する （基準操業度における変動製造間接費予算＋固定製造間接費予算）÷基準操業度
原価計算期間	ⅲ．原価計算期間において製造完了した製品の操業度に予定配賦率を乗じて予定配賦額を計算する （製造間接費予定配賦額＝予定配賦率×実際操業度）
	ⅳ．原価計算期間終了時に予定配賦額と実際発生額の差額を算定する （製造間接費配賦差異＝製造間接費予定配賦額－製造間接費実際発生額）
会計年度末	ⅴ．原価差異の会計処理

出所：清水 孝、前掲書 (2011) p.60

(5) 差異分析

　予定配賦を行う限りは予定配賦額と実際発生額との間に通常、乖離が生じる。乖離である配賦差異は、部門別計算で言及した全体としての有利差異と不利差異だけでなく、予算差異と操業度差異で有利差異と不利差異に区分することができる。予算差異は製造間接費の実際発生額と予算許容額の差異であり、操業度差異は基準操業度と実際操業度の差に予定配賦率を乗じたものである。予算差異は純粋に予定された予算額と実際の発生額の差分であり、当然ながら予算の範囲内で実際の発生額が抑えられることが望まれる。他方、操業度差異は予定された操業度である基準操業度と実際操業度の差分であり、基準操業度いっぱいの操業が望まれる。

　予算差異と操業度差異は、当該企業が固定予算を採用しているか変動予算を採用しているかによって算定方法が若干異なる。

　固定予算は、その名のとおり当初予算を固定させて予定配賦する。製造間接費を単一基準によって予定配賦する方法ともいえる（1つの予定配賦率：単一基準配賦法）。他方、変動予算もその名のとおり当初予算を変動させて予定配賦する。製造間接費を複数基準によって予定配賦する方法ともいえる（変動費と固定費の2つの予定配賦率：複数基準配賦法）。固定予算と変動予算での予算差異と操業度差異の算定の違いは、基準となる当初予算を固定させ

るか変動させるかの違いに起因する。製造間接費を変動費と固定費に区分するか否かの違いともいえる。

① 固定予算での差異分析

　繰返しになるが、固定予算は当初予算を固定して予定配賦額と実際発生額の差異を分析する。したがって、実際発生額が予算許容額を超えているとした場合、**図表 2 -11**にあるとおり実際発生額と予算許容額の差が予算差異（不利差異）となる。そして、予算許容額と実際操業度における予定配賦額との差が操業度差異（不利差異）となる。

図表 2 -11　固定予算での差異分析のイメージ

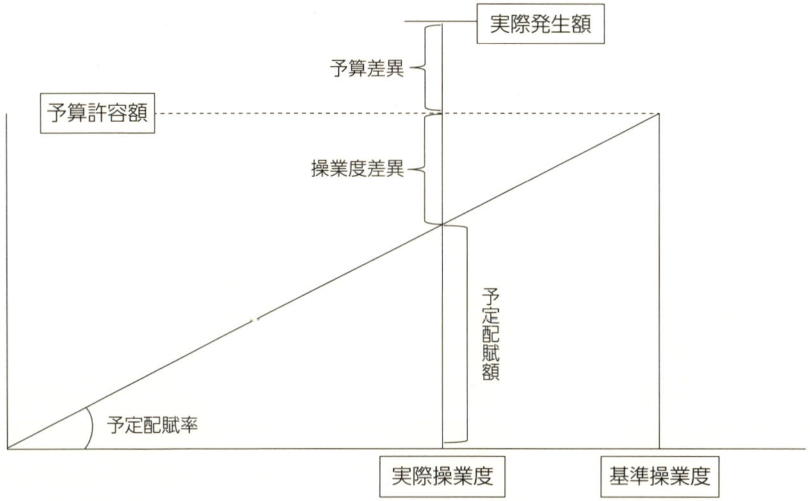

出所：筆者作成

② 変動予算での差異分析

　繰返しになるが、変動予算が固定予算と異なるのは、実際操業度に合わせて予算許容額を変化させることにある。図表 2 -11の固定予算の差異分析と比べると、**図表 2 -12**の変動予算の差異分析では予算許容額のラインが変わっていることに注目して欲しい。実際操業度に合わせて変動費部分がシフトしている。製造間接費のうち変動費部分は操業度に応じて変化することを予算の中に織り込んでいるのが、変動予算に他ならない。

　図表 2 -11の固定予算の場合と同様に、図表 2 -12の変動予算では実際発生

図表2-12　変動予算での差異分析のイメージ

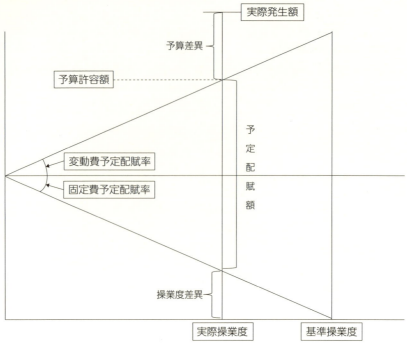

出所：筆者作成

額が予算許容額よりも大きい場合を想定している。固定予算の場合と同様に実際発生額と予算許容額との差が予算差異（不利差異）となるが、固定予算の場合とは予算許容額のラインが動いていることに注意されたい。次に、操業度差異は基準操業度と実際操業度の差に固定費予定配賦率を乗じたものとなる（不利差異）。

設例2-6　配賦差異の算定2

当工場では、製造間接費を機械作業時間を基準に予定配賦している。
また、当工場では変動予算を採用している。
以下の資料を元に製造間接費配賦差異を求め、予算差異と操業度差異を算定しなさい。

① 製造間接費年間予算額　　　　　11,520千円
　　（変動費3,840千円）
　　（固定費7,680千円）
② 年間予定機械作業時間　　　　　1,920時間
③ 当月の製造間接費実際発生額　　1,100千円
④ 当月の実際機械作業時間
　　　製造指図書 No.101　　　　　　50時間
　　　製造指図書 No.102　　　　　　40時間
　　　製造指図書 No.103　　　　　　50時間

【解答】

製造間接費配賦差異	－260	（不利差異）
（予算差異	－180	（不利差異）
（操業度差異	－80	（不利差異）

【解説】

　予算差異は実際発生額と予算許容額の差であることから、予算許容額を求めることから始める必要がある。予算許容額は、固定費は年間の予算額を12で割ることで1月当たりの固定費予算額を算出し、変動費は年間予算額を年間予定機械作業時間で割る（変動費予定配賦率の算定）とともに当月の実際機械作業時間（No.101～103の合計）に乗じて変動費予算額を算出し、両者を合計する。求められた予算許容額を用いて実際発生額との差を計算する。

　次に操業度差異は、月間予定操業度（年間予定機械作業時間を12で割る）と実際操業度の差を求めることが先ず必要である。求められた数値に固定費予定配賦率（年間予定固定費を年間予定機械作業時間で割ることで算定）を乗じることで操業度差異は計算できる。

　製造間接費差異は、予算差異と操業度差異を足したものとなる。

I 原価計算編 —53

(6) 仕損の処理

　製品の製造・生産で仕損が生じることは、できるだけ回避されることが望ましい。しかしながら、仕損は不可避的に生じるものでもある。制度としての原価計算では、仕損の程度によって期間損益計算として適切な期間原価を算定するための調整を行う。仕損品には次の2種類がある（**図表2-13**）。

図表2-13　仕損品の種類

タイプ1	仕損の程度が比較的小さく、補修により合格品として販売できる仕損品（reworked unit）
タイプ2	仕損の程度が大きいため、廃棄処分または材料として再利用される仕損品（spoilage；spoiled unit）

出所：廣本敏郎・挽 文子、前掲書（2015）p.240

　タイプ1の場合、補修に要するコストが仕損費となる。一方、タイプ2の場合、仕損が生じるまでに要した製造コスト（生産コスト）が仕損費となる。補修にかかったコストのみを仕損費とするか、仕損が生じるまでのすべての製造コストを仕損費とするかの違いが、仕損の程度によって変わるということである。

　「基準」三五に示されている処理の概要は**図表2-14**のようなものである。それぞれの場合を簡単に解説する。

図表2-14　原価計算基準での仕損品の計算

①	仕損が補修によって回復でき、補修のために補修指図書を発行する場合	仕損費＝補修指図書に集計された製造原価	
②	仕損が補修によって回復できず、代品を製作するために新たに製造指図書を発行する場合	旧製造指図書の全部が仕損	仕損費＝旧製造指図書に集計された製造原価－仕損品評価額
		旧製造指図書の一部が仕損	仕損費＝新製造指図書に集計された製造原価－仕損品評価額
③	仕損の補修または代品の製作のために別個の指図書を発行しない場合	仕損費＝補修等に要する製造原価の見積額－仕損品評価額	
④	仕損が軽微な場合	仕損費を計上せずに仕損品評価額を当該製造指図書に集計された製造原価から控除するにとどめる	

仕損品評価額＝売却価値の見積額または利用価値の見積額

出所：清水 孝、前掲書（2011）p.56

図表2-14の①の場合は、仕損の程度が回復可能なため、回復に要したコストを仕損費として補修指図書にまとめる。これはタイプ1に属するといえる。

次に、②の「旧製造指図書の全部が仕損」した場合は、代品として新たな製造指図書を発行し、旧製造指図書に集計された製造原価を仕損品として取り扱い、仕損品評価額を差し引いて仕損費を計算する。これはタイプ2に分類できる。

②の「旧製造指図書の一部が仕損」の場合は、「たとえば、そこに指定されていた10個の製品のうち3個が仕損じになったような場合には、この3個について代品を製作することになり、この代品製作のための新製造指図書に集計された製造原価」（諸井勝之助、前掲書（1965）p.123）から仕損品評価額（3個分）が差し引かれ仕損費が計算される。これは、一部の程度によるが、どちらかといえばタイプ1に属するといえる。

③と④はいずれもタイプ1に属すると考えられる。

以上のような分類で認識される仕損費は、仕損が発生した原因によって賦課のされ方が変わる。すなわち、仕損が発生した原因が指図書特有なものであれば元々の特定製造指図書に賦課される。一方、生産プロセスで起こり得る仕損（ある程度の頻度）であるということであれば、生産プロセス全体に賦課される。

このような考え方に基づいて「基準」三五では、2つの処理方法が示されている。

仕損費の処理は、次の方法のいずれかによる。
（一）仕損費の実際発生額又は見積額を、当該指図書に賦課する。
（二）仕損費を間接費とし、これを仕損の発生部門に賦課する。この場合、間接費の予定配賦率の計算において、当該製造部門の予定間接費額中に、仕損費の予定額を算入する。

設例2-7　個別原価計算

当社では単純個別原価計算を実施している。下記の〔資料〕に基づいて完成品製造原価を計算し、製造指図書 No.101と No.102の完成品製造原価を求めなさい。

なお、製造間接費は実際配賦を行う。また、計算過程で端数が生じる場合は、円未満を四捨五入する。

〔資料〕
(1) 直接材料費の払出単価の計算方法として総平均法を採用しており、材料元帳によれば、当月の材料の総平均単価および払出量は次のとおりである。

　　　総平均単価　　9,750円/kg
　　　製造指図書 No.101の製品製造のため　　36kg
　　　製造指図書 No.102の製品製造のため　　66kg

(2) 間接材料費当月発生額　19,110円
(3) ア　作業時間報告書によれば、直接工の当月の直接作業時間は次のとおりである。

　　　No.101……240時間　　　No.102……150時間

　　イ　直接工の当月の総平均賃率……1,560円/時間

　　ウ　直接工の当月の手待時間……4時間（うち、管理可能な原因に基づく手待時間：3時間、異常な原因に基づく手待時間：1時間）

　　エ　直接工が当月、間接作業に携わった時間……2時間

　　オ　間接工の間接作業に対する労務費の当月発生額……31,200円

(4) 間接材料費、間接労務費以外の製造間接費当月発生額……233,260円
(5) 製造間接費の配賦基準として直接作業時間を採用している。
(6) 製造指図書 No.101の製品は月初では仕掛けとなっていた（月初仕掛品原価：68,000円）。製造指図書 No.101、No.102の製品はいずれも当月完成した。

【解答】

	No.101	No.102
月初仕掛品原価	68,000	
直接材料費	351,000	643,500
直接労務費	374,400	234,000
間接材料費	11,760	7,350
間接労務費		
直接工の手待時間	2,880	1,800
直接工の間接作業	1,920	1,200
間接工の間接作業	19,200	12,000
その他製造間接費	143,545	89,715
合　計	972,705	989,565

【解説】

　No.101とNo.102のそれぞれで直接材料費、直接労務費、間接材料費、間接労務費、その他製造間接費を求めることが必要である。直接材料費と直接労務費は、それぞれ総平均単価と総平均賃率に材料使用量と直接工作業時間を乗じて計算される。間接材料費は間接材料費当月発生額を直接作業時間に基づいて配賦することで求まる。間接労務費は解答にあるとおり、直接工の手待時間と間接作業時間も直接作業時間を基準に配賦することが必要である。間接工の間接作業とその他製造間接費も同様の計算が必要となる。なお、手待時間のうち異常な原因に基づく時間は計算から除外しなければならない。

参考文献

〔1〕清水　孝『上級原価計算』第3版　中央経済社　2011年
〔2〕清水　孝『現場で使える原価計算』中央経済社　2014年
〔3〕廣本敏郎・挽　文子『原価計算論』第3版　中央経済社　2015年
〔4〕諸井勝之助『原価計算講義』東京大学出版会　1965年
〔5〕山本浩二、他編著『スタンダードテキスト管理会計論』第1版　中央経済社　2008年

§3

総合原価計算Ⅰ （単純総合原価計算）

1．総合原価計算の意義と単純総合原価計算

　総合原価計算は英語で Process Costing とよばれる。一方、前章で紹介した個別原価計算は Job Costing とよばれる。これは、それぞれの原価計算の特徴をよく表している。すなわち、総合原価計算は一定期間の製造プロセスにかかったコストを計算する。典型的には1カ月といった期間である。1カ月間の製造プロセスにかかったコストを計算し、生産量で除することで平均原価を算出するのが総合原価計算の基本である。

　総合原価計算の前提は、標準化された製造工程で標準化された製品が連続的に大量生産されることにある。標準化された製品の平均原価を求めるのが総合原価計算の目的である。生産される製品個々の原価を個別に求めるのではなく、一括して平均原価を求めることに総合原価計算の一大特徴があるといってよい。

　単純総合原価計算は、数ある総合原価計算の中でも最もシンプルかつ最も象徴的な存在である。原価計算基準（以下「基準」という）二一で単純総合原価計算は次のように規定されている。

単純総合原価計算は、同種製品を反復連続的に生産する生産形態に適用する。単純総合原価計算にあっては、一原価計算期間（以下これを「一期間」という。）に発生したすべての原価要素を集計して当期製造費用を求め、これに期首仕掛品原価を加え、この合計額（以下これを「総製造費用」という。）を、完成品と期末仕掛品とに分割計算することにより、完成品総合原価を計算し、これを製品単位に均分して単位原価を計算する。（「基準」二一）

　すなわち、単一の製造工程によって同一種類の製品を反復連続的に生産する企業で用いられる原価計算方法である。「単一の製造工程」で「同一種類の製品」というのがポイントである。「複数の製造工程」となれば、工程別単純総合原価計算となる。また、「複数種類の製品」となれば複数種類の内容に依って等級別や組別の総合原価計算が必要となる。

Ⅰ 原価計算編—59

2．単純総合原価計算の流れ

　ここで「基準」二一に従って単純総合原価計算の計算過程を改めてまとめておく。まず必要となるのは、①「一原価計算期間（以下これを「一期間」という。）に発生したすべての原価要素を集計して当期製造費用を求め、これに期首仕掛品原価を加え」るという作業である。そして、②「この合計額（以下これを「総製造費用」という。）を、完成品と期末仕掛品とに分割計算することにより、完成品総合原価を計算」する。最後に、③「これを製品単位に均分して単位原価を計算する」。①　②　③を１カ月という典型的な原価計算期間を念頭にまとめると、次のようになる。

> ①＝当月製造費用＋月初仕掛品原価
> ②＝当月完成品総合原価＋月末仕掛品原価
> 　①＝②から、
> 当月完成品総合原価＋月末仕掛品原価＝当月製造費用＋月初仕掛品原価
> 当月完成品総合原価＝（当月製造費用＋月初仕掛品原価）－月末仕掛品原価
> 　↓
> ③当月完成品単位原価＝当月完成品総合原価÷当月完成品量

　上記の計算過程で重要となるのは、何よりも月末仕掛品原価の算定である。月末仕掛品原価の評価によって当月完成品総合原価と当月完成品単位原価は変化する。月末仕掛品原価は翌月の月初仕掛品原価となり、翌月の完成品総合原価および完成品単位原価にも影響を及ぼす。つまり、総合原価計算では月末仕掛品原価の算定が全体の計算結果を左右する。

3．月末仕掛品の評価

　総合原価計算は適用される業界・工場の典型が、いわゆる装置産業であり、そこでは個別原価計算のように材料費・労務費・経費という区分を用いることが難しい場合が多い。そのため、一般的に総合原価計算では直接材料費と加工費という区分が用いられる（「基準」二四（一））。そして、総合原価計算では月末仕掛品の評価が決定的に重要であり、それは一般的な区分を前提にすれば直接材料費と加工費それぞれで行われる（区分を他に設ければそ

れ毎に行う）。

(1) 月末仕掛品の評価方法

　「基準」二四（一）では、完成品と月末仕掛品への配分について「まず、当期製造費用および期首仕掛品原価を、原則として直接材料費と加工費とに分け、期末仕掛品の完成品換算量を直接材料費と加工費とについて算定する。」とした上で、「期末仕掛品の完成品換算量は、直接材料費については、期末仕掛品に含まれる直接材料消費量の完成品に含まれるそれに対する比率を算定し、これを期末仕掛品現在量に乗じて計算する。加工費については、期末仕掛品の仕上り程度の完成品に対する比率を算定し、これを期末仕掛品現在量に乗じて計算する。」と規定している。すなわち、月末仕掛品の評価におけるキーワードは完成品換算量である。直接材料費と加工費それぞれの完成品換算量の概念式は**図表3-1**のとおりである。

図表3-1　完成品換算量の計算

> 直接材料費の期末仕掛品完成品換算量＝期末仕掛品数量×直接材料投入進捗度
> 加工費の期末仕掛品完成品換算量＝期末仕掛品数量×加工進捗度

　直接材料費にしても加工費にしても、それぞれ進捗度が問題となる。直接材料費で工程の始点ですべてが投入されるのであれば、期末仕掛品でも直接材料費は進捗度100％ということになる。一方、加工費は基本的に工程の進捗に応じて発生すると考えられるため、期末仕掛品の評価は難しいものとなる。直接材料費でも始点ですべて投入せず、工程に応じて投入するということであれば、同様の問題が生じる。このような進捗度の測定を巡る問題に関しては、実務上さまざまな対応が図られている。

(2) 完成品原価の算定方法

　月末仕掛品の評価が定まれば（完成品換算量が明確になれば）、月初仕掛品原価と当月製造費用を配分する計算段階に移行する。「基準」二四（二）では、この計算段階での方法が6つ示されている（分類名は清水　孝『現場で使える原価計算』（2014）p.105を参考）。

I 原価計算編—*61*

(イ) 平均法（「基準」二四（二）1）

(ロ) 先入先出法（「基準」二四（二）2）

(ハ) 後入先出法（「基準」二四（二）3）

(ニ) (イ)・(ロ)・(ハ)のいずれかを直接材料費のみに適用し、加工費はすべて完成品に負担させる方法（「基準」二四（二）4）

(ホ) 予定原価または正常原価法（「基準」二四（二）5）

(ヘ) 無視法（「基準」二四（二）6）

　上記のうち、(ハ)の後入先出法はIFRSとわが国の会計基準の調和を図る観点から2010年4月1日に開始する事業年度以後、現在禁止されている。したがって、現在利用できるのは残る5つということになる。

① 平均法

　「基準」二四（二）1では、平均法について次のように示されている。

当期の直接材料費総額（期首仕掛品および当期製造費用中に含まれる直接材料費の合計額）および当期の加工費総額（期首仕掛品および当期製造費用中に含まれる加工費の合計額）を、それぞれ完成品数量と期末仕掛品の完成品換算量との比により完成品と期末仕掛品とにあん分して、それぞれ両者に含まれる直接材料費と加工費とを算定し、これをそれぞれ合計して完成品総合原価および期末仕掛品原価を算定する（平均法）。

　平均法は、その名のとおり月初仕掛品と当期製造費用を典型的には直接材料費と加工費でそれぞれ合計し、完成品と完成品換算された月末仕掛品の数量に応じて配分する（**図表3-2**参照）。そして、完成品と月末仕掛品それぞれで直接材料費と加工費を合計する。

　図表3-2のイメージを、直接材料が工程の始点ですべて投入されることを前提に月末仕掛品原価の計算式をまとめたのが、**図表3-3**である。

〈平均法の特徴〉

　平均法の特徴は、原価が平均化されることにある。換言すると平準化されるということである。計算手続的には先入先出法に比べると簡素であることから、最も実務で採用されてきたとされている。

図表 3-2　平均法のイメージ

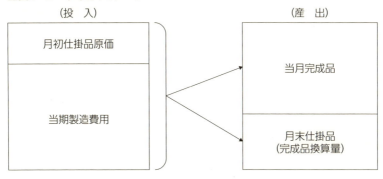

図表 3-3　平均法の計算式

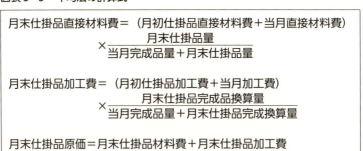

② 先入先出法

「基準」二四（二）2では、先入先出法は次のように示されている。

> 期首仕掛品原価は、すべてこれを完成品の原価に算入し、当期製造費用を、完成品数量から期首仕掛品の完成品換算量を差し引いた数量と期末仕掛品の完成品換算量との比により、完成品と期末仕掛品とにあん分して完成品総合原価および期末仕掛品原価を算定する（先入先出法）。

すなわち、先入先出法もその名のとおり先に投入したものが先に産出されることを想定する処理方法である。

先入先出法は2種類に分けられる。1つは純粋先入先出法であり、いま1つは修正先入先出法である。

純粋先入先出法は、月初仕掛品からの完成品総合原価と当月投入分からの完成品総合原価とを区別して計算する方法である。月初仕掛品と当月製造費

用との間の先入先出を厳密に区分する方法といえる。
　一方、修正先入先出法は、月初仕掛品からの完成品総合原価と当月投入分からの完成品原総合原価とを区別しないで計算する方法である。これは、月初仕掛品と当月製造費用との間で完成品原価を平均して捉える方法といえる。
(i) 純粋先入先出法
　　純粋先入先出法のイメージは、**図表3-4**のとおりである。

図表3-4　純粋先入先出法のイメージ

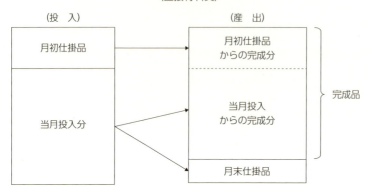

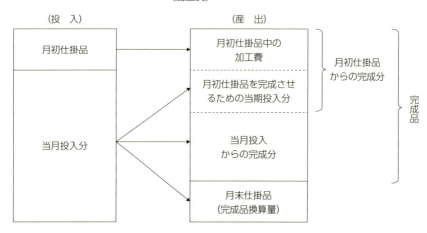

図表3-4で注意を要するのは、加工費の部分である。ここでは直接材料費が工程の始点ですべて投入されることを前提にしている。したがって、直接材料費では月初仕掛品と当月製造費用との関係は相対的に区別しやすいのに対して、加工費では進捗度に応じて当月製造費用の一部が月初仕掛品の加工費に加算される。純粋先入先出法の特徴が最も表れるのが、その部分といっていいだろう。

(ii) 修正先入先出法

　修正先入先出法のイメージは、**図表3-5**のとおりである。

図表3-5　修正先入先出法のイメージ

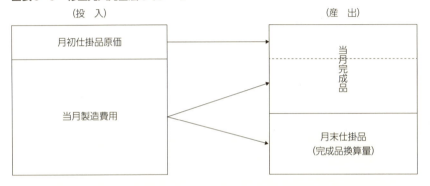

　先述のとおり、修正先入先出法は月初仕掛品原価と当月製造費用の当月完成品分を合算して総合原価を算出する。当月完成品の単位原価は、月初仕掛品と当月製造費用の平均化された原価となる。

〈先入先出法の特徴〉

　先入先出法の特徴は、モノの流れと価値の流れを合致させる点にある。それを計算方法として純粋に追求しているのが純粋先入先出法であり、簡便的に追求しているのが修正先入先出法と考えることができる。実務では修正先入先出法が用いられることが多いといわれているが、平均法と同様に計算の容易性が原因として考えられる。原価計算として価値の流れを表現するとすれば、純粋先入先出法が選択されるべきである。

③ **その他の方法**

　平均法と先入先出法以外で現在利用できる方法で「基準」に示されている

のは、㈡ 加工費はすべて当月完成品に負担させる方法、㈥ 予定原価または正常原価法、㈦ 無視法である。

(i) 加工費はすべて当月完成品に負担させる方法

　　この方法は、月末仕掛品の加工進捗度が測定できないもしくは著しく困難である場合に認められる。総合原価計算の適用で典型的と思われる装置産業における製造では、工程のあらゆるところに仕掛品が存在する。そのような場合、当月の加工費はすべて当月完成品に負担させるほかないというのが、この方法の考え方である。

(ii) 予定原価または正常原価法

　　実際の実際原価を積み上げるのではなく、予定原価ないし正常原価を用いて月末仕掛品を評価する方法である。実際の月末仕掛品原価と予定原価が必ずしも一致するわけではないと考えられることから、原価差異がすべて当月完成品原価に含まれるという問題が生じる。複雑な生産工程を有する現代では多くの企業が利用しているとされているが、原価計算の容易性を優先する場合にとられる方法といえる。

(iii) 無視法

　　月末仕掛品の数量が毎期ほぼ等しい場合に、当月製造費用を当月完成品原価とみなす方法である。月初・月末仕掛品の存在を基本的に無視する。これは極端に月末仕掛品が少ない場合に認められる方法といえる。仮定として、ごく少量の仕掛品の数量が毎期等しければ、各月での製造費用がほぼ各月の完成品原価となることは考えられる。しかしながら、数量は同じでも価格面の変化（材料・賃率・製造間接費配賦率）もあることから、無視法が許容されるのはごく限られた場合のみと考えられる。

設例3-1　単純総合原価計算（平均法と先入先出法）

　次の〔資料〕に基づき、① 平均法と② 先入先出法によって、完成品総合原価と完成品単位原価（小数点第2位まで）、月末仕掛品原価を計算しなさい。材料は工程始点ですべて投入されている。

〔資料〕

	数量	加工進捗度	直接材料費	加工費
月初仕掛品	400	60%	96,000	32,400
当月着手	3,800		362,000	423,000
小計	4,200		458,000	455,400
月末仕掛品	1,000	20%		
差引：完成品	3,200			

【解答】

	完成品総合原価	完成品単位原価	月末仕掛品原価
①平均法			
直接材料費	348,952	109.05	109,048
加工費	428,612	133.94	26,788
合　計	777,564	242.99	135,836
②先入先出法			
直接材料費	362,737	113.36	95,263
加工費	428,628	133.95	26,772
合　計	791,365	247.30	122,035

【解説】

　総合原価計算の特徴に従って、直接材料費と加工費のそれぞれで月末仕掛品原価を先ず計算し、しかる後に完成品総合原価を求め、最後に完成品単位原価を求めるというのが基本的な流れとなる。平均法では直接材料費と加工費それぞれで月初仕掛品金額と当月着手金額を産出量合計（加工費は加工進捗度を加味して完成品換算量を求めた上で）で除して月末仕掛品原価を求める。先入先出法では、先入先出の仮定に基づいて月末仕掛品を当月着手金額によって直接材料費と加工費それぞれで求めることで、残りの完成品総合原価と完成品単位原価を求める。

§3　総合原価計算Ⅰ（単純総合原価計算）

Ⅰ　原価計算編 —67

4．仕損・減損・作業屑の処理

　総合原価計算における仕損・減損・作業屑の処理は、「基準」では二七と二八で触れられているが、その取り上げられ方は少なくとも大々的というものではない。ところが、原価計算のテキストでは詳細に取り上げられたり、公認会計士試験を初めとする会計関係の試験では難問の類として出題されたりする。それでは実務ではどうかといえば、そうした詳細な検討方法はほとんど採用されていない。

　しかしながら、総合原価計算が採用される典型の連続生産する装置産業では、仕損・減損・作業屑といった現象は一定程度、不可避的に発生する。総合原価計算は、それらの問題を理論的にどのように処理すべきか考察を重ねてきた。処理方法は完成品原価や期末仕掛品原価の算定と同様に基本的に平均法か先入先出法によることになる。

　「基準」二七では、仕損・減損の処理は「原則として、特別に仕損費の費目を設けることをしないで、これをその期の完成品と期末仕掛品とに負担させる。」と規定されている。これは度外視法とよばれる考え方である。これに対するもう１つの考え方が、非度外視法である。「原価計算基準」は、期間損益計算の容易性と妥当性を優先する立場から度外視法を原則にしたものと解される。

(1)　度外視法と非度外視法

① 度外視法

　度外視法は、その名のとおり仕損・減損を度外視し完成品および月末仕掛品に負担させる方法である（**図表3-6**参照）。度外視法の適用にあたっては、**図表3-7**のような解釈を踏まえる必要がある。

　図表3-7の3つの解釈を踏まえ結論をいえば、仕損・減損の発生の仕方によって仕損費・減損費の計算方法の妥当性は変わる。そして、いずれにしても度外視法の場合は、完成品原価のみか完成品原価と期末仕掛品原価に仕損費・減損費は含まれることになる（仕損費や減損費を別途認識・測定することなく）。度外視法が原則とされたのは、実際に仕損や減損を厳密に認識・測定することの難しさが多分に考慮されたためとも思われる。

図表 3-6　度外視法のイメージ

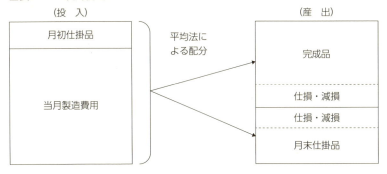

図表 3-7　度外視法の適用上の解釈

ⅰ. 仕損費・減損費を完成品と期末仕掛品とに負担させる	・どのような場合でも仕損費と減損費は、完成品と期末仕掛品が負担する ・仕損発生点が工程全体であれば一概に間違いとはいえない ・工程で平均的に減損が発生していれば当然
ⅱ. 工程終点で発見された仕損費・減損費以外は完成品と期末仕掛品とに負担させる	・工程終点で仕損・減損が発生するのであれば、期末仕掛品は発生点に至っていないので完成品のみが負担する ・発生点が工程終点である限りにおいて首肯される。それ以外は完成品と期末仕掛品が負担すべき
ⅲ. 仕損・減損の発見点Ａと月末仕掛品の進捗度Ｂを比較し、Ａ＞Ｂならば仕損費・減損費は完成品のみが負担、Ａ≦Ｂならば完成品と期末仕掛品が負担する	・理論的には支持されるものの、実際に適用することは困難。仕損・減損を一点のみで判断することは難しい ・実際には仕掛品は工程の多数の場所にあることが多い

出所：清水 孝『現場で使える原価計算』(2014) pp.113-114を基に筆者作成

② 非度外視法

　非度外視法は、度外視法とは逆に仕損費・減損費を別個に認識・測定する方法である。最終的に度外視法同様、完成品原価か期末仕掛品原価に仕損費・減損費は組み込まれることになるが、別個に仕損費・減損費が完成品や期末仕掛品と同様に計算される点に特徴がある（**図表3-8**参照）。理論的には仕損費・減損費が可視化されるため、非度外視法が優れているとされる。

図表 3-8　非度外視法のイメージ

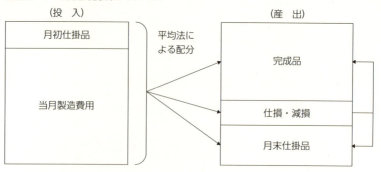

図表 3-9　非度外視法の計算原理

仕損・減損の発生状況	月末仕掛品と仕損・減損発生点の関係	負担先	配分基準
仕損・減損が定点で発生する。	仕損発生点 ≦ 月末仕掛品の加工進捗度	仕損費・減損費は月末仕掛品と完成品の両者負担	直接材料の数量（追加投入によって増量する場合はその調整後の数量）
	仕損発生点 ＞ 月末仕掛品の加工進捗度	仕損費・減損費は完成品のみが負担	なし
仕損・減損が工程を通じて平均的に発生する。		仕損費・減損費は月末仕掛品と完成品の両者負担	加工費の完成品換算量

出所：清水　孝『上級原価計算』第 3 版（2011）p.85

その計算原理をまとめたのが、**図表 3-9** である。

(2) 各処理の概説

① 仕損の処理

　仕損は正常仕損と異常仕損に分けられる。したがって、仕損費は正常仕損費と異常仕損費に分けられることになる。正常仕損費は完成品原価および期末仕掛品原価に含まれることになる。一方、異常仕損費は非原価項目として処理される（営業外費用ないし特別損失）。

　仕損費を完成品のみに負担させるか、完成品と期末仕掛品に負担させるか

の判断は、理論的には図表 3 - 9 の考え方を基礎にする必要がある（度外視法でも非度外視法でも）。この処理は個別原価計算の仕損の処理と同様である。

仕損が定点で発生し、月末仕掛品が定点を超えているか否かによって負担を変える前提で、計算処理を場合分けしたのが**図表 3 -10**である。

図表 3 -10　正常仕損費の計算処理

〈月末仕掛品が定点を超えて仕損を完成品と月末仕掛品に負担させる場合〉

月末仕掛品直接材料費＝（月初仕掛品直接材料費＋当月直接材料費）

$$\times \frac{月末仕掛品量}{当月完成品量＋月末仕掛品量}$$

月末仕掛品加工費＝（月初仕掛品加工費＋当月加工費）

$$\times \frac{月末仕掛品完成品換算量}{当月完成品量＋月末仕掛品完成品換算量}$$

完成品直接材料費＝月初仕掛品直接材料費＋当月直接材料費－月末仕掛品直接材料費

完成品加工費＝月初仕掛品加工費＋当月加工費－月末仕掛品加工費

完成品総合原価＝完成品直接材料費＋完成品加工費

〈月末仕掛品が定点を超えておらず、仕損を完成品のみに負担させる場合〉

月末仕掛品直接材料費＝（月初仕掛品直接材料費＋当月直接材料費）

$$\times \frac{月末仕掛品量}{当月完成品量＋月末仕掛品量＋当月仕損品量}$$

月末仕掛品加工費＝（月初仕掛品加工費＋当月加工費）

$$\times \frac{月末仕掛品完成品換算量}{当月完成品量＋月末仕掛品完成品換算量＋当月仕損品完成品換算量}$$

月末仕掛品原価＝月末仕掛品直接材料費＋月末仕掛品加工費

〈仕損品に評価額があり完成品と月末仕掛品に負担させる場合〉

（仕損品評価額を当月直接材料費から差し引く場合）
月末仕掛品直接材料費

$$=（月初仕掛品直接材料費＋当月直接材料費－\underline{正常仕損品評価額}）$$

$$\times \frac{月末仕掛品量}{当月完成品量＋月末仕掛品量}$$

月末仕掛品加工費＝（月初仕掛品加工費＋当月加工費）

$$\times \frac{月末仕掛品完成品換算量}{当月完成品量＋月末仕掛品完成品換算量}$$

§3

総合原価計算Ⅰ（単純総合原価計算）

Ⅰ 原価計算編 —71

〈仕損品に評価額があり完成品のみに負担させる場合〉

月末仕掛品直接材料費＝（月初仕掛品直接材料費＋当月直接材料費）

$$\times \frac{月末仕掛品量}{当月完成品量＋正常仕損品量＋月末仕掛品量}$$

月末仕掛品加工費＝（月初仕掛品加工費＋当月加工費）

$$\times \frac{月末仕掛品完成品換算量}{当月完成品量＋正常仕損品完成品換算量＋月末仕掛品完成品換算量}$$

月末仕掛品原価＝月末仕掛品直接材料費＋月末仕掛品加工費

完成品総合原価＝月初仕掛品原価＋当月製造費用－仕損品評価額－月末仕掛品原価

出所：山本浩二、他編著『スタンダードテキスト管理会計論』（2008年）pp.94-98を若干筆者編集

② 減損の処理

　減損の処理は、仕損の処理に準じる（「基準」二七）。すなわち、仕損同様に正常減損、異常減損の分類がまずある。異常減損は非原価項目として処理される。

　減損も仕損と同様に、どの段階で認識するかが重要となってくる。

③ 作業屑の処理

　作業屑の処理は副産物に準じるものとして、「基準」二八に次のように規定されている。全部で5つの処理方法が示されている。

　総合原価計算において、副産物が生ずる場合には、その価額を算定して、これを主産物の総合原価から控除する。副産物とは、主産物の製造過程から必然に派生する物品をいう。

　副産物の価額は、次のような方法によって算定した額とする。

（一）副産物で、そのまま外部に売却できるものは、見積売却価額から販売費および一般管理費又は販売費、一般管理費および通常の利益の見積額を控除した額。

（二）副産物で、加工の上売却できるものは、加工製品の見積売却価額から加工費、販売費および一般管理費又は加工費、販売費、一般管理費および通常の利益の見積額を控除した額。

（三）副産物で、そのまま自家消費されるものは、これによって節約されるべき物品の見積購入価額

（四）副産物で、加工の上自家消費されるものは、これによって節約されるべ

き物品の見積購入価額から加工費の見積額を控除した額
　軽微な副産物は、前項の手続によらないで、これを売却して得た収入を、原価計算外の収益とすることができる。

設例 3 – 2　単純総合原価計算（仕損）

　次の資料から、度外視法と非度外視法のそれぞれで完成品総合原価と月末仕掛品原価を計算しなさい。月末仕掛品の評価は平均法を用い、直接材料はすべて工程始点で投入されることを前提にする。

〔資料〕

	数量	加工進捗度	直接材料費	加工費
月初仕掛品	1,800	40%	94,000	34,600
当月着手	7,200		362,000	346,000
小計	9,000		456,000	380,600
仕損品	500	50%		
月末仕掛品	1,500	60%		
差引：完成品	7,000			

【解答】

	完成品総合原価	月末仕掛品原価
① 度外視法		
直接材料費	375,529	80,471
加工費	337,241	43,359
合　計	712,770	123,830
② 非度外視法		
直接材料費	354,667	76,000
加工費	326,896	42,029
仕損費	30,477	6,531
合　計	712,040	124,560

I　原価計算編 —73

【解説】

　度外視法と非度外視法は、その名のとおり仕損費を度外視するかしないかによる。したがって、度外視法では仕損品を度外視して月末仕掛品原価と完成品原価を求めることになる。一方、非度外視法では仕損費を別途算定する。

　解答の①度外視法の計算結果は、直接材料費と加工費のそれぞれで月末仕掛品と完成品の数量を算出して合計して、月初仕掛品金額と当月着手金額を合計した数値を除し、月末仕掛品原価を算定することが第1歩となる。それぞれ月末仕掛品原価が求まれば、差額として完成品総合原価が求まる。この計算過程で一貫して仕損品を度外視することで、月末仕掛品原価と完成品総合原価の中に仕損品の原価が吸収されることになる。

	数量	加工進捗度	直接材料費	加工費
月初仕掛品	1,800	40%	94,000	34,600
当月着手	7,200		362,000	346,000
小計	9,000		456,000	380,600
仕損品	500	50%		
月末仕掛品	1,500	60%		
差引：完成品	7,000			

ここに注目する！

　他方、非度外視法は仕損品の原価を別に算定することが必要となる。その点以外は通常の総合原価計算と同様の計算となる。したがって、仕損品の直接材料費と加工費を先ず求め、しかる後にそれらを合算して仕損品費を算定し、月末仕掛品に負担させる部分を計算する。結果、完成品総合原価に負担させる額が差額として計算される。

	数量	加工進捗度	直接材料費	加工費
月初仕掛品	1,800	40%	94,000	34,600
当月着手	7,200		362,000	346,000
小計	9,000		456,000	380,600
仕損品	500	50%		
月末仕掛品	1,500	60%		
差引：完成品	7,000			

ここに注目する！

この問題は平均法を前提にしていること、月末仕掛品の加工進捗度が仕損品の加工進捗度を超えていることから、上記のような相対的に簡単な計算処理となっているが、他の先入先出法などや加工進捗度の設定によっては計算処理が異なってくる点は注意を要する。

設例 3 - 3　単純総合原価計算（減損）

平均法によって月末仕掛品、完成品原価、完成品単位原価を求めなさい。
なお、材料はすべて工程の始点で投入され、正常減損は工程の20％点で生じる。

1．生産データ（単位：kg）		（進捗度）
月初仕掛品量	800	50％
当月投入量	7,500	
投入量合計	8,300	
当月完成品量	6,700	
当月正常減損量	600	20％
月末仕掛品量	1,000	60％
産出量合計	8,300	

2．原価データ（単位：円）			
月初仕掛品原価		当月製造費用	
原料費	265,000	原料費	1,386,000
加工費	425,800	加工費	4,531,900
合計	690,800	合計	5,917,900

【解答】

（単位：円）

	原料費	加工費	合計
月末仕掛品原価	214,416	407,482	621,898
完成品総合原価	1,436,584	4,550,218	5,986,802
完成品単位原価			894

【解説】

　減損の処理は仕損の処理と同様であることと、当該問題は月末仕掛品の加工進捗度が減損が生じるポイントを超えていることから、減損を踏まえた総合原価の計算としては比較的単純なものとなっている。すなわち、原料費と加工費のそれぞれで月末仕掛品量と当月

§3　総合原価計算Ⅰ（単純総合原価計算）

Ⅰ　原価計算編 —75

完成品量を用いて月末仕掛品原価を求めた上で、完成品総合原価を求める流れで計算すればよい。

参考文献

〔1〕清水 孝『上級原価計算』第3版　中央経済社　2011年
〔2〕清水 孝『現場で使える原価計算』中央経済社　2014年
〔3〕山本浩二、他編著『スタンダードテキスト管理会計論』第1版　中央経済社　2008年

§ 4

総合原価計算 Ⅱ
（工程別 / 組別 / 等級別 / その他の総合原価計算）

1．工程別総合原価計算

(1) 工程別総合原価計算の意義と種類

　一般に、工場内には複数の製造工程ないし作業区分が存在し、製品は複数の製造工程を経て生産される。たとえばビール工場においては、原料は製麦後に、仕込み・発酵→熟成・濾過→ビン詰め・缶詰め→製品検査→パッケージングといった工程を経て、生産・出荷される。このように複数工程を有する生産形態に適用する総合原価計算の方法が工程別総合原価計算である。つまり、製造工程が2以上連続する工程に分けられ、工程ごとにその工程製品の総合原価を計算する場合、これを工程別総合原価計算または工程別計算という（原価計算基準（以下「基準」という）二五）。

　工程別計算における工程とは、工場内の製造工程を職制上の責任単位（責任センター）に基づいて、および作業種類の相違（活動センター）に基づいて区分・設定される原価計算上の概念であり、コスト・センターである。その意味では、原価計算上の工程は、実際の製造の作業が行われている工程とは必ずしも一致するとは限らない。なお、総合原価計算における工程は、個別原価計算における製造部門に相当する。したがって、部門別計算を組み合わせた総合原価計算の形態が工程別総合原価計算であるといえる。

　工程別総合原価計算においては、まず製造原価を各工程別に集計し、各工程の完成品と期末仕掛品とに原価を按分する。各工程内における按分計算は単純総合原価計算における計算方法と同じである。ただし、各工程の完成品（工程完了品）を次工程に振り替えるとき、その振替製品の原価（工程完了品原価ないし前工程費）の取扱いによって、工程別計算は累加法と非累加法に区分される。「基準」二五によると、累加法による工程別計算が規定されており、ある工程から次工程へ振り替えられた工程製品の総合原価を前工程費または原料費として、次工程の製造費用に加算するとされている。

Ⅰ 原価計算編 —77

図表4-1　総合原価計算の種類

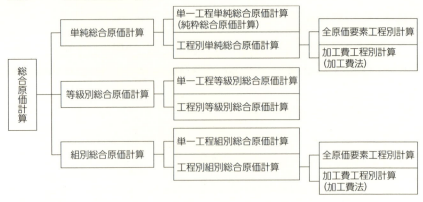

出所：筆者作成

　また、原料がすべて最初の工程で始点投入され、その後の工程では、単にこれを加工するにすぎない場合には、各工程別に1期間の加工費を集計し、それに原材料費を加算することにより、完成品総合原価を計算することができる。この方法が加工費工程別総合原価計算または加工費法である（「基準」二六）。すべての原価要素を工程別に集計する全原価要素工程別総合原価計算に対して、加工費法は加工費についてのみを工程別に集計する方法である。
　つまり、工程別計算は、工程別に集計する原価要素の範囲によって全原価要素工程別総合原価計算か加工費法かに区分され、さらに工程別の計算方式の相違によって累加法と非累加法と区分される。

(2) 工程別総合原価計算の方法：累加法と非累加法

　各工程の完成品（工程完了品）を次工程に振り替えるとき、その振替製品の原価（工程完了品原価ないし前工程費）の取扱いによって、累加法と非累加法に区分される。
　「基準」二五によると、累加法による工程別総合原価計算が規定されており、ある工程から次工程へ振り替えられた工程製品の総合原価を、前工程費または原料費として次工程の製造費用に加算するとされている。累加法では、工程完了品を次工程に振り替えるにつれ、その原価も次工程に振り替え

図表 4-2　累加法の勘定連絡図

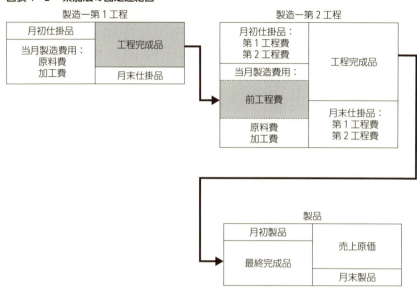

出所：筆者作成

図表 4-3　非累加法の勘定連絡図

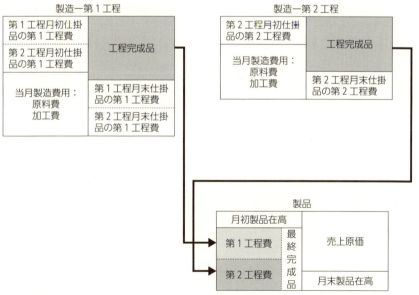

出所：筆者作成

ていく。

一方、非累加法によると、工程完了品を次工程に振り替えても、その原価は振り替えず、当該工程の勘定に残しておく。当該工程完了品が最終完成品となり、製品勘定に振り替えられるときに、その最終完成品が負担すべき当該工程費を製品勘定に振り替える。さらに非累加法には、計算結果が累加法と一致する非累加法（改正非累加法）と、一致しない非累加法（通常の非累加法）がある。

設例 4－1

次の〔資料〕に基づいて、累加法による場合の完成品総合原価を計算しなさい。

〔資料〕

(1) 生産データ

	第1工程	第2工程
月 初 仕 掛 品	1,170kg （0.2）	1,200kg （0.4）
当 月 投 入 材 料	7,650kg	－
前 工 程 よ り 受 入 れ	－	7,620kg
計	8,820kg	8,820kg
月 末 仕 掛 品	1,200kg （0.5）	1,020kg （0.6）
工 程 完 了 品	7,620kg	7,800kg

※仕掛品量の（　）内の数値は、加工進捗度を表している。

(2) 原価データ

	第1工程		第2工程	
	原材料費	加工費	前工程費	加工費
月 初 仕 掛 品	280,800円	47,940円	558,000円	103,200円
当 月 製 造 費 用	1,912,500円	1,756,920円	?	1,745,040円
計	2,193,300円	1,804,860円	?	1,848,240円

(3) 先入先出法によって原価配分を行っている。

(4) 原料は工程の始点で投入している。

【解答】

完成品総合原価：5,360,400円

【解説】

　工程別総合原価計算を理解するためには、まず問題状況を把握した上で、投入量と産出量のフローと計算の論理を理解し、それに応じた按分計算を行わなければならない。

　第1工程完了品原価は、①第1工程月初仕掛品原価＋②第1工程当月着手当月完成分の原価で構成される。前工程費は、後工程においては常に進捗度100％となることに注意する。工程別総合原価計算を理解するには、ワークシートを作成することが有用である。

〈第1工程〉

	原料費		加工費		合計（円）
	数量（kg）	金額（円）	数量（kg）	金額（円）	
当月投入額	7,650	1,912,500	7,986	1,756,920	3,669,420
月末仕掛品	1,200	300,000	600	132,000	432,000
差　引	6,450	1,612,500	7,386	1,624,920	3,237,420
月初仕掛品	1,170	280,800	234	47,940	328,740
完　成　品	7,620	1,893,300	7,620	1,672,860	3,566,160
単　価					@468

〈第2工程〉

	前工程費		加工費		合計（円）
	数量（kg）	金額（円）	数量（kg）	金額（円）	
当月投入額	7,620	3,566,160	7,932	1,745,040	5,311,200
月末仕掛品	1,020	477,360	612	134,640	612,000
差　引	6,600	3,088,800	7,320	1,610,400	4,699,200
月初仕掛品	1,200	558,000	480	103,200	661,200
完　成　品	7,800	3,646,800	7,800	1,713,600	5,360,400
単　価					@687.230

　累加法によるワークシートは、このように工程別に区切られて作成される。各工程別に、当月着手分から月末仕掛品量を差し引き、月初仕掛品量を加えるというモノの数量（原材料ないし前工程費と加工費の完成品換算量）の流れが明らかである。この計算フローにしたがって、各工程において単一工程の総合原価計算を行い、その工程別の完成品原価を次工程における前工程費の当月投入額として振り替えていく。なお、第2工程では、第1工程完了品原価は前工程費として扱われ、前工程費の進捗度は常に100％とされることに注意が必要である。

§4

総合原価計算Ⅱ

Ⅰ 原価計算編—81

設例 4-2

設例 4-1における〔資料〕に基づいて、非累加法による場合（2パターン）の完成品総合原価を計算しなさい。ただし、設例 4-1における〔資料〕に「第 2 工程月初仕掛品（前工程費）は原料費193,600円、加工費174,400円である」を追加資料として加えることとする。

【解答】

(i) 改正非累加法
　　完成品総合原価：5,360,400円
(ii) 通常の非累加法
　　完成品総合原価：5,358,360円

【解説】

(i) 改正非累加法

	第 1 工程原料費		第 1 工程加工費		第 2 工程加工費		合計
	数量	金額	数量	金額	数量	金額	
当月投入額	7,650	1,912,500	7,986	1,756,920	7,932	1,745,040	5,414,460
第 1 工程月末仕掛品	1,200	300,000	600	132,000	0	0	432,000
差引	6,450	1,612,500	7,386	1,624,920	7,932	1,745,040	4,982,460
第 1 工程月初仕掛品	1,170	280,800	234	47,940	0	0	328,740
小計	7,620	1,893,300	7,620	1,672,860	7,932	1,745,040	5,311,200
第 2 工程月末仕掛品	1,020	253,434	1,020	223,926	612	134,640	612,000
差引	6,600	1,639,866	6,600	1,448,934	7,320	1,610,400	4,699,200
第 2 工程月初仕掛品	1,200	296,400	1,200	261,600	480	103,200	661,200
完成品	7,800	1,936,266	7,800	1,710,534	7,800	1,713,600	5,360,400
単価		@248.239		@219.299		@219.692	@687.230

累加法と計算結果が一致する改正非累加法では、数量の流れの順序が累加法の場合と同じであることが特徴であろう。なお、累加法の場合と同じく、第 2 工程では、第 1 工程完了品原価は前工程費として扱われ、前工程費の進捗度は常に100%とされる。

(ii) 通常の非累加法

完成品総合原価：5, 358, 360円

通常の非累加法のワークシートを次のように示すことができる。

	第1工程原料費		第1工程加工費		第2工程加工費		合計
	数量	金額	数量	金額	数量	金額	
当月投入額	7, 650	1, 912, 500	7, 986	1, 756, 920	7, 932	1, 745, 040	5, 414, 460
第1工程月末仕掛品	1, 200	300, 000	600	132, 000	0	0	432, 000
第2工程月末仕掛品	1, 020	255, 000	1, 020	224, 400	612	134, 640	614, 040
差引	5, 430	1, 357, 500	6, 366	1, 400, 520	7, 320	1, 610, 400	4, 368, 420
第1工程月初仕掛品	1, 170	280, 800	234	47, 940	0	0	328, 740
第2工程月初仕掛品	1, 200	296, 400	1, 200	261, 600	480	103, 200	661, 200
完成品	7, 800	1, 934, 700	7, 800	1, 710, 060	7, 800	1, 713, 600	5, 358, 360
単価		@248.038		@219.238		@219.692	@686.969

　非累加法による2つのワークシートを見比べると、まず数量のフローの順序が異なっていることに気づく。その数量のフローの相違が計算結果へ反映される。以上の計算例より、非累加法の特長を次のようにまとめることができる。

- 製品の種類別に異なる工程・作業の利用区分について計算が容易になる。
- 工程別に等価係数がある場合、累加法よりも計算が容易になる。
- 原価が要素別・工程別に把握されるので、このような分析的な原価データを把握することは、原価管理に有用であるだけでなく、製品原価の見積りにも有用である。
- 予定原価（または原価標準）設定の基礎となる製品単位当たりの工程別加工費に関する情報を得ることができる。

I 原価計算編 —83

(3) 加工費工程別総合原価計算：加工費法

　加工費工程別総合原価計算（加工費法）は、「原材料がすべて最初の工程の始点で投入され、その後の工程では、単にこれを加工するに過ぎない場合」（「基準」二六）に適用される工程別計算の方法である。つまり、原料費を工程別に計算せず、加工費のみを工程別に計算する方法である。したがって、原価管理の中心が「加工費」にある場合に有用であるといえる。

　加工費法には次のような特徴がある。

- 原料費と加工費を区別して計算するので、製品単位当たり原料費と加工費を明確に区分できる。
- 原料の価格変動が激しい場合には、加工費法によって原料価格の変動に適応した原価の見積りが容易になる。
- 異種製品を同一工程で生産する場合には、製品種類ごとに原料が異なっても、製品単位当たり加工費がほぼ同じであれば、原料だけは組別に計算し、加工費を製品種類別に分離することなく一括して工程別計算することができる。

設例 4 - 3

　〔資料〕に基づいて、加工費工程別総合原価計算および累加法を用いて完成品原価を計算しなさい。また、月末仕掛品原価は FIFO によって計算する。

〔資料〕

(1) 生産データ

	第 1 工程		第 2 工程	
月初仕掛品量	1,050kg	(0.3)	2,100kg	(0.6)
当月着手量	8,850kg		9,000kg	
計	9,900kg		11,100kg	
月末仕掛品量	900kg	(0.7)	1,800kg	(0.8)
工程完了品量	9,000kg		9,300kg	

　材料は第 1 工程の始点でのみ投入している。

　仕掛品量の（　）内の数値は、加工進捗度を表している。

(2) 原価データ

	第1工程		第2工程
	材料費	加工費	加工費
月初仕掛品原価／第1工程	655,500円	216,000円	－
月初仕掛品原価／第2工程	1,306,950円	1,456,500円	817,500円
当月投入原価	5,513,550円	6,520,500円	6,162,000円

【解答】

完成品総合原価：18,330,300円

【解説】

完成品原価における直接材料費は、次式のとおり計算できる。

(655,500＋1,306,950)＋6,150×5,513,550÷8,850＝5,793,900円

(第1工程当月着手量8,850kg －第1工程月末仕掛品量900kg －第2工程月末仕掛品量1,800kg ＝6,150kg)。

一方、加工費については累加法によって計算するので、工程別にワークシートを作成する。

〈第1工程〉

	加工費	
	数量	金額
当月投入額	9,315	6,520,500
月末仕掛品	630	441,000
差引	8,685	6,079,500
月初仕掛品	315	216,000
第1工程完成品	9,000	6,295,500

〈第2工程〉

	前工程費		加工費		合計
	数量	金額	数量	金額	
当月投入額	9,000	6,295,500	9,480	6,162,000	12,457,500
月末仕掛品	1,800	1,259,100	1,440	936,000	2,195,100
差引	7,200	5,036,400	8,040	5,226,000	10,262,400
月初仕掛品	2,100	1,456,500	1,260	817,500	2,274,000
最終完成品	9,300	6,492,900	9,300	6,043,500	12,536,400

@1,348

∴　5,793,900円＋12,536,400円＝18,330,300円

このように、加工費法では、直接材料費と加工費とを明確に区分することができ、直接材料費の計算は全工程を単一工程とみなして行われる。そのため、原価管理の主眼は、各工程別加工費に当てられることになる。加工費法によると原料費と加工費とが混合してしまうことを避けることができる利点があるが、あくまで全原価要素工程別総合原価計算の簡便的方法に過ぎない。

(4) 予定原価または正常原価による工程間の振替え

　工程別原価をもって生産効率を測定するためには、工程完了品の振替原価に予定原価ないし正常原価を用いることができる（「基準」二五）。予定原価をもって工程間振替えを行う場合、工程別に、工程完了品の実際原価と、予定原価・正常原価とを比較することによって、どの責任者の下でどのような差異がいかなる原因で生じたのかを明らかにすることができる。ここで、振替差異とは、工程間に振り替えられる工程製品の価額を予定原価または正常原価をもって計算することによって生ずる原価差異をいい、1期間におけるその工程製品の振替価額と実際額との差額として算定する（「基準」四五(八)）。工程費差異ということもある。

2．組別総合原価計算

(1) 組別総合原価計算の意義と種類

　組別総合原価計算は、同一の生産工程において異種製品を組別に連続生産する生産形態に適用する総合原価計算の方法をいう。つまり、相異なる複数の同種製品（組製品）について、1原価計算期間における製品原価を計算する。この点が単一製品を連続生産する場合に適用する単純総合原価計算（§3）とは対照的であるといえよう。そのように組別総合原価計算を理解すると、組別総合原価計算は、工程別計算の有無や、工程別に集計する原価要素の範囲によって次のように区分できる。
① 単一工程組別総合原価計算
② 全原価要素工程別組別総合原価計算
③ 加工費工程別組別総合原価計算
　さらに、組別工程別総合原価計算も、工程別の計算方式の相違によって累加法と非累加法とに区分される。

(2) 組別総合原価計算の方法

　「基準」二三によると、「組別総合原価計算にあっては、一期間の製造費用

86

図表4-4　組別総合原価計算の勘定連絡図

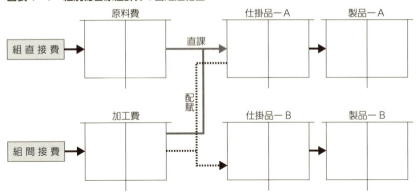

出所：筆者作成

を組直接費と組間接費又は原料費と加工費とに分け、個別原価計算に準じ、組直接費又は原料費は、各組の製品に賦課し、組間接費又は加工費は、適当な配賦基準により各組に配賦する」とされている。さらに「次いで一期間における組別の製造費用と期首仕掛品原価とを、当期における組別の完成品とその期末仕掛品とに分割することにより、当期における組別の完成品総合原価を計算し、これを製品単位に均分して単位原価を計算する。」とされている。

したがって、組別総合原価計算において原価を組別に集計する手続は、個別原価計算における製造指図書別に集計する手続と同じである。その上で、組別総合原価計算は、1期間に集計された組別の当期製造原価と期首仕掛品原価とを当期における組別の完成品と期末仕掛品に配分し、各組製品の完成品総合原価を期間生産量で均分することによって単位原価を計算する。つまり、組別総合原価計算は、受注生産と連続生産の中間的な形態に対応して展開されており、総合原価計算と個別原価計算の双方の特徴を有している。

設例4-4

同一の生産設備（第1工程および第2工程）を利用して、組製品Hと組製品Rを製造・販売している。次の〔資料〕に基づいて、累加法による組別全原価要素工程別総合原価計算を実施した場合の各組製品の完成品総合原価を計算しなさい。

〔資料〕

(1) 生産データ

〈第1工程〉	組製品H		組製品R	
月初仕掛品	800個	(0.75)	700個	(0.2)
当月着手	4,400個		5,300個	
計	5,200個		6,000個	
月末仕掛品	1,000個	(0.3)	800個	(0.8)
減損	200個	(0.2)	200個	(0.5)
完成品	4,000個		5,000個	

〈第2工程〉	組製品H		組製品R	
月初仕掛品	280個	(0.4)	400個	(0.4)
当月着手	4,000個		5,000個	
計	4,280個		5,400個	
月末仕掛品	800個	(0.7)	1,400個	(0.8)
減損	480個	(1.0)	—	
完成品	3,000個		4,000個	

(ア) 直接材料はすべて第1工程の始点で投入されている。

(イ) 生産データにおけるカッコ内の数値は加工進捗度を表している。

(ウ) 第1工程完成品はすべて第2工程へ振り替えられている。

(2) 月初仕掛品原価（単位：円）

	第1工程		第2工程	
	組製品H	組製品R	組製品H	組製品R
前工程費	—	—	704,800	656,000
直接材料費	720,000	470,960	—	—
加工費	309,600	180,480	458,400	122,880

(3) 当月の組直接費（単位：円）

	第1工程		第2工程	
	組製品H	組製品R	組製品H	組製品R
直接材料費	2,640,000	3,565,840	—	—
組直接加工費	1,730,800	3,561,920	1,576,000	182,400

(4) 当月の組間接加工費の予定配賦率は1,250円／時間であり、次の組別工程別の機械加工時間を基準に組別工程別に配賦している。

	第1工程		第2工程	
	組製品H	組製品R	組製品H	組製品R
機械加工時間	1,560時間	2,240時間	1,475.2時間	1,984時間

(5) 完成品と月末仕掛品への原価配分の方法は平均法による。

(6) 当月中に生じた減損はすべて正常な状態を原因として発生した。正常減損費の処理方法には度外視法を採用しており、正常減損費の負担関係は進捗度に基づいて決定している。

【解答】

(i) 組製品Hの計算

組製品H 原価計算表

	第1工程			第2工程		
	直接材料費	加工費	合計	前工程費	加工費	合計
月初仕掛品	720,000	309,600	1,029,600	704,800	458,400	1,163,200
当月製造費用	2,640,000	3,680,800	6,320,800	6,400,000	3,420,000	9,820,000
小　計	3,360,000	3,990,400	7,350,400	7,104,800	3,878,400	10,983,200
月末仕掛品	672,000	278,400	950,400	1,328,000	537,600	1,865,600
完　成　品	2,688,000	3,712,000	6,400,000	5,776,800	3,340,800	9,117,600
製品単位原価		@1,600			@3,039.2	

組製品H第1工程の計算

$$完成品直接材料費 = \frac{(720,000円 + 2,640,000円) \times 4,000個}{4,000個 + 1,000個} = 2,688,000円$$

$$月末仕掛品直接材料費 = \frac{(720,000円 + 2,640,000円) \times 1,000個}{4,000個 + 1,000個} = 672,000円$$

$$完成品加工費 = \frac{(309,600円 + 1,730,800円 + 1,250円 \times 1,560時間) \times 4,000個}{4,000個 + 300個} = 3,712,000円$$

$$月末仕掛品加工費 = \frac{(309,600円 + 1,730,800円 + 1,250円 \times 1,560時間) \times 300個}{4,000個 + 300個} = 278,400円$$

組製品H第2工程の計算

$$完成品直接材料費 = \frac{(704,800円 + 6,400,000円) \times (3,000個 + 480個)}{3,000個 + 480個 + 800個} = 5,776,800円$$

$$月末仕掛品直接材料費 = \frac{(704,800円 + 6,400,000円) \times 800個}{3,000個 + 480個 + 800個} = 1,328,000円$$

$$完成品加工費 = \frac{(458,400円 + 1,576,000円 + 1,250円 \times 1,475.2時間) \times (3,000個 + 480個)}{3,000個 + 480個 + 800個 \times 0.7}$$

$$= 3,340,800円$$

$$月末仕掛品加工費 = \frac{(458,400円 + 1,576,000円 + 1,250円 \times 1,475.2時間) \times 800個 \times 0.7}{3,000個 + 480個 + 800個 \times 0.7}$$

$$= 537,600円$$

(ii) 組製品 R の計算

組製品 R　原価計算表

	第1工程			第2工程		
	直接材料費	加工費	合計	前工程費	加工費	合計
月初仕掛品	470,960	180,480	651,440	656,000	122,880	778,880
当月製造費用	3,565,840	6,361,920	9,927,760	9,280,000	2,662,400	11,942,400
小　計	4,036,800	6,542,400	10,579,200	9,936,000	2,785,280	12,721,280
月末仕掛品	556,800	742,400	1,299,200	2,576,000	609,280	3,185,280
完成品	3,480,000	5,800,000	9,280,000	7,360,000	2,176,000	9,536,000
製品単位原価			@1,856			@2,384

組製品 R 第1工程の計算

$$完成品直接材料費 = \frac{(470,960円 + 3,565,840円) \times 5,000個}{5,000個 + 800個} = 3,480,000円$$

$$月末仕掛品直接材料費 = \frac{(470,960円 + 3,565,840円) \times 800個}{5,000個 + 800個} = 556,800円$$

$$完成品加工費 = \frac{(180,480円 + 3,561,920円 + 1,250円 \times 2,240時間) \times 5,000個)}{5,000個 + 800個 \times 0.8} = 5,800,000円$$

$$月末仕掛品加工費 = \frac{(180,480円 + 3,561,920円 + 1,250円 \times 2,240時間) \times 800個 \times 0.8}{5,000個 + 800個 \times 0.8}$$
$$= 742,400円$$

組製品 R 第2工程の計算

$$完成品直接材料費 = \frac{(656,000円 + 9,280,000円) \times 4,000個}{4,000個 + 1,400個} = 7,360,000円$$

$$月末仕掛品直接材料費 = \frac{(656,000円 + 9,280,000円) \times 1,400個}{4,000個 + 1,400個} = 2,576,000円$$

$$完成品加工費 = \frac{(122,880円 + 182,400円 + 1,250円 \times 1,984時間) \times 4,000個)}{4,000個 + 1,400個 \times 0.8} = 2,176,000円$$

$$月末仕掛品加工費 = \frac{(122,880円 + 182,400円 + 1,250円 \times 1,984時間) \times 1,400個 \times 0.8}{4,000個 + 1,400個 \times 0.8}$$
$$= 609,280円$$

【解説】

　本設例でも示されたとおり、組別工程別総合原価計算では製造原価を組製品に集計するのだが、組間接費（加工費ないし製造間接費）を組別に配賦する際には予定配賦（正常配賦）によることが望ましい。

3. 等級別総合原価計算

(1) 等級別総合原価計算の意義と種類

　等級別総合原価計算は、同一工程において同種製品を連続生産するが、それらの製品を形状、大きさ、品位などによって等級別に区別できる場合に適用される総合原価計算である（「基準」二二）。等級製品とは、同種製品のことであり、形状、大きさ、品位のほか、厚さの違い、サイズの違いなどによって区分される。等級別総合原価計算は、単純総合原価計算と組別総合原価計算との中間形態の簡便法であるといえる。

　また、等級別総合原価計算においても、工程別計算の有無や、工程別に集計する原価要素の範囲によって次のように区分できる。

① 単一工程等級別総合原価計算

② 全原価要素工程別等級別総合原価計算

③ 加工費工程別等級別総合原価計算

　さらに、組別工程別総合原価計算も、工程別の計算方式の相違によって累加法と非累加法とに区分される。

(2) 等級別総合原価計算の方法

　「基準」二二によると、「等級別総合原価計算にあっては、各等級製品について適当な等価係数を定め、一期間における完成品の総合原価又は一期間の製造費用を等価係数に基づき各等級製品にあん分してその製品原価を計算する。」とされている。つまり、等級別総合原価計算にあっては、各等級製品について適当な等価係数を定める必要がある。製品相互間の製造原価発生額の相違を説明できるような物量的基準が等価係数となる。等価係数を算定する方法には次の2つがある。

① 重量、長さ、面積、純度等、各等級製品の性質に基づいて算定⇒アウトプット（製品）の属性値に基づく方法（⇒第1法へ）

② 標準材料消費量、標準作業時間等、各等級製品の資源利用量に基づいて算定⇒インプット（利用資源）の物量数値に基づく方法（⇒第2法へ：因果関係に忠実な方法）

§4

総合原価計算Ⅱ

I 原価計算編―91

図表4-5　等級別総合原価計算（第1法）の勘定連絡図

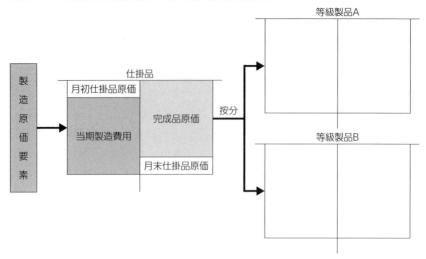

出所：筆者作成

　按分計算は、等価係数から算出した等価比率を用いて行う。なお、等価比率とは各製品間の積数の比率のことをいい、積数とは各等級製品生産量に等価係数を乗じたものをいう。

① 等級別総合原価計算の第1法
　各等級製品の等価係数に生産量を乗じた積数に基づいて、当原価計算期間の完成品総合原価を一括して各等級製品に按分する。考え方としては単純総合原価計算に近い。第1法を適用する場合には重量、長さ、面積、純度等に基づいて算定した等価係数を使用する。
　ただし、等級別総合原価計算の第1法には、次の2つの計算方法があることにも注意されたい。
(i) 産出原価（完成品原価のみ）を各製品に按分する方法
(ii) 等価係数を用いて数量を統一してから按分する方法

② 等級別総合原価計算の第2法
　各等級製品の等価係数に生産量を乗じた積数に基づいて、各等級製品の当期製造費用を計算し、各等級製品の製造費用と期首仕掛品原価とを、当期に

図表4-6 等級別総合原価計算（第2法）の勘定連絡図

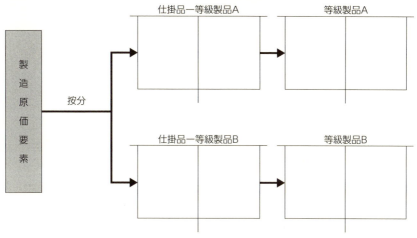

出所：筆者作成

おける各等級製品の完成品と期末仕掛品とに按分する。考え方としては組別総合原価計算に近い。第2法を適用する場合には標準材料消費量、標準作業時間等、各等級製品の資源利用量に基づいて算定した等価係数を使用する。

設例4-5（平成26年第Ⅰ回短答式管理会計論問題7を参照）

駿河台製作所の和泉工場では、等級別製品ＸとＹとを製造しており、等級別総合原価計算を実施している。材料Ａは工程の始点で投入し、材料Ｂは工程の加工進捗度60％の時点から終点まで平均的に追加投入して、これを完成させている。なお、材料Ｂの追加投入による生産量の増量はない。〔資料〕に基づいて、製品Ｘおよび製品Ｙの完成品総合原価を計算しなさい。

〔資料〕
(1) 生産データ

	製品Ｘ	製品Ｙ
月初仕掛品	120個　(0.5)	200個　(0.7)
当月着手	?	?
正常仕損品	40個	―
月末仕掛品	200個　(0.5)	400個　(0.8)

Ⅰ 原価計算編 ―93

当 月 完 成 品　6,000個　　　　　　4,000個

(ア) カッコ内は加工進捗度を示している。

(イ) 正常仕損はすべて当月投入分から発生し、工程の終点の検査点において発見された。

(2) 原価データ

		製品 X	製品 Y
月初仕掛品	直接材料費 A	378,000円	1,050,000円
	直接材料費 B	—	512,500円
	加工費	336,000円	980,000円
当月製造費用	直接材料費 A	39,360,000円	
	直接材料費 B	77,740,000円	
	加工費	67,830,000円	

(3) 等価係数

	製品 X	製品 Y
直接材料費 A・B	0.6	1
加工費	0.8	1

(4) 計算条件

(ア) 仕掛品の評価は先入先出法による。

(イ) 仕損品の売却価値はゼロであった。仕損費の処理は、仕損品の発生店進捗度と仕掛品の加工進捗度により判断する。

(ウ) 当月製造費用は等価係数によって各製品に按分する。

(エ) 計算過程で端数が生じる場合は、千円未満を四捨五入する。

【解答】

製品 X 完成品総合原価：90,594,000円

製品 Y 完成品総合原価：89,992,500円

【解説】

本問においては、各原価要素（直接材料費 A、直接材料費 B、加工費）の別に投入量と産出量のフローの計算の論理を適切に把握することが肝要である。

(i) 直接材料費 A の計算

製品 X への当月投入量：(6,000個＋40個) －120個＋200個＝6,120個

製品 Y への当月投入量：4,000個－200個＋400個＝4,200個

積数合計：0.6×6,120個＋ 1 ×4,200個＝7,872個

製品 X 完成品総合原価（直接材料費 A）：

$$378,000円 + \frac{39,360,000円 \times 0.6 \times 6,120個}{7,872個} \times \frac{(6,000個 + 40個) - 120個}{6,120個} = 18,138,000円$$

製品 Y 完成品総合原価（直接材料費 A）：

$$1,050,000円 + \frac{39,360,000円 \times 1 \times 4,200個}{7,872個} \times \frac{4,000個 - 200個}{4,200個} = 20,050,000円$$

(ii) 直接材料費 B の計算

製品 X への当月投入量：$6,000個 + 40個 - 120個 \times 0 + 200個 \times 0 = 6,040個$

製品 Y への当月投入量：$4,000個 - 200個 \times 0.25 + 400個 \times 0.5 = 4,150個$

積数合計：$0.6 \times 6,040個 + 1 \times 4,150個 = 7,774個$

製品 X 完成品総合原価（直接材料費 B）：

$$\frac{77,740,000円 \times 0.6 \times 6,040個}{7,774個} \times \frac{6,000個 + 40個}{6,040個} = 36,240,000円$$

製品 Y 完成品総合原価（直接材料費 B）：

$$512,500円 + \frac{77,740,000円 \times 1 \times 4,150個}{7,774個} \times \frac{4,000個 - 200個 \times 0.25}{4,150個} = 40,012,500円$$

　直接材料費 B は追加投入の材料であるため、進捗度の計算には注意が必要である。つまり、直接材料費 B は加工進捗度60％で投入されるので、工程全体からみた加工進捗度70％は、直接材料費 B の加工進捗度25％相当（$= \frac{70\% - 60\%}{100\% - 60\%}$）に換算できる。同様に、工程全体からみた加工進捗度80％は、直接材料費 B の加工進捗度50％相当（$= \frac{80\% - 60\%}{100\% - 60\%}$）に換算でき、加工進捗度60％以下の場合には工程全体からみた加工進捗度は０％相当と計算される。したがって、製品 X における直接材料費 B の月初・月末の仕掛品の加工進捗度は０％であり、製品 Y における直接材料費 B の月初仕掛品の加工進捗度は25％、直接材料費 B の月末仕掛品の加工進捗度は50％となる。

(iii) 加工費の計算

製品 X への当月投入量：$6,000個 + 40個 - 120個 \times 0.5 + 200個 \times 0.5 = 6,080個$

製品 Y への当月投入量：$4,000個 - 200個 \times 0.7 + 400個 \times 0.8 = 4,180個$

積数合計：$0.8 \times 6,080個 + 1 \times 4,180個 = 9,044個$

製品 X 完成品総合原価（加工費）：

$$336,000円 + \frac{67,830,000円 \times 0.8 \times 6,080個}{9,044個} \times \frac{(6,000個 + 40個) - 120個 \times 0.5}{6,080個} = 36,216,000円$$

製品 Y 完成品総合原価（加工費）：

$$980,000円 + \frac{67,830,000円 \times 1 \times 4,180個}{9,044個} \times \frac{4,000個 - 200個 \times 0.7}{4,180個} = 29,930,000円$$

以上より、製品 X および製品 Y の完成品総合原価は次のように計算できる。

製品 X 完成品総合原価：

　$18,138,000円 + 36,240,000円 + 36,216,000円 = 90,594,000円$

製品 Y 完成品総合原価：

　$20,050,000円 + 40,012,500円 + 29,930,000円 = 89,992,500円$

§4

総合原価計算Ⅱ

I 原価計算編 —95

4．その他の総合原価計算

(1) 連産品・主製品・副産物・作業屑

　1つの工程から同時に複数の産出物が不可避的に生産されることがある。それらの産出物は別個に生産することができず、その相対的経済価値に基づいて、連産品、主製品、副産物などに分類することができる。

　連産品とは、同一工程において同一原料から不可避的に生産される異種の製品であって、相互に主副を明確に区別できないものをいう（「基準」二九）。連産品は、精肉業や石油精製業のような業種においてよく見られる。石油精製業者の場合には、原油を精製して、ガソリン、重油、軽油、灯油などを産出する。

　また、生産される製品相互間の相対的価値の観点から、企業にとって経済価値の高い製品を主製品あるいは主産物、低い製品を副産物として区別することがある。副産物も主製品を生産する過程で不可避的に生産されるという点では連産品と同様である。したがって、連産品か、主製品か、副産物かの分類は、固定的ではなく相対的経済価値の高低にある。なお、作業屑や減損も、不可避的に産出されるアウトプットであるが、その相対的経済価値は極めて低い。

図表4-7　連産品・主製品・副産物・作業屑の相対的売却価値

出所：筆者作成

(2) 副産物等の処理

「基準」二八によると、副産物とは、主産物の製造過程から必然的に派生する物品をいう。副産物の価額は原則として主産物の総合原価から控除する。軽微な副産物は、売却して得た収入を原価計算外の収益とすることができる。作業屑・仕損品等の処理および評価は、副産物に準ずる。

副産物等の評価額は次のいずれかにより計算する。

- そのまま外部に売却する場合は、見積売却価額から営業費等を控除した額
- 加工の上で売却なら、見積売却額から加工費、営業費等を控除した額
- そのまま自家消費する場合は、節約される物品の見積購入額
- 加工の上で自家消費する場合は、自家消費により節約される物品の見積購入額から加工費見積額を控除した額

(3) 連産品の原価計算

連産品が分離される点を分離点といい、分離点までにかかったコストを連結原価ないし結合原価（joint cost）という。

連結原価を各連産品に配賦する際の方法に市価法と物量法がある。市価法とは、連産品の市価に基づいて配賦する方法である。物量法とは、連産品に

図表4-8　連産品の分離点

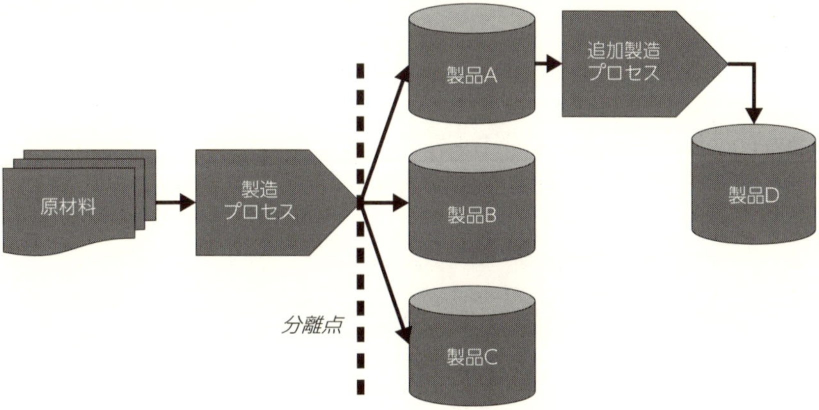

出所：筆者作成

I 原価計算編 —97

関する何らかの物量に基づいて配賦する方法である。

設例 4 - 6 （平成27年第Ⅱ回短答式管理会計論問題6を参照）

　和泉製作所は親会社である駿河台商事より無償支給された原料をすべて工程の始点で投入して部品αを製造している。〔資料〕に基づいて、連産品Aおよび連産品Bの完成品原価を計算しなさい。

〔資料〕
(1) 生産データ

当月投入原料	5,800kg	
月末仕掛品	3,000kg	（加工進捗度40%）
連産品A	2,400kg	
連産品B	400kg	

(2) 和泉製作所は親会社から原料を無償支給されているため、加工費のみが総合原価計算の対象になっている。当月の加工費の金額は、31,806,000円であった。

(3) 連産品AおよびBはともに工程の終点で分離される連産品であり、親会社である駿河台商事は、連産品Aを1kg当たり3,360円、連産品Bを1kg当たり5,040円で買い取っている。

【解答】

　連産品Aの完成品原価：17,811,360円
　連産品Bの完成品原価：　4,452,840円

【解説】

　本問においては、総合原価計算の対象が加工費のみであるため、加工費に関する完成品換算量をベースにして計算する必要がある。

　当月着手の加工費完成品換算量：(2,400kg +400kg) +3,000kg ×0.4=4,000kg

　完成品総合原価：$\dfrac{31,806,000円}{4,000kg}$ ×(2,400kg +400kg) =22,264,200円

　連産品Aの原価：$\dfrac{22,264,200円}{(2,400kg ×3,360円+400kg ×5,040円)}$ ×2,400kg ×3,360円
　　　　　　　　=17,811,360円

連産品Ｂの原価： $\dfrac{22,264,200円}{(2,400kg \times 3,360円 + 400kg \times 5,040円)} \times 400kg \times 5,040円$

＝4,452,840円

§4

総合原価計算Ⅱ

Ⅰ 原価計算編 —99

§5 標準原価計算

1．標準原価計算の意義

(1) 標準原価計算制度とは

　原価計算制度には、実際原価計算制度と標準原価計算制度がある。1962年制定の原価計算基準（以下「基準」という）二では、標準原価計算制度を**図表5-1**のように規定している。この規定より標準原価計算制度の目的は、①、②から「原価計算の簡素化・迅速化」のために標準原価を原価計算のどの段階で組み入れるか、③、④から「原価管理」のために原価差異をいつ算出するかが重要であることがわかる。

　「基準」では、①で述べている製品の標準原価（単位当たりの標準原価：これを原価標準とよぶ）と**図表5-1**の(1)式の原価標準に実際生産量を掛け算した標準原価を区分せず、共に標準原価とよんでいる。原価標準は図面などの技術情報をもとに事前に設定され、標準原価は生産活動により生産資源が投

図表5-1　標準原価計算制度の定義

標準原価計算制度は、
① 製品の標準原価を計算し、これを財務会計の主要帳簿に組み入れ、
② 製品原価の計算と財務会計とが、標準原価をもって有機的に結合する原価計算制度である。
標準原価計算制度は、
③ 必要な計算段階において実際原価を計算し、
④ これと標準との差異を分析し、報告する体系である。

（「基準」二より作成）

①②→原価計算の簡素化・迅速化
③④→原価管理

標準原価＝原価標準（単位当たりの標準原価）×実際生産量……(1)

入されてから計算される。両者にはこのような違いがあり、原価標準と標準原価は分けて考えることが重要なので、本書ではできる限り区分する。

(2) 原価標準の諸概念

原価標準とは何か、「基準」四（一）2では、**図表5-2**の上図ように定義している。①は標準消費量を意味し、②は標準価格を意味し、原価標準は、図表5-2の(2)式で求められる。原価標準は、標準消費量のロスをどう扱うか、予定単価や正常価格をどう考えるか、工場の操業度をどの程度にするかなどによりレベルが変わってくる。

図表5-2　原価標準のレベルと現実的標準原価、正常原価

原価標準とは、
① 財貨消費量を科学的、統計的調査に基づいて能率の尺度となるように予定し、
② かつ、予定価格または正常価格をもって計算した原価をいう。
この場合能率の尺度としての標準とは、その標準が適用される期間において達成されるべき原価の目標を意味する

（「基準」四（一）2より作成）

原価標準＝標準消費量×標準価格……(2)

現実的標準原価	正常原価
• 良好な能率のもとにおいて、その達成が期待され得る標準原価 • 通常生ずると認められる程度の減損、仕損、遊休時間等の余裕率を含む原価 • 比較的短期における予定操業度および予定価格を前提として決定され、これら諸条件の変化に伴い、しばしば改訂される標準原価 • 原価管理に最も適するのみでなく、棚卸資産管理の算定および予算の編成のためにも用いられる。	• 経営における異常な状態を排除し、経営活動に関する比較的長期にわたる過去の実際数値を統計的に平準化し、これに将来のすう勢を加味した正常能率、正常操業度および正常価格に基づいて決定される原価 • 経済状態の安定している場合に、棚卸資産評価額の算定のために最も適するのみでなく、原価管理のための標準として用いられる。

（「基準」四（一）2より作成）

① 現実的標準原価と正常原価

「基準」四（一）2では、「標準原価計算制度において用いられる標準原価

は、現実的標準原価又は正常原価である。」「標準原価として、実務上予定原価が意味される場合や原価管理のために理想標準原価が用いられる。」と記述している。図表5-2の下図は、現実的標準原価と正常原価について整理したものである。

② 予定原価と理想標準原価

「基準」四（一）2には、原価標準として実務上で予定原価が用いられること、原価管理のために理想標準原価が用いられることを述べているが、理想標準原価は原価計算基準にいう標準原価ではないとも述べている。

図表5-3は、予定原価と理想標準原価について整理したものである。ここで、理想標準原価の技術的に達成可能な最大操業度とは「80％から100％の間」、最高能率とは「歩留率100％、不良0、能率100％、稼働率100％」の状態である。

図表5-3　予定原価と理想標準原価

予定原価	理想標準原価
• 将来における財貨の予定消費量と予定価格とをもって計算した原価 • 予算の編成に適するのみでなく、原価管理および棚卸資産評価の算定のためにも用いられる。	• 技術的に達成可能な最大操業度のもとにおいて、最高能率を表す最低の原価 • 財貨の消費における減損、仕損、遊休時間等に対する余裕率を許容しない理想的水準における標準原価

（「基準」四（一）2より作成）

(3) 標準原価算定の目的

「基準」四〇では、標準原価算定の目的として、**図表5-4**に整理した項目をあげている。この標準原価算定の目的は、「管理のベンチマーク」と「価格算定の基礎資料」の2つに区分することができる。

① 管理のベンチマーク

これは、標準原価を原価管理や予算編成目的に使用することを意味し、原価管理を推進する部門で必要とする標準原価である。図表5-4の（一）は原価管理、（三）は予算編成であるが、原価管理のために標準原価設定が、最も重要な目的である。ここで、現実的標準原価や正常原価は、科学的根拠

I 原価計算編―*103*

図表5-4　標準原価算定の目的

標準原価算定の目的
(一) 原価管理を効果的にするための原価の標準として標準原価を設定する。これは標準原価を設定する最も重要な目的である。
(二) 標準原価は、真実の原価として仕掛品、製品等の棚卸資産価額および売上原価の算定の基礎となる。
(三) 標準原価は、予算とくに見積財務諸表の作成に、信頼し得る基礎を提供する。
(四) 標準原価は、これを勘定組織の中に組み入れることによって、記帳を簡略化し、迅速化化する。

(「基準」四〇より作成)

| (一)(三) → | 管理のベンチマーク：理想標準原価 |
| (二)(四) → | 価格算定の基礎　　　：現実的標準原価、正常原価 |

のない過去の平均原価であり、原価管理に適しているとはいいがたい。また、予定原価は予算管理の際に使われる原価の概念であり、原価管理の概念ではない。原価管理を推進するために必要な標準原価は、ロスの管理を徹底し、効率よく仕事を行うことで技術的に達成可能な理想標準原価である。つまり、単なる予想値、目標値や過去の実績値ではなく、どうあるべきかを示す原価である。標準原価は、製造システムが変わらない限り変わることのない真実の原価である。

② 価格算定の基礎

　これは、原価計算の効率化を意味するので、主に経理部門が必要とする標準原価である。図表5-4の（二）は財務諸表作成、（四）は会計処理の迅速化が標準原価設定の目的であり、実際原価に近い水準の現実的標準原価、正常原価が適している。

(4) 標準原価計算の手順

　「基準」一（三）では、原価管理を**図表5-5**の上図のように定義している。

図表5-5　原価管理と標準原価計算

原価管理
① 原価の標準を設定してこれを指示し
② 原価の実際の発生額を計算記録し
③ これを標準と比較して、その差異の原因を分析し
④ これに関する資料を経営管理者に報告し
⑤ 原価能率を増進する措置を講ずること

(「基準」―（三）より作成)

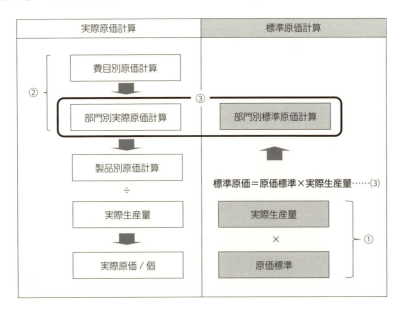

① 原価標準の設定と標準原価計算

　原価標準は原価発生について責任をもつ各部署に指示されることが必要である。「基準」四三では、原価標準を指示する文書の種類として「標準製品原価表」「材料明細表」「標準作業表」「製造間接費予算表」を説明している。各文書の内容は、**図表5-6**で確認して欲しい。標準原価は、図表5-5の下図の(3)式のように原価標準に実際生産量を掛け算して計算する。

図表 5-6　原価標準を指示する帳票の例

(一) 標準製品原価表
製造指図書に指定された原価標準を構成する各種直接材料費の標準、作業種類別の直接労務費の標準および部門別製造間接費配賦の標準を数量的および金額的に表示指定する文書をいい、必要に応じ材料明細表、標準作業表等を付属させる。
(二) 材料明細表
材料明細表とは、製品の一定単位の生産に必要な直接材料の種類、品質、その標準消費量等を表示指定する文書をいう。
(三) 標準作業表
標準作業表とは、製品の一定単位の生産に必要な区分作業の種類、作業部門、使用機械工具、作業の内容、労働等級、各区分作業の標準時間等を表示指定する文書をいう。
(四) 製造間接費予算表
製造間接予算表は、製造間接予算を費目別に指示指定した費目別予算表と、これをさらに部門別に表示指示した部門別予算表に分けられ、それぞれ予算期間の総額および各月別予算額を記載する。部門別予算表において、必要ある場合には、費目を変動費と固定費または管理可能費と管理不能費とに区分表示する。

(「基準」四三より作成)

② 実際原価計算

　図表5-5の下図のように実際原価計算は、発生した費用がわかっているので、それを費目別・部門別・製品別に集計し、最後にそれを製品別の実際生産量で割って実際原価/個を計算する。原価管理で重要な実際原価計算は、標準原価計算と同じ集計単位（部門別）で、実際に発生した原価を計算記録する、部門別実際原価計算である。

③ 原価差異分析

　①の標準原価と②の実際原価を比較し、差異が生じた場合にはその原因を分析する。原価差異額は、次の(4)式で計算する。

　　　原価差異額＝標準原価－実際原価発生額
　　　　　　　　＝（原価標準×実際生産量）－実際原価発生額……(4)

　原価差異が発生した場合は、原価要素別に標準消費量と実際消費量との消費量差異、標準価格と実際価格との価格差異などの差異金額を計算し、その原因を分析する。

④ 原価管理情報の提供

原価管理を実践するには、正しい原価差異の分析情報がタイミングよく、経営管理者に報告されることが大切である。実務的にタイミングよくとは、実稼働3日程度である。

⑤ 原価低減アクション

いくら良い原価差異の分析情報が出ても、原価を管理するという目的が達成できなければ意味がない。標準原価計算システムとその運用は、また別の側面があるので、原価差異を低減するアクションが実践されなければ意味がない。

2. 標準原価と原価標準の算定

標準原価の算定について「基準」四一では、「標準原価は、直接材料費、直接労務費等の直接費および製造間接費について、さらに製品原価について算定する。原価要素の標準は、原則として物量標準と価格標準との両面を考慮して算定する。」と述べている。以下、直接材料費、直接労務費、製造間接費の標準原価と原価標準について説明する。

(1) 標準直接材料費の原価標準

「基準」四一では、**図表5-7**に示すように、直接材料費の原価標準は標準消費量の設定と標準単価の設定とに分かれている。この内容をみると、標準価格は「予定価格又は正常価格とする」に対して、標準消費量については「科学的、統計的調査により製品単位当たりの各種材料の標準消費量を定める」と述べている。これは、標準直接材料費の原価標準は、標準単価よりも標準消費量の設定に重点が置かれることを示している。標準消費量の設定は、図面から理論計算できるものが大部分であるが、理論計算できない材料については実測により計算する。

① 標準消費量

材料を加工すると投入した材料がすべて製品にならないことがある。これ

I 原価計算編—*107*

図表 5-7　標準直接材料費

標準直接材料費
1　標準直接材料費は、直接材料の種類ごとに、製品単位当たりの標準消費量と標準価格を定め、両者を乗じて算定する。
2　標準消費量については、製品の生産に必要な各種素材、部品等の種類、品質、加工の方法および順序等を定め、科学的、統計的調査により製品単位当たりの各種材料の標準消費量を定める。標準消費量は、通常生じると認められる程度の減損、仕損等の消費余裕を含む。
3　標準価格は、予定価格または正常価格とする。

(「基準」四一（一）より作成)

図表 5-8　技術歩留

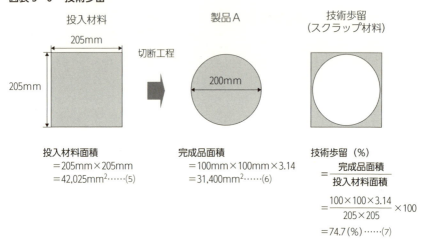

　らを歩留とよぶ。たとえば、完成品として**図表 5-8** の下部のように一辺が 205mm の四角板（投入材料）から直径200mm の円盤（製品A）を打ち抜けば、製品とならない投入材料が発生する。これは、図面仕様上発生する歩留で技術歩留とよぶ。(7)式で計算すると74.7％で、投入された材料で製品にならない部分が25.3％（100－74.7）もあることがわかる。これ以外にも、製造上、不可避的に発生する気化・液化による製品とならない投入材料、設備に付着する投入材料なども技術歩留である。
　技術歩留が発生している会社では、最適な材料取りを科学的、統計的調査

により検討し、あるべき姿の材料消費量を設定して管理していくかが原価管理の重要ポイントになる。

② 投入材料の重量

鉄、銅、アルミニウムなどの原材料は、材料単価がkg当たりなので、投入材料の重量を計算する。**図表5-9**の(8)式のように、投入材料の体積を計算して、それに比重を乗ずると投入重量が計算できる。製品Aは、材質が鉄、厚みが1mmなので、投入重量は投入材料の体積42,025mm³に鉄の比重7.85（g/cm³）を乗じて0.330kgと計算する。同様に製品Aのスクラップ重量は、(10)式より0.084kgとなる。

図表5-9　材料の重量計算

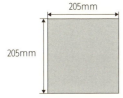

投入材料
205mm × 205mm

完成品（製品A）は、材質が鉄、厚みが1mm
鉄の比重は、7.85（g/cm³）

投入重量＝投入材料の体積×比重÷(kg換算)
　0.330kg＝1mm×205mm×205mm×7.85（g/cm³）÷(1,000,000) ……(8)

スクラップ材料

完成品重量＝完成品の体積×比重÷(kg換算)
　0.246kg＝1mm×100mm×100mm×3.14×7.85（g/cm³）÷(1,000,000) ……(9)

スクラップ重量＝投入重量－完成品重量
　　　　　　　＝0.330kg－0.246kg
　　　　　　　＝0.084kg……(10)

③ 標準単価

標準単価の設定対象となる直接材料の種類ごとに価格構成の内容を調査し、価格構成の基準を設定する。一般に、購入単価は買入手数料、引取運賃、荷役費、保険料、関税など材料買入れに必要な引取費用を加算した金額であり、さらに、購入事務、検収、整理、選別、手入れ、保管などに要する材料副費を加算する場合もある。そこで、「材料単価に含まれる運賃・手数料などの有無」「値引・割引などの有無」などを調査し、すべての材料が同一レベルで設定できる基準を設定する。

そして、材料種類別に過去1年間の受入価格の平均値を算定し正常価格とする。

④ 標準直接材料費の原価標準の設定

以下の手順で標準直接材料費の原価標準を設定する。

(i) 投入材料費の計算

図表5-10の(11)式で投入材料費が計算できる。製品Aの材質は鉄であり、鉄の標準単価を500円/kgとすると165円となる。

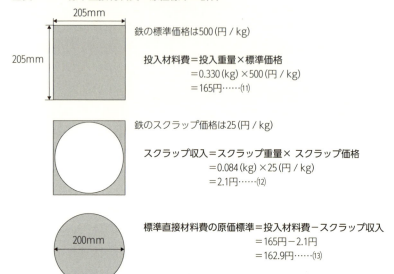

図表5-10 標準直接材料費の原価標準の計算

(ii) スクラップ収入の計算

技術歩留でスクラップが発生する場合は、(12)式でスクラップ収入を計算する。鉄のスクラップ価格を25円/kgとすると、製品Aのスクラップ収入は2.1円になる。

(iii) 標準直接材料費の原価標準の計算

製品一単位当たりの材料費は(13)式のように、投入材料費からスクラップ収入を差し引いて求めることができるので、製品Aの標準直接材料費の原価標準は162.9円と計算できる。

このように標準直接材料費の原価標準を設定するが、標準消費量は新製品

が開発される都度に設定し、標準単価は定期的に年1度見直して改訂するのが一般的である。

(2) 標準直接労務費の原価標準

標準直接労務費の原価標準の設定は、**図表5-11**に示すように、標準直接作業時間の設定と標準賃率の設定とに分けられる。この内容を見ると、標準賃率は「予定賃率又は正常賃率とする。」に対して、標準直接作業時間については「作業研究、時間研究その他経営の実情に応じる科学的、統計的調査により、製品単位当たりの各区分作業の標準時間を定める。」と述べている。これは、標準直接労務費の原価標準は、標準賃率よりも標準直接作業時間の設定に重点が置かれることを示している。

図表5-11 標準直接労務費

標準直接労務費
1 標準直接労務費は、直接作業の区分ごとに、製品単位当たりの直接作業の標準時間と標準賃率とを定め、両者を乗じて算定する。
2 標準直接作業時間については、製品の生産に必要な作業の種類別、使用機械工具、作業の方法および順序、各作業に従事する労働の等級等を定め、作業研究、時間研究その他経営の実情に応じる科学的、統計的調査により、製品単位当たりの各区分作業の標準時間を定める。標準時間は、通常生じると認められる程度の疲労、身体的必要、手待等の時間的余裕を含む。
3 標準賃率は、予定賃率または正常賃率とする。

（「基準」四一（二）より作成）

① 標準直接作業時間

原価標準の算定の中で標準時間の設定は特に重要であり、標準原価管理の根幹をなすものである。標準時間の歴史は、科学的管理法の創始者であるテイラー（F.W.Taylor）から始まる。テイラーは、同じ仕事でも人により時間値にばらつきがあることに気づき、仕事量の物差しである「1日の公正な仕事（A fair day's work）」を作った。そして、この考え方に基づき標準時間の概念が生まれた。

(ⅰ) 標準時間の構成

標準時間は、**図表5-12**のように基本時間と余裕時間から成り立ってい

I 原価計算編—*111*

図表 5-12　標準時間の構成

標準時間＝基本時間＋余裕時間＝基本時間×（1＋余裕率）……⑭

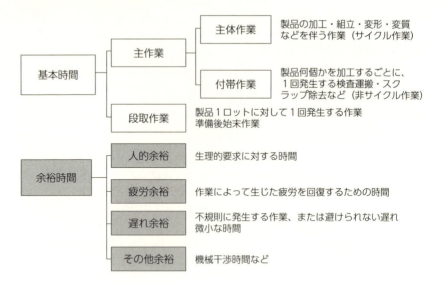

る。余裕は時間値で与えるか、基本時間に対する比率（余裕率）で与える方法があるが、多くの企業では比率で考える方法を採用している。

基本時間は、作業の繰り返し部分や、正規の作業手順として発生する主体的な作業に対する時間値であり、主作業と段取作業から構成される。主作業は、サイクリックに発生する主体作業と何サイクルかに1回発生する検査・運搬やスクラップ除去作業のような付帯作業がある。

また、作業によって生じた疲労を回復するための時間、トイレや汗拭きの時間、不規則に発生する作業や避けられない遅れが発生する。このような追加時間が余裕時間であり、一般的に基本時間の5～15％程度である。

多くの企業で標準時間と称しているのは、過去の実績の平均値である場合が多い。これでは、財務諸表の作成目的には使えても、原価管理目的には役立たないので、グローバル・スタンダードとしての標準時間の設定が必要になる。

(ⅱ) 標準時間の設定手法

グローバル・スタンダードとしての動作の速さは、人が継続的に作業する場合2つの安定した作業ペースを持っている。代表的な作業ペース

図表 5-13　ハイタスクの標準時間

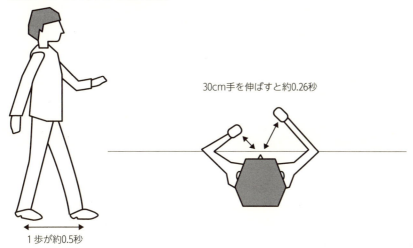

　の基準として、ハイタスクとロータスクがある。ハイタスクとは、平均の経験をもった作業員がよく慣れた仕事を良好な努力で遂行するときの作業ペースで、荷物を持たずに100mの平地を1分で歩く速さである。ロータスクとは、監督統制がほとんど行われていない状態での作業ペースで、80mの平地を1分で歩く速さである。

　ハイタスク、ロータスク基準の標準時間を設定するには、PTS法（Pre-determined time standards system：既定時間標準法）を利用すると便利である。PTS法は、作業を細かい動作（手を伸ばす・掴む・移動するなど）に分解し、すでに作成されているタイムテーブルより基本時間を求める手法で、代表的なものとしてMTM（Methods Time Measurement）やWF（Work Factor）がある。**図表 5-13**は、PTS法によりハイタスク基準の歩行と手を30cm伸ばす時間を求めた結果である。

　標準時間の設定手法には、PTS法以外に**図表 5-14**に示すものがある。
　直接時間研究は、ストップウォッチなどで作業時間を測定し、観測対象作業のペースと正常なペース（ハイタスクやロータスク）を比較判断し、観測時間値を正常ペースの時間値に修正する。この作業ペースの評価をレイティング（Rating）という。
　ワークサンプリングは、観測時刻をランダムに設定し、人や機械設備の仕事の種類や稼働状態を瞬間的に観測することを繰り返し、その観測

図表 5-14　標準時間の設定手法と標準時間資料法の利点

直接時間研究
作業員の実際の作業を要素作業の大きさに分解し、各要素作業の時間値をストップウォッチで観測する。その結果をレーティング（作業速度評価）し、標準の速さに修正して基本時間を求める。

ワークサンプリング法
直接的に作業の時間を求めるのでなく、対象作業の観測時間に対する発生比率から時間値を求める方法である。

標準時間資料法
類似性の高い作業を要素作業あるいは要素作業をいくつか集めた単位作業のレベルで整理し直し、社内用の既定時間資料とする方法である。

標準時間資料法の利点
• 事前に標準時間が設定できる 　作業方法や作業条件が決まれば、作業の開始前に標準時間を設定することができる。標準時間を事前に把握することは、標準原価計算において欠かせない条件である。 • 一貫性のある標準時間が設定できる 　標準時間資料は少ない情報で標準時間が設定できるので、分析者のスキルや判断はあまり必要としない。つまり作業条件や作業方法が同じであれば、常に一貫した時間が設定できる。 • 標準時間設定の工数が節約できる 　PTS法よりも標準時間設定の工数が節約できる。

結果の積重ねによって、各観測項目の時間構成を統計的（出現回数の割合）に推測する。この方法は、作業方法の裏づけが必要ないか、困難な場合に用いられるが、作業手順が明確にできない、正常な作業ペースに修正できないなどの問題がある。

　標準時間資料法は類似性の高い作業を要素作業あるいは要素作業をいくつか集めた単位作業のレベルで整理し直し、社内用の既定時間資料とする方法である。標準時間資料法は他の基本時間設定手法（直接時間研究、PTSなど）に比較して「事前に標準時間が設定できる」「一貫性のある標準時間が設定できる」など図表5-14の下表にある利点がある。

② 標準賃率

　標準賃率は、直接作業を行う作業員について、職種別あるいは工程（部門）別に平均賃率を設定する。その手順と設定上の考慮点を次に述べる。

(i) 適正配置の検討

現状の作業人員配置を職務分析し、「賃率に見合う作業内容であるか」「職務内容から考えてパート化が可能か」などを検討し、適正配置とする。

(ii) 工程別年間給与支払額の算定

図表5-15のように、適正配置作業者の超過勤務手当を除く年間給与や法定福利費を工程別に集計する。

図表5-15　**標準賃率の設定**

	工　程			備　考
	加工部門	成型部門	組立部門	
年間給与支払額（千円）	33,120	40,320	20,400	①
年間稼働時間（時間）	12,000	16,000	10,000	②
標準賃率（円／時間）	2,760	2,520	2,040	③＝①÷②
標準賃率（円／分）	46	42	34	④＝③÷60

(iii) 年間稼働時間の算定

適正配置作業者の年間稼働時間実績を算定する。

(iv) 工程別標準賃率の決定

以下の(15)式で工程別標準賃率を計算する。

工程別標準賃率＝工程別年間給与支払額÷年間稼働時間……(15)

(15)式で求めた工程別標準賃率は、出勤率や年齢構成の影響で、類似作業でありながら差が生じることがある。その際、低い方の賃率に合わせるなどレベリングが必要になることがある。

③ **標準直接労務費の原価標準の設定**

図表5-16のように、製品Aの生産ロットは10個であり、第1工程の加工工程で四角板から円盤を打ち抜き、第2工程の組立工程で仕上げて完成品となる。

(i) 段取標準時間の設定

加工工程の段取標準時間を(16)式より計算すると11.5分になる。ここで、段取基本時間は先の標準時間の設定手法を用い、余裕時間は基本時

I 原価計算編—115

図表5-16 標準直接労務費の原価標準

加工工程　　　　　　　　　　　　　組立工程

直接作業を行う作業員：1人　　　　直接作業を行う作業員：1人

生産ロット　10個　　　　　　　　　生産ロット　10個

段取標準時間＝段取基準時間×余裕率　　段取標準時間＝段取基準時間×余裕率（15%）
　　　　　　＝10分×1.15　　　　　　　　　　　　＝2分×1.15
　　　　　　＝11.5分 …… (16)　　　　　　　　　　＝2.3分 …… (20)

作業標準時間＝作業基本時間×余裕率　　作業標準時間＝作業基本時間×余裕率（7%）
　　　　　　＝0.5分×1.1　　　　　　　　　　　　＝1.0分×1.07
　　　　　　＝0.55分 …… (17)　　　　　　　　　　＝1.07分 …… (21)

製品単位当たりの標準時間　　　　　　製品単位当たりの標準時間
　＝段取標準時間÷生産ロット＋作業標準時間　　　＝段取標準時間÷生産ロット＋作業標準時間
　＝11.5分÷10＋0.55分　　　　　　　　　　　　＝2.3分÷10＋1.07分
　＝1.7分 …… (18)　　　　　　　　　　　　　　　＝1.3分 …… (22)

標準直接労務費の原価標準＝標準時間×標準賃率　標準直接労務費の原価標準＝標準時間×標準賃率
　　　　　　　　　　　　＝1.7分×46円／分　　　　　　　　　　　　　＝1.3分×34円／分
　　　　　　　　　　　　＝78.2円 …… (19)　　　　　　　　　　　　　＝44.2円 …… (23)

間の15%とした。

(ii) 作業標準時間の設定

　　加工工程の作業標準時間を(17)式より計算すると0.55分になる。ここで、作業基本時間は先の標準時間の設定手法を用い、余裕時間は基本時間の10%とした。

(iii) 製品単位当たりの標準時間

　　段取標準時間は1回当たりの時間なので生産ロットで割り単位当たりの段取標準時間を計算し、作業標準時間を加えて製品単位当たりの標準時間を計算すると(18)式より1.7分になる。

(iv) 標準直接労務費の原価標準の設定

　　製品単位当たりの標準時間に標準賃率を掛け算すると(19)式より加工工程は78.2円となる。同様に、組立工程は(23)式より44.2円となる。

(3) 製造間接費の原価標準

「基準」四一（三）では、**図表 5 -17**に示すように、製造間接費の標準について述べている。製造間接費の原価標準は、価格の標準と消費量の標準を区分せず、部門間接費の固定予算と変動予算という形を取っている。**図表 5 - 18**は、製品Ａを生産している第１製造部の固定予算と変動予算である。

図表 5 -17　製造間接費の標準

製造間接費の標準
製造間接費の標準は、これを部門別（またはこれを細分した作業単位別、以下これを「部門」という）に算定する。部門別製造間接費の標準とは、一定期間において各部門に発生すべき製造間接費の予定額をいい、これを部門間接費予算として算定する。その算定方法は、第二章第四節三三の（四）　に定める実際原価の計算における部門別の手続に準ずる。部門間接費予算は、固定予算または変動予算として設定する。

固定予算
製造間接費予算を、予算期間において予期される一定の操業度に基づいて算定する場合に、これを固定予算となづける。各部門の固定予算は、一定の限度内において原価管理に役立つのみでなく、製品に対する標準間接費配賦率の算定の基礎となる。

変動予算
製造間接費の管理をさらに有効にするために、変動予算を設定する。変動予算とは、製造間接費予算を、予算期間に予期される範囲内における種種の操業度に対応した予算をいい、実際間接費額を当該操業度の予算と比較して、部門の業績を管理することを可能にする。

（「基準」四一（三）より作成）

① 固定予算

第１製造部の予算期間における基準となる操業度（年間48,000時間）を設定し、その基準操業度における予算額（6,000万円）を設定する。なお、操業度は、機械設備の運転時間や直接作業時間を使用する。

② 変動予算

実際に発生した操業度から製造間接費の予算を算定する方法である。実際操業度に対応する変動予算は、操業度０％と100％の２点を結ぶ直線で求めることができる。**図表 5 -18**の上図では、操業度０％（０時間）に対応する6,000万円と操業度100％（48,000時間）に対応する10,800万円の２点を結

Ⅰ 原価計算編 —*117*

図表 5-18 固定費予算と変動費予算

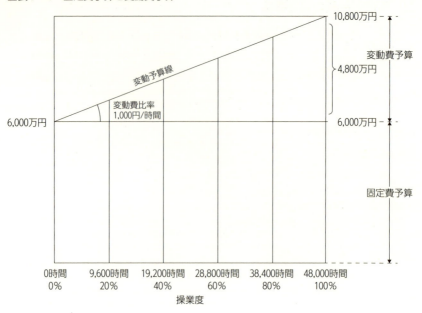

操業度	20%	40%	60%	80%	100%	備考
	9,600時間	19,200時間	28,800時間	38,400時間	48,000時間	①
固定費	6,000万円	6,000万円	6,000万円	6,000万円	6,000万円	②
変動費	960万円	1,920万円	2,880万円	3,840万円	4,800万円	③=①×1,000円/時間
合計	6,960万円	7,920万円	8,880万円	9,840万円	10,800万円	④=②+③
生産量	192,000個	384,000個	576,000個	768,000個	960,000個	⑤
単位固定費	312.5円	156.3円	104.2円	78.1円	62.5円	⑥=②÷⑤
単位変動費	50.0円	50.0円	50.0円	50.0円	50.0円	⑦=①×1,000円/時間÷⑤
原価標準	362.5円	206.3円	154.2円	128.1円	112.5円	⑧=⑥+⑦

ぶ直線が変動予算線である。このとき変動費率は、1,000円/時間 (4,800万円÷48,000時間) である。このように、変動費率と固定費額を算定するためには、製造間接費が変動費と固定費に分解できていることが前提になる。

③ 原価標準

　図表5-18の下表は、各操業度における製造間接費の固定予算と変動予算である。製品の原価標準は、各操業度における固定予算と変動予算を生産量

で割ることで求められる。図表5-16で求めた製品Aの標準時間は、加工工程が1.7分、組立工程が1.3分で合計3.0分であり、操業度が100％の48,000時間では、生産量は960,000個（48,000時間×60÷3分/個）となる。図表5-18の最終行にある操業度ごとの原価標準は、操業度20％では単位固定費の312.5円と単位変動費の50.0円を合計して362.5円である。同様に、操業度40％では206.3円、操業度60％では154.2円、操業度80％では128.1円、操業度100％では112.5円と異なった値となる。

　製造間接費はこのような形で原価標準を設定するが、近年工場の自動化、IoT（internet of things）化などで製造間接費の比率が高まっている。このことから、金額の大きい変動経費については、あるべき標準を科学的に設定して原価管理に役立てる必要性が生じている。

3．標準原価差異の算定と分析

　日々の生産活動の結果は、事後原価計算で実際原価として集計される。実際原価と標準原価が等しければ、生産活動はきわめて順調に行われたこととなる。反対に、実際原価が標準原価を上回ったら、工場内にロス（原価差異）が発生しているのである。標準原価と実際原価の差を原価差異というが、「基準」四四では**図表5-19**に示すように規定している。

　工場内で発生する原価差異には、大きく分けて直接材料費差異、直接労務費差異、製造間接費差異の3種類がある。

図表5-19　原価差異の算定および分析

原価差異の算定および分析
原価差異とは実際原価計算制度において、原価の一部を予定価格等をもって計算した場合における原価と実際発生額との間に生じる差額、ならびに標準原価計算制度おいて、標準原価と実際発生額との間に生ずる差額（これを「標準差異」と名づけることがある）をいう。
原価差異が生ずる場合には、その大きさを算定記録し、これを分析する。その目的は、原価差異を財務会計上適正に処理して製品原価および損益を確定するとともに、その分析結果を各階層の経営管理者に提供することによって、原価の管理に資することにある。

（「基準」四四より作成）

I　原価計算編 —*119*

(1) 直接材料費差異

図表 5 -20は「基準」四六にある直接材料費差異の内容である。この差異は、標準直接材料費と直接材料費の発生額（実際直接材料費）との差異であ

図表 5 -20　直接材料費差異

直接材料費差異
直接材料費差異とは、標準原価における直接材料費と直接材料費の実際発生額との差額をいい、これを材料種類別に価格差異と数量差異に分析する。
1　価格差異とは、材料の標準消費価格と実際消費価格との差異に基づく直接材料費差異をいい、直接材料の標準消費価格と実際消費価格との差異に、実際消費数量を乗じて算定する。
2　数量差異とは、材料の標準消費数量と実際消費数量との差異に基づく直接材料費の差異をいい、直接材料の標準消費数量と実際消費数量との差異に、標準消費価格を乗じて算定する。

（「基準」四六より作成）

実際価格 505円／kg

標準価格 500円／kg

・当月は製品Ａを70,000個生産
　標準消費量＝0.33kg／個×70,000個
　　　　　　＝23,100kg
　標準材料費＝23,100kg×500円／kg
　　　　　　＝11,550,000円

	価格差異		
		数量差異	
標準直接材料費 （11,550,000円）		製造歩留差異	不良差異

標準消費量 23,100kg ／ 33kg

実際消費量 23,200kg

直接材料費差異＝標準直接材料費－実際直接材料費
　　　　　　　＝（標準消費量×標準価格）－実際直接材料費
　　　　　　　＝11,550,000円－11,716,000円＝△166,000円……⑵⑷

価格差異＝（標準価格－実際価格）×実際消費量
　　　　＝（500円／kg－505円／kg）×23,200kg＝△116,000円……⑵⑸

数量差異＝（標準消費量－実際消費量）×標準価格
　　　　＝（23,100kg－23,200kg）×500円／kg＝△50,000円……⑵⑹

不良差異＝標準価格×不良数
　　　　＝500円／kg×33kg＝△16,500円……⑵⑺

製造歩留差異＝数量差異－不良差異
　　　　　　＝△50,000円－△16,500円＝△33,500円……⑵⑻

り、価格差異と数量差異に大別できる。

図表5-20の下部は、直接材料費差異分析の例であり、縦軸が単価、横軸が数量を表している。標準直接材料費は11,550,000円、実際直接材料費を11,716,000円とすると直接材料費差異は(24)式より△166,000円となる。

① 価格差異の計算

これは、標準より高い材料単価のものを買ったことにより生じる差異である。価格差異は(25)式のように、(標準価格500円/kg－実際価格505円/kg)に実際消費量の23,200kgを掛け△116,000円となる。

② 数量差異の計算

これは、不良などで標準消費量より材料を多く使ってしまったために生じる消費量に関する差異である。(26)式のように標準価格500円/kgに(標準消費量23,100kg－実際消費量23,200kg)を掛け△50,000円となる。

さらに、数量差異の内容は、「不良差異」と「製造歩留差異」とに区分できる。不良差異は、(27)式のように標準価格500円/kgに不良数33kgを掛け△16,500円、製造歩留差異は(28)式のように数量差異の△50,000円から不良差異の△16,500円を引き算して△33,500円となる。

③ 直接材料費差異と原価責任部門

直接材料費差異を大きく2つに区分する理由は、原因と責任部署の明確化である。価格差異は材料を外部より購入する資材購買部門の責任となり、数量差異は企業内部で製品を生産する製造部門の責任となる。

(i) 価格差異の発生原因と対応策

図表5-21は、標準価格より実際価格が高くなるケースを整理したものである。価格差異が発生するケースをパターン分類すると、原価情報や市場情報が不足しているために高く買っているか、管理力・技術力が不足で高く買っているケースに分けられる。情報不足のケースでは、原価情報システムの構築、コストテーブルなどコストデータのデータベース化が対応策となる。また、管理力・技術力不足のケースでは、管理レベルや技術レベルを戦略的に向上させる対応策が必要となる。

(ii) 数量差異の発生原因と対応策

数量差異の内容は、図表5-22の上部に示す「技術歩留差異」「製造歩

Ⅰ 原価計算編—*121*

図表 5 –21　価格差異が発生するケース

パターン 1：原価情報が不足しているケース
・ 購入単価が後から決まるため購入先が原価情報を熟知してしまうケース ・ 見積合せをせずに購入したために高くなるケース ・ 見積基準がないか、甘いために高く購入するケース ・ 希望価格や購買予算が提示できないケース ・ 品質・納期の要求レベルが高すぎるケース

パターン 2：市場情報が不足しているケース
・ 購買担当者がより安い購入先を知らないケース ・ 素材の値下りがあるにもかかわらず、据置き単価になっているケース ・ 素材の値上りや購入先の変更によって高く購入するケース

パターン 3：管理・技術力が不足しているケース
・ 交渉力に負けるケース ・ 力の弱い協力工場を使っているケース ・ 関連会社からの購入のため高くなるケース ・ 緊急または一時的に購入するために高くなるケース ・ 材料の納入遅れや不足が生じた際、標準外の材料を転用するケース ・ 材料を重量で購入するコイル材などでは、板厚交差のバラツキで標準個数が取れないケース

出所：橋本賢一・大塚泰雄『見える化でわかる売り値と買い値』日刊工業新聞社（2010）より作成

留差異」「不良差異」である。これらの分析は、物量管理データとして(29)式の総合歩留率を用いるが、数量差異を低減する対応策の違いから製造歩留率と技術歩留率に分解して追求する。

　製造歩留率は、投入重量に対する使用重量の比率でその差異には製造歩留差異と不良差異が含まれる。製造歩留差異は、製造上、回避できる気化・液化により製品とならない投入材料など製品公差のバラツキや仕様通りに製造しなかった差異で、製造部門で管理可能である。不良差異は、不良による廃却材料、材料・仕掛品・製品のデッドストックによる廃却材料などである。不良は現場でしか発生しないが、製造部門で管理可能なものは、作業者の不注意や技量不足に起因するものだけである。図面仕様上の原因であれば技術部門、機械設備トラブルが原因であれば生産技術部門が管理や対応策を担当する。

　技術歩留率は使用重量に対する完成重量の比率で、その差異には技術歩留差異が含まれる。技術歩留差異は、技術部門の図面仕様上の原因ま

図表 5-22　数量差異の内訳

技術歩留差異
製品使用重量と標準消費量の差異であり、「端材・切削代・抜き代、送り」「ピッチ間隔・掴み代・先端・後端」「気化、液化、減耗」「設備付着」などである。

製造歩留差異
製品公差のバラツキや仕様どおりに製造しなかった差異で「製品に図面仕様以上の材料が付着する」「投入材料から標準の取数を製造しない」などがある。

不良差異
不良による材料差異でその原因は、「作業員の不注意や技量不足」「設計、設備、金型、材料」などがある。

価格差異			
標準直接材料費		数量差異	
		製造歩留差異	不良差異
	標準消費量		実際消費量
投入重量 （実際消費量）			
使用重量 （標準消費量）		製造歩留差異	不良差異
完成重量 ＝単位重量×生産重量		技術歩留差異	

総合歩留率＝製造歩留率×技術歩留率……(29)

$$\frac{完成重量}{投入重量} = \frac{使用重量（標準消費量）}{投入重量（実際消費量）} \times \frac{完成重量}{使用重量}$$

たは生産技術上の原因によるものである。

　以上のように、数量歩留はそれを管理する責任者が異なるので、責任者ごとに計算し、責任の所在を明確にする必要がある。

(2) 直接労務費差異

　図表 5-23は「基準」四六にある直接労務費差異の内容である。この差異は、標準直接労務費と直接労務費の実際発生額（実際直接労務費）との差異

I 原価計算編 —123

図表 5-23　直接労務費差異

直接労務費差異
直接労務費差異とは、標準原価における直接労務費と直接労務費の実際発生額との差異をいい、これを部門別または作業種類別に賃率差異と作業時間差異とに分析する。
1　賃率差異とは、標準賃率と実際賃率との差異に基づく直接労務費差異をいい、標準賃率と実際賃率との差異に、実際作業時間を乗じて算定する。
2　作業時間差異とは、標準作業時間と実際作業時間との差異に基づく直接労務費差異をいい、標準作業時間と実際作業時間との差異に、標準賃率を乗じて算定する。

(「基準」四六より作成)

であり、賃率差異と作業時間差異とに大別できる。

　図表5-23の下部は、直接労務費の差異分析例であり、縦軸が賃率、横軸が作業時間を表している。標準直接労務費は7,140,000円、実際直接労務費を8,580,000円とすると直接労務費差異は(30)式より△1,440,000円となる。

① 賃率差異の計算

　これは、残業や休日出勤などで賃率が高くなったために生じる賃率に関する差異である。賃率差異は、(31)式のように（標準賃率2,040円/時間－実際

賃率2,200円 / 時間）に実際作業時間の3,900時間を掛け△624,000円となる。

② 時間差異

　これは、作業能率の低下や機械設備のトラブルなどで標準作業時間以上に実際作業時間がかかってしまう時間に関する差異である。時間差異は、(32)式のように（標準作業時間3,500時間－実際作業時間3,900時間）に標準賃率2,040円 / 時間を掛け△816,000円となる。また時間差異の内容は、管理者責任差異と作業者責任差異に区分できる。

③ 直接労務費差異と原価責任部門

　直接労務費差異の中で、賃率差異は工場長・生産管理部長などの責任となり、作業時間差異は製造部門の管理者と作業者の責任となる。

(i) 賃率差異の発生原因と対応策

　　賃率差異は、**図表 5 -24**のように過勤賃率差異、稼働日数差異、賃率構成差異に分けることができる。過勤賃率差異は、超過勤務の割増賃金に相当する部分であり(33)式で求めることができる。過勤賃率差異は、負荷と能力の調整により解消することができるので工場長・生産管理部長などの責任となる。(34)式の稼働日数差異は、月給制の場合に毎月の稼動日

図表 5 -24　賃率差異の内訳

```
              実際賃率
              2,200円 / 時間  ┌──────────────────────────────┐
                             │     過勤賃率差異                │
                             │                                │
・当月の超過勤務手当：1,000,000円 ├──────────────────────────────┤
・標準稼働日数：22日 / 月        │     稼動日数差異                │
・実際稼働日数：22日 / 月        │                                │
                             ├──────────────────────────────┤
                             │     賃率構成差異                │
              標準賃率         │                                │
              2,040円 / 時間  └──────────────────────────────┘
                             │←── 実際作業時間 3,900時間 ──→│
```

過勤賃率差異＝超過勤務手当×25 / 125（25%割増とする）
　　△200,000円＝△1,000,000円×25 / 125……(33)

稼働日数差異＝標準労務費×（実際稼働日数－標準稼動日数）÷標準稼働日数
　　0円＝2,040円 / 時間×3,500時間×（22日－22日）÷22日……(34)

賃率構成差異＝賃率差異－過勤賃率差異－稼働日数差異
　　△424,000円＝△624,000円－△200,000円－0円……(35)

Ⅰ 原価計算編 —*125*

数の違いによる賃率の差であるが、年間を通じての稼働日数差異はほぼゼロになる。賃率構成差異は、賃率の低い作業員の活用損失であり、適正な職務評価、適材適所への配置により低減できるので工場長などの責任である。計算は(35)式のように計算する。

(ii) 作業時間差異の発生原因と対応策

前記の(32)式より作業時間差異の計算は、「(標準作業時間－実際作業時間)×標準賃率」で、△816,000円と計算された。時間差異は、**図表5-25**のように標準作業時間と実際作業時間との差であり、管理者責任と作業者責任の作業時間差異に分けられる。

図表5-25　作業時間差異の内訳

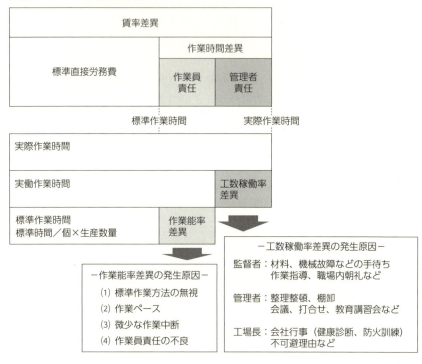

管理者責任の作業時間差異は、「材料部品による手待ち」「機械設備の

故障による手待ち」など作業員が直接作業に従事できない時間である。管理者責任の時間差異の責任は、「誰が時間差異を低減するための対応策が取れるか」を主体に分類する。たとえば、材料部品による手待ちは、本来、資材部門に原因がある。しかし、材料が切れてもすぐに仕事を切り替え、作業員の手待ちを最小限に押さえるアクションが打てるのは、製造部門の監督者である。また、整理整頓、棚卸し、会議、打合せ、教育講習会などのアクションは製造部門の管理者、会社行事（健康診断、防火訓練）、不可避理由は工場長のアクションである。管理者責任の時間差異は、このような考え方で責任を割り当てる。

　作業者責任の作業時間差異は、実働作業時間を標準作業時間という物差しで測定すると見えてくる差異である。作業員は決められた標準作業方法を常に守るとは限らないし、どの程度の作業ペースで働くかは、作業員自身が決めている。これらは作業員に帰属する時間差異であり、その原因は、大きく「標準作業方法の無視」「作業ペース」「微少な作業中断」「作業員責任の不良」の４つに分類できる。

　作業時間差異は次のように測定する。実際作業時間から管理者責任の作業時間差異（工数稼働率差異）を差し引いたものが、作業員が直接作業に従事した実働作業時間である。標準作業時間は、標準時間／個に生産数量を掛け算したもので、あるべき時間（工数）を意味する。工場全体の工数の効率を測定する指標は、(36)式の工数総合効率で示され、作業員の働きぶりは作業能率、管理者の効率は工数稼働率という指標で示される。

　直接材料費と直接労務費の差異分析は月次の処理であるが、工場の原価管理は日々あるいは週単位で実践する。そこでは、金額値による差異情報よりも総合歩留率や工数総合効率などの物量値情報を優先する。

(3) 製造間接費差異

　図表 5 -26は「基準」四六にある製造間接費差異の内容である。この差異は、製造間接費の標準額と実際発生額との差異をいい、能率差異、操業度差異等に適当に分析すると記載されているが、実務では予算差異、能率差異、操業度差異の３分法を用いることが多い。また、予算差異と能率差異を合わせて管理可能差異とし、操業度差異と管理可能差異の２つに分けることもある。

　図表 5 -18で求めた製品Ａを製造する第１製造部の１カ月の基準操業度は

I 原価計算編 —*127*

図表5-26　製造間接費差異

製造間接費差異
製造間接費差異とは、製造間接費の標準額と実際発生額との差異をいい、原則として一定期間における部門間接費差異として算定し、これを能率差異、操業度差異等に適当に分析する。

（「基準」四六より作成）

4,000時間（48,000時間÷12カ月）であり、これに対応する製造間接費予算は固定予算が500万円（6,000万円÷12カ月）、変動予算が400万円（4,800万円÷12カ月）であった。当月の製品Aの実際生産量に対する標準操業度（標準作業時間）は3,500時間、実際操業度（実際作業時間）は3,900時間であり、実際の製造間接費の発生額は940万円であった。3分法により予算差異、能率差異、操業度差異を求めてみよう。

① 予算差異

　図表5-27のように予算差異は、実際操業度における予算と実際発生額との差異で経費のムダづかいである。実際操業度における予算は、「固定予算＋実際作業時間×変動費比率」で計算できるので、予算差異は(38)式より△500,000円となる。ここで、変動費比率は(37)式より計算する。

② 能率差異

　実際生産量に対する標準操業度（標準作業時間）と実際操業度（実際作業時間）の差は、能率が悪かったことを意味している。この能率が悪いことによる差異が「能率差異」であり、(39)式より△400,000円となる。

③ 操業度差異

　操業度が低下したことによる単位固定費の増加分が操業度差異で(42)式より△625,000円が求まる。ここで、製造間接費標準額の7,875,000円は、(41)式のように「変動費比率＋固定費比率」に標準操業度を掛けて計算する。

　予算差異、能率差異、操業度差異を合計すると△1,525,000円（△500,000円＋△400,000円＋△625,000円）になるが、この金額は(43)式のように製造間接費標準額から製造間接費実際額を引いた製造間接費総差異と同じ金額になることは言うまでもない。

128

図表 5-27　予算差異、能率差異、操業度差異

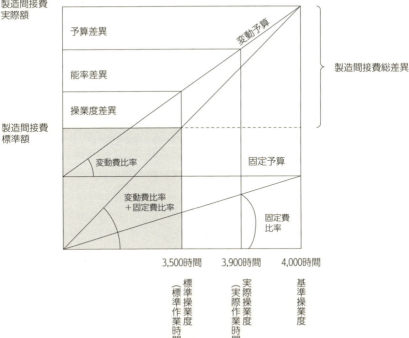

変動費比率＝変動予算÷基準操業度
　　　　　＝4,000,000円÷4,000時間
　　　　　＝1,000円／時間……(37)

予算差異
＝(固定予算＋実際作業時間×変動費比率)
　－製造間接費実際額
＝(5,000,000円＋3,900時間×1,000円／時間) －9,400,000円
＝△500,000円……(38)

能率差異
＝(固定予算＋標準操業度×変動費比率)
　－(固定予算＋実際操業度×変動費比率)
＝(5,000,000円＋3,500時間×1,000円／時間)
　－(5,000,000円＋3,900時間×1,000円／時間)
＝△400,000円……(39)

固定費比率＝固定予算÷基準操業度
　　　　　＝5,000,000円÷4,000時間
　　　　　＝1,250円／時間……(40)

製造間接費標準額
＝(変動費比率＋固定費比率)×標準操業度
＝(1,000円／時間＋1,250円／時間)×3,500時間
＝7,875,000円……(41)

操業度差異
＝製造間接費標準額
　－(固定予算＋標準操業度×変動費比率)
＝7,875,000円－(5,000,000円＋3,500時間×1,000円／時間)
＝△625,000円……(42)

製造間接費総差異
＝製造間接費標準額－製造間接費実際額
＝7,875,000円－9,400,000円
＝△1,525,000円……(43)

④ 管理可能差異

　予算差異と能率差異を合わせた管理可能差異は、**図表5-28**の(44)式より△900,000円となる。この金額に前記の(42)式で求めた操業度差異の△625,000円を加えると製造間接費総差異△1,525,000円と一致する。

図表5-28　管理可能差異、操業度差異

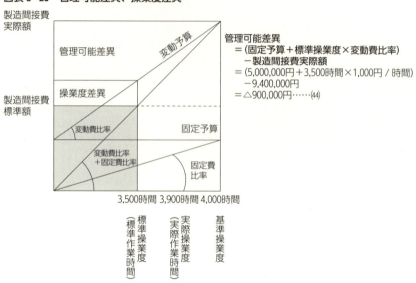

⑤ 製造間接費差異と原価責任部門

　製造間接費差異の中で予算差異は経費のムダ使い、能率差異は作業能率の低下、操業度差異は基準操業度より生産量が低下したことによる単位固定費の増加分である。
(ⅰ) 予算差異

　　実際の発生額が実際作業時間における変動予算額がオーバーしているので原価管理を確実に実践することである。予算差異は、多くの部門が関係する。
(ⅱ) 能率差異

　　能率差異は、図表5-25で述べた作業時間差異を実践することで低減することができるので、製造部門の管理者と作業員の責任である。

(iii) 操業度差異

　　操業度を基準操業度に合わせても固定費を削減することにはならない。しかし、操業度を管理し社内の操業度が低い場合は、外作から内作へ工程変更することで外注費が低減できる。これらは、生産管理部門の役割である。

(4) 原価差異の会計処理

　「基準」四七（二）では、標準原価計算制度における原価差異の処理について**図表5-29**の上部のように規定している。この基準によれば、標準原価差異を次のように処理される。

図表5-29　原価計算制度における原価差異の処理

標準原価計算制度における原価差異の処理
1　数量差異、作業時間差異、能率差異等であって異常な状態に基づくと認められるものは、これを非原価項目として処理する。 2　前記1の場合を除き、原価差異はすべて実際原価計算制度における処理の方法に準じて処理する。

（「基準」四七（二）より作成）

実際原価計算制度における原価差異の処理
1　原価差異は、材料受入価格差異を除き、原則として当年度の売上原価に賦課する。 2　材料受入価格差異は、当年度の材料の払出高と期末在庫高に配賦する。この場合、材料の期末在高については、材料の適当な種類群別に配賦する。 3　予定価格等が不適当なため、比較的多額の原価差異が生ずる場合、直接材料費、直接労務費、直接経費および製造間接費に関する原価差異の処理は、次の方法よる。 　(1) 個別原価計算の場合 　　次の方法のいずれかによる。 　　イ　当年度の売上原価と期末における棚卸資産に指図書別に配賦する。 　　ロ　当年度の売上原価と期末における棚卸資産に科目別に配賦する。 　(2) 総合原価計算の場合 　　当年度の売上原価と期末における棚卸資産に科目別に配賦する。

（「基準」四七（一）より作成）

① 異常な状態に基づく原価差異

　非原価項目として処理する。

I　原価計算編 —*131*

② その他の状態の原価差異

　上記①以外の原価差異は、図表 5 -29の下部にある実際原価計算制度における処理の方法に準じて処理する。その内容は、次のように整理できる。

(i) 原価差異は、材料受入価格差異を除き、原則として当年度の売上原価に賦課し、材料受入価格差異は、当年度の材料の払出高と期末在庫高に配賦する。

(ii) 予定価格等が不適当なため、直接費や製造間接費に比較的多額の原価差異が生ずる場合は、個別原価計算、総合原価計算ごとに処理する。

4．標準原価を用いた原価管理

(1) 標準原価管理の狙い

　原価企画とよばれる技術部門が行う原価改善活動は、**図表 5 -30**のように製品別にいくらで作らなければならないかを示す目標原価を設定することからスタートする。目標原価に近づける改善を検討した結果、技術部門で人、材料、機械設備、エネルギーの４つの要素の最適な組合せをつくる。最適組合せができると、それが現在の技術での最低原価で、製造部門の目標となる標準原価である。

　製造部門は、技術部門が設定した標準原価を達成するべく、原価管理活動を行う。原価管理の最も有効な方法は、あるべき原価への挑戦にある。あるべき標準原価を追求するには、原価差異を目で見てわかるようにしていかなければならない。そして、工程別に原価差異を排除し、日々の生産活動を管理していく。

　完成した製品は実際原価で評価するが、実際原価と標準原価が等しければ、生産活動は極めて順調に行われたことになり企業の業績が向上する。

(2) 原価管理の重点

　製品の誕生から廃却までを製品のライフサイクルというが、日本工業規格（JIS C 5750-3-3）では**図表 5 -31**の６段階としている。各段階で発生するコストをLCC（Life Cycle Cost：ライフサイクル・コスト）とよぶが、その構成

図表 5-30　原価企画と標準原価管理

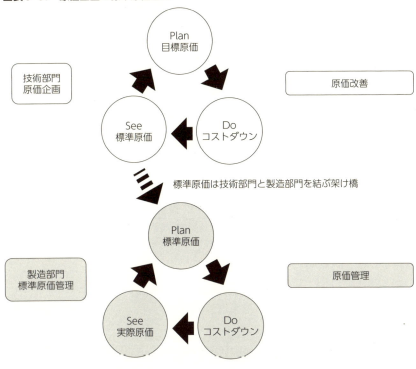

は(45)式で表せる。

　今後の原価管理は、管理対象をライフサイクル・コスト全体に拡大すべきであるが、図面ができた時点で、もはやライフサイクル・コストの80％以上は確定している。この状況から考えると、製品原価の重点管理は、① 概念・定義と② 設計・開発の段階であり、原価企画が原価管理の重点となる。原価企画活動が終了すると図面はCAD（Computer Aided Design）システムに構築される。このデータを用い、図面段階で標準原価を設定するシステムを構築することで、原価企画と連動した標準原価管理が可能になる。

(3) 標準原価管理成功のポイント

　標準原価計算を用いた原価管理活動を有効にする実施するための7つの考慮点を**図表5-32**に整理した。

図表 5-31　製品のライフサイクルとライフサイクルコスト

製品のライフサイクル	製品を循環し廃却する段階
	⑥ 廃却（disposal phase）
	廃却コスト：製品を循環、廃却するときの原価 リサイクル原価、リユース原価、廃却原価
	製品を販売、使用する段階
	④ 据付（installation）、⑤ 運用・保全（operation and maintenance phase）
	所有者コスト（運用コスト）：製品を使用するときの原価 販売・流通原価、運用原価
	製品を企画、設計・開発、製造する段階
	① 概念・定義（concept and definition phase）、② 設計・開発（design and development phase）、③ 製造（manufacturing phase）
	取得コスト（初期投資コスト）：製品を取得するための原価 R＆D（Research & Development）原価、設計・開発原価、製造原価

（日本工業規格（JIS C 5750-3-3）より作成）

ライフサイクルコスト＝取得コスト＋所有者コスト＋廃却コスト……(45)

図表 5-32　標準原価管理成功のポイント

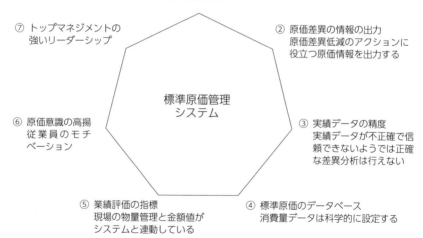

①～④は、標準原価計算制度に関する考慮点である

① 原価責任の明確化

　　各部門の機能からみた職責を明確化し、「人」中心に原価責任を割り当てる。

② 原価差異情報の出力

　　標準原価の達成率と原価差異を低減するアクションに結びつく情報を出力する。

③ 実績データの精度

　　実績データが不正確で信頼できないようでは正確な標準原価計算は行えない。

④ 標準原価のデータベース

　　標準原価管理には、部品別・工程別の標準原価データベースが必要になる。作業時間などの消費量データの設定には、科学的方法を用いるとよい。

　　⑤～⑦は、標準原価管理の運用上の考慮点である。

⑤ 業績評価の指標

　　金額値の評価以外に日常管理に使っている物量値に置き直すことが重要である。直接材料費では(46)式の総合歩留率、直接労務費では(47)式の工数総合効率が物量値の管理指標となる。

　　総合歩留率＝製造歩留率×技術歩留率……(46)

　　工数総合効率＝作業能率×工数稼働率……(47)

　　標準原価管理活動を組織上永続的に機能させるには、現場の物量管理と金額値がシステムとして連動していることが必要である。

⑥ 原価意識の高揚

　　企業の組織は役割分担であり、原価管理に果たす役割も各部門によって異なる。各部門はその役割に徹することで初めて全社的な原価管理が可能になるが、その原動力は原価意識であり、従業員へのモチベーションが欠かせない。

⑦ トップ・マネジメントの強いリーダーシップ

　　企業として標準原価管理を進めるというトップ・マネジメントの強い

Ⅰ 原価計算編 —*135*

意識がなくては、標準原価管理は展開できない。

参考文献

〔1〕 橋本賢一『技術者のための標準原価管理システム』日本能率協会　1991年
〔2〕 西沢 修『原価・管理会計論』中央経済社　2007年
〔3〕 岡本 清『原価計算　六訂版』国元書房　2008年
〔4〕 田村孝文『図解でわかる生産の実務　標準時間』日本能率協会マネジメントセンター
　　　 2008年
〔5〕 山本浩二・他編著『管理会計論』中央経済社　2009年
〔6〕 橋本賢一・大塚泰雄『見える化でわかる売り値と買い値』日刊工業新聞社　2010年
〔7〕 廣本敏郎・挽 文子『原価計算論　第3版』中央経済社　2015年
〔8〕 小川正樹『絵でみる原価計算のしくみ』日本能率協会マネジメントセンター　2008年
〔9〕 小川正樹『見える化でわかる原価計算』日刊工業新聞社　2010年

II

管理会計編

§6
管理会計の基礎概念 / 管理会計の倫理基準

1. 管理会計の意義および基礎概念

(1) 管理会計の意義

　管理会計の意義については、会計について権威のあるアメリカの AAA（American Accounting Association：アメリカ会計学会）と IMA（Institute of Management Accountants: アメリカ管理会計人協会：NAA：National Association of Accountants：アメリカ会計士協会）[1]の定義を引用する。

　まず、AAA は1958年度管理会計委員会報告書の定義で以下のように規定している。

> 　管理会計とは、経済実体の歴史的および計画的な経済的データを処理するにあたって、経営管理者が合理的な経済目的の達成計画を設定し、また、これらの諸目的を達成するために合目的的な意思決定を行うのを援助するため、適切な技術と概念を適用することである。

　次に、IMA（NAA）は1981年に以下のように定義している。

> 　管理会計とは、経営管理者が組織体の内部において計画・評価および統制を行い、かつ当該組織体の経営資源を適切に使用し、その会計責任を果たすために使用する財務情報を認識・測定・集計・分析・作成・解釈および伝達するプロセスである。
> 　管理会計はまた、株主・債権者・規制機関および税務当局等の非経営管理者に提供する財務報告書を作成することも含む。

　さらに、IMA は2008年に以下のような管理会計の新たな定義を公表している。

1）IMA（Institute of Management Accountants: アメリカ管理会計人協会）は1991年に NAA（National Association of Accountants: アメリカ会計士協会）から名称が変更された。

管理会計とは、経営意思決定を支援し、計画設定や業績管理のシステムを考案し、また、組織の戦略を形成し実行する際に経営管理者を支援するために財務報告およびコントロールに関する専門知識を提供することを含むプロフェッションである。(Institute of Management Accountants,*Statements on Management Accounting:Practice of Management Accounting:Definition of Management Accounting*,Institute of Management Accountants,2008,p.1.)

　上記の定義は、いずれも管理会計について表現は多少異なるものの、管理会計の内容を簡潔に定義したものと理解することができる。IMA（NAA）の1981年の定義のうち、2つ目のパラグラフすなわち「管理会計はまた、株主・債権者・規制機関および税務当局等の非経営管理者に提供する財務報告書を作成することも含む。」の意味は、管理会計というよりはむしろ財務会計の定義といっても過言ではないと思われる。換言すれば、IMA（NAA）の1981年定義では、管理会計は「外部利害関係者へ提供する財務報告書の作成も含む」ことから、管理会計の内容をかなり広義に解釈しているといえる。

　ここでは、上記3つの管理会計の定義の文言の解釈などについて、これ以上の比較検討を行うことは割愛する。

(2) 財務会計と管理会計との相違

　財務会計と比較して管理会計にはどのような目的があるのかについて明らかにしておく必要がある。それは管理会計の特徴と役割を明確にすることになるからである。**図表6-1**は、財務会計と管理会計との相違について8つの項目で比較したものである。

(3) 管理会計の機能

　図表6-2に示すように、管理会計の機能に対応した領域、技法、システムとしての意思決定会計（decision accounting：accounting for decision-making）は、短期的な業務（執行）的意思決定問題に使用される差額原価収益分析や、長期的・構造的な戦略的意思決定問題に用いられる、たとえば設備投資の経済性計算などの技法や概念である。差額原価収益分析では差額原

140

図表 6-1　財務会計と管理会計との相違

	財務会計	管理会計
① 情報利用者	外部利害関係者	内部利害関係者
② 利用目的	利害調整	意思決定、業績管理
③ 主要課題	利益配分	利益獲得
④ 報告対象	過去情報	過去、現在、未来情報
⑤ 報告書の種類	財務諸表（強制的）	全社、連結、セグメント別など
⑥ 処理基準	会計基準、関係諸法規	意思決定、業績管理など
⑦ 測定尺度	財務情報	財務情報、非財務情報（定量情報、定性情報〔数量化が必要〕）
⑧ 情報の質	正確性、適法性	有用性（目的適合性、適時性など）

出所：筆者が作成

図表 6-2　管理会計の機能

管理会計の機能	領域、技法、システム
① 意思決定支援機能	意思決定会計
② 業績管理支援機能	業績管理会計
③ 業務管理支援機能	業務管理、ERP
④ 経営革新支援機能	イノベーション、経営戦略

出所：筆者が作成

価、埋没原価、機会原価その他の様々な原価・利益概念が用いられる。設備投資の経済性計算では、時間価値を考慮する DCF 法（内部利益率法、現在価値法、収益性指数法）と時間価値を考慮しない簡便法（投資利益率法、回収期間法）がある。業績管理会計（performance management accounting：業績評価会計ともいう）は、標準原価計算、予算管理、ABC（activity based costing：活動基準原価計算）/ABM（activity based management：活動基準管理）、BSC（balanced scorecard：バランスト・スコアカード）などの技法を用いてセグメント別、管理階層別、プロジェクト別、期間別などの管理単位の目標管理を実行し、優れた業績（目標値）が達成できるように計画とコントロールを行う管理システム（責任会計システム）である。

また、業務管理は、購買管理、販売管理、債権/債務管理、生産管理、在庫管理、固定資産管理、人事管理、資金管理、会計管理（財務会計、管理会

計）などの企業の個別・具体的な業務の管理である。ERP（enterprise resource planning：統合業務システム：統合業務管理システム）は、業務管理すなわち購買管理、販売管理、債権 / 債務管理、生産管理、在庫管理、固定資産管理、人事管理、資金管理、会計管理（財務会計、管理会計）などの各構成要素（モジュール）を統合・連携し、相互に情報共有ができるようにした統合型業務管理の情報システムである。

　さらに、イノベーション（innovation）は、企業の成長・発展あるいは経営革新をもたらすような研究開発、新製品開発、新規事業開発などの事業戦略 / 企業戦略である。また、イノベーションは、マネジメントの手法に関する革新的な考え方や新たな管理手法を導入し、経営品質を高めるための経営哲学であるということができる。経営戦略は、企業のマネジメントに関する戦略をさしていう。経営戦略は、全社戦略、事業戦略、機能別戦略の階層別の戦略の区別の他に、各事業の具体的な戦略、たとえば新製品開発戦略、人事管理戦略、マーケティング戦略など多種多様な分類ができる。経営戦略を実行するための経営管理機能（職能）は、計画、命令、組織化、調整、統制などの各機能の全体をマネジメント・サイクルといい、その管理を適切に行うことがマネジメントの任務である。そして、マネジメント・サイクルすなわち PDCA サイクルは、Plan（計画）、Do（実行）、Check（検討）、Act（是正）の４つのフェーズ（局面）で経営管理の機能を実行する考え方であり、TQM（total quality management：総合的品質管理）の考え方を導入した経営管理方式では、PDCA サイクルが用いられている。

(4) 会計情報基準

　AAA の ASOBAT（A Statement of Basic Accounting Theory：基礎的会計理論1966）では、以下の４つの会計情報基準を示している。
① 目的適合性（relevance）
② 検証可能性（verifiability）
③ 不偏性（freedom from bias）
④ 量的表現可能性（quantifiability）
　目的適合性は、４つの基準の中で最も基本的な基準であり、情報は促進することが意図されている活動または生ずることが期待される結果と関連を持つか、またはそれらと有効に結びついていなければならないという要請であ

る。検証可能性は、2人以上の適格者が同じ資料を調べたとすれば、本質的に類似した数値または結果が得られなければならないという要請である。不偏性は、事実を偏らずに決定し報告しなければならないという要請である。量的表現可能性は、報告する情報に数を割り当てることに関連している。すなわち貨幣価値によって測定された情報のみならず、物量単位によって測定された情報も会計情報である。しかし、非財務的測定尺度によって測定された情報が会計情報であるか否かについては、議論の分かれるところである。

(5) 管理会計の基礎概念

　管理会計においては、**図表6-3**に示すように、①の実体概念（entity concept）は、企業内の小実体（セグメント、プロジェクトなど）を対象として計算される。これは財務会計が企業ないし会社全体を対象として計算されるのとは対照的である。②の貨幣測定概念（money measurement concept）について、財務会計では統一的な測定尺度として貨幣価値が用いられるのに対して、管理会計では貨幣価値および物量単位（時間や比率なども含む）が用いられる。③の原価主義と原価フローの概念（cost base and cost flow concepts）について、財務会計では時価主義会計を除き、原則として取得原価主義に基づく会計が行われるのに対して、管理会計では管理可能性や、利益計画あるいは意思決定目的などのためにさまざまな原価概念が用いられる。④の実現概念（realization concept）について、財務会計では収益認識は原則として外部取引としての販売基準（出荷基準、回収基準など）に基づいて行われるが、管理会計では過去よりも将来・未来情報ないし予測情報に基づいて事後的というよりは、むしろ事前にさまざまな計算が行われるのである。⑤の対応概念（matching concept）について、財務会計では製品などの費用収益の対応や、一定の会計期間などに対応して計算が行われるが、管理会計では小実体（セグメント、プロジェクトなど）を対象として、その管理や責任区分に対応させて計算が行われる。⑥の客観性概念（objectivity concept）と重要性概念（materiality concept）について、財務会計では計算や報告書の作成が可能な限り客観的ないし重要な事項に重点が置かれる。それに対して、管理会計では、たとえば取り扱うデータが偏見に基づくものでないことはいうまでもなく、意思決定目的や業績管理目的などの目的適合性によって、その客観性ないし重要性が判断されることになる。

図表6-3　管理会計の基礎概念

① 実体概念	企業内の小実体（セグメント、プロジェクトなど）
② 貨幣測定概念	貨幣価値、物量単位など
③ 原価主義と原価フロー概念	管理可能性、利益計画、意思決定目的など
④ 実現概念	将来・未来情報、予測情報
⑤ 対応概念	小実体（セグメント、プロジェクトなど）
⑥ 客観性概念と重要性概念	目的適合性

出所：筆者が作成

2．管理会計における原価概念

(1) 管理会計における原価の基礎概念

① 管理可能費と管理不能費

　管理可能費（controllable cost）と管理不能費（uncontrollable cost）は、文字どおり当該管理者にとって、ある費目が管理できるか否かによる区別であり、それは管理可能性（controllability）によって分類される。分類の基準は、(i) 管理階層（トップ、ミドル、ロワー）、および(ii) 管理期間の長短、によって判断される。管理階層が上部の管理者であればあるほど、また、管理期間が長くなればなるほど、管理可能性は高くなる。たとえば、当該企業のトップ・マネジメントにとっては、そのすべての費目が管理可能であることになる。一方、たとえば、ある製品の研究開発期間が2年で完了する場合、2年以下の期間では当該製品の開発にかかるすべての費用は管理できるとは限らないのである。

② 変動費と固定費

　変動費（variable cost）と固定費（fixed cost）の分類は、コスト・ビヘイビア（cost behavior：原価態様）によって4つの原価発生のパターンにより、(i) 変動費、(ii) 固定費、(iii) 準変動費（semi-variable cost）、(iv) 準固定費（semi-fixed cost）、に分類される。

　変動費は操業度や営業量の増減に応じて、総額において増減する原価、た

とえば直接材料費、直接労務費（出来高給、時間賃率による）などがあげられる。

固定費は操業度や営業量の増減とは無関係に、総額において一定期間変化しない原価、たとえば定額法による減価償却費、固定資産税、保険料などがあげられる。

準変動費は、営業量（活動量）がゼロであっても一定の金額が発生する原価で、燃料費、動力費、修繕維持費などがあげられる。身近な例では、水道光熱費は使用契約をしていれば基本料金の部分がかかり、その後、使用量が増えれば変動費的に増加するのである。

準固定費は、ある操業圏内では一定の固定費が発生し、その操業圏を超えると飛躍的ないしは段階的に固定費の発生額が増加し続ける原価である。例としては、監督者の給料、検査工の賃金などがあげられる。監督者の給料であれば、工場の操業度が80％の場合、製品の製造ラインに4人の監督者が必要である時、操業度が100％になると5人の監督者が必要になれば、1人分の監督者の給料が増加することになる。

③ アクティビティ・コストとキャパシティ・コスト

アクティビティ・コスト（activity cost）とキャパシティ・コスト（capacity cost）は、原価の発生源泉によって分類される。アクティビティ・コスト（業務活動原価）は、活動すれば発生するコストであるのに対して、キャパシティ・コスト（能力原価）は生産・販売などの設備の維持のために発生するコストである。アクティビティ・コストの例としては、直接材料費や直接労務費をあげることができる。キャパシティ・コストは、さらに以下の2つに分類される。

(i) マネジド・キャパシティ・コスト

マネジド・キャパシティ・コスト（managed capacity cost）は自由裁量固定費といわれ、たとえば広告宣伝費、販売促進費、研究開発費などがあり、これらの費目は通常、予算管理で管理される。

(ii) コミッテッド・キャパシティ・コスト

コミッテッド・キャパシティ・コスト（committed capacity cost）は拘束固定費といわれ、たとえば減価償却費、固定資産税などがあげられる。これらの費目は建物や設備などの資産を取得したことにより発生ないし費用計上するため、減価償却費については耐用年数が未だ到来せ

Ⅱ 管理会計編 —145

ず、また、それらの資産を除却しない限り、固定費として費用が発生する。

原価概念のうち、直接費・変動費・アクティビティ・コストがほぼ同じであり、間接費・固定費・キャパシティ・コストがほぼ同じであるといえる。ただし、費目が同じであっても企業によって、たとえば労務費ないし人件費は当該企業の給与制度や、正社員か非正規社員かによっても異なるのである。

(2) 全部原価計算と直接原価計算の用語

全部原価計算（Vollkostenrechnung（独）：absorption costing）では、製造原価の直接費・間接費とも製品から回収するのに対して、部分原価計算（Teilkostenrechnung（独）：direct costing：直接原価計算：variable costing：変動原価計算）では、変動費のみを製品から回収し、固定費は段階的な（多段階の）損益計算（たとえば、セグメント別損益計算）によって費用を回収する。

原価計算上、全部原価計算においては、どうしても間接費の過大配賦・過小配賦の問題が生じてしまうため、その解決策として ABC の適用が議論されるのである。

(3) 原価管理の問題

固定費・変動費の管理の問題は、どちらの費用の管理も極めて重要な問題である。製造業を例に説明すれば、変動費は主に直接材料費および直接労務費からなるため、この費用の削減には自ずから限界がある。材料は通常、外部から購入する場合がほとんどであり、材料の市場価格があることから、多少の値引交渉ができたとしても材料の仕入価格は自社にとってはほとんど管理不能な事項である。また、直接労務費も給与・賃金の計算方式如何によって異なるけれども、給与などの相場があるため、やはり当該費用の削減には限界がある。

一方、固定費は、その典型的な項目として、① 減価償却費、② 固定的な人件費：正社員の給与（月給制、年俸制など）、③ 保険料（地震保険、損害保険など）、④ 租税公課（固定資産税、都市計画税、自動車税、不動産取得税など）があげられる。一概にはいえないが、固定費対変動費の割合は、6：

4、7：3、極端な場合は8：2といった割合で、大企業・中小企業を問わず企業の固定費がかなり多いことは否定できない。

　固定費管理の問題への対策は、可能な限りの固定費の削減、たとえば、① 遊休設備（アイドル・キャパシティ・コスト）の削減、② 限界はあるものの固定的な人件費すなわち正社員の給与（月給制、年俸制）の適切な管理、③ 生産性の低い老朽化した機械・設備の更新（ただし、新規の設備投資が必要）、⑤ 水道光熱費、消耗品費などの適切な使用、④ 減価償却費の早期回収（定額法よりも定率法）を例としてあげることができる。

　図表6-4に示すように、減価償却費の処理法の選択の問題すなわち減価償却費の早期回収（定額法か定率法か）の判断は、通常、減価償却費の処理法の選択によって定額法と定率法がある。図表6-4は、固定資産の追加取得がないことを前提に、定額法では一直線（ストレートライン・メソッド）に、定率法では右肩下がりに減価償却費が発生する。定率法は、固定資産への投資額の早期回収を目的とした加速度償却であるといえる。たとえば、機械設備の場合、最近では技術革新の進化が速いため、性能や価格は日進月歩で変動する。以前にも増して、機械設備の経済命数が短縮化していると考えられるので、そうした機械設備の場合には、定率法による減価償却費の計算を行う必要がある。企業によっては、建物は定額法、機械設備は定率法で減価償却費を計上することがある。

　以上のように、変動費・固定費ともその削減には限界があるが、無駄な費用管理の仕組みないし原価管理システムを導入して、可能な限り原価削減に取り組む必要があるのである。

図表6-4　減価償却費の処理法の選択

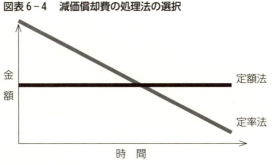

出所：筆者が作成

(4) 管理会計における特殊原価概念 （意思決定のための原価概念）

① 関連原価と無関連原価

　意思決定に関連があるか否かによって、関連原価（relevant cost）と無関連原価（irrelevant cost）とに分類される。その判断基準は、目的適合性によって区分される。

② 差額原価：増分原価：減分原価：限界原価

　差額原価（differential cost）とは、特定の意思決定によって生じる原価総額の増減額または特定の原価要素の増減額である。特定の意思決定とは、差額原価収益分析における意思決定問題、たとえば、新機械を導入するか否かの決定、新規注文の引受可否の決定、最適プロダクト・ミックスやセールズ・ミックスの決定、部品の自製か購入かの決定などの特殊原価調査の例をあげることができる。その場合の原価には、変動費のみの増減の場合もあれば、固定費の増減額が含まれる場合もある。下記の機会原価の設例で考えれば、差額原価は代替案間の原価の差額ということになる。すなわち、ある意思決定の結果、3つの代替案が示されたとすれば、支出原価がA案50万円、B案60万円、C案70万円の場合、A案からみるとB案とC案はそれぞれ10万円ずつ増加分の差額がある。この場合、増加分の原価を増分原価といい、逆にC案からみるとA案とB案はそれぞれ10万円ずつ減少分の差額がある。その減少分の原価を減分原価という。また、限界原価（marginal cost）とは、製造業を例にすれば、操業度の変化によって生じる差額原価すなわち生産量1単位の増加による増加分のことをいう。

③ 埋没原価

　埋没原価（sunk cost）とは、意思決定に影響を与えない原価のことをいい、特殊原価概念のうちこの原価概念のみが無関連原価である。例としては、既に投資された設備の減価償却費があげられる。

④ 機会原価：機会利得 （＋の場合）：機会損失 （－の場合）

　機会原価（opportunity cost）とは、選択しなかった代替案の中で最大の逸失利益のことをいい、この機会原価の概念には、収益説と利益説がある。

（設例）

支出原価	収益（機会原価）説(i)	利益（機会原価）説(ii)
（埋没原価を除く）	売上高	機会利得（＋）・機会損失（－）
A案　50万円	80万円	＋30万円
B案　60万円	70万円	＋10万円
C案　70万円	60万円	－10万円

　上記設例において、支出原価の最も低いA案を選択した場合、選択しなかった代替案（B案とC案）の中でどの金額を機会原価と考えるかは2つの説がある。(i)説は選択しなかった代替案の中で獲得できる収益（便益）を機会原価（B案の70万円）と考え、収益と支出原価との差額を機会利得（B案の＋10万円）ないし機会損失（C案の－10万円）とするのである。(ii)説は選択しなかった代替案の中で獲得できる利益（純額）を機会原価と考え、この説の場合B案の＋10万円が機会原価となり、機会利得は＋10万円で同じ数値になる。

　以上のように、機会原価の概念には2つの考え方がある（上埜　進（著者代表）『管理会計の基礎：理論と実践（第4版）』税務経理協会（2010）p.156）。

　管理会計上の用語の概念も、用語によっては広義に解釈する説と狭義に解釈する説があり、また、時代の進化とともに概念が変化する場合があることに注意すべきである。

⑤ 現金支出原価：非現金支出原価

　現金支出原価（out of pocket cost）とは、文字どおり現金支出を伴う原価のことである。通常、ほとんどの原価は現金支出原価であるが、減価償却費は非現金支出原価であり内部留保として当該資金の利用が可能である。

⑥ 付加原価：帰属原価

　付加原価（imputed cost）とは、財務会計上は費用として認識しないが、原価計算上費用として考慮する項目で、たとえば、企業家賃金（ベンチャー・ビジネスの創業者の給与など）や自己資本利子（自己資本には利子はかからない）などをあげることができる。

⑦ 回避可能原価

　回避可能原価（avoidable cost）とは、現在の業務活動などの変更の意思決定によって発生が回避できる原価のことで、変動費と固定費の一部（ある製

Ⅱ 管理会計編—149

品の生産中止、事業の縮小などによる）がある。反対概念は回避不能原価（unavoidable cost）であり、たとえば、建物や設備を所有していれば、通常、その減価償却費は回避不能である。

⑧ 延期可能原価

延期可能原価（postponable cost）とは、費用の発生を将来（短期的）に延期できる原価のことであり、たとえば、工場などのフェンスや外壁の塗装工事、植栽の手入作業などをあげることができる。延期可能原価は時と場合によるけれども、機械設備の修繕費の例は不適切であると思われる。その理由は、いうまでもなく定期的に、あるいは必要に応じて機械の点検や修繕などをきちんと行わなければ、機械の性能を維持できなくなったり、安全性の観点から、また、不慮の事故を招くことにもなりかねないからである。反対概念は延期不能原価であり、たとえば、製品の製造において工場の操業が行われることを前提とすれば、材料費、労務費、製造間接費は延期不能である。

⑨ 取替原価：再調達価格

取替原価（replacement cost）とは、資産や部品などの再調達価格のことであり、たとえば、機械設備や部品の取換えの際の購入価格などである。

以上のすべての原価概念は、相対的なものであり、一部の変動費あるいは固定費の項目を除いて、ある費目が常に特定の原価概念に当てはまるとは限らない。

3．管理会計における利益概念

(1) 管理会計における利益の基礎概念

① 限界利益

限界利益（marginal profit）は、「売上高－変動費＝限界利益」によって計算できるが、それは固定費を回収し利益を産み出すための貢献額である。そして、限界利益は短期利益計画に有用であり、損益分岐点分析への役立ち、プロダクト・ミックスやセールズ・ミックスなどの意思決定に有用であると

されている。

② 貢献利益

　貢献利益（contribution margin）の概念は、(i) 限界利益と同一の概念と考える説（従来の説）、(ii) 限界利益から当該セグメントの管理可能個別固定費（および管理不能個別固定費）を控除した残額と考える説（現在の説）に分けることができる。

③ 管理可能利益

　管理可能利益（controllable profit）は、「売上高－管理可能費＝管理可能利益」として求められ、多くの場合、事業部制組織における直接原価計算方式の損益計算すなわち事業部制会計で使用される概念で、管理可能性と固定費の細分化による直接原価計算の一手法である。

　図表6-5は、典型的なセグメント別損益計算書における利益計算の一部分である。これらの直接原価計算による原価・利益計算は、短期利益計画におけるセグメント別損益計算の基本概念であり、貢献利益法、貢献利益アプローチ、直接原価計算法などと呼ばれている。

④ 差額利益

　差額利益（differential profit）とは、特定の意思決定によって生じる利益の増減額である。換言すれば、代替案間の利益の差額であるということができ、意思決定のための利益概念であって、差額原価と考え方は同じである。

図表6-5　セグメント別損益計算書

```
　売　　上　　高
差引：変動売上原価　　　┐
　　　　変動販売費　　　├ 変動費
　限　界　利　益
差引：管理可能個別固定費 ┐
　管理可能利益　　　　　│
差引：管理不能個別固定費 ├ 固定費
　貢　献　利　益　　　　│
差引：共通固定費配賦額　 ┘
　営　業　利　益
```

出所：筆者が作成

Ⅱ 管理会計編 —*151*

⑤ 期間調整利益額 (率)

期間調整利益額 (率) とは、設備投資の経済性計算などで用いられる概念であり、投資と回収の時点や時点のズレなどを資本コストや割引率で計算する。

⑥ 残余利益

残余利益 (residual income：RI) とは、下記の計算式のように税引後営業利益 (NOPAT) から加重平均資本コストを差し引いて、文字どおり残って余った利益のことであり、事業部業績測定に有用であるとされている。

残余利益＝税引後営業利益－加重平均資本コスト

⑦ EVA

EVA (economic value added：経済的付加価値) とは、アメリカのコンサルティング会社のスターン・スチュアート社が1980年代に開発した企業価値評価の手法 (登録商標を取得) であり、残余利益の発展形態である。

EVA ＝税引後営業利益－加重平均資本コスト

⑧ MVA

MVA (market value added：市場付加価値) とは、当期から将来にわたる企業価値の増加分の現在価値合計額であり、年々の EVA の割引現在価値の合計であって資本簿価と MVA の合計が市場価値に等しくなる。

⑨ 収益性測定における ROI (投資利益率) と RI との相違

ROI (return on investment：投資利益率) は、「売上高利益率 (利益 / 売上高) ×資本回転率 (売上高 / 資本) ＝利益 / 投資額」で表すことができ、1919年にアメリカの化学会社 E.I.デュポン社によって考案された。

RI は、「税引後営業利益－加重平均資本コスト」で表すことができる。ただし、会社全体に対して課税される税金は事業部の当該管理者にとって管理不能であるから税引前営業利益を用いるとするソロモンズ (D.Solomons) の考え方もある。RI は、1960年代にアメリカの GE 社によって下記の ROI の欠点を克服するために考案され、事業部の業績測定に有用であるとされてい

152

る。なお、事業部長と事業部それ自体との業績測定の区別が必要である。事業部長の場合は管理可能性によって、事業部それ自体の場合は追跡可能性（traceability）によって管理される。

　また、上記の ROI と RI との相違に注意すべきである。ROI においてはパーセントで計算されるため、(i) 事業部長の関心を利益額の増大よりも比率の増大へ向けさせてしまい、短期的な業績のみに傾注する傾向があること、(ii) その結果、事業部の利害と全社的な利益が対立し、当該企業の目標整合性（goal congruence）が失われること、などの問題が指摘されている（稲田卓次「管理会計における原価諸概念」車戸實編『管理会計論』八千代出版 (1986) pp.70-71）。

⑩ EVA と RI との相違

　EVA と RI との相違については、以下の 2 点をあげることができる（上埜 進『管理会計（第 4 版）』税務経理協会 (2008) p.196）。
(i) 資本コストの算出に CAPM（資本資産評価モデル）で導出した株式資本コストを用いていること
(ii) 税引前営業利益の導出に際して損益計算書の営業利益から「発生主義会計による歪み」を排除していること

⑪ 「発生主義会計の歪み」を排除する理由

(i) 会計的利益（accounting profit）を経済的利益（economic profit）つまり正味キャッシュフローに近似させること
(ii) 経済的利益を生むために用いられた諸資源の真の価値を貸借対照表に再表示すること

　こうした「発生主義会計の歪み」を排除するために必要な修正には、以下の項目をあげることができる（上埜 進、前掲書 (2008) pp.197）。
(ア) 在庫の時価評価（資産と期間利益の修正）
(イ) 繰延税金資産・負債の調整（期間利益に対応する税額の計上という税効果会計を止め、現金支出ベースに戻す）
(ウ) 経済的減価をベースにした営業権償却
(エ) 研究開発費の資本化（資産計上、期間利益の増加）
(オ) リース資産（オペレーティング・リース）・賃借資産の資産および負債への計上

II 管理会計編—*153*

(カ) 恒常的な引当金の資本組入れ（現金支出ベースに変換するために利益と貸借対照表の修正）

4．管理会計の倫理基準

(1) IMA（NAA）による「管理会計人の倫理的行動基準」(1983年)

IMA（NAA）によって1983年に最初に公表された「管理会計人の倫理的行動基準」の項目およびその意味は**図表6-6**に示すとおりである。

図表6-6　IMA（NAA）の「管理会計人の倫理的行動基準」
(IMA:NAA: 1C,1983)

① 管理会計人の能力（3項目）	専門職としての能力
② 管理会計人の機密性（3項目）	守秘義務
③ 管理会計人の誠実性（7項目）	誠実性・中立性
④ 管理会計人の客観性（2項目）	客観的な立場

出所：The National Association of Accountants,*Statements on Management Accounting:Standards of Ethical Conduct for Management Accountants:1 C*,1983,pp.1-2.

以下では、IMA（NAA）による1983年の「管理会計人の倫理的行動基準」の全文を示すことにする。

① 管理会計人の能力
　(i) 管理会計人の知識および技術を不断に向上させることによって、専門職としての適正な能力水準を維持すること。
　(ii) 関連する法律、規則および専門基準に準拠して、専門職としての義務を遂行すること。
　(iii) 関連があり、かつ信頼できる情報を適切に分析した後、完全で明確な報告書および勧告書を作成すること。
② 管理会計人の機密性
　(i) 法律によって公開が義務づけられている場合を除いて、業務中に知り得た機密情報の公開を自制すること。
　(ii) 業務中に知り得た情報の機密性に関しては、適切な部下に知らせ、当該

情報の機密が維持できるように部下の活動を監視すること。

　(iii) 業務中に知り得た機密情報を、個人または第三者を通じて、非倫理的かまたは違法な利益を得るために利用したり、利用しているように思われないように自制すること。

③ 管理会計人の誠実性

　(i) 現実に生じたか生じることが明らかな利害の衝突を回避するとともに、あらゆる潜在的な葛藤に関連あるすべての利害関係者に助言すること。

　(ii) 管理会計人の職務を倫理的に果たす能力を損なうような活動に従事しないように自制すること。

　(iii) 管理会計人の行為に影響を与えるか影響を与えると思われる贈答品、好意または接待は、すべて断ること。

　(iv) 組織体の法的および倫理的目的の達成を積極的あるいは消極的に覆えさないように自制すること。

　(v) ある行動に関する責任ある判断または好成果を阻むような専門職としての限界、またはその他の制約を認識し伝達すること。

　(vi) 有利な情報だけでなく不利な情報や専門職としての判断または意見を伝達すること。

　(vii) 専門職の信頼を損なうような活動に従事し、あるいは支援することを慎むこと。

④ 管理会計人の客観性

　(i) 公正かつ客観的な情報を伝達すること。

　(ii) 提出された報告書、論評および勧告に関する予想利用者の理解に影響を与えることが合理的と思われるすべての関連情報を完全に公開すること。

(2) IMA による「職業倫理基準」(2005年)

　IMA によって2005年に公表された「職業倫理基準」の項目およびその意味は**図表6-7**に示すとおりである。

II 管理会計編 —*155*

図表6-7　ＩＭＡの「職業倫理基準」（IMA,2005）

① 管理会計人の能力（4項目）	専門職としての能力
② 管理会計人の機密性（3項目）	守秘義務
③ 管理会計人の誠実性（3項目）	誠実性・中立性
④ 管理会計人の信頼性（3項目）	客観的な立場

出所：Institute of Management Accountants,*Statements on Management Accounting:Leadership Strategies and Ethics:Statement of Ethical Professional Practice*, Institute of Management Accountants,2005,p.1 .

　以下では、IMA による2005年の「職業倫理基準」の全文を示すことにする。

① 管理会計人の能力
　(i) 管理会計人の知識および技術を継続的に向上させることによって、専門職としての適正な能力水準を維持すること。
　(ii) 関連する法律、規則および技術的基準に準拠して、専門職としての義務を遂行すること。
　(iii) 正確で、明確かつ簡潔および適時な意思決定支援情報や勧告を提供すること。
　(iv) 責任のある判断あるいは活動の優れた業績を妨げる専門職としての制限やその他の制約を認識し伝達すること。
② 管理会計人の機密性
　(i) 公開が認められ、あるいは法的に要求されている場合を除いて、情報の機密性を維持すること。
　(ii) 機密情報の適切な利用について、あらゆる関連団体に知らせること。コンプライアンスの確保のために部下の活動を監視すること。
　(iii) 倫理に反し、あるいは違法な利益のための機密情報の利用を慎むこと。
③ 管理会計人の誠実性
　(i) 利害に関する実務上の矛盾を軽減すること。明らかな利害に関する矛盾を避けるために、利害関係者に常に伝達すること。如何なる潜在的な矛盾に関して、あらゆる関連団体に助言すること。
　(ii) 倫理的に義務の遂行を損なう如何なる活動に従事することを慎むこと。
　(iii) 専門職の信頼を損なう如何なる活動に従事し、あるいは支援することを慎むこと。
④ 管理会計人の信頼性

(ⅰ) 公正かつ客観的な情報を伝達すること。

(ⅱ) 報告書、分析結果、あるいは勧告に関する意図された利用者の理解に影響を与えることがかなり予測されるすべての関連情報を公開すること。

(ⅲ) 情報の遅れや欠陥、適時性、処理、あるいは組織の方針と適用される法律、または組織の方針か適用される法律に従う内部統制について公開すること。

　上記のように、1983年の「管理会計人の倫理的行動基準」と2005年の「職業倫理基準」とを比較すれば、項目の数では、① 管理会計人の能力が3項目から4項目へ、② 管理会計人の機密性がどちらも3項目で変更はなく、③ 管理会計人の誠実性が7項目から3項目へ、④ 管理会計人の客観性つまり信頼性が2項目から3項目へ、それぞれ整理されたということができる。また、文言が多少変更されている部分があるけれども、それほど大きな改訂という訳ではないと思われる。元来、倫理基準というものは時代が変わっても、考え方がそれほど大きく変化するものではなく、企業内部の業務に従事する管理会計人が遵守すべき倫理規定であって、いわば普遍的なものであるからである。

5．管理会計を取り巻く企業の経営倫理問題

(1) 企業倫理・コンプライアンスの現状

　企業倫理（business ethics）とは、一般的には、公正、公平、誠実に企業活動を行うこと、あるいは、企業のすべての構成員が、経営トップから一般社員に至るまで全員が遵守しなければならない行動原則である。そして、企業倫理の対象範囲を見ると、経営理念に基づく誠実な企業行動を目指して、法規範、社内規範、社会規範を遵守することになるので、以下のコンプライアンス（compliance）の最広義の意味とほぼ同じものと理解できる。そのコンプライアンスとは、語義としては「応諾、追従、盲従、従順、承諾、迎合」などを意味する。しかしながら、ビジネスの社会では狭義の「法令遵守」から、通常、「法規範、社内規範、社会規範を守る」という意味での「法令等の遵守」と理解されている。さらに、最広義では、① 法律や省令といういわゆる「法令」に加えて、立法の趣旨や法の精神も遵守する、② 企

業内の諸規則、業務マニュアルなどの社内規範を遵守する、③ 社会常識や良識などの社会規範を遵守する、④ 企業の経営理念・ビジョンや年度計画にかなう適切な行動をとる、というように、これらの4つの領域まで含めてコンプライアンスとして認識する企業もあるのである（田中宏司「企業倫理・コンプライアンスの新展開」 産労総合研究所編『企業倫理・情報セキュリティ便覧』産労総合研究所（2003）p.12)。

　1990年代後半に入って、企業倫理に関する新たな規格や基準が数多く出されてきている。その理由は、高 巌教授によれば国境を越えた自由化が急速に進み、そして、世界の各国政府が自由な競争を阻害する規制や制度を緩和・改善し、業種・業態を超えた企業間の連携が進んだことがあるとされている。また、ITの急速な進展もその要因になっているが、そのことは、企業が抱えるリスクも増大することに注意しなければならない。そして、こうした自由化とIT化の進展がフェアネス（公正性）を確立するための規格・基準の制度化につながっているのである（高 巌編著『ECS2000：このように倫理法令遵守マネジメント・システムを構築する』日科技連出版社（2001）pp.4 - 5)。

(2) 内部告発と公益通報者保護制度の動向

　最近とりわけ1990年代以降、企業の不祥事は、牛肉偽装、食品表示、入札妨害、トラブル隠しなど枚挙にいとまがないが、そうした社会的な事件はいわゆる「内部告発」により発覚したものが多い。そのような不祥事に関係した企業は顧客離れ、売上減少、利益の落込み、株価下落、資金繰り悪化、社員の士気の低下などの悪循環に陥り、経営全体が動揺してしまう。そして、これまで長年にわたって築いてきた企業ないしは企業グループの信用やブランドが一気に失墜しているのである（田中宏司「企業倫理・コンプライアンスの新展開」（2003）p.13)。

　1990年代以降、わが国の社会、経済、経営環境の激変により、企業の現場では、業績達成への強烈なプレッシャーの下、モラルの崩壊、愛社精神の減退などが指摘されている。とくに、組織・制度疲労に根ざした様々な課題が先送りされている状況の中で、従業員意識の変化・多様化が進み、社会正義への関心の高まりなどを反映して、「内部告発」により問題の解決が図られているという事情がある。企業形態のフラット型組織への移行やインター

ネットの普及によって、社会正義やモラル上の抗議の手段として内部告発により企業情報が社外に流出する時代になってきている（田中宏司「企業倫理・コンプライアンスの新展開」（2003）p.13）。

　大よそ1990年代において、諸外国、たとえばイギリス、アメリカ、オーストラリアなどで公益通報者保護制度が法制化され、その動向を踏まえて、わが国でも2004年に公益通報者保護法が制定され施行された。この制度の導入によって企業などの不祥事に関する内部告発の通報者が保護されることから、違法・不正行為などの発覚が促進され、公益の保護に寄与するものと思われる。

(3) 企業倫理実践システム構築の必要性

　現在、企業では、それぞれ独自の方法で企業倫理・コンプライアンスを実践していると思われる。その企業倫理実践システムは、① 倫理綱領（行動基準）の制定・公布を中核にして、実践体制である② 遵守体制と③ フォローアップ体制の三位一体として社内の実情に合わせて構築する必要がある。②の遵守体制には、企業倫理担当責任者、企業倫理担当部署、教育・研修プログラム、倫理ヘルプラインなどの設置や準備などが必要である。また、③のフォローアップ体制には、倫理委員会、倫理監査、定例実情調査、人事面での配慮などが必要である（田中宏司「企業倫理・コンプライアンスの新展開」（2003）pp.21-23）。

(4) ECS2000の概要

　ECS2000（Ethics Compliance Management System Standard 2000）とは、麗澤大学経済研究センターが1999年5月に発表した（企業）倫理・法令遵守マネジメントに関する規格（「倫理法令遵守マネジメント・システム規格（Ethics Compliance Standard 2000)」）である。ISO9000やISO14001と同様にPDCAマネジメント・サイクル Plan-Do-Check-Act（Action）による継続的改善を基本としている。ECS2000は、麗澤大学経済研究センター「企業倫理研究プロジェクト」により原案が作成され、ウェブ上に公表されたマネジメント・システム規格である。ECS2000は、PDCAの以下の4つのプロセス（継続的改善）から構成されている。

Ⅱ 管理会計編 —*159*

① 計画（Plan）
② 実施と運用（Do）
③ 監査（Check）
④ 経営層による見直し（Act: Action）
　ECS2000の要点は下記のとおりである。
① 計画
　　倫理法令遵守の基本方針策定、その方針を踏まえて組織内で浸透させる手順（実施計画）の策定、法令その他ルールの整理、内部規程の策定など。
② 実施と運用
　　倫理法令遵守マネジメントのための専門部署の設置、教育・訓練の実施、情報伝達（報告・相談）体制の整備、文書管理、運用管理、緊急時対応など。
③ 監査
　　遵守状況の監査、倫理法令遵守活動の過程で生じた出来事の記録、当マネジメント・システムの運営状況の監査。
④ 経営層による見直し
　　監査の結果等に基づき、必要となる是正・予防措置の実施。

(参考文献)

〔1〕 The National Association of Accountants,*Statements on Management Accounting*,Prentice-Hall,1990.（米国管理会計人協会著、西澤　脩訳『IMA の管理会計指針』白桃書房　1995年）

〔2〕 Institute of Management Accountants,*Statements on Management Accounting:Leadership Strategies and Ethics:Statement of Ethical Professional Practice*,Institute of Management Accountants,2005.

〔3〕 Institute of Management Accountants, *Statements on Management Accounting:Practice of Management Accounting:Definition of Management Accounting*,Institute of Management Accountants,2008.

〔4〕 青木茂男監修、櫻井通晴訳著『A.A.A. 原価・管理会計基準：原文・訳文・解説（増補版）』中央経済社　1981年

〔5〕 American Accounting Association,*A Statement of Basic Accouning Theory*,

American Accounting Association,1966.（飯野利夫訳『アメリカ会計学会　基礎的会計理論』国元書房　1969年）

〔6〕 稲田卓次「管理会計における原価諸概念」車戸 實編『管理会計論』八千代出版　1986年

〔7〕 上埜 進『管理会計（第4版）』税務経理協会　2008年

〔8〕 上埜 進（著者代表）『管理会計の基礎：理論と実践（第4版）』税務経理協会　2010年

〔9〕 櫻井通晴『アメリカ管理会計基準研究：原価計算の管理的利用から現代の管理会計』白桃書房　1981年

〔10〕 産労総合研究所編『企業倫理・情報セキュリティ便覧』産労総合研究所　2003年

〔11〕 高　巌編著『ECS 2000：このように倫理法令遵守マネジメント・システムを構築する』日科技連出版社　2001年

〔12〕 西澤 脩『管理会計基準』同文舘出版　1969年

〔13〕 本橋正美「会計情報システムの機能」『産業経理』第61巻第2号　2001年7月　pp.39-45

〔14〕 本橋正美「組織有効性と管理会計システムの有効性評価」『明治大学社会科学研究所紀要』第41巻第1号　2002年10月　pp.281-299

〔15〕 本橋正美「管理会計情報の質的特性」『会計論叢』（明治大学）第4号　2009年3月　pp.65-78

II 管理会計編 —*161*

§7

管理会計の歴史／管理会計の体系

1．管理会計の歴史研究と分析アプローチ

(1) 管理会計史研究の意義

　管理会計史上、管理会計の概念や技法がいつどこで最初に生成したかについては、論者によって意見が異なるところであるが、廣本敏郎教授によれば、1920年代のアメリカで生成したとされている。廣本敏郎教授の所説については後述する。

　ところで、管理会計の歴史を論じる場合、管理会計の生成および発展に至る前提としての会計そのものの起源・生成について言及しておく必要があると思われる。それは、後述するところの上總康行教授が提案された「アメリカ管理会計史の発展段階モデル」における管理会計システムの4類型を見れば理解できるであろう。すなわちアメリカ管理会計史においては、簿記システム、会計システム、予算システム、予算管理システムへと発展していく中で、管理会計技法が多種多様化していくことが論じられているのである。会計の起源・生成については、一般に、ルカ・パチオリ（Luca Pacioli）によって発見された中世の地中海貿易における商人の財産管理・損益管理の手段としての複式簿記が会計の起源であるとされている。会計の起源・生成に関する問題は、本章の主題ではないところからここでは割愛するが、複式簿記の仕組みの発明や、その手法の会計管理・商品管理への利用は、単にものを数えること、あるいは数学の発明ないし発見とは異なり、複式簿記が今日においても変わらず企業の財産管理・損益管理の手段として利用されていることを管理会計史上においても踏まえておくべきであると思われるのである。

　そうした会計の進化・発展の延長線上において、管理会計は19世紀末から20世紀初頭頃のアメリカで生成したといわれている。上述のとおり管理会計史において、何をもって管理会計の生成・発展のメルクマールとするかについては論者によって異なるところである。この点に関して、廣本敏郎教授によればアメリカ管理会計史上、その生成期においては、標準原価計算、予算

II 管理会計編 —*163*

統制、財務諸表分析が取り上げられ、「標準と記録」の思考が存在したとされているのである（廣本敏郎『米国管理会計論発達史』森山書店（1993））。

　今日の管理会計を研究する場合に、その理論研究においても実証研究においても、現在の管理会計そのものを解明することとともに管理会計の歴史的な分析が必要不可欠であるといえよう。換言すれば、管理会計の原初的な仕組みや概念・技法を解明することによって、管理会計が今日に至るまでにその時々の社会経済的な要請ないし必要性から進化・発展し多種多様で複雑化した管理会計システムを明らかにすることができるからである。

(2) 企業研究アプローチ

　歴史研究を含む企業研究のアプローチは、ダル（Jan Dul）＝ハク（Tony Hak）によれば、以下の2つのアプローチに分類することができる（Jan Dul and Tony Hak,*Case Study Methodology in Business Research*,Butterworth-Heinemann,2008.）。1つは理論志向（構築）アプローチであり、もう1つは実務志向アプローチである。

① 理論志向（構築）アプローチ

| 仮説 |→| 検証 |→| 理論化 |→| 理論モデルの概念化 |

② 実務志向アプローチ

| 企業の管理システムの観察 |→| 実務家の知識や業務活動などの理論化 |

　上記のように、研究のプロセスは、理論志向（構築）アプローチでは、仮説→検証→理論化→理論モデルの概念化へと進められるのに対して、実務志向アプローチでは、企業の管理システムの観察→実務家の知識や業務活動などの理論化へと進められるのである。

③ 企業研究方法のアプローチ

　バックレイ（John W.Buckley）＝バックレイ（Marlene H.Buckley）＝チャン（Hung-Fu Chiang）は、研究方法と経営意思決定との関係について、ここでは特に企業の管理会計研究の方法に関して以下の2つの方法に分類して

いると理解することができる（John W.Buckley,Marlene H.Buckley and Hung-Fu Chiang,*Research Methodology & Business Decisions*,National Association of Accountants and The Society of Industrial Accountants of Canada,1976.）。

① 文献研究（文献サーベイ）

② 事例研究（実証研究：ケーススタディ：ケースメソッド：フィールドスタディ：実態調査（アンケート）：個別企業への聞取調査など）

　この区分は、彼らの分類を待つまでもなく、とりわけ社会科学あるいは社会現象を対象とした研究分野においては、従来から行われている研究方法であるといえる。最近では、管理会計の分野においても文献研究のみならず事例研究（実証研究）のアプローチが以前にも増して数多く行われている。いうまでもなく、一方の研究方法のみでは不十分であり、両方の研究アプローチが必要不可欠であることは敢えていうまでもないであろう。下記の管理会計の生成と発展に関する優れた研究成果を総合的に見れば、両方の研究アプローチによって様々な史実が明らかにされたということができるのである。

２．管理会計の生成と発展に関する諸説

　ここでは、管理会計の生成と発展に関する諸説の基本的な考え方について、その概要を説明する。

(1) 田中隆雄教授

　田中隆雄教授は、アメリカにおける管理会計発達史を以下の３段階に分類して展開されている（田中隆雄『管理会計発達史：アメリカ巨大製造会社における管理会計の成立』森山書店（1982））。

① 萌芽期（19世紀末：ロワー・マネジメントのための管理会計の成立）

② 生成期（20世紀初頭：ミドル・マネジメントのための管理会計の成立）

③ 成立期（第１次世界大戦期：トップ・マネジメントのための管理会計の成立）

　田中隆雄教授は、AAA が公表した ASOBAT のマトリックス（**図表7−1** の ASOBAT の管理職能の分類）を管理階層に組み替えて、独自の管理会計の体系を構築することを提唱されている。すなわち、**図表7−2** に示すように

Ⅱ 管理会計編 —165

図表 7−1　ASOBAT の管理職能の分類

機能＼活動	プログラム化不可能	プログラム化可能
計　　画	①	②
統　　制	③	④

出所：American Accounimg Association,*A Statement of Basic Accouning Theory*,American Accounting Association,1966,p.44.

図表 7−2　管理階層の職能を基準とした管理会計

	トップ・マネジメント	ミドル・マネジメント	ロワー・マネジメント
計　画	Tp	Mp	Lp
統　制	Tc	Mc	Lc

出所：田中隆雄『管理会計発達史：アメリカ巨大製造会社における管理会計の成立』森山書店（1982）p. 9

　計画（planning）と統制（control）をそれぞれの管理階層が担当する職能に従って分類する。この分類によれば、トップ・マネジメントのための計画会計（Tp）は ASOBAT のプログラム化不可能な計画①に、また、アンソニー（R.N.Anthony）のいう戦略計画に、それぞれ相当する。ロワー・マネジメントのための統制会計（Lc）は、プログラム化可能な統制④ないしは、オペレーショナル・コントロールに対応する。ミドル・マネジメントのための計画会計（Mp）および統制会計（Mc）は中間的である。すなわち、プログラム化が困難ではあるが不可能とはいい難い計画および統制とプログラム化が可能な計画および統制の双方にまたがっている。ミドル・マネジメントの計画会計および統制会計は、アンソニーのいうマネジメント・コントロールに対応する。そして、トップの統制会計（Tc）とロワーの計画会計（Lp）も、マネジメント・コントロールに対応させてよいとされている（田中隆雄、前掲書 pp. 9-11）。なお、アンソニーなどの管理会計の体系については後述する。

　さらに、田中隆雄教授は**図表 7−3** において、代表的な管理会計手法を管理諸階層の職能に対応させて体系を示されている。この表は、それぞれの管理会計手法がどの管理階層によってどのような機能（計画か統制か）を期待して利用されるかによる分類である。1 つの管理会計手法が 2 つ以上の管理

図表7-3　管理階層と管理会計手法

	管理会計手法	利　用　者			計算書の作成	管理会計概念
		Top	Middle	Lower		
計画	設　備　予　算	◎	○		コントローラー部	ROI
	資　金　予　算	○	◎			
	損益分岐点分析	○	◎			損　益　分　岐　点
	利　益　計　画	○	◎			責　任　会　計
	シミュレーション	◎	○			
	特殊原価調査	◎	○			機会原価、取替原価
統制	部門業績管理	○	◎			
	標準原価計算		○	◎	原　価　管　理　部	

◎主として利用する階層、○かなり利用する階層
出所：田中隆雄、前掲書 p.11

階層にまたがって利用されることもあるし、計画にも統制にも利用されることもあるとされる。また、田中隆雄教授は論理的展開過程とは別に、管理会計の歴史的発展過程はロワー・マネジメントのための統制会計（Lc）を出発点として、トップ・マネジメントのための計画会計（Tp）を到達点としているとされる（田中隆雄、前掲書 pp.10-11）。

(2) 上總康行教授

　上總康行教授はアメリカにおける管理会計史を以下の4段階に分類して展開されている（上總康行『アメリカ管理会計史（上巻）萌芽期―生成期』同文舘出版（1989）、上總康行『アメリカ管理会計史（下巻）成立期―展開期』同文舘出版（1989））。

① 萌芽期（～1880年頃）

② 生成期（1880年～1920年頃）

③ 成立期（1920年～1950年頃）

④ 展開期（1950年頃～）

　上總康行教授は、**図表7-5**に示す「アメリカ管理会計史の発展段階モデル」を提案され、その前提として**図表7-4**のように管理会計システムを4つのタイプに分類している。すなわち、アメリカ管理会計史は、簿記システム、会計システム、予算システム、予算管理システムのそれぞれ異なる管理

Ⅱ 管理会計編 ―*167*

図表7-4　管理会計システムの4類型

名称 構成要素	簿記システム	会計システム	予算システム	予算管理システム
中軸的利益概念	配当可能利益	純　利　益	利益剰余金	投資利益率
管理会計技法	複式簿記	複式簿記 全部原価計算	複式簿記 全部原価計算 標準原価計算 企業予算	複　式　簿　記 全部原価計算 標準原価計算 企　業　予　算 セグメント別 利　益　計　算 資　本　予　算 長期利益計画

出所：上總康行『アメリカ管理会計史（上巻）萌芽期―生成期』同文舘出版（1989）p.17

会計システムを特徴として4つの発展段階に区分することができるとされている。その4つの管理会計システムの構成要素としての中軸的利益概念と管理会計技法は、図表7-4に示すとおりである。管理会計システムの4類型における管理会計技法の項目をみればわかるように、簿記システム、会計システム、予算システム、予算管理システムへと発展していく中で、管理会計技法が多種多様化していくことがわかるであろう。つまり、複式簿記から始まり、次いで全部原価計算、さらに標準原価計算、企業予算、セグメント別利益計算、資本予算、長期利益計画へと順次、新たな管理会計技法が用いられ、そこでの利益計算の仕組みが次第に管理会計目的へと発展していくことが理解できると思われる。そして、上總康行教授は図表7-5の「アメリカ管理会計史の発展段階モデル」において、上記の管理会計システムの4類型に対応した4つの時代区分を、その要因としての経営構造、管理組織、利用目的、計算目的の観点から以下のように分類されている。

① 萌芽期（～1880年頃）

　　配当利益計算を主要な計算目的とした簿記システムで間に合っていた時代である。

② 生成期（1880年～1920年頃）

　　垂直統合企業において会計システムが導入され、体系的管理の展開を支援するため全社的な規模での管理単位計算が行われていた時代である。

③ 成立期（1920年～1950年頃）

　　科学的管理の全国的な展開に伴って予算システムが普及していき、そ

図表7-5　アメリカ管理会計史のシステムの発展段階モデル

要因＼区分	萌 芽 期	生 成 期	成 立 期	展 開 期
経 営 構 造	単一職能企業	垂直統合企業	垂直統合企業	多角化企業
管 理 組 織	直 線 組 織	職能部門別組織	職能部門別組織	事業部制組織
利 用 目 的	成 行 管 理	体系的管理	科学的管理	人間関係管理
計 算 目 的	配当利益計算	管理単位計算	未来利益計算	投資単位利益計算
管理会計システム	簿記システム	会計システム	予算システム	予算管理システム

出所：上總康行、前掲書 p.19

の下で資本蓄積を強化するための利益計算が行われ、さらに過去計算に
加えて、未来計算が行われるようになった時代である。

④ 展開期（1950年頃～）

　　多角化企業の隆盛に伴い事業部制組織が採用され、予算管理システム
の下で投資単位ごとの利益計算が行われるようになった時代である。

　こうして、アメリカ管理会計史は、管理会計の構造と機能を決定づける管
理会計システムの歴史的展開によって特徴づけられるのである（上總康行
『アメリカ管理会計史（上巻）萌芽期―生成期』同文舘出版（1989）pp.16-20）。

(3) 廣本敏郎教授

　廣本敏郎教授はアメリカにおける管理会計論の発達史について、以下の4
段階に分類して展開されている（廣本敏郎、前掲書）。

① 生成期（1919年～1929年：「標準と記録」の思考）

　アメリカの管理会計論は、1924年に刊行されたマッキンゼー（J.O.McKinsey）
の『管理会計論』（*Managerial Accounting*）によって成立し、それは1910年
代末から1920年代初頭にかけて構想されてきたとされる。当時のアメリカで
は、大部分の大企業で職能部門別組織が採用されるようになり、そこで、
様々な職能部門の活動を調整する手段として、また、部下の活動をコント
ロールする手段として、予算管理が不可欠の経営管理技法となっていた。ま
た、第1次世界大戦後の不況期には、作業能率の向上や無駄の排除が強調さ

Ⅱ 管理会計編 ―169

れるようになり、原価管理のための管理会計技法としての標準原価計算に対する関心が急速に高まってきた。さらに、経営管理者の観点からする財務諸表分析も発展してきていた。したがって、生成期の管理会計論は、「標準と記録」の思考を指導原理とし、経営管理に必要とされる標準のタイプの分類に基づいて体系化されたのであった。そこでは、標準および標準と実績との比較に関する情報が必要であるという基本的思考のもとに、財務標準に関して財務諸表分析が、また、業務標準に関して予算管理と標準原価計算が体系化されているのである。

　生成期の管理会計論は、マッキンゼーの後、彼の所説を受け継ぐ形で、1928年にはグレゴリー（H.E.Gregory）によって、1929年にはヘイズ（M.V.Hayes）によって、公表された著書により展開された。彼らの所説には、1920年代における管理会計技法の発展、特に標準原価計算と財務諸表分析の発展が反映されている。とりわけ、マッキンゼーの所説では展開が不十分であった差異分析や財務諸表分析、あるいは予算と原価標準との結合において著しい発展がみられるのである。

② 成長期（1930年〜1945年：「異なる目的には異なる原価」の思考）

　生成期における標準思考による管理会計論には限界があることが、1929年の大恐慌によって明らかとなった。1930年代の大不況期における経営管理者の最大の関心は、いかに利益をあげるか、いかに遊休生産能力を活用するかであった。そのような問題解決においては、会計担当者は、標準思考だけでは十分に対応できなかった。この時代には、1930-1931年に公表されたネッペル（C.E.Knoeppel）の一連の論文において利益計画とCVP分析が、1936年に公表されたハリス（J.N.Harris）の論文において直接原価計算が、それぞれ発表され、これらの管理会計技法に対する関心が急速に高まったのである。さらに、莫大な遊休生産能力を抱える問題状況の中で、新規注文の引受可否の問題に直面したとき、全部原価に基づいて意思決定をすれば、実際には有利な注文も断ることになるということが深刻な問題となり、全部原価の不適切性が痛感されたのであった。したがって、この時期に伝統的管理会計論に不可欠の要素であるCVP分析、直接原価計算、差額原価収益分析などの利益計画や意思決定のための技法の重要性が認識されるようになってきたのである。これらの技法が、固定費の存在によってもたらされる経営管理問題に関連したものであったこと、また、この時代が1930年代の大不況期で

あったことに注意する必要がある。すなわち、企業は期間利益の激減に直面して、利益計画の必要性が痛感されるようになったのであり、また、固定費の発生額は本当に管理不能であるのかという問題が真剣に検討され、あるいは、利益と売上高との関係が注目されたのである。さらに、莫大な遊休設備の活用を企図する中で、個々の意思決定においては、固定費は考慮する必要がないということが理解されるようになってきたのである。

このようにして、成長期は、「異なる目的には異なる原価」（different costs for different purposes）の思考が浸透してきた時代であったということができる。その思考は、価格決定目的には全部原価ではなく差額原価が有用であるという認識が広がっていった。そして、当初、期間損益計算目的との対比の上に問題解決ないし意思決定目的に適用されていたが、次第に他の経営管理目的にも適用されるようになってきた。1938年に公表されたバッター（W.J.Vatter）の論文、および1939年に公表されたマックファーランド（W.B.McFarland）の論文において、差額原価が原価管理目的にも適用され、管理可能費と管理不能費との区別の必要性が論じられるようになったのである。

こうして、「異なる目的には異なる原価」の思考は、次第に原価計算目的の全体に適用され、原価計算論、さらに管理会計論における基本的思考としての地位を獲得するようになっていったのである。そして、生成期の管理会計論の主要技法であった標準原価計算や予算管理が、「異なる目的には異なる原価」の思考の中に取り込まれていったということができるのである。

③ 確立期（1946年～1966年：「異なる目的には異なる原価」の再構築の思考）

確立期は、「異なる目的には異なる原価」の思考を指導原理とする管理会計論が再構築された時代であった。この時期に展開され確立された管理会計論は、現代の管理会計論の基礎を形成しており、伝統的管理会計論と呼ぶことができる。管理会計論再構築のプロセスは、第2次世界大戦後、「異なる目的には異なる原価」の思考を基礎とする原価計算の再検討という流れを中心としながら、その流れにコントローラー養成のための会計教育の展開、新たな管理会計技法の発展という2つの流れが混じり合って展開された。そして、そのような時代の動向に動機づけられた人々の努力が、相互に交流し、伝統的管理会計論の構築に向けて統合されていったのである。

伝統的管理会計論では、そのようなプロセスを経て1955年に最初にAAA

の原価委員会報告書において、管理会計が計画会計と統制会計とに分類され、管理会計論の体系が提唱されたのである。伝統的管理会計の体系については後述することにする。

④ 展開期（1966年以降：「異なる目的には異なるシステム」の思考）

展開期においては、概して管理会計論の学際的研究が展開された時代である。すなわち、この時期には、1966年に公表されたAAAのASOBATで会計を1つの情報システムとして明確に定義づけて、会計情報システムとしての管理会計の位置づけが明らかにされた。また、OR（operations research：オペレーションズ・リサーチ）やLP（linear programming：リニア・プログラミング：線型計画法）などを初めとした経営科学・統計学的アプローチによる意思決定モデルを基礎とした分析的研究や、組織論・行動科学的アプローチによる行動科学的管理会計論などが展開されたのである。展開期は、「異なる目的には異なるシステム」の思考が展開された時代であったのである（廣本敏郎、前掲書 pp.426-430）。

(4) アメリカ管理会計史の概要

上述のように、アメリカ管理会計史に関するわが国の3つの代表的な研究成果を踏まえて、以下では筆者が考えるアメリカ管理会計史の概要について明らかにする。

① イギリスにおける原価計算の発展

18世紀中頃（1760年代）から19世紀中頃（1830年代）のイギリスを中心に興った産業革命が契機となって機械設備が増加し、その結果、間接費の増大が不可避となってくる。そして、より正確な原価計算の必要性から間接費の配賦計算が次第に精緻化していったと考えることができるのである。

② 原価計算のイギリスからアメリカへの移転

上記のようなイギリスにおける原価計算の発展を受けて、原価計算はイギリスからアメリカへ移転することになる。アメリカにおける産業革命は通説的な見解によれば1810年頃から1860年頃に興り、20世紀初頭のアメリカにおいて原価計算は次第に普及していくのである。

ここで重要なことは、19世紀末から20世紀初頭頃までにおける原価計算上の最も重要な問題の１つが、間接費の配賦をいかに精緻化するかということであったのである。すなわち、原価計算における主要な問題の１つとして間接費の配賦計算の問題があるが、原価計算史上、間接費は初め、製品原価の算定にあたってその原価性が認められていなかった。つまり、そこでの原価計算は、製品の価値犠牲分の把握が目的であることはいうまでもないが、当初は製品に直接帰属可能な素価をもって製品原価の算定を行っていたのである。そのため当時は、間接費はあくまでも損失であり、製品原価を構成する原価要素とは考えられていなかった。間接費を製品に配賦しようと考え始めたのは、19世紀後半になってからのことである（本橋正美「F.W. テイラーの原価計算システムに関する一考察：間接費の配賦法を中心として」『経営論集』第34巻第２号（1986.12）p.69）。

③ 生成期（原価管理思考の形成）

　1919年（第１次世界大戦終了）から1929年（ウォール街の金融恐慌）までの10年間を生成期とし、そこでは主に原価管理思考が形成され、技法としては標準原価計算が多く利用されるようになったのである。この時期においては原価管理思考が中心であったため、製品の製造原価の管理に重点が置かれていたといえる。また、この時期においては財務諸表分析や予算統制（予算管理）の技法も利用され、標準原価計算の技法とともにそれぞれの技法の進化がみられるようになってくるのである。

④ 成長期（利益管理思考の形成）

　1930年から1945年（第２次世界大戦終了）までの15年間を成長期とし、そこでは主として利益管理思考が形成され、技法としては CVP 分析や直接原価計算が利用されるようになったのである。この時期においては、原価管理のみならず利益管理にまで管理の範囲が広がることによって、原価の管理に加えて利益すなわち売上高と、その差額としての利益の管理にも重点が置かれるようになったといえる。

⑤ 確立期（伝統的管理会計の形成）

　1946年から1985年の約40年間を確立期とし、そこでは伝統的管理会計の体系が形成されたのである。筆者がこの時期を1946年から1985年までとしてい

る理由は、次の変革期（戦略管理会計の形成）を1986年（1980年代後半）以降と考えているので、時代すなわち時間の連続性を考慮して途切れのないものにしているためである。もちろん、この時期を1946年から1966年のAAAのASOBATまでとする廣本敏郎教授の有力な見解があることはいうまでもない。そこでは意思決定会計と業績管理会計との区別が行われ、1950年代から1960年代には伝統的管理会計の体系が確立されたということができる。管理会計の体系に関する説明は後述する。

　なお、意思決定会計の基礎概念である「異なる目的には異なる原価を」の思考は、ASOBATにおける目的適合性に受け継がれていると考えることができるが、この思考の起源はクラーク（J.Maurice Clark）が1923年に公表した著書 *Studies in The Economics of Overhead Costs*（『間接費の経済学』）である。クラークは、1920年代前半のこの時期に、既に今日の管理会計とりわけ意思決定会計の重要な基礎概念である「Different Costs for Different Purposes：An Illustrative Problem」（異なる目的には異なる原価を）について、上記著書の第9章で29頁を割いて論じているのである。

⑥ 変革期（戦略管理会計の形成）

　1986年（1980年代後半）から現在までの時期を変革期とし、そこでは主に戦略管理会計が形成され、管理会計の概念・技法が戦略論や組織論との接点で活発に議論されるようになり、戦略経営のための管理会計ないし戦略実行のための管理会計として展開されるのである。さらに、1980年代後半以降、ERPが企業に導入されるようになり、また、1990年代以降、インターネットが次第に普及し、情報システムないしIT（information technology：情報技術）が急速に進化した。そのことにより、研究開発やマーケティング、物流などの分野を始めとする企業活動・経営管理システムのイノベーションが進んでいくことになる。そして、企業活動はリアルタイム化・グローバル化が当然のこととなり、市場における競争はますます激化する。最近では、ビッグデータの詳細な分析によって消費者・顧客ニーズの統合的・多元的な情報管理が可能となってきている。こうして、変革期においては、確立期までとは全く異なる状況が現れ、戦略管理会計の形成が急速に進行していくことになるのである。戦略管理会計（strategic management accounting）の概要については後述する。

3. 管理会計の体系

(1) 伝統的管理会計の体系に関する学説

　伝統的な管理会計の体系に関する主要な学説は、青木茂男教授により**図表7-6**のように5つの見解が示されている。これらの諸見解については多くの議論がなされているけれども、伝統的管理会計の体系に関する著書ないし報告書が1950年代半ばから1960年代半ばにかけて公表され、管理会計の枠組みあるいは管理会計の全体像を捉えようとする試みが行われたことは確かである（青木茂男『新訂管理会計論』国元書房（1970）pp.57-64。青木茂男『現代管理会計論』国元書房（1976）pp.28-36）。ここでは、これらの諸見解について簡潔に比較するに止めておく。

　図表7-6の中で、①のAAAの見解は、管理会計を計画会計と統制会計とに分類し、計画会計をさらに個別計画と期間計画とに分けている。②のベイヤーの見解は、管理会計を意思決定会計と業績評価会計（業績管理会計）とに区分している。③のASOBATの見解は、管理会計を計画会計と統制会計とに分類し、さらに、それぞれをアンプログラムドとプログラムドとに区

図表7-6　管理会計の体系

①ＡＡＡ 1955年		②ベイヤー 1963年	③ASOBAT 1966年		④マックファーランド 1966年	⑤アンソニー 1965年
計画	個別計画	意思決定会計	計画	アンプログラムド	資本投資を伴う個別計画	戦略計画
	期間計画			プログラムド	製品別・市場別個別利益計画	マネジメント・コントロール（予算管理が中心）
統制		業績評価会計	統制	アンプログラムド	予算編成 予算統制	
				プログラムド		オペレーショナル・コントロール

出所：青木茂男『現代管理会計論』国元書房（1976）p.30

分している。④のマックファーランドの見解は、資本投資を伴う個別計画、製品別・市場別個別利益計画、および予算編成・予算統制の３つに分類している。⑤のアンソニーの見解は、戦略計画、マネジメント・コントロール、オペレーショナル・コントロールの３つに分類している。

それぞれの見解において、横の線で見れば、AAA の計画会計のうち、個別計画とベイヤーの意思決定会計が同じ領域である。また、AAA の計画会計のうち、期間計画および統制会計とベイヤーの業績評価会計が同じ領域である。①の AAA と③の ASOBAT は、基本的に計画会計と統制会計とに分類しているが、③の ASOBAT では、それぞれをアンプログラムドとプログラムドとに分類している。マックファーランドの資本投資を伴う個別計画が ASOBAT の計画会計のアンプログラムドが同じ領域である。さらに、アンソニーの戦略計画とマックファーランドの資本投資を伴う個別計画が同じ領域である。また、アンソニーの見解は階層構造モデルであるということができる。

４．伝統的管理会計と戦略管理会計

(1) 伝統的管理会計と戦略管理会計との関係

伝統的管理会計と戦略管理会計との関係は、**図表７−７**に示すように部分的ではあるものの、重複していると考えることができる。その理由は、伝統的管理会計の技法について、たとえば、予算管理の技法は1920年代には生成している技法であるが、今日用いられている予算管理の技法は、その当時の伝統的な技法に止まっている訳ではなく、技法自体に進化がみられるからである。たとえば、ローリング予算や参加型予算、あるいは予算スラックの問題などをあげることができる。同様に1920年代に生成した標準原価計算は、業種・業態によっては現在でも利用されているけれども、今日の企業環境が従来に比べて大きく変化し、物事がリアルタイム化、あるいはグローバル化などによって、標準原価計算それ自体の有用性に限界が現れて、主に製造領域では原価企画に取って代わられる状況が生じているのである。財務諸表分析においても、今日ではコンピュータを利用した高度な情報分析が行われていることは指摘するまでもない。そのため、伝統的管理会計と戦略管理会計

図表7-7　伝統的管理会計と戦略管理会計との関係

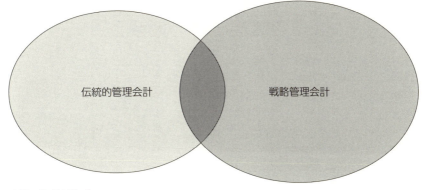

出所：筆者が作成

との関係において、管理会計技法の利用ないし、その進化という観点からみれば、受け継がれている技法もあれば、今日では従来に比べてあまり利用されなくなっている技法もあるのである。

(2) 意思決定会計 / 業績管理会計 / 戦略管理会計マトリックス

　筆者は、上記の伝統的管理会計の所説のうちベイヤーの見解すなわち管理会計を意思決定会計と業績評価会計とに分類する考え方を取り上げて、それに対応する意思決定会計 / 業績管理会計 / 戦略管理会計マトリックスを**図表7-8**のように提案する。これは、意思決定会計と業績管理会計の区別を、それぞれ伝統的管理会計と戦略管理会計にマトリックスで分類するものである。すなわち、伝統的意思決定会計と伝統的業績管理会計とに、一方、戦略意思決定会計と戦略業績管理会計とに区別する。

　管理会計の技法としては、伝統的意思決定会計では差額原価収益分析や投資計画の経済性計算を、伝統的業績管理会計では予算管理や標準原価計算をあげることができる。他方、戦略意思決定会計では原価企画（target costing：ただし、日本語の「原価企画」と英語の「target costing」の意味とでは、概念上必ずしも同一のものではないことに注意する必要がある）、ライフサイクル・コスティング（life-cycle costing）、品質原価計算（quality costing）を、戦略業績管理会計ではABC / ABM / ABB（activity based budgeting：

図表7-8　意思決定会計/業績管理会計/戦略管理会計マトリックス

	伝統的管理会計	戦略管理会計
意思決定会計	伝統的意思決定会計	戦略意思決定会計
業績管理会計	伝統的業績管理会計	戦略業績管理会計

出所：筆者が作成

活動基準予算管理）や BSC、あるいは EVA などをあげることができる。ただし、ライフサイクル・コスティングと品質原価計算は意思決定目的で利用されるのか、業績管理目的で利用されるのかによって、戦略業績管理会計にも含まれると理解できる。

(3) 戦略管理会計の生成

① 企業環境の変化と伝統的管理会計の有用性の喪失

わが国では、1970年代後半頃から顧客ニーズの多様化に伴って製品の多品種化が進み、生産形態も従来の少品種大量生産から、多品種少量生産へ移行した。それにつれて製品のライフサイクルは短縮化し、また、IT の発達により製造業において FMS（flexible manufacturing systems：フレキシブル生産システム）の導入による工場の FA（factory automation）化や CIM（computer integrated manufacturing：コンピュータ統合生産）化が進展した。市場においては最近、企業活動のグローバル化や情報化が急速に進んで競争が激化するとともに企業環境が激しく変化し、管理会計に対しても大きな変革が求められた。

そうした環境変化の中で、とりわけ学界のレベルでは、原価企画、ABC / ABM、ライフサイクル・コスティング、品質原価計算などの新たな管理会計技法が提唱され、そして、これらの技法が既に企業の実務にある程度導入されている。このような状況は、管理会計の理論や技法の一層の精緻化を促進する反面、管理会計の研究領域を飛躍的に拡大し、あるいは学際化し、また、結果としてその体系ないし枠組みを曖昧にしているのである。

最近のように企業環境が激変する社会では、市場や顧客のニーズを的確に把握し、そして、優れた製品やサービスを低価格・低コストで提供し、さらに良好な業績を維持し続けることは、企業にとっては非常に難しいことであると思われる。いうまでもなく、管理会計は企業の経営管理のための万能薬である訳ではなく、経営管理に役立つ会計情報の提供という役割を担う企業のサブシステムの１つであるに過ぎない。

　しかし、そうであるからこそ、管理会計に対しても有用性の高い会計情報の提供が求められているのである。伝統的な管理会計の限界に関して、1987年にジョンソン（H.Thomas Johnson）＝キャプラン（Robert S.Kaplan）が、今日の企業環境は技術革新の速さ、競争の激化、情報システムの驚異的な発達などによって変化し、伝統的な管理会計技法では原価計算や業績評価に必要な情報がタイムリーに提供できない状況をさして「有用性の喪失（relevance lost）」と指摘したことは周知の事実である（H.T.ジョンソン、R.S.キャプラン著、鳥居宏史訳『レレバンス・ロスト：管理会計の盛衰』白桃書房（1992））。

② 伝統的管理会計から戦略管理会計へ

　管理会計の領域で、1980年代以降とりわけ1990年以降、アメリカやイギリスの文献を中心に戦略管理会計あるいは戦略的原価分析（strategic cost analysis）、戦略的コスト・マネジメント（strategic cost management）などのテーマに関連した著書ないし論文の数が非常に増えている。わが国でも、その影響を受けて1990年頃から同様の状況が生じている。しかしながら、そうした戦略管理会計の枠組みは、明確な形で明らかにされているとはいえない。

　管理会計は元来、財務会計と比較するまでもなく、企業の内部管理目的に利用される会計情報を提供する訳であるから、要求される情報の有用性の程度や情報提供のタイミングが個々の企業あるいは業態などによってかなり異なるのは当然のことである。つまり、提供される情報の有用性の程度については、たとえば情報のブレークダウンの程度や、どのようなセグメントで情報を分類するのか、あるいはまた、測定する情報は売上高のみでよいのか、営業利益までみるのか、などの点がある。さらに、原価はどの程度まで集計するのか、そして、全部原価計算の方法だけでよいのか、直接原価計算の方法でみた方がよいのか、などの点があげられる。また、情報提供のタイミングに関しては、たとえば決算情報を月次で報告するのか、週次または日次で

Ⅱ 管理会計編 —*179*

報告する必要があるのか、さらに、業績予想などは四半期、半期、年次のどの期間で修正ないし調整すべきなのか、といったいくつかの選択の余地があるのである。

しかも、業績の測定尺度に関しては、金額で測定するのか、あるいは比率で測定するのか、それとも、その両者が必要なのかという選択がある。さらに、測定される情報は、金額および物量単位の定量的なデータに限定するのか、あるいはまた、品質や顧客満足などの定性的な情報も定量化して情報提供すべきなのか、などの点も選択の余地があるといえる。

しかし、上述したように企業環境の変化に伴って、伝統的な管理会計の概念や技法の枠組みだけでは解決できない多くの問題が生じてきたのである。換言すれば、伝統的な管理会計の限界が明らかとなってきたのである。そのような状況の中で、戦略管理会計という新たな管理会計の領域が重要視されるようになってきたといえる。

戦略管理会計の枠組みを構築するための基本的な考え方は、今日の企業にとって管理会計が果たすべき役割は何なのかということを改めて検討する必要があるということである。戦略管理会計の枠組みは、戦略論、組織論、マーケティング、行動科学、情報科学などの領域の研究成果を摂取して、絶えず変化する企業環境に柔軟に対応できる思考方法で、理論と実務とのインタラクティブな関係の中で積み上げていかなければならないと考えるのである。

(4) 戦略管理会計の概念

① 戦略管理会計の意義

戦略管理会計の意義については、1981年に最初に明らかにしたシモンズ（Kenneth Simmonds）の定義を取り上げることにしよう。

戦略管理会計とは、「事業戦略の策定とモニターの際に必要な当該事業とその競争相手に関する管理会計データ、とりわけ実際の原価と価格、営業量、市場占有率、キャッシュフローなどの相対的な水準と傾向、および経営資源の必要量などのデータの提供と分析を行う」領域である（Kenneth Simmonds,"Strategic Management Accounting,"*Management Accounting* (ICMA),Vol.59,No. 4,April 1981,p.26.）。

この定義によれば、戦略管理会計は戦略経営（strategic management）に

おいて特に事業戦略（business strategy）、ただし、筆者は企業戦略（corporate strategy）も含まれると理解すべきであると考える、の策定とモニターすなわちチェックの際に役立つ管理会計情報の提供と分析を行う領域であるといえる。この定義が概念上広義であるか狭義であるかに関しては興味深い論点であるが、ここでは検討を割愛し、伝統的な管理会計と戦略管理会計との比較を行う。

既に明らかなように、伝統的な管理会計では自社の内部の業績評価に重点が置かれていたが、戦略管理会計では自社の内部の業績のみならず競争相手の業績の分析も行うのである。つまり戦略管理会計においては、伝統的な管理会計の技法に加えて、自社の製品ないしサービスの市場における地位や競争相手の動向分析、あるいは自社の内部および外部の価値連鎖分析など、市場環境の分析に力を入れるのである。

② 戦略管理会計のプロセス

伝統的な管理会計のプロセスと戦略管理会計のプロセスを比較すれば、伝統的な管理会計では当該企業の内部プロセス（内部環境）に焦点があるのに対して、戦略管理会計では当該企業の内部および外部の両方のプロセスに焦点が当てられるのである。つまり、戦略管理会計では当該企業の内部プロセスとともに外部プロセス（外部環境）にも焦点を合わせながら事業活動を遂行するため、当該企業の活動に影響を与える外部プロセスを考慮するのは当然のことであると思われる。換言すれば、伝統的な管理会計が内部志向であるのに対して、戦略管理会計は外部志向（市場志向）であるといえる。しかし、ここで注意すべきことは、外部志向というのは、内部情報とともに、外部情報を用いて当該企業を常に同業他社と比較できる環境に置く必要があるという点である。つまり、当該企業は、業界の市場すなわち競争状態の中で継続的に業績が測定・評価されるということである。

(5) 戦略管理会計で用いられる技法

戦略管理会計で用いられる技法には、経営学とりわけ戦略論やマーケティングの分野で開発された技法（下記の①～⑨）と、管理会計分野において開発された技法（下記の⑩～⑱）がある。上述のように、戦略管理会計では、このような技法を用いて当該企業の内部環境および外部環境の分析を徹底し

て行い、可能な限り競争相手との比較を行って業績管理や意思決定に役立てるのである。そして、注意すべきことは、これらの分析技法により各項目の測定・評価を行う場合、当該企業の売上高や利益、原価などにどのように影響するか、あるいは、その測定結果が有利か不利かというように何らかの形で会計情報に関連しているという点である。これらの技法は例示であって、そのすべてを列挙した訳ではない。当然のことながら、戦略管理会計においても伝統的な管理会計技法が必要に応じて利用されることはいうまでもなく、また、企業において下記の技法がすべて用いられるとは限らず、やはり必要に応じて利用されることも当然のことである。ここでは、紙幅の関係で以下の技法についての説明は割愛する（なお、英語の表記は既出のものを除く）。

① 価値連鎖分析（value chain analysis）

② 製品ライフサイクル分析（product life-cycle analysis）

③ PPM（product portfolio matrix：product portfolio management：プロダクト・ポートフォリオ・マトリックスによる分析：プロダクト・ポートフォリオ・マネジメント）

④ SWOT 分析（strengths,weaknesses,opportunities,threats analysis：強み、弱み、機会、脅威による分析）

⑤ PIMS（profit impact of market strategies：市場戦略の利益影響度分析）

⑥ 経験曲線分析（experience curve analysis）

⑦ 競争相手の分析（competitor analysis）

⑧ TQM（total quality management：総合的品質管理）

⑨ ベンチマーキング（benchmarking）

⑩ 原価企画

⑪ ABC / ABM / ABB

⑫ BSC

⑬ EVA

⑭ ライフサイクル・コスティング

⑮ 品質原価計算

⑯ 顧客別収益性分析（customer profitability analysis）

⑰ DPP（direct product profit：direct product profitability：直接製品利益）

⑱ バックフラッシュ・コスティング（backflush costing）

参考文献

〔1〕 American Accounimg Association,*A Statement of Basic Accouning Theory*, American Accounting Association,1966.（飯野利夫訳『アメリカ会計学会　基礎的会計理論』国元書房　1969年）

〔2〕 Buckley,John W.,Marlene H.Buckley and Hung-Fu Chiang,*Research Methodology & Business Decisions*,National Association of Accountants and The Society of Industrial Accountants of Canada,1976.

〔3〕 Dul,Jan and Tony Hak,*Case Study Methodology in Business Research*, Butterworth-Heinemann,2008.

〔4〕 青木茂男『現代管理会計論』国元書房　1976年

〔5〕 伊藤 博『管理会計の基礎：アメリカ管理会計論史の素描』白桃書房　1970年

〔6〕 伊藤 博『現代管理会計論序説：続　アメリカ管理会計論史の素描』白桃書房　1971年

〔7〕 伊藤 博『管理会計の世紀』同文舘出版　1992年

〔8〕 上總康行『アメリカ管理会計史（上巻）萌芽期―生成期』同文舘出版　1989年

〔9〕 上總康行『アメリカ管理会計史（下巻）成立期―展開期』同文舘出版　1989年

〔10〕 田中隆雄『管理会計発達史：アメリカ巨大製造会社における管理会計の成立』森山書店　1982年

〔11〕 廣本敏郎『米国管理会計論発達史』森山書店　1993年

〔12〕 本橋正美「経営分析の発展に関する一考察：1920年代のアメリカにおける内部分析を中心として」『経営論集』（明治大学）第33巻第4号　1986年3月　pp.51-85

〔13〕 本橋正美「F.W.テイラーの原価計算システムに関する一考察：間接費の配賦法を中心として」『経営論集』第34巻第2号　1986年12月　pp.55-78

〔14〕 本橋正美「戦略管理会計の理論的フレームワークの構築」『明治大学社会科学研究所紀要』第35巻第1号　1996年10月　pp.137-144

〔15〕 本橋正美「会計情報システムの機能」『産業経理』第61巻第2号　2001年7月　pp.39-45

〔16〕 本橋正美「組織有効性と管理会計システムの有効性評価」『明治大学社会科学研究所紀要』第41巻第1号　2002年10月　pp.281-299

〔17〕 本橋正美「管理会計情報の質的特性」『会計論叢』（明治大学）第4号　2009年3月　pp.65-78

§8

戦略管理会計

1．経営戦略の概念

戦略管理会計（strategic management accounting）[1] は1980年代初頭にイギリスで提唱され、その後、イギリスを中心にして、アメリカやオーストラリアなどで展開されてきた管理会計の一領域である。戦略管理会計は、その言葉が示すように、経営戦略を管理するための会計である。では、そもそも経営戦略とは何であろうか。

(1) 経営戦略とは

経営戦略とは、企業目標を達成するための企業行動と環境[2] との関係性を長期的な視点から示す基本的なフレームワークであって、意思決定の指針となるものである。経営戦略は組織成員の意思決定の指針となるものであるため、大枠を示しつつもある程度具体的でなければならない。しかも、企業目標を達成するための行動と環境の組合せは様々であるため、具体的な経営戦略には実に多様なものが存在し得る。

経営戦略は、企業の外的要因との関係性[3] を重視している点で、経営計画とは異なる。経営計画は所与の戦略を実行するためにそれを具体化するも

---

1) "strategic management accounting" の訳語には、「戦略管理会計」以外にも「戦略的管理会計」があるが、経営戦略を管理するための会計という意味で「戦略管理会計」という訳語を用いることにした。

2) ここで環境とは、短期的にはコントロールできない要因であって、それには競合他社や顧客、規制・社会状況などの外部環境、および所有する資源や組織文化などの内部環境がある。

3) 経営戦略は企業の外的要因と内的要因との間で適合をはかろうとするものである。そのアイデアを具現化しているツールに SWOT 分析がある。SWOT分析は、戦略を策定する上で、企業の内的要因である強み（Strengths）と弱み（Weaknesses）、および外的要因である機会（Opportunities）と脅威（Threats）を評価し、それらの適合をはかろうとするものである。SWOT とは、それぞれの英単語の頭文字をつなげた言葉である。

Ⅱ 管理会計編 —*185*

【解説1】事業ポートフォリオ・マトリックス

　事業ポートフォリオ・マトリックスは、業界の成長率とマーケットシェアの2軸から事業を性格づけ、**図表8−1**のように「花形 (star)」、「金のなる木 (cash cow)」、「問題児 (problem child)」、「負け犬 (dog)」に分類し、その性格に応じて資金の全社的な配分を考えていこうとするものである[4]。「金のなる木」からは、シェアを維持するのに必要な再投資額以上の資金が生み出される。「問題児」はシェアを高めないと、いずれ「負け犬」（清算対象の事業）となってしまう。シェアを高めるには巨額の資金を要し、それには「金のなる木」から得られた資金を投入する。「花形」は魅力的な事業であるが、競争も激しく多額の追加投資も必要になる。高いマーケットシェアを維持できれば「金のなる木」となるが、シェアが低下すれば「負け犬」となる。

図表8−1　事業ポートフォリオ・マトリックス

	高（マーケットシェア）	低（マーケットシェア）
業界成長率 高	花形 ☆	問題児 ？
業界成長率 低	金のなる木 $	負け犬 ×

出所：Bruce D.Henderson,*Henderson on Corporate Strategy*.Abt Books,1979, p.165.

のであって、その主な関心は企業内部に向けられている。

(2) 企業戦略と事業戦略

　経営戦略は組織階層に応じて、企業戦略（corporate strategy）と事業戦略（business strategy）に2分される[5]。企業戦略は企業の範囲と方向性を定めるもので、どの事業分野に参入するか、各事業に資源をどう配分するかといった企業全般に関する経営戦略である。そのための代表的な手法としては、事業ポートフォリオ・マトリックス（【解説1】）がある。

　事業戦略は、特定の事業において、どのように競争優位性[6]を構築・維持して、競合他社との競争に勝つかについての戦略であって、競争戦略（competitive strategy）ともいわれる。競争に打ち勝つ基本的な考え方には、

低コストによるものと差別化によるものがある（後述の「ポーターの経営戦略論」を参照）[7]。

(3) 経営戦略の策定・実行と創発

　経営戦略は、形式的には、その策定（formulation）と実行（implementation）とに区分できる。すなわち、戦略はトップが策定し、他がそれを実行するとの理解である。ただし、現実の企業で戦略がいかに形成されてくるかを観察してみると、戦略の策定と実行とは明確に区別できるわけではなく、戦略の実行の過程から戦略が創発（emergent）されてくることもある。この創発戦略（emergent strategy）は、従業員の自然発生的な"草の根"活動のうち大半が失敗するとしても、その一部が"大木"まで成長して戦略として正式に認められたものである。

4）なお、このような事業ポートフォリオ・マトリックスの発想に対しては疑念も提起されている。たとえば、「花形（star：星）」と思える事業が実は「ブラック・ホール」であったり、「負け犬（dog）」事業が最大の「支援者」になる可能性があったりするので、成長率とマーケットシェアで事業を性格づけることは必ずしも適切ではないとされる。

5）その他、経営戦略には機能戦略（functional strategy）というとらえ方もある。それは、研究開発、購買、生産、販売、人事、財務などの各種機能に関する戦略であって、特に複数の事業を行っている企業（多角化企業）において、事業が異なっていても当該機能が同質である場合に、その役割は大きい。たとえば、異なる事業を横断する形で生産機能や販売機能を強化しようする取組みに際しては、機能戦略が重要な役割を果たす。

6）ここで競争優位性とは、競合他社との競争に打ち勝つ上で重要な役割を果たす優位性をいう。競合他社よりも低い製造原価、高品質な製品、短い納期、高い顧客ロイヤルティ（忠誠心）、優れたサプライチェーン・マネジメント・システムなどが競争優位性になり得る。他社と比べた優位性が"競争"優位性となるのは、あくまでもその優位性が競争上意味をもつ場合に限られる。たとえば、優れた文書管理システムは、法務文書の作成や管理が重要な弁護士事務所では競争優位性となっても、鉱山採掘会社では競争上の優位性とはならない。

7）事業戦略を検討する際には、(1)戦略ポジション（差別化、低コスト）、(2)戦略タイプ（防衛型、探索型、分析型）、(3)戦略ミッション（構築、維持、収穫、撤退）、という3つの側面からアプローチできる。

【解説2】経営戦略の5Ps

　経営戦略には5つのとらえ方がある。すなわち、① 計画（Plan）としての戦略、② 行動様式（Pattern）としての戦略、③ 位置づけ（Position）としての戦略、④ 視点（Perspective）としての戦略、⑤ 策略（Ploy）としての戦略、という5つのP（英単語の頭文字）がある。
　計画としての戦略は将来を見据えて意図的に作り上げる戦略であり、トップが策定する戦略がこれに当たる。行動様式としての戦略は過去を振り返ってみて、時を超えて見られる一貫した行動様式を戦略としてとらえるものである。たとえば、常に高価格帯品を販売していれば、ハイエンドの戦略パターンが見られる。創発戦略はこの戦略のとらえ方に入る。位置づけとしての戦略は市場おける地位に着目した戦略で、ポーターの戦略論がその例である。視点としての戦略は企業の基本理念に着目したもので、人々の心に浮かび上がる企業のあるべき姿として戦略をとらえる。策略としての戦略は競合他社の裏をかこうとする計略としての戦略を意味する。
(Henry Mintzberg,The Strategy Concept I: Five Ps for Strategy. *California Management Review*,30（1）,1987,pp.11-24.)

(4) 多様な経営戦略論

　一口に経営戦略といっても、実に様々な内容が意味される（【解説2】経営戦略の5Ps）。経営戦略を分類するならば、**図表8-2**のように、2つの軸を

図表8-2　経営戦略論の4分類

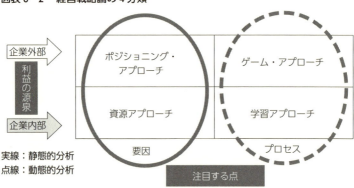

出所：青島矢一・加藤俊彦『競争戦略論』東洋経済新報社（2003）pp.25-26より作成

組み合わせて4つに分けることができる。第1の分類軸は、利益の源泉が企業の"内"にあるか"外"にあるかという視点である。第2の分類軸は、分析の主眼が利益をもたらす"要因"にあるのか"プロセス"にあるのかという視点である。これは、静態的な分析を実施するのか、動態的に把握しようとするのかの違いともいえる。結果として、経営戦略論はポジショニング・アプローチ（企業外部の要因に着目する）、ゲーム・アプローチ（企業外部との相互作用のプロセスに着目する）、資源アプローチ（企業内部の要因に着目する）、学習アプローチ（企業内部に知識が蓄積されるプロセスに着目する）に分類される[8]。

　ポジショニング・アプローチの代表例は、後述するポーターの経営戦略論である。ゲーム・アプローチの代表例には、コーペティションの戦略論（【解説3】）がある。

　資源アプローチには、資源ベースの企業観（resource-based view of the firm）などが入る。その基本的な発想は、持続可能な競争優位性の源泉は企業内部の資源にあるとするもので、戦略的に意味がある資源は価値があって、稀少で、模倣できず、代替品が存在しないような資源である。そのような資源を有していれば、その資源を武器にして競合他社との競争に打ち勝つことができる。したがって、資源ベースの戦略論では資源の蓄積が最重要課題となる。

　学習アプローチは、事前合理性を前提とした分析的な戦略策定に疑問を投げかけるもので、前述の創発戦略や組織学習などに関する議論が入る。

(5) ポーターの経営戦略論

　経営戦略論の分野におけるポーター（Michael E.Porter）の貢献は大きく（参考文献を参照）、管理会計の領域においても、そのアイデアが重要な役割を果たしている。そこで以下では、ポーターの経営戦略論のうち特に管理会計との関連で重要な4つの概念、すなわち① 5つの競争要因モデル、② 基

---

8) それら4つのアプローチは、経営戦略の異なる側面に着目しているのであって、それぞれは互いに補完的である。したがって、実際の企業において、どのアプローチがより適切かといった問には意味がない。4つの「概念レンズ」を使えば、経営戦略をそれぞれのアプローチから検討することが可能となる。

Ⅱ 管理会計編—*189*

【解説3】コーペティションの戦略論

　ビジネスというゲームは、価値の創造と分配をめぐる多様なプレイヤー間の協調（cooperation）と競争（competition）のプロセスであり、その両方を合わせ持つ概念としてコーペティション（co-opetition）という言葉が造り出された。ゲームプレイヤーには、当社の他に、顧客、生産要素の供給業者、競争相手、補完相手という4種類がおり、これら多様なプレイヤーの複雑な相互関係を分析するためにゲーム理論が活用される。

　生産要素が供給業者から当社へと流れ、製品が当社から顧客へと流れ、お金の流れはその逆である。この2つの流れから、ビジネスには協調と競争という二面性が存在していることがわかる。すなわち、価値を創造する際には協調することが大切であるのに対して、価値を分配する際には競争しなければならない。たとえば、日用品を製造し販売する日用品メーカーと小売業者は、顧客に対しては協力関係にある。けれども、その納入価格をいくらにするかはパイの分配に決定的な影響を与えるので、日用品メーカーと小売業者との間ではパイの分配をめぐって争いが行われている。

　補完相手とは競争相手の反対語で当社の製品の価値を高めてくれる企業を指すが、ある企業が常に競争相手となったり補完相手となったりするわけではない。たとえば、巨大ショッピングモールに出店している同業者同士は個々の顧客の獲得をめぐって競合している競争相手である。けれども、多くの同業者が集まることで顧客の集客力が高まっているので、その意味では同業者は補完相手でもある。

　戦略上重要なのは、このような多様なプレイヤーとの協調と競争という2つの側面がある複雑なゲームの構造を理解し、それに働きかけることによってゲームの構造を当社が有利となるように変化させていくことである。

（Adam M.Brandenburger & Barry J.Nalebuff.*Co-opetition*.Bantam Doubleday Dell Publishing Group,1996.：嶋津祐一・東田啓作訳『コーペティション経営』日本経済新聞社（1997））

本戦略、③ 価値連鎖、④ コスト・ドライバー、について説明する。

① 5つの競争要因モデル

　ある企業の潜在的な収益性は、その企業が属する業界の魅力度によって大きく左右される。たとえば、あまり魅力がない業界に属していれば、そもそ

も儲かる可能性は低いということである。したがって、経営戦略を考えるにあたっては、最初に業界の経済的な構造を定めている"5つの競争要因"を分析して、その業界の魅力度を明らかにする必要がある。

5つの競争要因とは、(1) 新規参入の脅威、(2) 代替品の脅威、(3) 買い手の交渉力、(4) 供給業者の交渉力、(5) 既存の同業他社との競争、である。すなわち、業界における競争は同業他社との間に限られない。買い手、供給業者、代替品、予想される新規参入業者のすべてが、利益をめぐる"競争相手"となる。

② 基本戦略

5つの競争要因モデルによってある業界の魅力度を分析したとしても、現実には、同じ業界に属している企業でもその業績に差がある。それは、競争上有利な地位にある企業ほど高い業績が期待されるからである。したがって、企業は、持続可能な競争優位性を構築して、有利な地位を確立していく必要がある。そのための基本的な考え方には3つあり、それを基本戦略（generic strategy）という。

競争優位性は、企業が買い手（顧客）に対して同業他社よりも優れた価値を提供することから生じる。同業他社より優れた価値というのは、(i) 同等の便益を同業他社より安い価格で顧客に提供するか、あるいは(ii) 同業他社より高い価格であればそれを相殺して余りあるほどの特異な便益を顧客に提供するか、のいずれかによって生み出される。つまり、競争優位性の種類には、前者のコスト・リーダーシップ（cost leadership）、と後者の差別化（differentiation）の2つがある。そして、この2つの競争優位性の種類とターゲットとする市場の大きさとの組合せで、企業が業界で平均以上の業績を達成するための基本戦略としては、(i) 差別化戦略、(ii) コスト・リーダーシップ戦略、(iii) 集中（focus）戦略の3つがある。

差別化戦略とコスト・リーダーシップ戦略は、広い市場をターゲットとして、製品の差別化によって、あるいは低コストの追求によって競争優位性を得ようとする戦略である。集中戦略は、狭い市場にターゲットを絞って、コスト優位か差別化によって競争優位性の獲得を目指すものである[9]。

---

9) どの基本戦略を選択するかを決めるにあたっては、さらに、競合他社の動向を綿密に分析することが欠かせない。これを競合分析という。

③ 価値連鎖

競争優位性には、コスト・リーダーシップと差別化という2つの種類がある。では具体的に、どのようにして低コストを達成したり、同業他社と差別化したりするのか。コスト優位の源泉は低コストの物流システムや高能率の組立工程といった多様な要因にあり、差別化の源泉も優れた製品設計や高品質な原材料の調達可能性といった多様な要因にある。そのため、競争優位性の源泉を見つけ出すには、企業を1つのまとまりとしてとらえるのではなく、購買、製造、出荷、販売、サービスなど、買い手（顧客）にとって価値ある財貨を創造するための諸活動（＝価値活動）の連なりとして、企業を理解する必要がある。そのような価値活動の連なりが価値連鎖（value chain）である。

ある企業の価値連鎖は、価値システム（value system）というより大きな価値活動群の一部を構成している。価値システムは、原材料の供給業者から流通業者を経て買い手（顧客）に至るまでの、より包括的な価値活動の連なりである。競争優位性を構築するには、当社の価値連鎖だけでなく、価値システム全体にも目を配る必要がある。買い手（顧客）が当社に何を求めるかは、買い手（顧客）の価値連鎖において当社が果たす役割によって大きく影響されるからである。

④ コスト・ドライバー

競争優位性には、コスト・リーダーシップと差別化という2種類があるが、コスト・マネジメントは、コスト・リーダーシップを追求する場合には当然だとしても、差別化を追求する場合にも重要となる。なぜなら、差別化によって特異性をアピールして販売価格を高くできたとしても、その価格プレミアム分よりも差別化の追加コストのほうが大きければ、結果として、差別化による成果は実現されないからである。また、コスト差があまりにも大きいと、特異性の魅力よりも、同業他社の低コスト製品の価格訴求力のほうが上回ってしまうこともあり得るからである。

では、なぜコストが生じるかといえば、価値連鎖との関連でみると、それぞれの価値活動の結果としてコストは生じる。価値活動のコストがある要因の変動に応じてどのように反応するかをコスト・ビヘイビアー（cost behavior：原価態様）という。各価値活動のコスト・ビヘイビアーに影響する要因がコスト・ドライバー（cost driver：原価作用因）であり、それには、(i) 規

模の経済性、(ii) 習熟度、(iii) 工場設備の稼働率、(iv) 活動間の結合状況（企業内・企業外）、(v) 他のビジネス・ユニットとの相互関係、(vi) 垂直統合の程度、(vii) タイミング（先発者 / 後発者）、(viii) 選択された方針（製品設計、サービス水準など）、(ix) 立地、(x) 制度的要因（規制、関税など）がある。

競争優位性の成果を実現するためには、コスト・ドライバーをコントロールしたり価値連鎖を再編成したりして、コストを引き下げることが必要になる。

(6) 経営戦略の管理

以上をまとめると、経営戦略の管理は、企業戦略を管理することと事業戦略を管理することに2分できる。そして、戦略の策定、実行、そして創発のプロセスをより適切に行うことが必要になる。さらに、経営戦略には様々な側面（戦略の5Psや4分類）があるため、その管理といっても実に多様な観点からのアプローチが考えられる。

2．戦略管理会計の概念

戦略管理会計という言葉を最初に用いたのは、イギリスのシモンズ（Kenneth Simmonds,"Strategic management accounting".*Management Accounting*, 59（4）,1981,pp.26-29）である。その後、同じくイギリスのブロムウィッチ（Michael Bromwich）らによって戦略管理会計が検討されるようになり、多くの論者によって研究が進められてきている[10]。

(1) シモンズの戦略管理会計

シモンズによると、戦略管理会計とは事業戦略を策定し、その実行を監視するための管理会計であって、それには当該事業とその競合他社の売上高や利益、コストなどの会計データを分析することが必要である。その具体的な

---

10) わが国では、伏見（伏見多美雄『経営の戦略管理会計─経営戦略をサポートする会計情報』中央経済社（1992））によって、経営戦略を支援する会計情報としてキャッシュフローの重要性に着目する形で、戦略管理会計が欧米の研究動向とは独立して検討されてきた。

図表8-3　コンペティター会計

	年	基礎となる会計指標（1-6）						計算された指標（7-16）									
		1	2	3	4	5	6	7	8	9	10	11	12	13	14	15	16
		売上高(千£)	利益(千£)	キャッシュフロー(千£)	運転資本（千£）	株主資本（千£）	販売量（千）	単位当たり売価(£)	単位原価(£)	単位当たり利益(£)	販売量の増加率(%)	マーケットシェア(%)	売上利益率(%)	運転資本対売上高比率	株主資本対売上高比率	相対的マーケットシェア	相対的単位原価
A社 (当社)	20•1年	700	90	80	105	420	100	7.00	6.10	0.90		17.5	12.9	0.15	0.60		
	20•2年	1,000	130	160	110	480	156	6.41	5.58	0.83	56	19.2	13.0	0.11	0.48		
	20•3年	1,200	170	190	220	560	192	6.25	5.36	0.89	23	16.0	14.2	0.18	0.47		
B社 (リーディング・カンパニー)	20•1年	1,400	200	170	170	570	200	7.00	6.00	1.00		35.0	14.3	0.12	0.41	2.0	0.98
	20•2年	2,200	400	430	170	740	350	6.29	5.14	1.14	75	42.3	18.2	0.08	0.34	2.2	0.92
	20•3年	3,600	800	830	820	1,090	600	6.00	4.67	1.33	71	48.0	22.2	0.23	0.30	3.0	0.87
C社 (接戦相手)	20•1年	1,000	120	110	70	290	140	7.14	6.29	0.86		25.0	12.0	0.07	0.29	1.4	1.03
	20•2年	1,200	170	175	70	350	190	6.32	5.42	0.89	36	23.1	14.2	0.06	0.29	1.2	0.97
	20•3年	2,000	260	380	120	440	330	6.06	5.27	0.79	74	26.7	13.0	0.06	0.22	1.7	0.98
D社 (下位企業)	20•1年	500	55	55	100	250	70	7.14	6.36	0.79		12.5	11.0	0.20	0.50	0.71	1.04
	20•2年	500	60	55	150	270	75	6.67	5.87	0.80	7	9.6	12.0	0.30	0.54	0.50	1.05
	20•3年	500	55	55	195	285	80	6.25	5.63	0.63	7	6.7	10.0	0.39	0.57	0.42	1.05
E社 (下位企業)	20•1年	400	40	40	5	135	56	7.14	6.43	0.71		10.0	10.0	0.01	0.34	0.57	1.05
	20•2年	300	20	20	35	145	45	6.67	6.22	0.44	-20	5.8	6.7	0.12	0.48	0.30	1.12
	20•3年	200	5	25	55	145	32	6.25	6.09	0.16	-29	2.7	2.5	0.28	0.73	0.17	1.14
市場全体	20•1年	4,000	505	455	450	1,665	566	7.07	6.17	0.89		100.0	12.6	0.11	0.42		
	20•2年	5,200	780	850	535	1,985	816	6.37	5.42	0.96	44	100.0	15.0	0.10	0.38		
	20•3年	7,500	1,285	1,475	1,410	2,520	1,234	6.08	5.04	1.04	51	100.0	17.1	0.19	0.34		

出所：Kenneth Simmonds,"The accounting assessment of competitive position". *European Journal of Marketing*, 20（1）,1986, p.29.（一部変更）

手法にコンペティター会計（competitor accounting）がある（**図表8-3**を参照）。

　図表8-3からは、業界のリーディング・カンパニー（B社）が最大のマーケットシェアと最低の単位原価を武器に販売価格の引下げを試みていることがわかる（B社の販売価格は年々引き下げられ、マーケットシェアは年々増加している）。その結果、競争力を高めるためには、原価を引き下げる方向で事業戦略を策定し実行していく必要性があることが明らかになった。

　このように、シモンズの戦略管理会計の特徴は、利益の源泉を企業内部の効率性ではなく市場における競争上の地位に求めている点にあり、その基礎には前述したポジショニング・アプローチの経営戦略論がある。

(2) 戦略的コスト・マネジメント

アメリカでは経営戦略を管理するための会計は、シャンクとゴビンダラジャン（John K.Shank & Vijay Govindarajan,*Strategic Cost Management:The New Tool for Competitive Advantage.*Free Press,1993.）によって「戦略的コスト・マネジメント（strategic cost management）」[11] という概念の下で検討されている。ここでいう戦略的コスト・マネジメントとは、経営戦略を管理するためにコスト情報を利用するもので、経営戦略の管理は、戦略の策定、戦略の伝達、戦略の実行、戦略実行の監視とコントロール、というサイクルで行われる。経営戦略を管理するための会計システムであることから、戦略的コスト・マネジメントも戦略管理会計であると解釈できる。

戦略的コスト・マネジメントの具体的な手法としては、価値連鎖分析（value chain analysis）、戦略的ポジショニング分析（strategic positioning analysis）、コスト・ドライバー分析（cost driver analysis）の3つがある。これら3つの手法には、ポーターの経営戦略論のアイデアが明示的に取り入れられている。

① 価値連鎖分析

価値連鎖分析は、ポーターが提唱する価値連鎖[12] という視点から、あるべきコスト・マネジメントのあり方を明らかにしていこうとするものである（【解説4】価値連鎖分析の例）。

② 戦略的ポジショニング分析

ポーターの基本戦略の考え方によると、競争優位性を得るためには、製品の差別化を追求するか、コスト・リーダーシップを追求するかの2つの方法がある。コンティンジェンシー理論[13] の立場からすると、そのいずれの戦略を選択するかによって、それにふさわしいコスト・マネジメントは異な

---

11) わが国では、原価企画や原価改善に代表される日本的なコスト・マネジメントを意味するものとして、戦略的コスト・マネジメントという言葉が用いられることもある。

12) この価値連鎖分析には、ポーターのいう本来の価値連鎖、すなわち企業内の価値連鎖だけでなく、業界全体の価値連鎖（ポーターのいう「価値システム」に相当）および企業内のビジネス・ユニット間の相互関係に着目した分析も含まれる。

【解説4】 価値連鎖分析の例

　ボール紙メーカー NA 社には汎用紙と特殊紙という 2 つの市場セグメントがある。汎用紙は主要セグメントであるが、市場が縮小してきている。他方、特殊紙セグメントは今後の有望市場なので、新規の設備投資（6,150万ドル）によってそのシェア獲得を目指すべきかが問題となった。

　価値連鎖分析対象は NA 社の下流段階であり、その結果は**図表8-4**のとおりであった。汎用紙に関しては、価値連鎖全体の利益のうち11％（3 ＋ 1＋ 7）の利益を得ている。他方、特殊紙では、それがわずか2.45％（1 ＋0.25＋1.2）にすぎない。しかも、新規の設備投資によってその率が引き上げられる可能性は極めて低い。買い手の力が強く、価値連鎖全体の価値のうちのかなりの部分が買い手側によって占有されてしまっているためである（参照：5 つの競争要因モデル）。結果として、特殊紙のために6,150万ドルもの設備投資を行ったとしても、その結果得られる成果はあまり期待できない。

図表8-4　NA 社の価値連鎖分析

汎用紙セグメント			NA 社	特殊紙セグメント		
利益額	利益占有率	資産利益率		利益額	利益占有率	資産利益率
59	3 %	2 %	板紙製造	59	1 %	2 %
28	1 %	15%	コーティング加工	28	0.25%	15%
268	7 %	32%	成形・印字	124	1.2%	15%
1,296	40%	24%	消費財メーカー	3,456	33%	120%
1,728	49%	96%	小売店	6,768	65%	376%
$3,379	100%		合計	$10,435	100%	

出所：John K.Shank & Vijay Govindarajan, 前掲書. Free Press,1993,p.85.（一部変更）

---

13) コンティンジェンシー理論（contingency theory：状況適合理論）とは「普遍的に成り立つ理想的な組織構造が存在する」という考えへのアンチテーゼで、「企業の状況要因に応じて好ましい組織構造は異なる」、あるいは、「状況要因と組織構造との間で調和がなされている企業の業績は高い」と理解する。

図表 8-5　戦略的ポジショニング分析

	基本戦略	
	差別化	コスト・リーダーシップ
業績評価における製品原価の役割	それほど重要ではない	非常に重要
製造原価をコントロールする際の変動予算の重要性	中〜低い	高い〜非常に高い
予算達成の重要性の認識	中〜低い	高い〜非常に高い
マーケティング・コストを分析する重要性	成功のためには不可欠	公式には行われないことが多い
価格決定の基礎資料としての製品原価の重要性	低い	高い
同業他社のコストを分析する重要性	低い	高い

出所：John K.Shank & Vijay Govindarajan, 前掲書. Free Press,1993,p.18.

る。それを明らかにしようとするのが戦略的ポジショニング分析の1つの考え方である（**図表8-5**を参照)[14]。図表8-5によれば、戦略に応じてコスト・マネジメントのあり方は異なっているのがわかる[15]。

　もう1つの考え方として、ある経営戦略の妥当性を財務的観点から評価しようとするものを戦略的ポジショニング分析と呼ぶこともある（【解説5】戦略的ポジショニング分析による経営戦略の評価)[16]。

---

14) この戦略的ポジショニング分析では、ポーターの基本戦略（差別化戦略 / コスト・リーダーシップ戦略）との関係が検討されているが、他にも、防衛型 / 探索型という戦略タイプとの関係を明らかにしようという試みもなされている。

15) 図表8-5のように、戦略的ポジショニング分析では、戦略が会計システムに影響するという関係性が想定されている。これとは逆に、会計システムが戦略に何らかの影響を与えることもあり得る。たとえば、新たな管理会計システムの導入によって、ある公的機関の基本理念が社会的サービスの提供主体から利益追求主体へと転換していった。後述するインターラクティブ・コントロール・システムに関する議論も、経営戦略の創発を期待して会計システムの利用の仕方を工夫するものとして解釈できる。

16) 経営戦略の評価という点に着目してみると、BSCは経営戦略の妥当性を財務的な視点だけに限らず、非財務的な視点も含めて検討するものとして解釈できる。BSC構築の出発点となる経営戦略を "仮説" として捉えて、BSCを通じてその戦略を見直そうとする場合がそれである。

Ⅱ 管理会計編 —*197*

> **【解説 5】 戦略的ポジショニング分析による経営戦略の評価**
>
> MO 社は黄色、青色、赤色の染料を製造・販売している。それは革新的な染料で、最高の染色性能を発揮するのは 3 色を混合したときである。このうち黄色染料に関しては、ライバルである TR 社と市場を分け合っており、両社の間で激しい競争が行われていた。
>
> 黄色染料の単位当たりの貢献利益82円は、青色1,069円、赤色1,235円と比べて著しく低かった。固定費を差し引いた黄色染料セグメントの営業利益は1.5億円の赤字であった。黄色染料の収益性を高める方策として考えられるのは値上げである。ただし、その値上げが成功するには TR 社の追随が欠かせないが、競合分析の結果からすると TR 社も値上げするとは考えにくい。現在、工場はフル操業なので黄色染料の生産を中止し、収益性の高い青色・赤色染料の生産に特化する案もあるが、その染料の特徴から 3 色すべてを提供するのが望ましい。結果として、MO 社が黄色染料から利益を稼ぎ出すためには、より一層の低コストを追求するという戦略が妥当であると判断された。
>
> (John K.Shank & Vijay Govindarajan, 前掲書. Free Press,1993,pp.124–137. (一部変更))

③ コスト・ドライバー分析

コスト・ドライバー分析では、ポーターのコスト・ドライバーに関する理解が基礎にある。伝統的な管理会計では、変動費と固定費というコスト・ビヘイビアーからわかるように、主に操業度というコスト・ドライバーのみが想定されている。けれども、コスト・ビヘイビアーは複雑に関連した多様な要因から影響を受けおり、操業度が唯一のコスト・ドライバー[17] というわけではない。したがって、コスト面の優位性を高めるためには、それら多様な要因を分析しなければならない。

コストに影響する要因としては、まず、企業がどのような基本構造を選択するか、そして、その選択された基本構造の下で業務を遂行する能力がどの

---

17) ABC でもコスト・ドライバーという言葉が用いられているが、ABC でいうコスト・ドライバーには配賦基準としての性格があり、活動に応じて原価がいくら発生するかを直接規定する変数を意味している（伊藤嘉博稿「原価管理と戦略的原価分析—コスト・ドライバーをめぐる 2 つの解釈を中心に—」『産業経理』第50巻第 2 号 (1990) p.97）。

程度あるか、がある。前者が構造的コスト・ドライバー（structural cost drivers）、後者が遂行的コスト・ドライバー（exceptional cost drivers）である[18]。

構造的コスト・ドライバーには、(i) 規模：製造、研究開発、マーケティングに対する投資の規模、(ii) 範囲：垂直統合の程度、(iii) 経験：過去における同じ経験の有無、(iv) テクノロジー：価値連鎖の各段階で用いられる技術、(v) 複雑性：製品・サービスの品揃え、がある。

遂行的コスト・ドライバーには、(i) 継続的改善への取組み、(ii) 品質、(iii) 工場設備の稼動率、(iv) 工場レイアウトの効率性、(v) 製品仕様：設計の優秀性、(vi) 供給業者および／または顧客との連携、がある[19]。

このように、コスト・ドライバーには多様なものがあるが、コスト面の優位性を高める上で、すべてが常に等しく重要というわけではなく、企業が直面する状況に応じてそれは異なる。重要な要因が構造的ドライバーである場合には、最適化を目指す。なぜなら、構造的コスト・ドライバーについては、程度が高いことが必ずしもよい結果をもたらすとは限らないからである。他方、遂行的ドライバーに関しては、一般に程度が高ければ高いほど、よい結果が得られる。そこで、重要なコスト・ドライバーが遂行能力に関するものである場合には、それを高めることを目指す（【解説6】コスト・ドライバー分析の例）。

(3) その他の戦略管理会計手法

戦略管理会計には、前述のコンペティター会計や戦略的コスト・マネジメント以外にも実に多様な手法が含められる。戦略管理会計とされる新たな管理会計手法には、以下のようなものがある。

- コンペティター会計
- 価値連鎖分析

---

18) コストの発生額とコスト・ドライバーとの関係性を定量化する研究も行われているが、多様な要因が複雑に絡み合っているので、それは必ずしも容易ではない。

19) これらの（構造的・遂行的）コスト・ドライバーのリストは、ポーターのそれとは微妙に異なっている。それは、シャンクとゴビンダラジャンが、ポーターの見解を基礎としつつも、他の論者の見解も参考にしながらそのリストを作成したからである。

II 管理会計編 —*199*

【解説6】コスト・ドライバー分析の例

1 ある巨大化学会社が塗料業界に参入する際、規模の経済性を求めて大規模な工場を建設したが、塗料生産では最小効率規模（規模の経済性が得られる最低限の規模）は非常に小さいため、規模に見合うだけの経済性は得られず、しかも広い地域へ製品を配送することから不経済性も生じて、結局そのビジネスは失敗してしまった。このケースでは、重要な構造的ドライバーである"規模"について、経済性と不経済性を適切に分析しなかったことから、戦略的な間違いを招いてしまった。

2 製品の品揃えという"複雑性"は、選択肢を増やすことで顧客にアピールするという点では、価値（多様性の価値）をもたらすが、同時にコストを増加させてしまう。ABC によれば、"多様性の価値"と"複雑性のコスト"とのトレードオフを適切に管理するために、より正確な原価情報が得られる。

3 1980年代、"品質"という非常に重要な遂行的ドライバーに関して、自動車メーカーの FM 社はライバルである GM 社に比べて著しく不利な立場にあることを発見した。そこで FM 社は、"品質第一"というプログラムによって品質を向上させ、1990年代初頭にかけて、自動車1台当たりのコストを大幅に削減し、市場競争力を大いに高めた。

(John K.Shank & Vijay Govindarajan,前掲書.Free Press,1993, pp.163-166; Rajiv D.Banker & Holly Hanson Johnston."Cost and profit driver research".In Chapman,C.S.,A.G.Hopwood & M.Shields (Ed.),*Handbook of Management Accounting Research,Vol. 2 .*2007, Elsevier, pp.531-556.)

- 戦略的ポジショニング分析
- コスト・ドライバー分析
- BSC（Ⅱ§9を参照）
- ABC／ABM／ABB[20]（Ⅱ§15を参照）
- 原価企画（Ⅱ§14を参照）
- 品質管理会計（Ⅱ§14を参照）

20) ABC を戦略管理会計には含めない見解もある。ABC の正確な原価算定によって新たな戦略的な対応が導き出されるとしても、その戦略的な効果は一時的なものにすぎず、重点は正確な原価算定のほうに置かれているとされるからである。

- スループット会計（Ⅱ §18を参照）
- ライフサイクル・コスティング
- 顧客収益性分析
- ブランド価値モニタリング

3. 戦略管理会計の本質

(1) 戦略管理会計の意味

　戦略管理会計の手法として多様なものが含められていることからも判明するように、戦略管理会計が意味する内容には多様な理解が存在している。ただし、いずれの見解でも、管理会計において戦略志向性を強めるべきであるとしている点は共通している。すなわち、戦略管理会計は、管理会計において経営戦略をより明確に意識しようとするものである[21]。外部にも目を向けた企業の長期的なフレームワークである経営戦略を管理するためには、会計情報に着目するならば、つぎのいずれかが満たされる必要がある。
① 外部志向性（市場／競合他社）
② 長期志向性・将来志向性
　したがって、戦略管理会計は、経営戦略を明確に意識して上記のいずれかを満たす会計情報を入手し利用すること、あるいは、上記のいずれかの点から会計情報を解釈し利用することであると定義できる。
　このように戦略管理会計の本質をその戦略志向性に求めると、たとえば、設備投資の経済性計算のように、長期志向性・将来志向性が備えられていて

---

21) その他、戦略管理会計については、その最初の提唱者であるイギリスのシモンズとそれを引き継いだブロムウィッチの主張のみが含まれるとする狭義のとらえ方もある。この狭義の考え方によると、アメリカで提唱された戦略的コスト・マネジメントは、そもそも strategic management accounting という言葉を用いていないこともあり、戦略管理会計には含まれない。戦略管理会計という言葉は、イギリスのシモンズによって最初に用いられたこともあって、イギリスの他、イギリスの研究者との交流の多いオーストラリアやニュージーランドでは多く用いられている。ところが、北米では戦略管理会計という言葉はほとんど用いられていない。代わりに、strategic cost management（戦略的コスト・マネジメント）という言葉が用いられたり、あるいはそれに類する概念自体が用いられなかったりしている。

【解説7】インターラクティブ・コントロール・システム

　サイモンズ（Robert Simons）によると、たとえば、同じ予算というシステムでも利用方法には2つの異なる方法があるとされる。1つは、策定された戦略を実行するためのものであり、伝統的な管理会計で想定されてきた使い方である。これを診断的コントロール・システムという。もう1つは、戦略を策定する際に手にしている情報が少ないため仮説とせざるを得なかった項目について、その後の情報入手を促進するための使い方である。これをインターラクティブ・コントロール・システム（interactive control systems：双方型コントロール・システム）という。予算というシステムは同じであっても、診断的コントロールとインターラクティブ・コントロールでは、その利用方法が異なる。

　予算をインターラクティブに用いる場合には、予算の達成だけでなく、予算を手がかりにして部下との双方向の対話を積極的に行って情報を入手することにも大きな目的がある。部下としては、トップが注意を向けた事項を強く意識し、その関心に応えようとして実験的な取組みを行うこともある。その実験のなかには、うまく成功して大きく成長し、それが正式な戦略として認められることもある。すなわちこの場合には、予算のインターラクティブな利用を通じて戦略が創発されたことになる。

(Robert Simons, *Levers of Control*. Harvard Business School Press.1995.（中村元一・黒田哲彦・浦島史恵訳『ハーバード流「21世紀経営」4つのコントロール・レバー』産能大学出版部（1998）))

も、経営戦略へ向ける意識が強くなければ、それは戦略管理会計とは解されない[22]。当該設備の価値連鎖における役割や参入障壁としての機能などにも留意し、その設備を用いてどのように競争優位性の獲得・維持をはかるのかをより明確に意識すれば、それは戦略管理会計となる。

　つまり、戦略管理会計はある特定の手法の集まりを単に意味するのではない。管理会計手法を運用する際に経営戦略に対してより明確に意識を向けようとする思考にこそ、その特徴があると考えるべきである。戦略管理会計では、経営戦略を管理するという思考そのものが重要なのである[23]。このように思考に着目するならば、システムの設計自体は伝統的なものと同じだが、

---

[22] 経営戦略の策定にとって設備投資の経済性計算の情報が不十分であることは、従来から戦略論の分野では指摘されてきた。

利用方法に特徴があるインターラクティブ・コントロール・システム（【解説7】）も戦略管理会計として位置づけることができる。

(2) 企業戦略・事業戦略との関係

　戦略管理会計を企業戦略・事業戦略との関係で見ると、コンペティター会計、戦略的ポジショニング分析、コスト・ドライバー分析のように、そのほとんどは事業戦略に関わるものである。企業戦略に役立つ戦略管理会計としては、たとえば、販売側へ事業拡張するか否かといった企業の範囲を定める上で用いられる価値連鎖分析がある。あるいは、企業戦略を実行するためのBSCもある[24]。

(3) 経営戦略の策定・実行・創発との関係

　管理会計は計画と統制のための会計を中心に発展し、1960年代になって経営意思決定のための会計が議論されるようになった。ただし、当時の管理会計は、経営戦略を実行するためのものであった。すなわち、経営戦略は所与とされ、その戦略を実行するための"計画"と"統制"、そして"経営意思決定"に役立てようとするものが管理会計であった。

　このように元来、管理会計は経営戦略を実行するためのものであるため、戦略管理会計でも戦略を実行する上でのその役割は非常に大きい。ただし、前述のように、戦略管理会計であるためには明示的な戦略志向性が不可欠である。したがって、戦略の実行が暗に想定されているだけでは、従来から行われている管理会計と同じであって、戦略管理会計とは解されない。

　経営戦略の策定に貢献する戦略管理会計としては、たとえば、前述のコンペティター会計や価値連鎖分析、BSC[25]などがある。

　経営戦略の創発に貢献する戦略管理会計の代表的なものとしては、前述の

---

23) このような理解によると、どの手法が戦略管理会計に入り、どの手法は入らないのかといった検討はあまり意味がない。たとえば、経営戦略として販路の拡張が問われているのであれば、ABCによって製品ごとの収益性を分析するだけでは戦略管理会計とはいえない。戦略上意味がある販路ごとの収益性分析を行うことによって、初めてそれは戦略管理会計となる。

24) 価値連鎖分析やBSCは、企業戦略だけでなく事業戦略のためにも用いられる。

Ⅱ 管理会計編—*203*

インターラクティブ・コントロール・システムがある。また、BSCを通じて、策定された戦略が見直され、新たな戦略が創発されることもある。

(4) 管理会計の「適合性の喪失」と戦略管理会計

そもそも管理会計は経営管理のための会計であるから、企業経営において戦略が重視されるのであれば、管理会計においても戦略を真正面から取り上げなければならない。ところが現実には、そのような取組みは必ずしも十分にはなされてこなかったこともあって、管理会計は徐々に企業実務において有用性を喪失してしまった。それが、1987年にジョンソンとキャプラン（Thomas H.Johnson & Robert S.Kaplan. *Relevance Lost:The Rise and Fall of Management Accounting*.Harvard Business School Press,1987.：鳥居宏史訳『レレバンス・ロスト―管理会計の盛衰―』白桃書房（1992））によってなされた、経営環境への管理会計の「適合性の喪失（relevance lost）」の主張である。管理会計の適合性を回復するためには、経営戦略への対応をよりはかる必要がある。つまり、管理会計の適合性回復の取組みの1つが、1980年代から1990年代前半にかけての戦略管理会計の研究動向であったと理解することができる。

ところが、その戦略管理会計自体も経営環境への適合性を喪失するという皮肉な結果となってしまった。

欧米の実態調査の結果からは、戦略管理会計という言葉が企業内で実際に利用されているのはごくわずかであり、また、実務家のなかで、その言葉が正しく認識されているとは必ずしもいえない状況が明らかにされた。戦略管理会計が実務にはほとんど影響を及ぼしていない、との批判もなされている。

前述のように、経営戦略論はポジショニング・アプローチ、ゲーム・アプ

---

25) BSCは、提唱者であるキャプランとノートン（Robert S.Kaplan & David P.Norton,*The Strategy-Focused Organization:How Balanced Scorecard Companies Thrive in the New Business Environment*.Harvard Business School Press,2001,pp.1-3.：櫻井通晴監訳『キャプランとノートンの戦略バランスト・スコアカード』東洋経済新報社（2001））によれば、経営戦略の"実行"を管理するためのものとされる。他方、わが国では、BSCは経営戦略の実行だけでなく、その"策定"のためにも役立つと主張されることが多い。

ローチ、資源アプローチ、学習アプローチの4つに分類される。多様な戦略管理会計研究が、この4つのアプローチのいずれに基づいてなされているかを調査したところ、ゲーム・アプローチ、資源アプローチ、学習アプローチに依拠した研究がないわけではない[26]が、そのほとんどがポーターに代表されるポジショニング・アプローチの戦略論に依拠していた（新江 孝『戦略管理会計研究』同文舘出版（2005）p.22）。けれども、ポジショニング・アプローチは経営戦略に関する多様な考え方の1つにすぎないので、他のアプローチの戦略論にも目を向ける必要がある。すなわち、戦略管理会計では、多様な戦略論の研究成果をもっと取り入れることが必要である。

　さらに、昨今の経営戦略論では、イノベーションや戦略転換に対して多くの注目が集まっているが、戦略管理会計ではそのような問題に対する対応はほとんどなされてきていない。今後、戦略管理会計が再度、その適合性を回復するためには、戦略論の動向に対してより多くの関心を向け、その成果を着実に取り入れていくことが必要になろう。

---

26) 資源アプローチの戦略論に依拠している研究には、たとえば、競争優位性の源泉としてインタンジブルズ（intangibles：無形の資産）に着目しているものがあり、学習アプローチの戦略論に依拠している研究には、たとえば、戦略管理会計を実践する上での組織学習に着目している研究がある。ゲーム・アプローチの戦略論を取り入れた管理会計研究は、その重要性が指摘される程度で、いくつかの例外（新江 孝稿「戦略的原価・収益性分析」淺田孝幸・伊藤嘉博責任編集『戦略管理会計』中央経済社（2011）pp.91-125）を除き、ほとんど行われてきていない。

参考文献

〔1〕 淺田孝幸・伊藤嘉博責任編集『戦略管理会計』中央経済社　2011年

〔2〕 新江 孝『戦略管理会計研究』同文舘出版　2005年

〔3〕 新江 孝「戦略と管理会計」櫻井通晴・伊藤和憲編著『企業価値創造の管理会計』同文舘出版　2007年　pp.15-28

〔4〕 小菅正伸「戦略管理会計の再検討」『商学論究』（関西学院大学商学研究会）60（1・2）2012年　pp.225-250

〔5〕 櫻井通晴『管理会計〔第六版〕』同文舘出版　2015年

〔6〕 清水 孝『経営競争力を強化する戦略管理会計』中央経済社　2000年

〔7〕 Mintzberg,Henry,Ahlstrand,Bruce & Lampel,Joseph.*Strategy Safari:A Guided Tour through the Wilds of Strategic Management*.Free Press,1998.（斎藤嘉則監訳『戦略サファリ』東洋経済新報社　1999年）

〔8〕 Porter,Michael.E.*Competitive Strategy:Techniques for Analyzing Industries and Competitors*.Free Press,1980.（土岐 坤・中辻萬治・服部照夫訳『競争の戦略』ダイヤモンド社　1982年）

〔9〕 Porter,Michael.E.*Competitive Advantage:Creating and Sustaining Superior Performance*.Free Press,1985.（土岐 坤・中辻萬治・小野寺武夫訳『競争優位の戦略：いかに高業績を持続させるか』ダイヤモンド社　1985年）

〔10〕 Shank,John K.& Govindarajan,Vijay.*Strategic Cost Management:The New Tool for Competitive Advantage*.Free Press,1993.（種本廣之訳『戦略的コストマネジメント』日本経済新聞社　1995年）

§9

MCS / BSC

1．MCS の意義

(1) MCS とは

　マネジメント・コントロール・システム（Management Control System: MCS）とは、組織をのぞましい方向へ導くために組織成員に対して適切な影響を与える機構（仕組みや制度）の総称である。マネジメント・コントロールは、経営者や従業員など組織を構成する人々に対する影響活動である。他者に委任した意思決定をコントロールするために実施される。企業は様々な個性を持った人々からなる集合体であり、何もしなければバラバラのまま終ってしまう。全員のモチベーションを引きあげ、行動ベクトルをそろえなければ、大きな成果をあげることできない。個人の行動はベクトルに喩えられることが多い。動機づけ、モチベーションを向上させることで、ベクトルの大きさを拡大するとともに、その方向性を１つに統一しなければならない。それを可能にするのがマネジメント・コントロールである。マネジメント・コントロールは、企業経営に不可欠な活動であり、それを支援するための仕組みの総称がマネジメント・コントロール・システムである。

　伝統的には、マネジメント・コントロールの中心として会計数値によるコントロールが想定されてきた。具体的には、標準原価計算や予算管理など管理会計の諸技法がマネジメント・コントロールのための会計手法（業績管理会計）として位置づけられている。現代においては、会計数値によるコントロールだけではなく、経営理念や組織文化などの会計数値以外のコントロール機能が注目されるようになった。マネジメント・コントロール・システムは、会計的な技法だけではなく、そのほかのコントロール手段とのパッケージであると考えられるようになっている。

II 管理会計編 —207

(2) MCS の位置づけ

　現代的な意味でマネジメント・コントロールが定義されたのは、Anthony, R.N.（1965）によってである[1]。その中で、経営管理プロセス全体を戦略的計画（strategic planning）、マネジメント・コントロール、オペレーショナル・コントロール（operational control）の3つに分類するフレームワークが提示された。経営管理プロセスを適切に構築し、運営するためには、それぞれの異なった局面を概念化することで明確に区別し、個別に議論することで、経験を整理し、蓄積していく必要がある。3つのサブプロセスは、以下のように定義されている。

　戦略的計画は、「組織の目的、これらの目的の変更、これらの目的の達成のために用いられる諸資源、およびこれらの資源の取得・使用・処分に際して準拠すべき方針を決定するプロセス」（p.21）であり、組織全体の方向性を規定すると考えられる。これに対して、マネジメント・コントロールは、戦略的計画の枠組みの中で、「マネジャーが、組織の目的達成のために資源を効果的かつ能率的に取得し、使用することを確保するプロセス」（p.22）であると定義される。残りの1つである、オペレーショナル・コントロールは、個別の業務プロセスのコントロールを指し、「特定の課業が効果的かつ能率的に遂行されることを確保するプロセス」（p.23）であるとされる。

　3者の関係と経営管理システムの全体像は、**図表9-1**のように図示されている。

　戦略的計画は企業全体の方向性を定めるプロセスである。ここで規定された目標が、マネジメント・コントロールの段階で実施される。戦略的計画は、マネジメント・コントロールの前提となる。マネジメント・コントロールとオペレーショナル・コントロールの相違点は、① マネジメント・コントロールでは、経営管理者の判断や裁量が大きなウェイトを占めるのに対して、オペレーショナル・コントロールでは、経営管理者の判断や裁量が相対的に小さく、ルールやプログラム（業務規則）によって機械的に処理され、自動化、定型化の程度が高い。② マネジメント・コントロール・システム

1）Anthony,R.N.(1965). *Planning and control systems:A framework for analysis*.Division of Research,Graduate School of Business Administration,Harvard University.（高橋吉之助訳『経営管理システムの基礎』ダイヤモンド社（1968））

図表9-1　経営管理システム全体像の中のマネジメント・コントロール

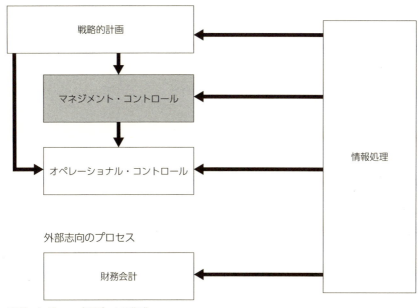

出所：Anthony（1965）より作成

では、会計情報が中心的な役割を果たすが、オペレーショナル・コントロールでは、非貨幣的な物量情報が多く用いられる。

マネジメント・コントロールの主たる内容は、組織内の様々な階層でPDCAサイクルを実施することである。Anthony（1988）においては、「マネジメント・コントロールの諸段階」として、以下のような図が示されている。

図表9-2から、マネジメント・コントロールの主たる内容として、予算編成プロセスと予算統制プロセスからなる、予算管理システムを主として、想定していることがあきらかである。

(3) MCSの外延の拡張

最近では、マネジメント・コントロールという用語の指し示す内容が広がり、「マネジメント・コントロールには、会計的業績測定以外の様々なコン

図表 9-2　マネジメント・コントロールの諸段階

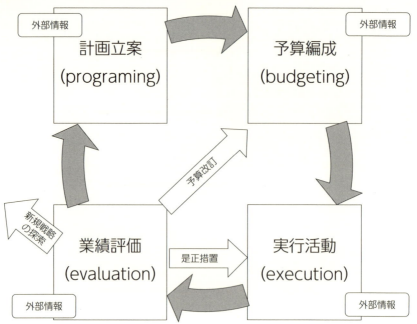

出所：Anthony (1988) p.80より作成

トロール手段が含まれる」という点を強調した定義が採用されるようになっている。

　たとえば、Malmi,T. and Brown,D.A.（2008）は、個別のコントロール手段を対象とした実証研究では、他のコントロール手段や組織コンテクストに影響されるために、理論と整合的な成果が必ずしも得られないことから、パッケージ全体を対照とする包括的な実証研究の必要性を述べている[2]。そして、包括的な実証研究を実施するためには、そのための基礎となるフレームワークを確立しなければならないと述べ、コントロール・パッケージ全体を以下のように整理した。

　上記の図では、マネジメント・コントロール・システムの全体像は、5つに大別されている。

2）Malmi,T.& Brown,D.A.(2008).Management control systems as a package:Opportunities,challenges and research directions.*Management Accounting Research,19*（4）,pp.287-300.

図表9-3　Malmi & Brown (2008) による MCS パッケージのフレームワーク

文化によるコントロール				
クランによるコントロール		価値・理念によるコントロール		象徴・儀礼によるコントロール
経営計画		サイバネティックコントロール		報酬・俸給
長期経営計画	短期事業計画	企業予算	非財務的業績測定システム	
		財務的業績測定システム	ハイブリッドな業績測定システム	
管理的コントロール				
統制構造		組織構造		方針・手続

出所：Malmi & Brown (2008) p.291より作成

　1つ目は、経営計画によるコントロールであり、これはさらに短期事業計画と長期経営計画に細分される。2つ目は、伝統的なマネジメント・コントロールの中核であったサイバネティックコントロールである。サイバネティックコントロールには、企業予算、財務的業績測定システム（EVA、ROIなどが例示されている）、非財務的業績測定システム（TQMなど）、ハイブリッドな業績測定システム（BSCなど）の4つの領域が含まれている。3つ目は、報酬・俸給によるコントロールであり、内発的報酬と外発的報酬とがある。4つ目は、管理的コントロール（administrative control）であり、組織の構造（骨格）を形成する要素として位置づけられている。具体的には、組織構造と組織デザイン、管理機構（会議体など）、方針と手続（業務マニュアル）の3つに分けられている。最後が、文化によるコントロールである。微妙・曖昧であるため、メッセージが必ずしもストレートに組織成員には伝わらず、また、変化させにくいという性質を持ち、他のコントロール手段の基盤（コンテクスト）を提供する。文化によるコントロールはさらに、価値・理念によるコントロール、クランコントロール（組織文化によるコントロール）、象徴・儀礼によるコントロールに分けられている。

Ⅱ 管理会計編―*211*

2．BSC とは何か

　1980年代後半以降、米国の管理会計研究は、実務の要請と乖離してしまい、現実への適合性を喪失しているとの批判されるようになった。バランスト・スコアカード（Balanced Scorecard：BSC）は、そのような批判に対応するためにハーバードビジネススクールの Kaplan,R.S. と実務家である Norton, D.P. が、多くの企業の現状を参考に開発した管理会計手法である。バランスト・スコアカードは、会計数値によるコントロール（財務的尺度によるコントロール）に偏りがちであった、米国企業の現状を反省し、現場の競争力を向上させるためには、非財務尺度によるコントロールを強調し、統合された業績評価を導入しなければならないとの問題意識から開発され、提唱された手法である。

　Johnson & Kaplan（1987）では、当時の米国企業の現状が以下のように批判されている[3]。

　「…ROI（投下資本利益率）のような短期業績尺度と結びつけられた諸問題点が、近年になって、ますますはっきりしてきた。それは、短期的財務業績の達成への焦点が度を越していることから、問題が起きているようである。多くの論説や著書が批判してきたのは、米国の企業幹部が偏狭で短期的な展望をすることや、現下の収益性目標を達するために財務的取引に依存しすぎることであった。」（pp.180-181）

　当期の財務的尺度を向上させるために、将来の発展は顧みられず、場合によっては意図的に犠牲にするような施策が採用されるようになってしまっていた。典型的には、研究開発費や従業員教育研修費などの自由裁量支出（経営判断によって支出額が決定される固定費）を削減することによって、当期の利益を向上させるような経営判断が横行していた。

　「利益の獲得はただ単に多く販売したり安く生産したりするだけでなく、種々の非生産的活動に従事することによってもできるということを彼らは発見したのであった。たとえば、会計慣習をうまく活用したり、企業金融の手段を発揮したり、自由裁量支出を減らすといったものである」（p.182）と述

---

3) Johnson,H.T.& Kaplan,R.S.(1987).*Relevance lost:the rise and falls of management accounting*.Harvard Business School Press.（鳥居宏史訳『レレバンスロスト：管理会計の盛衰』白桃書房（1992））

べられるなど、本来あるべき姿とは違った方向で財務業績を向上させようとする経営者が後を絶たなかった。

現代の競争環境を前提にすれば、企業が成功を収めるためには、製品やサービスの品質の高さ、従業員の意欲とスキルの高さ、業務プロセスの迅速性・柔軟性・正確性、企業を長期的に支持してくれるロイヤリティの高い顧客基盤などの貸借対照表にそのすべてが計上されない無形資産のほうが、物的な有形資産よりも重要であることが指摘されていた。有形資産の測定や価値評価と親和性の高い財務的尺度だけでは、有効な経営判断は実施できない。競争優位の鍵を握る、無形資産の状況を測定・評価するツールとして要請されたのが、バランスト・スコアカードが開発された背景である。

経営戦略に重要な非財務的業績足的尺度を体系化した手法には、論者や適用企業によって多くの種類があり、戦略的業績測定システム（Strategic Performance Measurement System: SPMS）と総称されることがある（Chenhall (2005)) [4]。バランスト・スコアカードは戦略的業績測定システムの代表例であると位置づけられる。戦略的業績測定システムとしては、バランスト・スコアカードのほかにパフォーマンスピラミッド（Lynch & Cross (1991))、パフォーマンスプリズム（Neely & Adams (2001)) 無形資産スコアボード（Svieby (1997)) などが知られている [5]。詳細部分については様々な違いがあるが、財務的業績測定尺度の偏重を戒め、経営戦略に関連づけた非財務的業績測定尺度の効果的な運用を重視するアプローチは共通している。企業の置かれた状況は様々であるから、導入にあたっては、バランスト・スコアカードが提唱された思想や哲学の部分をよく理解し、それぞれの企業にあわせた運用を心がけるべきである。バランスト・スコアカードの方法論を厳密に解釈し過ぎ、無批判に導入しようとするのは生産的ではなく、拒否反応に繋がってしまう可能性がある。

---

4) Chenhall,R.H.(2005) Integrative strategic performance measurement systems,strategic alignment of manufacturing,learning and strategic outcomes:an exploratory study,*Accounting,Organizations and Society*,30:pp.395–422.

5) Lynch,R.L.& Cross,K.F. (1991) *Measure up:Yardsticks for continuous improvement*,Basil Blackwell.
Neely,A.& Adams,C. (2001) Perspectives on performance: the performance prism,*Journal of Cost Management*,15（1）:pp.7–15.
Svieby,K.E.(1997) *The new organizational wealth:Managing and measuring knowledge-based assets*,Barrett-Kohler.

図表 9-4　BSC の概念図

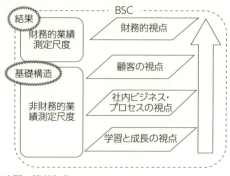

出所：著者作成

3．4つの視点の内容

　バランスト・スコアカードは、無形資産の蓄積と活用を重視した企業経営の現状を把握し、それをのぞましい方向へ改善するために有効なツールである。営利企業の場合、競争優位の獲得、無形資産の得席と活用の成果をモニターするために重要となる様々な業績測定尺度は、以下の4つの視点で体系化される。4つの視点とは、財務的視点、顧客の視点、社内ビジネス・プロセスの視点、学習と成長の視点の4つである。非営利企業の場合は、4つの視点にステークホルダーの視点などが追加されることがある。

　視点ごとに、① 達成すべき目標、② 業績測定尺度、③ 業績測定尺度の目標値、④ 取り組むべき施策が設定される。

　業績測定尺度には、それぞれの視点に設定された達成すべき目標との関係が明確な成果尺度と経営者の取り組んだ施策との関係が明確な先行尺度とに分けられる。成果尺度は、遅行尺度ともよばれ、施策を誠実に実施してもすぐに結果としてあらわれるとは限らない。施策の効果がすぐに反映されやすい、先行尺度の改善が事後的に成果尺度の向上につながることが期待される。先行尺度と成果尺度の関係は、因果関係に基づくものである。1つの視点における成果尺度が、想定する因果関係において、それより後ろの視点での先行尺度になることがあり得る。市場シェアは、顧客の視点における成果尺度に位置づけられることが多いが、財務の視点では先行尺度となる。

図表 9-5　BSC のフォーマット

	達成すべき目標	成果（遅行）尺度			先行尺度			施策
		業績測定尺度	目標値	実績	業績測定尺度	目標値	実績	
財務の視点								
顧客の視点								
社内ビジネス・プロセスの視点								
学習と成長の視点								

出所：著者作成

(1) 財務の視点

　財務の視点は、株主から企業を評価する場合の業績測定尺度が採用されるべきである。

　自分たちの取組みが順調に推移した場合、株主にはどのような状態を表示できるだろうかを考えることで財務の視点の業績測定尺度が決まる。

　企業の収益性（投下資本利益率、EVA、利益金額、売上高、原価削減金額など）、安全性（流動比率、自己資本比率、キャッシュフロー関連尺度など）、成長性（売上高伸び率、利益伸び率など）を示す業績測定尺度が財務の視点には取り入れられる。

(2) 顧客の視点

　顧客の視点には、どの程度、顧客の支持が得られているかを示す尺度が採用される。

　自分たちの取組みが順調に推移した場合、顧客にはどのように認知されるか、顧客の行動はどのように変化するかを考えることで財務の視点の業績測定尺度が決まる。

　顧客満足度、顧客別収益性、顧客維持率、新規顧客獲得件数、市場シェア、市場シェア伸び率などが、顧客の視点で用いられる業績測定尺度の候補

II 管理会計編 —215

となる。

　顧客満足度のような尺度は、経営活動が適切になされた結果、事後的に改善される遅行尺度（成果尺度）としての性格を持つ。遅行尺度を改善するための先行尺度の候補としては、納期遵守率、新製品投入率（新製品投入件数）、不良品発生率（不良品発生件数）などを用いる。

(3) 社内ビジネス・プロセスの視点

　社内ビジネス・プロセスとは自社内で実施されている様々な職能をいう。具体的には製品開発、調達、製造、販売、配送、顧客サービス、一般管理業務などである。顧客の支持を獲得し、株主を満足させる財務業績を維持するためには、自社内の業務のどの部分で競合を上回らなければいけないかを考えることで、社内ビジネス・プロセスの視点に含まれる業績測定尺度が明確になる。経営戦略を徹底させるためには、財務の視点、顧客の視点との整合性を確認しなければならない。

　製品品質、業務費用、製造原価、リードタイムなど、業務遂行の品質、コスト、スピードの３次元に関連する業績測定尺度が候補となる。

(4) 学習と成長の視点

　学習と成長の視点には、競争優位を持続的に支える組織能力を測定するための業績測定尺度に焦点があてられる。一時的な競争優位を獲得しても、長期的にそれを維持できなければ、株主や顧客を満足する成果を残すことはできない。学習と成長の視点に含めるべき業績測定尺度を決定するためには、企業組織が変化し改善し続けるための能力をどのように獲得し、維持すべきかをあらかじめよく考えておく必要がある。

　従業員の能力（従業員満足度、資格保有率、欠勤率、研修受講件数など）、情報システムの能力（顧客情報をリアルタイムで参照できる顧客サービス部門従業員比率など）、組織文化（改善提案件数など）などを測定する尺度が学習と成長の視点には含まれる。

４．戦略マップの役割

　キャプランとノートンの提唱したバランスト・スコアカードは、時間の経過とともに、当初の内容が拡充され、様々な概念や要素が追加されている。追加された代表的な要素として、戦略マップをあげることができる。戦略マップは、バランスト・スコアカードの４つの視点に設定された達成すべき目標を矢印で結び、因果関係を図表に表現したものである。バランスト・スコアカードを作成する場合には元々、業績測定尺度の間の因果関係が想定されていたが、それを図表にすることで、より明確にすることができ、内容について理解しやすくすることができる。経営戦略と業績測定尺度との整合性、業績測定間の整合性をチェックし、その内容について議論するために有効なツールである。

　図表9-6では、財務の視点で、株主の要求を満たすために注視すべき指標としては、EVA が採用されている。高い EVA を達成するためには、資本コストを上回る利益を獲得しなければならない。そのためには、顧客からの信頼や支持が不可欠であり、顧客の視点で、顧客満足度が業績測定尺度と

図表9-6　戦略マップの概念図

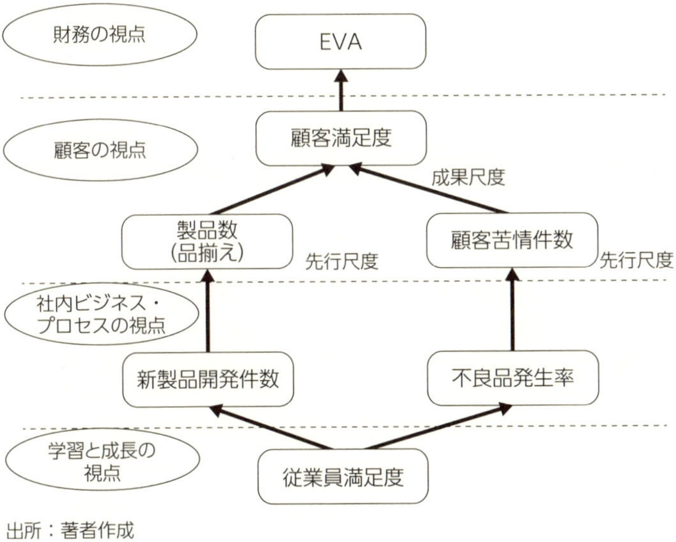

```
財務の視点          EVA
─────────────────────────────
顧客の視点         顧客満足度
                              成果尺度
         製品数          顧客苦情件数
        （品揃え）  先行尺度           先行尺度
社内ビジネス・
 プロセスの視点
       新製品開発件数      不良品発生率
─────────────────────────────
学習と成長の
   視点          従業員満足度
```

出所：著者作成

II 管理会計編 —217

して採用されている。この事例のなかでは、顧客満足度に影響を及ぼす要因としては、品揃えを増やすことと顧客に不満を抱かせ、クレームを引き起こさないことが重要であると認識されている。それぞれに対応して、製品数と顧客苦情件数が顧客の視点の先行尺度として設定されている。内部ビジネス・プロセスの視点では、製品数を増加させるためには新製品開発件数が重要であると考えられており、顧客苦情件数を減らすためには不良品発生率を抑える必要がある。そのため、それぞれの業績評価尺度が取り入れられている。社内ビジネス・プロセスの尺度を向上させるためには意欲とスキルの高い従業員が不可欠であり、学習と成長の視点で従業員満足度がモニターされることになる。このような因果関係を一目で理解できるのが戦略マップの意義である。

　バランスト・スコアカードは、① 非財務的業績測定尺度に注目することで、無形資産の蓄積と活用を促すこと、② 様々な業績測定尺度の間の因果関係を想定し、いかなる施策を実施すべきか、その結果どのような結果が得られるかを明確に表現している点に長所がある。

　その反面、バランスト・スコアカード自体は、フレームワーク（ひな形）に過ぎないので、どのような経営戦略を策定し、それに対応していかなる業績測定尺度を設定するかが重要である。バランスト・スコアカードを導入したからといって、成果が保証されるものではない。業績測定尺度の選択が適切でなければ、非財務尺度が財務的結果の先行尺度となるという想定が崩れてしまう。

設例9－1　（平成27年第2回短答式試験を改変）

　バランスト・スコアカード（BSC）に関する次のア～エの記述のうち、誤っているものが2つある。その記号の組合せを示す番号を1つ選びなさい。

　ア　BSCは戦略の策定と実行のための総合的なマネジメント・システムであり、戦略を可視化する戦略マップと尺度や目標値を実現するためのアクションプランも包含している。

　イ　BSCは、企業のビジョンや戦略を多次元な視点における戦略目標に置き換える経営手法であるため、非営利組織としての性格を持つ病院経営に適用することはできない。

ウ 戦略マップは、企業の中長期的な指針となる戦略を可視化し、記述する包括的なフレームワークである。その意味では戦略マップはボトムアップで作成されなければならない。

エ 学習と成長の視点では、企業内部の資源蓄積を戦略的に方向づけ、戦略の実行に向けて貢献することが求められている。

1 アイ　　2 アウ　　3 アエ　　4 イウ　　5 イエ　　6 ウエ

【解答】

正解は、4

【解説】

ア 文章の内容は正しい。　○

イ 病院、大学、自治体などの非営利組織にも適用可能な経営手法である。　×

ウ 戦略マップは経営戦略を表現したものであるから、トップダウンで作成されるのが一般的である。　×

エ 文章の内容は正しい。　○

設例9－2　（平成27年第1回短答式試験を改変）

当社は電子部品を製造販売する企業であり、バランスト・スコアカード（BSC）を導入している。バランスト・スコアカードにおける4つの視点と対応する目的は〔資料〕に示されている。当社に関するア～エの記述のうち、誤っていると考えられるものが2つある。その記号の組合せを示す番号を1つ選びなさい。

〔資料〕

視点	目的
財務の視点	株主価値を向上させる。
顧客の視点	他社には供給できない、画期的な独自製品を顧客に提供する。
内部プロセスの視点	魅力的な新製品を開発する。 競合に先駆けて先端製品を市場に投入する。
学習と成長の視点	意欲の高い、有能な従業員を育成する。

II 管理会計編 —219

ア 当社は、学習と成長の視点における評価指標として「投下資本利益率」を用いている。

イ 当社は内部プロセスの視点における評価指標として「新製品開発期間」を用いている。

ウ 当社は顧客の視点における評価指標として「顧客満足度」および「売上高に占める新製品比率」を用いている。

エ 当社は、学習の視点の目的である「意欲の高い、有能な従業員の育成」を通じて、徹底した原価低減を実施し、それによって顧客満足度を高め、競争優を獲得しようと考えている。

1 アイ　　2 アウ　　3 アエ　　4 イウ　　5 イエ　　6 ウエ

【解答】

正解は、3

【解説】

ア 投下資本利益率は、財務の視点の代表的な尺度である。企業内部のビジネスプロセスの状態をモニターし、従業員にその改善を促す尺度としては適切ではない。　×

イ 文章の内容は正しい。　○

ウ 文章の内容は正しい。　○

エ 当社はコストリーダーシップ戦略ではなく、製品差別化戦略を採用している企業だと判断される。原価低減よりも新製品の魅力と開発スピードを重視している。　×

参考文献

〔1〕 伊藤和憲『BSC による戦略の策定と実行－事例で見るインタンジブルズのマネジメントと統合報告への管理会計の貢献』同文舘出版　2014年

〔2〕 岡本 清・尾畑 裕・挽 文子・廣本敏郎『管理会計（第2版）』中央経済社　2008年

〔3〕 櫻井通晴『バランスト・スコアカード―理論とケース・スタディ（改訂版）』同文舘出版　2008年

〔4〕 山本浩二・小倉 昇・尾畑 裕・小菅正伸・中村博之編著『スタンダードテキスト管理会計論（第2版）』中央経済社　2015年

〔5〕 吉川武男『決定版バランス・スコアカード』生産性出版　2013年

〔6〕 ロバート S. キャプラン・デビッド P. ノートン著（櫻井通晴・伊藤和憲・長谷川惠一訳）『戦略マップ―バランスト・スコアカードによる戦略策定・実行フレームワーク（復刻版）』東洋経済新報社　2014年

〔7〕 ロバート S. キャプラン・デビッド P. ノートン著（櫻井通晴訳）『キャプランとノートンの戦略バランスト・スコアカード』東洋経済新報社　2001年

〔8〕 ロバート S. キャプラン・デビッド P. ノートン著（櫻井通晴・伊藤和憲訳）『バランスト・スコアカードによる戦略実行のプレミアム―競争優位のための戦略と業務活動とのリンケージ』東洋経済新報社　2009年

〔9〕 ロバート S. キャプラン・デビッド P. ノートン著（吉川武男訳）『バランス・スコアカード―戦略経営への変革（新訳版）』生産性出版　2011年

〔10〕 ロバート S. キャプラン・デビッド P. ノートン著（櫻井通晴・伊藤和憲訳）『バランスト・スコアカードによる戦略実行のプレミアム―競争優位のための戦略と業務活動とのリンケージ』東洋経済新報社　2009年

〔11〕 横田絵理・金子晋也著『マネジメント・コントロール―8つのケースから考える人と企業経営の方向性』有斐閣　2014年

§10
経営組織と管理会計

1．分権化と管理会計

　組織規模が大きく、複雑になるにしたがって、トップマネジメントだけで組織全体を運営するのが困難になる。組織に階層を設け、上司は何人かの部下を自分の下に配置し、仕事や判断を任せ、大幅な権限委譲を行うことで、トップマネジメントだけでは達成できなかった質と量の業務を遂行することが可能になる。部下に対する権限移譲を分権化（Decentralization）という。トップマネジメントに権限を集中させる集権化（Centralization）の対立概念である。

　分権化することのメリットは、トップマネジメントにかかる負担を軽減することで、トップマネジメントが経営戦略の策定、全体の調整などトップマネジメントにしかできない業務に専念できること、権限を委譲された部下のモチベーションが向上し、人材が育成されるなどの利点がある。

　分権化のデメリットとしては、権限を委譲したことによって、個々の部門の判断が勝手に行われてしまい、全体としての調整が上手くいかない危険性を常にはらんでいることである。分権化によって、権限移譲を推し進め、なおかつ、個々の部門の判断が部分最適にならないように導くためには、管理会計による業績測定が不可欠である。

　組織の編成方法は、基本的には職能部門別組織と事業部制組織の2つがある。大規模組織で分権化を推進するためには事業部制組織の採用が前提となる。

　企業における組織を最初に業務内容（職能）で区分して形成する組織を職能部門別組織という。集権的組織は、職能部門別組織の形態を採用する傾向が強い。

　これに対して、組織全体をあたかも独立の企業であるかのように活動できる、自己充足的な単位（1つひとつを事業部という）に分割して、編成された組織形態を事業部制組織という。事業部制組織においても、個々の事業部の内部の編成は、職能部門別組織になっている。

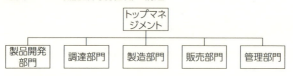

図表10-1　職能部門別組織の構造

出所：著者作成

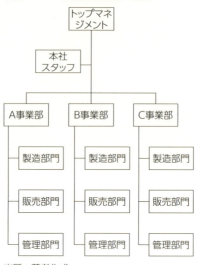

図表10-2　事業部制組織の構造

出所：著者作成

　意思決定が分権的か（分権的組織か）、集権的であるか（集権的組織か）は程度問題であり、組織形態によって決まるものではない。職能部門別組織を採用していても、集権的な企業と比較的分権的な企業とがあり得る。集権的な事業部制組織ということも概念上はあり得る。一般的には、事業部制組織は分権化のメリットを重視する企業で採用される。事業部制組織を採用する意味は、分権化を推進することで、多様な業務についての意思決定の質を向上させる点にある。

　事業部は、本来は、生産および販売の職能を内部にもち、完全に独立した事業単位として認識されていた。しかし、日本企業では、生産職能や販売職能を他部門と共有した、自己充足度の低い組織単位でも事業部とよぶ傾向があった（「日本的事業部制」という）。1990年代以降、純粋持ち株会社が解禁さ

れ、自己充足的な組織単位である社内カンパニー制が多くの企業で導入されるなど、本来の事業部制組織が一般的に見られるようになっている。

2. 事業部制会計の構造

事業部制組織における業績測定で重要なのは、① 事業部自体の業績測定と② 事業部長の業績測定とを区別すべきことである。

(1) 事業部自体の業績測定

事業部自体の業績測定とは、投資対象としてその事業部が魅力的かどうかを判断するための計算である。事業部それ自体の業績測定は、他の代替案を考慮して、その事業部への投資が正当化できるかどうかをチェックするために実施される。事業部自体の業績測定で重要となるのは、追跡可能性（跡づけ可能費と跡づけ不能費の区別）である。特定の事業部に個別的または合理的に跡づけられる収益、費用、資産（投下資本）であれば、事業部それ自体の業績測定の計算要素とすべきである。合理的に跡づけられず、恣意的に配分された項目は、個々の事業部に追跡可能ではないので、事業部自体の業績測定からは、排除される。

図表10-3　事業部損益計算書

	A 事業部	B 事業部	C 事業部	全社合計
売上高	1,000	700	500	2,200
変動費	400	280	200	880
貢献利益	600	420	300	1,320
管理可能固定費	250	240	180	670
管理可能営業利益	350	180	120	650
管理不能個別固定費	100	200	80	380
事業部利益	250	-20	40	270
共通費配賦額	100	100	100	300
最終利益	150	-120	-60	-30

出所：著者作成

Ⅱ 管理会計編 —225

図表10-3の損益計算書で、事業部自体の業績測定に適切なのは、売上高から変動費（変動費は一般に管理可能かつ追跡可能であると認識される）と管理可能固定費（事業部長にとって管理可能であれば事業部に追跡可能であると見なすことができる）および管理不能個別固定費を控除して算出された、事業部利益である。最終利益の計算過程では、各事業部に跡づけることのできない共通費配賦額が含まれているため、事業部自体の業績測定に用いるのは不適切である。恣意的な配賦計算によって、個々の事業部の収益性が歪められてしまっているからである。

(2) 事業部長の業績測定

経営管理者としての事業部長の手腕や貢献度を評価するために実施されるのが、事業部長の業績測定である。重要なのは、管理可能性（管理可能費と管理不能費の区別）である。事業部長にとって自分の影響が及ばない項目の責任を追及されても、改善につながらない。事業部長の業績測定では、事業部長にとって管理可能な範囲に限定して実施されるのが理論的であると考えられてきた。

図表10-3の事業部損益計算書で、事業部長の業績測定に適切なのは、売上高から変動費（変動費は一般に管理可能かつ追跡可能であると認識される）と管理可能固定費（事業部長にとって管理可能な固定費）を控除して計算した管理可能営業利益である。固定費のうち管理不能個別固定費や共通費配賦額は、事業部長にはどうすることもできないので、経営管理者としての事業部長の業績測定からは除外すべきである。

事業部長の業績測定は、管理可能営業利益の金額の単純な大小ではなく、各事業部に対して設定された予算と実績との比較という形で行われるべきである。収益性のよくない問題を抱えた事業部に優秀な事業部長が派遣されることもあれば、事業部自体の魅力度は素晴らしいのに事業部長の経営管理能力が低くてポテンシャルを十分に発揮させられないことある。経営管理能力の測定は、事業部自体の収益性とは完全に切り離して、行うべきである。

(3) 利益センターと投資センター

部門の業績測定がどのような尺度によって行われるかで、組織内の部門

は、原価センター、収益センター、利益センター、投資センターに区分される。投下資本の金額が大きくなれば、獲得できる利益の金額も大きくなるのは必然である。利益金額の大小だけでは、投資効率は測定できない。投資センターでは、利益だけではなく、利益を獲得するために投入された投下資本の金額にも経営管理者が責任を負うような部門である。投資センターでは、投下資本利益率など投資額と利益を関連づけた尺度によって業績が測定される。

　事業部は、内部に生産と販売職能を包含した、自己充足的な組織単位であるから、利益センターだと考えられる。事業部長が事業部内の投下資本の金額にも影響を及ぼすことができる（それを期待する）状況であれば、投資センターとして管理されるのが適切である。

(4) 投資センターの業績測定尺度：ROI と RI

　投資された金額が多ければ効率が多少悪くても利益金額が大きくなる。投資センターの業績を適切に測定するためには、投下資本と利益を関連づけた尺度を用いなければならない。一般的に使用される業績測定尺度として、① 投下資本利益率（ROI: Return on Investment）と② 残余利益（RI: Residual Income）の 2 つの方法が知られている。

　ROI は以下のように算出される。

　　ROI ＝利益÷投下資本×100

　ROI が高いほど規模の影響を取り除いて、投資センターの投資効率が高く、経営が上手くいっていることを示す。

　これに対して、RI は、以下のように算出される。

　　RI ＝利益－投下資本×資本コスト率

　資本コスト率とは、投下資本に対する期待利回りを意味する。

　ここまでの内容を整理すると以下のようになる。

　事業部長の業績測定用に用いる管理可能投資額は、事業部に個別的に跡づけられる資産の合計から、事業部長にとって管理不能な資産額を控除することで計算される。また、本社スタッフ部門が使用しているような共通資産は、合理的な基準で配分できない場合は、各事業部に割り振るべきではな

Ⅱ 管理会計編 —227

い。各事業部に合理的に配分できる資産の合計が、事業部追跡可能総投資額である。

利益については、法人税相当分を控除して税引後利益で計算する場合と税引前の金額で計算する場合の両方が考えられる。

目的	事業部長の業績測定	事業部の業績測定
指導原理	管理可能性	追跡可能性
利益概念	管理可能利益＝売上高－変動費－管理可能固定費	事業部利益（事業部貢献利益）＝売上高－変動費－管理可能固定費－事業部個別固定費（追跡可能固定費）
ROI	管理可能投下資本利益率＝管理可能利益÷管理可能投資額×100%	事業部投下資本利益率＝事業部利益÷事業部追跡可能総投資額×100%
RI	管理可能残余利益＝管理可能利益－管理可能投資額×資本コスト率	事業部残余利益＝事業部利益－事業部追跡可能総投資額×資本コスト率

事業部長に全社の方針と合致した投資判断を促すためには、ROIよりもRIのほうがのぞましい。RIによって事業部長の業績を測定すれば、資本コスト率を上回る投資案件を採用し、資本コスト率を下回る投資案件を棄却する。これは全社的にみても、適切な投資判断である。

一方、ROIによって事業部長の業績を測定すると、各事業部長はROIを向上するように動機づけられる。この結果、自分の事業部のROIより高い利回りの投資案件は採用したがるが、自分の事業部のROIよりも利回りの低い投資案件は採用したがらなくなる。ROIの高い事業部では、投資判断の基準があがってしまい、投資に消極的になる。本来であれば投資すべき投資案件が棄却されることになる。ROIの低い事業部では、投資判断の基準が下がることから、本来採用すべきではない投資案件にも投資することになってしまう。このような状況は全社的にのぞましくないため、事業部長の業績測定には、RIを適用すべきであると考えられている。

設例10-1

ヌマブクロ工業㈱では、3種類の製品系列を製造・販売している。責任を明確にするために、製品品種ごとに事業部を設け、それぞれの事業部に責任ある経営

管理者を割り当て、利益管理を実施している。下記に示す翌年度の予算データに基づいて各問に答えなさい。

1．事業部別の損益計算書および投下資本のデータ

事業部別予定損益計算書（単位：千円）

予算	A事業部	B事業部	C事業部	全社合計
売上高	1,000	800	750	2,550
変動費	400	300	290	990
貢献利益	600	500	460	1,560
管理可能固定費	250	200	330	780
管理可能営業利益	350	300	130	780
管理不能個別固定費	100	80	50	230
事業部セグメント利益	250	220	80	550
共通費	100	100	100	300
事業部利益	150	120	▲20	250
事業部別投下資本	2,000	2,000	2,000	6,000

2．上記の損益計算書において、共通固定費配賦額は各事業部の人員数を基準に配賦されたものであり、各事業部の業績と直接の関連はない。また、事業部別の投下資本のうち90％が各事業部長にとって管理可能な投資額である。

3．ヌマブクロ工業の全社的加重平均資本コスト率は税引後で7％である。また、法人税などの税率は40％とし、業績測定用の利益はすべて税引後で計算するものとする。

次の各数値を算定しなさい。

(1) 各事業部長の業績測定に適した投下資本利益率と残余利益を計算しなさい。端数の処理は小数第2位を四捨五入し、小数第1までの概数で回答せよ。

(2) 各事業部自体の業績測定に適した投下資本利益率と残余利益を計算しなさい。端数の処理は小数第2位を四捨五入し、小数第1までの概数で回答せよ。

【解答】

(1) 各事業部長の業績測定に適した利益概念は管理可能営業利益であり、それに対応する投下資本の範囲は管理可能投資額である。

	A事業部	B事業部	C事業部
投下資本利益率	350×0.6÷1,800×100＝11.7%	300×0.6÷1,800×100＝10.0%	130×0.6÷1,800×100＝4.3%
残余利益	350×0.6−1,800×7%＝84	300×0.6−1,800×7%＝54	130×0.6−1,800×7%＝▲48

(2) 各事業部長の業績測定に適した利益概念を損益計算書から探すと事業部セグメント利益があてはまる。それに対応する投下資本の範囲は事業部別の投下資本である。

	A事業部	B事業部	C事業部
投下資本利益率	250×0.6÷2,000×100＝7.5%	220×0.6÷2,000×100＝6.6%	80×0.6÷2,000×100＝2.4%
残余利益	250×0.6−2,000×7%＝10	220×0.6−2,000×7%＝▲8	80×0.6−2,000×7%＝▲92

3. グループ経営のための管理会計

(1) EVA

　RIの一種であり、経営コンサルティングに従事するスターン・スチュアート社の開発したEVA（経済的付加価値：Economic Value Added）が1990年代に株主価値を重視する業績測定尺度として普及した。

　EVAは、以下のように計算される。スターン・スチュアート社では、財務会計目的で計算される利益は企業の経済実態を正確に反映しておらず、調整計算が必要であると主張していた。税引後営業利益の計算では、経済的実態を把握するために様々な調整計算が実施される。

　EVA ＝税引後営業利益（NOPAT: Net Operating Profit After Tax）
　　　　－資本コスト率×投下資本

　EVAの計算では、資本コストのかからない営業債務を投下資本から除去し、事業に純粋に投入されている資金の効率を測定するために、以下のように計算された投下資本が用いられる。利益計算で実施した調整項目に対応する修正が施される。

　投下資本＝総資産－流動負債＝正味運転資本＋固定資産＝固定負債＋自己資本

図表10-4

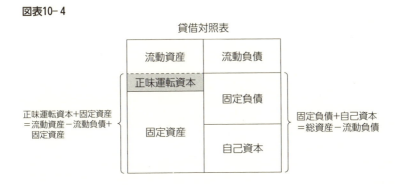

(2) 内部振替価格

　事業部制組織においては、事業部間で製品やサービスを売買することがあり得る。このような内部取引で用いられる価格を内部振替価格という。

　「内部振替価格×振替数量」は、供給事業部にとっての収益（売上高）、受入事業部にとっての費用（仕入原価）となる。

　内部振替価格の設定基準としては以下のような方法がよく知られている。

- 市価基準（market-based transfer price）
    - 単純市価基準
    - 市価差引基準
- 原価基準（cost based transfer price）
    - 全部原価基準
    - 差額原価基準（変動費基準）
- 交渉価格基準（negotiated transfer price）

設例10-2

　A事業部では部品Pを製造・販売している。部品Pの1個当たりの標準変動費は200円であり、いま1,000個分製造する不働能力がある。B事業部は部品Pを購入し、1個当たり400円の標準変動費をかけて製品Qを製造している。製品Qは1個当たり900円で外部市場へ販売することが可能である。

　A、B両事業部長が協議をした結果、300,000円の貢献利益全体を、標準変動費を基準にして、両事業部で分け合うことにした。この場合のA事業部からB事業部への内部振替価格（交渉による振替価格）を計算しなさい。

【解答】

内部振替価格　　300円

【解説】

企業全体の貢献利益は、以下のようになる。

売上高　　　　　　　　　　900,000円（＝@900円×1,000個）

変動費（A事業部）	200,000円	（= @200円×1,000個）
変動費（B事業部）	400,000円	（= @400円×1,000個）
貢献利益	300,000円	

　A事業部とB事業部の標準変動費は、それぞれ200円と400円であるから、標準変動費の比率は1：2となっている。

　全体で300,000円、1個当たり300円の利益をA事業部：B事業部＝1：2で分け合うような内部振替価格を設定すればよい。

　　　A事業部の内部利益＝300円×1／3＝100円

　　　B事業部の内部利益＝300円×2／3＝200円

となることから、A事業部からB事業部への内部振替価格は、300円（＝標準変動費200円＋内部利益100円）となる。

　このとき、それぞれの事業部の貢献利益は標準変動費の比率に等しくなっている。

	A事業部	B事業部
売上高	300,000	900,000
標準変動費	200,000	400,000
内部購入価格		300,000
事業部貢献利益	100,000	200,000

§10

経営組織と管理会計

II 管理会計編 —*233*

(3) MPC

わが国では、従来より、TQC／TQM、TPMなど小集団活動への取組みが盛んであった。ミニ・プロフィットセンター（Micro Profit Center：MPC）は、現場改善を再活性化させ、さらに促進させるための手法である。MPCの意義は、組織単位の括りを小さくし（数名から、多くてもせいぜい40～50人程度まで）、利益金額を指標として導入することで、現場のマネジメントの効率化と活性化を図ることにある。

本来の意味での利益センターは、大規模化した組織を自己充足的な組織単位（「会社の中に存在する会社」）を前提としている。MPCは、製造部門や営業部門の中の部分に過ぎない。損益計算単位となるのは共通であるが、この点で大きく異なっている。

本来の利益センターとしては、その内部に製造部門と営業部門を併せもつ事業部が想定される。これに対して、MPCでは、職能部門別組織を構成する職能部門の1つに過ぎない、製造部門と営業部門の中の部門が利益セン

図表10-5　MPCの概念

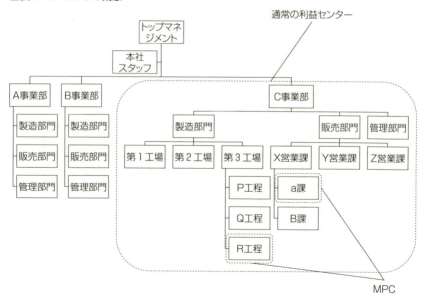

出所：著者作成

ターとされる。製造部門では、職能部門よりさらに小さな組織単位である工程別、品種別などが利益センターとして設定される。

MPCが導入される理由としては、以下の2つのメリットがあげられる。

- 改善活動のための指針の提供
- 現場の意欲向上

1つ目のメリットは、MPCを導入することで、現場従業員の意思決定に有益な判断基準が提供されることである。生産性、歩留、稼働率などの非財務尺度だけを与えられていた場合、現場担当者は、改善活動の優先順位、改善投資案の採否を決めることができない。また、物量指標をいくら改善しても企業の業績向上につながらない。効果につながらない形式的な改善努力が多くなってしまう。損益指標の向上という目標を与えることによって、部分最適ではなく全体最適を志向した意思決定を動機づけることが期待されている。

2つ目のメリットは、改善活動を活性化することである。長年にわたって、改善活動を実施してきた企業ほど、フロントラインに改善活動に対する疲労感・倦怠感が生じがちである。また、物量指標によって業績測定を行う場合、生産プロセスのフロントラインに改善活動の成果が見えにくく、活動の意義を実感できない。MPCを導入することによって、こうした問題を回避し、現場の従業員の意欲をかき立てることができる。

京セラのアメーバ組織などがMPCの代表例としてよく知られている。

(4) シェアードサービス

シェアードサービス（shared services）とは、「外部顧客を満足させ、企業価値を高めることを共通の目的として、低価格、高品質のサービスを内部パートナーに提供するため組織内の共通業務を集中化することである」（Schulman *et al.*(1999) p.22）[1]。

シェアードサービスは、次のようなアプローチによって編成される。①各事業部門から、その事業部門に含まれるサポート業務を分離させる。②

1）Schulman,D.S.,Harmer,M.J.,Dunleavy,J.R. and Lusk,J.M. (1999). *Shared Services:Adding Value to the Business Units*,John Wiley & Sons.（プライスウォーターハウスクーパースコンサルタント㈱FCMグループ訳『実践モデル　シェアードサービス』東洋経済新報社（2000）引用頁は邦訳のもの。

§10

経営組織と管理会計

II 管理会計編—*235*

図表10-6

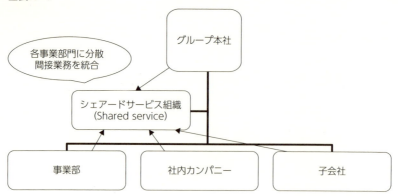

それらのサポート業務を1カ所に集中し、独立したコア業務とする。

シェアードサービス組織は、利益センターとする場合とコストセンターとする場合の両方が想定される。これは、シェアードサービス組織が事業部門に提供するサービスへの課金方法として、以下の5つの方法が併記されていることに対応する。① コストセンター方式（事業部門でのサービス消費にまったく課金しない方法）、② 配賦方式（実際のサービス提供に無関係な金額を課金）、③ 振替価格方式（原価基準による振替価格）、④ 市場価格方式、⑤ バリュー・マネジメント方式（サービス・レベル・アグリーメントに基づいて課金する方法）である。

シェアードサービスを「複数の組織で実施している間接業務を1カ所に集中させ、その組織を独立採算化させて顧客にサービスを提供する企業変革の手法をいう。いままで、コストセンターであった間接部門を利益センターとして独立した組織にすることによって、顧客の視点でサービスの向上とコストの削減を実現するマネジメント手法である」（アーサーアンダーセンビジネスコンサルティング（1999）p.29)[2]と理解し、シェアードサービスを本部の管理組織を利益センターとして管理する手法だとの意味で理解している論者もいる。

各事業部門に散在する間接業務を1つの組織に統合する場合に業務統合の受け皿となる組織は、シェアードサービス組織とよばれる。管理方法、つまり責任センターとしては、コストセンターとしてコントロールされる場合と

---

[2] アーサーアンダーセン・ビジネスコンサルティング『シェアードサービス：間接部門のサービス向上とコスト削減の実現』東洋経済新報社（1999）

利益センターとして管理される場合の両方の可能性が考えられる。

(5) シェアードサービスの導入効果

Schulman *et al.*（1999）によれば、フォーチュン500社のうち20％もの企業がシェアードサービス組織を積極的に導入している（Schulman *et al.*（1999）p.52）。コストベースで20％から50％の経費削減効果がある、と述べてられている。川野（1998）[3] で紹介されているアメリカン・エキスプレス（アメックス）におけるシェアードサービス組織の導入事例では、旅行サービス部門における財務業務で8,000万ドル～12,000万ドルに及ぶコスト削減とサイクルタイムの向上、サービスの質の改善がもたらされている。一般的な状況については、「アメリカでは、シェアードサービスによって、支払業務や一般経理業務で45％、平均でも30％のコスト削減が可能である」（川野、前掲書（1998）p.67）と紹介されている。

膨張した本社費（一般管理費）を数10％規模で削減できるとすれば、非常に魅力的な管理手法であると認識されるのも当然である。導入の効果は、定量効果（コスト削減）と定性効果（提供するサービスの質が向上）に分けられる。

定量効果が生じるメカニズムは、資源の重複（各事業部で間接職能を独自に行う）の是正による不必要な多様性の削減・間接職能の集中による規模の経済によるコスト削減により発生する。規模の経済性と業務の標準化が、定量効果の源泉である。

定性効果については、2つの源泉が考えられる。1つは、シェアードサービス組織に業務を集中させることによって、専門知識の蓄積が促進されることである。各事業部で独自に業務処理を行っていた場合に比べて、人的・物的資源をシェアードサービス組織に集中した場合の方が、より優れた業務ルーチンを開発し、定着させられる余地が大きい。もう1つは、間接業務部門を独立の組織単位として、単独の責任センターとしたこと（個別に業績測定を実施すること）によって、各事業部に付属していた場合にくらべて、業績向上への圧力がかかりやすくなるためである。モラールアップ（意識改革）の効果である。

3）川野克典「ABC/ABMによるインターナル・サービス部門の再構築」『ダイヤモンド・ハーバード・ビジネス』1998年7/8月号　pp.60-67

4．事業価値・企業価値の評価

企業価値は株主価値（株主資本時価）と負債（時価）の合計である。

企業価値＝株主資本時価＋負債時価

理論的には、企業価値の数値は、営業フリーキャッシュフローの割引現在価値の合計として計算され、企業が保有するすべての資産の時価評価額に一致するはずである。

企業価値の算定は以下のように行う。出発点として、各期の営業フリーキャッシュフローが見積られる。

営業フリーキャッシュフロー＝営業利益×（1－法人税率）＋減価償却費－投資支出±運転資本増減額

運転資本が増加する場合は、追加的な投資と同じであるから、営業フリーキャッシュフローには、マイナスの影響を及ぼす。運転資本が減少する場合は、設備を売却したのと同じ効果があるから、営業フリーキャッシュフローには＋の影響を及ぼす。

事業活動の最終年度をTとして、現在を時点0、T年後に生じると予想される営業フリーキャッシュフローをFCF_t、資本コスト率をrとした場合の企業価値Vは以下のように求められる。営業フリーキャッシュフローの現在価値が企業価値となる。

$$V = \sum_{t=1}^{T} \frac{FCF_t}{(1+r)^t}$$

遠い将来に関する正確な計算は不可能であり、無意味でもある。簡便的に、一定の営業フリーキャッシュフローが続くと仮定した場合には、企業価値 V は以下のように求められる。

$$V = \frac{FCF}{r}$$

設例10-3 （平成27年第Ⅱ回短答式試験を改変）

当社では事業部制組織を採用しており、うち A 事業部では P 製品を製造販売している。下記の〔資料〕に基づき、直接原価計算方式の損益計算書を作成して A 事業部の事業部長および A 事業部それ自体の業績評価にとって適切と考えられる投資利益率（ROI）および残余利益（RI）を計算している。以下のア～エの記号のうち、正しいものが 2 つある。その記号の組合せを示す番号を 1 つ選びなさい。

〔資料〕

(1) A 事業部の次年度の予算損益計算書

損益計算書（単位：円）

売上高	35,000,000
売上原価	16,000,000
売上総利益	19,000,000
販売費及び一般管理費	15,000,000
営業利益	4,000,000

(2) P 製品 1 個当たりの予定販売価格、標準変動製造原価、標準変動販売費はそれぞれ7,000円、800円、600円である。

(3) A 事業部固有の固定製造原価のうち80% は A 事業部長にとって管理可能であると認識されている。

(4) 次年度の本社費のうち3,000,000円分を A 事業部に配賦する予定である。なお上記(1)の損益計算書における販売費及び一般管理費には、A 事業部に対する本社費配賦額がすでに含まれている。

(5) 上記(4)に示されている、次年度の本社費配賦額は A 事業部長にとって管理不能である。

(6) A 事業部固有の固定販売費及び一般管理費のうち60% は、A 事業部長にとって管理可能である。

(7) A事業部の投下資本は、営業量に比例する変動的資本と営業量に関係なく一定の固定的資本からなっておる。変動的資本は売上高の50%、固定的資本は50,000,000円である。変動的資本の全額と固定的資本の70%はA事業部長にとって管理可能な投資額である。

(8) 投資利益率（ROI）は％未満を四捨五入して算定する。

(9) 資本コスト率は年8％である。

(10) A事業部における製品および仕掛品の在庫は存在しない。

(11) 当社では、事業部長および事業部それ自体の業績評価において、法人税の影響を考慮せずに業績測定値を算定している。

ア　A事業部長の業績評価として管理可能性原則にしたがって適切と考えられるROIとA事業部それ自体の業績評価にとって適切と考えられるROIを比較すると、前者が後者より15ポイント高い。

イ　A事業部長の業績評価として管理可能性原則にしたがって適切と考えられるRIとA事業部それ自体の業績評価にとって適切と考えられるRIを比較すると、前者が後者より7,000,000円多い。

ウ　本社費を配賦後の利益を用いた場合のRIは－1,400,000円となる。この数値は、管理可能性原則を重視すれば、事業部長の業績評価にもっとも適切な指標である。

エ　A事業部長の業績評価として管理可能性原則にしたがって適切と考えられるRIと本社費配賦後の事業部営業利益4,000,000円とを比較すると、前者が後者より4,800,000円多い。

1　アイ　　2　アウ　　3　アエ　　4　イウ　　5　イエ　　6　ウエ

【解答】

正解　　3

【解説】

事業部長および事業簿それ自体の業績評価用の損益計算書を作成すると以下のようになる。

事業部損益計算書（単位：円）

売上高	35,000,000
変動製造原価	4,000,000

変動販売費	3,000,000
貢献利益	28,000,000
管理可能固定費	15,000,000
管理可能利益	13,000,000
追跡可能固定費	6,000,000
事業部利益	7,000,000
配賦額	3,000,000
最終利益	4,000,000

予定販売数量は5,000個である。

売上高	7,000円／個×5,000個
変動製造原価	800円／個×5,000個
変動販売費	600円／個×5,000個

管理可能固定費

固定製造原価　　12,000,000円（＝16,000,000円－4,000,000円）

固定販売費および一般管理　　9,000,000円＝15,000,000円－本社費配賦額3,000,000
円－変動販売費3,000,000円

管理可能固定製造原価　　9,600,000円＝12,000,000円×80%

管理可能固定販売費及び一般管理費　　5,400,000円＝9,000,000円×60%

管理可能固定費合計　　15,000,000円

追跡可能固定費　　6,000,000円＝2,400,000円＋3,600,000円

	固定製造原価	固定販売費 一般管理費	本社費配賦額	合計
管理可能固定費	9,600,000	5,400,000	0	15,000,000
管理不能固定費	2,400,000	3,600,000	3,000,000	9,000,000
合計	12,000,000	9,000,000	3,000,000	24,000,000

事業部投下資本の計算

	変動的資本	固定的資本	合計
総資本	17,500,000	50,000,000	67,500,000
管理可能投資額	17,500,000	35,000,000	52,500,000

業績評価指標の計算

	事業部長の業績評価	事業部それ自体の業績評価
ROI	25%≒24.762…% （＝13,000千円÷52,500千円×100%）	10%≒10.37…% （＝7,000千円÷67,500千円×100%）

| RI | 8,800,000
(=13,000千円－52,500千円×8％) | 1,600,000
(=7,000千円－67,500千円×8％) |

　本社費を配賦後の利益を用いた場合のRI＝－1,400,000＝（=4,000千円－67,500千円×8％)

　ア　A事業部長の業績評価として管理可能性原則にしたがって適切と考えられるROIは25％である。A事業部それ自体の業績評価にとって適切と考えられるROIは10％である。文章の内容は正しい。　○
　イ　A事業部長の業績評価として管理可能性原則にしたがって適切と考えられるRIは8,800,000円。A事業部それ自体の業績評価にとって適切と考えられるRIは1,600,000円。差額は7,200,000円である。　×
　ウ　本社費を配賦後の利益を用いた場合のRIは－1,400,000円となるが、管理不能な要素を含むため、管理可能性原則には合致しない。事業部長の業績評価に用いるのは、適切ではない。　×
　エ　A事業部長の業績評価として管理可能性原則にしたがって適切と考えられるRIは8,800,000円。本社費配賦後の事業部営業利益4,000,000円。前者が後者より4,800,000円多い。文章の内容は正しい。　○
　よって正解は3である。

設例10-4　（平成26年第Ⅰ回短答式試験を改変）

　当社では、投資利益率（ROI）を利用して事業部の業績評価を行ってきたが、全社的な利害と事業部の利害を一致させるために、残余利益の導入を検討中である。ROIの計算あたっては事業部営業利益を使用しており、残余利益の計算にあたっては、全社共通の資本利益率を適用することを予定している。当社にはA事業部とB事業部の2つの事業部がある。それぞれの事業部では、新事業の投資判断を業績評価の試算に基づいて行っている。A事業部は投資規模1,000万円で期待投資利益率10％の投資案件Pの採用を検討している。A事業部の現在の営業利益は500万円で投資案件Pを採用するとA事業部の残余利益は140万円から150万円に増加する。B事業部は、投資規模2,000万円で期待投資利益率5％の投資案件Qの採用を検討している。投資案件Qを採用するとB事業部のROIは2.5％から3％に増加する。なおPとQとはそれぞれ独立した投資案件である。
　事業部の業績評価と全社業績に関する次のア～エの記述のうちには正しいものが2つある。その記号の組合せを示す番号を1つ選びなさい。ただし、A事業部

242

とB事業部以外の資産は考慮しないこととする。

ア ROIに基づく業績評価が実施されている場合、A事業部の投資案件Pは採用されず、B事業部の投資案件Qが採用される。この結果は、全社的な利害と事業部長の判断とが合致している。

イ 残余利益に基づく業績評価の場合、A事業部の投資案件Pは採用され、B事業部の投資案件Qは採用されない。この結果は、全社的な利害と事業部長の判断とが合致している。

ウ 残余利益の計算に用いられている全社的な資本利益率は9％であり、A事業部の投資案件PおよびB事業部の投資案件Qも両方とも採用されない場合、全社の残余利益は280万円である。

エ A事業部の投資案件Pを採用せず、B事業部の投資案件Qだけが採用されない場合、全社の残余利益は－460万円である。

1 アイ　　　2 アウ　　　3 アエ　　　4 イウ　　　5 イエ　　　6 ウエ

【解答】

正解　　5

【解説】

投資案件Pの導入による残余利益の増加が10万円（＝導入後150万円－導入前140万円）である。営業利益100万円－投資額1,000万円×資本コスト率＝残余利益10万円であるから、全社的な資本コスト率（全社共通の資本利益率）が9％であることがわかる。

A事業部の営業利益600万円、残余利益140万円より、資本コスト360万円である。資本コスト360万円＝投下資本×9％であるから、A事業部の投下資本は4,000万円である。

B事業部の事業部営業利益をX、投下資本をYと置くと以下の関係式が成り立つ。

$X \div Y = 0.025$

$(X+100) \div (Y+2,000) = 0.03$

これを解くと、$X=200$、$Y=8,000$となる。

以上の関係を整理すると以下のようになる。

	A事業部	B事業部	全体	投資案件P	投資案件Q
営業利益	500	200	700	100	100
投下資本	4,000	8,000	12,000	1,000	2,000

資本コスト	360	720	1,080	90	180
残余利益	140	-520	-380	10	-80
ROI	12.50%	2.50%	6.67%	10.00%	5.00%

ア ROI に基づく業績評価が実施されている場合、A 事業部の投資案件 P は ROI が低下するため採用されない。B 事業部の投資案件 Q は ROI が向上するため採用される。この結果は、全社的には望ましくない。 ×

イ 残余利益に基づく業績評価の場合、A 事業部の投資案件 P は採用され、B 事業部の投資案件 Q は採用されない。この結果は、全社的な利害と事業部長の判断とが合致している。文章の内容は正しい。 ○

ウ 残余利益の計算に用いられている全社的な資本利益率は、9％であることがわかる。A 事業部の投資案件 P および B 事業部の投資案件 Q も両方とも採用されない場合、全社の残余利益は−380万円であるから、文章は誤っている。 ×

エ A 事業部の投資案件 P を採用せず、B 事業部の投資案件 Q だけが採用される場合、全社の残余利益は−460万円（＝−380万円＋−80万円）である。文章の内容は正しい。 ○

よって正解は 5 である。

参考文献

〔1〕 岡本 清・尾畑 裕・挽 文子・廣本敏郎『管理会計（第 2 版）』中央経済社 2008年

〔2〕 櫻井通晴『管理会計（第 6 版）』同文舘 2015年

〔3〕 山本浩二・小倉 昇・尾畑 裕・小菅正伸・中村博之編著『スタンダードテキスト管理会計論（第 2 版）』中央経済社 2015年

〔4〕 谷 武幸『エッセンシャル管理会計（第 3 版）』中央経済社 2013年

〔5〕 小林啓孝・伊藤嘉博・清水 孝・長谷川惠一『スタンダード管理会計』東洋経済新報社 2009年

〔6〕 デービッド.ソロモンズ著（櫻井通晴・鳥居宏史訳）『事業部制の業績評価』東洋経済新報社 2005年

〔7〕 岡本 清『原価計算（六訂版）』国元書房 2000年

〔8〕 廣本敏郎・挽 文子『原価計算論（第 3 版）』中央経済社 2015年

〔9〕 鳥居宏史『事業部制の業績測定』中央経済社 2014年

〔10〕 園田智昭『シェアードサービスの管理会計』中央経済社 2006年

§11

短期利益計画／予算管理／直接原価計算

1. 短期利益計画

(1) 短期利益計画の意義

　継続して成長を遂げるために、多くの企業は中・長期経営計画を策定する。通常は3年から5年先までを対象とし、目標利益を設定し、その目標に必要な収益と費用についての計画を定める。また、中・長期経営計画に基づき、翌事業年度の利益計画を策定するが、それを短期利益計画とよぶ。事業環境の変化が著しい今日では、短期利益計画が中・長期経営計画と別個に策定されることも珍しくなく、長期経営計画における初年度の目標利益と短期利益計画における目標利益に乖離もあり得る。

　財務会計上、収益から費用を差し引くことで、利益は求められるが、短期利益計画では、達成可能な売上高を予測し、獲得すべき目標利益を差し引き、許容原価を算出する。

予測売上高－目標利益＝許容原価

出所：小林健吾『新訂版　原価計算総論』創成社（2002）p.229

(2) CVP 分析

　利益計画のためには、売上高と原価を予測し、計画しなければならないが、売上高、原価（費用）、利益との間の関係を分析することが重要となる。その方法が CVP 分析である。CVP は、cost-volume-profit（原価・営業量・利益）の略語である。営業量に応じて原価要素の総額が、どのように変化するかを原価態様あるいはコスト・ビヘイビアー（cost behavior）という。コスト・ビヘイビアには、変動費（variable cost）と固定費（fixed cost）がある。営業量が変動しても原価額が変化しない原価が固定費であり、営業量の変動に応じて、原価額が増減するのが変動費である。損益分岐点（break-

Ⅱ 管理会計編—245

even point) では、売上高と総原価が等しくなり、利益がゼロとなる。原価、営業量、利益の関係を図にしたものを CVP 図表という。ここで各変数を以下のように定義する。

x：営業量（販売量）
p：販売単価
v：単位当たり変動費
f：固定費
e：目標利益

図表11-1「CVP 図表」を参照しながら、各変数が何を意味しているかみていく。

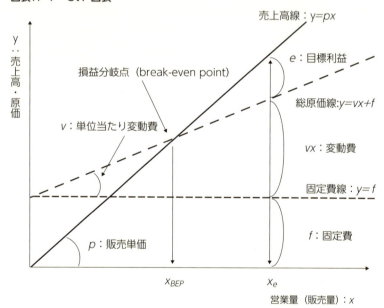

図表11-1　CVP 図表

売上高線は、原点を通り販売単価 p を傾きとする1次関数 $y = px$ と表される。変動費線は、販売量の増加に伴い、比例して増加することから、単位当たり変動費 v を傾きとする1次関数 $y = vx$ として示され、一方、固定費線は、f で一定であるので $y = f$ となる。

総原価線は固定費と変動費の合計であるから、固定費 f を y 切片、単位当

たり変動費 v を傾きとする1次関数 $y = vx + f$ として示される。

売上高線：　$y = px$

変動費線：　$y = vx$

固定費線：　$y = f$

総原価線：　$y = vx + f$　（変動費＋固定費）

損益分岐点販売量 x_{BEP} は、売上高（px）と総原価（$vx + f$）が等しくなる販売量であるから $px_{BEP} = vx_{BEP} + f$ と示され、vx_{BEP} を左辺に移項すると次式が得られる。

$$px_{BEP} - vx_{BEP} = f \quad \cdots\cdots ①$$

左辺は、売上高（px）から変動費（vx）を差し引いたものであり、これを限界利益とよぶ。ここで単位当たり限界利益を m と定義すると、関係式は次のように示される。

$$mx_{BEP} = px_{BEP} - vx_{BEP} \quad （限界利益＝売上高－変動費）$$

前述の式より、損益分岐点 x_{BEP} では、固定費 f と限界利益 mx が一致することが確認できる。

①式 $px_{BEP} - vx_{BEP} = f$ から、損益分岐点販売量 x_{BEP} を求めると以下のようになる。

$$px_{BEP} - vx_{BEP} = f$$

$$x_{BEP}(p - v) = f$$

$$x_{BEP} = \frac{f}{p - v} = \frac{f}{m} \quad \cdots\cdots ②$$

$$損益分岐点販売量 = \frac{固定費}{販売単価－単位当たり変動費} = \frac{固定費}{単位当たり限界利益}$$

次に、目標利益 e と設定した場合の販売量 x_e は、売上高 px が総原価 $vx + f$ に目標利益 e を加えたものと一致すればよいので、次式で示される。

$$px_e = vx_e + f + e$$

目標利益 e を獲得する場合に必要な販売量 x_e を求めれば、以下のようになる。

$$px_e - vx_e = f + e$$

$$x_e\,(p - v) = f + e$$

$$x_e = \frac{f + e}{p - v} = \frac{f + e}{m}$$

$$目標利益販売量 = \frac{固定費 + 目標利益}{販売単価 - 単位当たり変動費} = \frac{固定費 + 目標利益}{単位当たり限界利益}$$

　目標利益を獲得するために必要とされる販売量は、固定費に目標利益を加えた金額を単位当たり限界利益で除することにより算出することができる。

　前述では、損益分岐点における販売量と目標利益を獲得できる販売量について求めたが、損益分岐点売上高および、目標利益を獲得できる売上高についても触れておく。損益分岐点売上高は、損益分岐点販売量 x_{BEP} に販売単価 p を乗ずることで求められるので、②式より次式が得られる。

$$損益分岐点売上高\ px_{BEP} = \frac{pf}{p - v}$$

　前式の右辺の分子・分母を販売単価 p で除すると、③式の中央の項が得られ、

$$（単位当たり限界利益\ m）=$$
$$（単位当たり売上高（販売単価）\ p）-（単位当たり変動費\ v）$$

でもあるから③式の右項が中央の項と等しいことがわかる。

$$損益分岐点売上高 = px_{BEP} = \frac{f}{(p - v)\,/\,p} = \frac{f}{m\,/\,p}　\cdots\cdots③$$

$$損益分岐点売上高 = \frac{固定費}{（販売単価 - 単位当たり変動費）/ 販売単価}　\cdots\cdots③'$$

$$= \frac{固定費}{単位当たり限界利益 / 販売単価} = \frac{固定費}{限界利益率}$$

　損益分岐点<u>販売量</u>は、固定費 f を単位当たり限界利益 m で除することで求めたが、損益分岐点<u>売上高</u>は、固定費 f を限界利益率（$m\,/\,p$）で除することで求めることができる。

　ところで、③′式分母の（販売単価 - 単位当たり変動費）/ 販売単価（$\frac{p - v}{p}$）は、下のように展開され、1から変動費率（$v\,/\,p$）を差し引いたものと等し

248

い。

$$\frac{p-v}{p}=\frac{1-v/p}{1}=1-\frac{v}{p}$$

したがって、損益分岐点売上高は、固定費を（1－変動費率）で除することによって求めることも可能である。

$$損益分岐点売上高=\frac{固定費}{1-変動費率}=\frac{固定費}{限界利益率}$$

目標利益を獲得するために必要とされる売上高は、以下のような算出式で示される。

$$目標利益売上高=\frac{固定費+目標利益}{限界利益率}=\frac{固定費+目標利益}{1-変動費率}$$

設例11-1

以下の条件のとき、損益分岐点のおける販売量はいくらか。

販売単価：　　　　　60円
単位当たり変動費：　20円
固定費：　　　100,000円

【解答】

単位当たり限界利益	=	販売単価	－	単位当たり変動費	
	=	60円	－	20円	
	=	40円			

$$損益分岐点販売量=\frac{固定費}{単位当たり限界利益}$$

$$=\frac{100,000円}{40円}$$

$$=2,500台$$

II 管理会計編 —249

設例11-2

設例11-1と同じ条件のとき、損益分岐点のおける売上高はいくらか。

【解答】

$$限界利益率 = \frac{単位当たり限界利益}{販売単価}$$

$$= 40円 / 60円$$

$$= 66.67\%$$

$$損益分岐点売上高 = \frac{固定費}{限界利益率}$$

$$= \frac{100,000円}{66.67\%}$$

$$= 150,000円 \quad (=損益分岐点販売量2,500台×販売単価60円)$$

設例11-3

設例11-1と同じ条件とし、目標利益250,000円を獲得するのに必要な販売台数はいくらか。

【解答】

$$目標利益販売量 = \frac{固定費+目標利益}{単位当たり限界利益}$$

$$= \frac{100,000円+250,000円}{40円}$$

$$= \frac{350,000円}{40円}$$

$$= 8,750台$$

(3) 固定費と変動費の分解

前節では、総原価が固定費と変動費とに分類されることを前提として、議論を進めたが、ここで、固定費と変動費を分解する方法について説明する。

① 勘定科目法

財務会計で使われている勘定科目別に、固定費と変動費に分類する方法。理論的な厳密さにかけるといった批判もあるものの、実務者にとってはわかりやすく広く用いられている方法である。

② 最小二乗法

過去の実績データから、固定費と変動費を区分する方法。線形近似での最小二乗法では、各実績データをプロットした点と偏差の二乗の合計が最小になる1次関数（直線）を選ぶことになることから、分析者によって結果が異なるということはない。

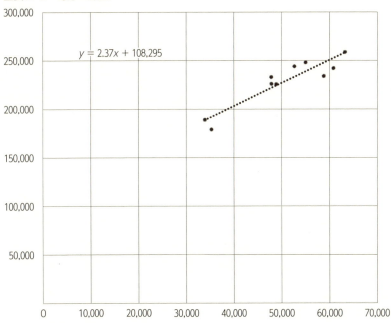

図表11-2　最小二乗法

たとえば、過去10期の販売量と総原価の実績データが次の場合、表計算ソフトで散布図グラフを描くと（**図表11-2**「最小二乗法」）のようになる。

期	1	2	3	4	5	6	7	8	9	10
販売量	33,900	47,870	52,660	63,200	58,800	60,800	55,000	47,900	48,900	35,300
原価	189,000	232,900	244,000	258,700	234,000	242,000	248,000	226,000	225,600	179,000

　このとき、近似曲線（線形近似）を選択すれば、$y=2.37x+108,295$という１次関数が容易に得られる。この式は、販売量単位当たり変動費が2.37、固定費が108,295であることを表している。

(4) CVP分析の仮定

　CVP分析は、営業量と原価の関係を単純化するために、次の５つの仮定を前提としている。
① 販売単価は一定である。
② 固定費は一定である。
③ 単位当たり変動費は一定である。
④ 多品種の場合の製品組合せの割合は一定である。
⑤ 製造量と販売量は等しい。
　このうち①から④までの仮定は、CVP図表の売上高線、総原価線、変動費線、固定費線のそれぞれを直線で描くための仮定であり、⑤の仮定は、横軸である営業量（販売量）を単一化し、CVP分析における関係式を明瞭化するためのものである。

(5) 損益分岐点比率と安全余裕率

　一般的によく用いられる指標として、損益分岐点比率が知られている。これは、損益分岐点売上高を当期売上高で除することによって求められる。

$$損益分岐点比率＝\frac{損益分岐点売上高}{当期売上高}（\%）$$

　また、安全余裕率という当期売上高と損益分岐点売上高との距離を、売上高に対する比率で表す指標もある。

252

$$\text{安全余裕率} = \frac{\text{当期売上高} - \text{損益分岐点売上高}}{\text{当期売上高}} \, (\%)$$

図表11-3「安全余裕率①（相対的に固定費が多く、損益分岐点が高い場合）」と**図表11-4**「安全余裕率②（相対的に変動費が多く、損益分岐点が低い場合）」を参照してほしい。

図表11-3「安全余裕率①」では、当期売上高が損益分岐点に相対的に近く、売上高の落込みにより、赤字に転落する可能性が高い。しかし単位当たりの限界利益が相対的に大きいため、売上が増加すれば、より多くの利益を計上することが可能となる。

図表11-4「安全余裕率②」では、当期売上高が損益分岐点に相対的に遠く、売上高の落込みにより、赤字に転落する可能性は低い。しかし単位当たりの限界利益が相対的に小さいため、売上が増加しても、相対的に利益の増加は小さくなる。

図表11-3　安全余裕率①（相対的に固定費が多く、損益分岐点が高い場合）

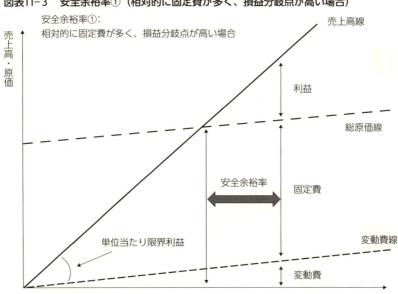

図表11-4　安全余裕率②（相対的に変動費が多く、損益分岐点が低い場合）

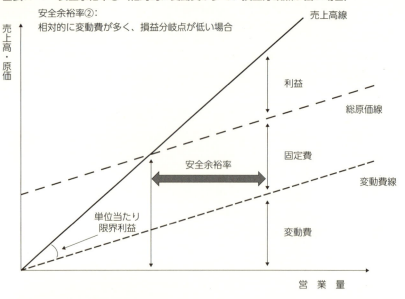

設例11-4

下記のア～エの記述のうち、正しいものが2つある。その2つを選びなさい。

ア．安全余裕率と損益分岐点比率は、密接な関係があり、両者を合計すると100%になる。
イ．損益分岐点比率を低くするために、販売量と固定費が変更できない場合には、単位当たり限界利益を下げるといい。
ウ．目標利益販売量を変えずに、安全余裕率を高くするためには、単位当たり限界利益を上げるほか、固定費を削減して、損益分岐点販売量を下げればいい。
エ．CVP分析では、販売単価、単位当たり変動費、固定費が一定とした仮定を前提にしている。これらの仮定は、長期的な分析においても常に成立するとみなして差し支えない。

【解答】

ア、ウ

(6) 経営レバレッジ

原価構造に占める固定費の割合が高い場合には、売上高の変化によって生ずる利益の変化が大きくなる。

このように売上高の少しの変化が営業利益を大きく変化させる現象のことを経営レバレッジ（operating leverage）とよぶ。経営レバレッジが高い事業は、低い事業よりも大きな利益をあげる可能性があるが、逆に大きな赤字を計上するリスクもある。

設例11-5

下の資料に基づき、問いに答えなさい。

〔資料〕

販売単価（円/台）	1,500
単位当たり変動製造費（円/台）	500
単位当たり変動販売費（円/台）	300
固定製造原価（円）	600,000
固定販売費（円）	400,000
一般管理費（円）	120,000

問1：損益分岐点販売量を求めなさい。

問2：損益分岐点売上高を求めなさい。

問3：目標利益210,000円に達する販売量を求めなさい。

問4：予測販売量が2,000台の場合の安全余裕率を求めなさい。

【解答】

問1： 損益分岐点販売量 $= \dfrac{\text{固定費}}{\text{単位当たり限界利益}}$

固定費合計は、1,120,000円（＝600,000円＋400,000円＋120,000円）
単位当たり限界利益は、700円/台（＝1,500円/台－（500円/台＋300円/台））
したがって損益分岐点販売量は、1,600台　（＝1,120,000円÷700円/台）

問2： 損益分岐点売上高＝販売単価×損益分岐点販売量

Ⅱ 管理会計編 —255

損益分岐点売上高は、2,400,000円（＝1,500円／台×1,600台）

問3： 目標利益販売量＝$\dfrac{\text{固定費}＋\text{目標利益}}{\text{単位当たり限界利益}}$

目標利益販売量は、1,900台（＝（1,120,000円＋210,000円）÷700円／台）

問4： 安全余裕率＝$\dfrac{\text{予測販売量}－\text{損益分岐点販売量}}{\text{予測販売量}}$（％）

安全余裕率は、20％（＝（2,000台－1,600台）÷2,000台×100（％））

参考文献

〔1〕岡本 清、他編著『管理会計 第2版』中央経済社 2008年
〔2〕山本浩二、他編著『スタンダードテキスト管理会計論』中央経済社 2008年
〔3〕西澤 脩『原価・管理会計論』中央経済社 2007年
〔4〕日本管理会計学会［編］『管理会計学大事典』中央経済社 2000年
〔5〕小林健吾『新訂版 原価計算総論』創成社 2002年
〔6〕金子智朗『管理会計の基本がすべてわかる本』秀和システム 2009年

2. 予算管理

(1) 予算管理の意義

予算管理は、多くの企業が活用しているもっとも重要な管理会計ツールの1つであり、予算編成と予算統制の2つのプロセスからなる。経営計画を金額で表したものが予算であり、当該予算を立てることを予算編成、その予算の実行を予算統制とよぶ。また、予算管理は、次のように定義される。

> 予算管理は、企業の全体的観点から科学的・政策的に予算を編成し、その実施に当たって各部門活動を調整し、かつ実施活動を統制する規範管理の一手段であり、予算達成の動機付けを重視している。（西澤 脩『原価・管理会計論』中央経済社（2007）p.325）

(2) 予算管理の機能

予算管理は、次の重要な機能を有している。

- 計画機能（planning function）

  期間利益目標を達成するための実行計画として予算は編成されるが、予算編成によって目標を設定する機能が計画機能である。

- 調整機能（co-ordination function）

  各部門（製造・販売・管理など）の活動を企業全体の共通目標に向けさせ、企業全体のためにバランスをとる機能が調整機能である。調整は、各部門に対して企業全体の目標や、各部門の計画を伝え、これを受け入れさせるという役割もあり、結果としてコミュニケーション機能も持つことにもなる。調整はコミュニケーションなしには、その役割を果たすことはできない。

- 統制機能（control function）

  予算は、各部門の達成目標を明らかにするものであり、その予算が決定されれば、経営管理者は、各部門の活動を指示し、指導し、規制しなければならない。予算執行の過程においては、実績と予算との差異を分析し、必要であれば是正措置を取ることになる。また予算は、

図表11-5 予算体系

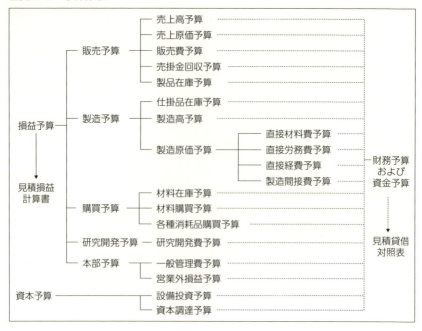

諸活動を実行する部門管理者および従業員だけではなく、各部門、事業部、企業全体の業績を判断する役割も有している。

(3) 予算の体系と種類

各部門別の予算を総合的に体系化したものが、総合予算である。**図表11-5**「予算体系」は、各部門予算と総合予算の構造的な関係を示す予算体系の例である（小林健吾『体系　予算管理　改訂版』東京経済情報出版（2002）p.86）。

実線で結んだ部分は、損益予算に属する領域であり、見積損益計算書を構成する。点線で示された部分では、損益予算と資本予算を策定した結果から生じる各貸借対照表項目別の増減をまとめて、見積貸借対照表を構成する。

今日では、財務予算および見積貸借対照表項目の変動から、見積キャッシュフロー計算書を作成することもめずらしくはない。

次に、各種の予算概念を説明する。

① 長期予算と短期予算

予算期間は、会計期間に合わせて1年であり、通常の予算は、短期予算である。短期予算には、1年を前提として策定される年次予算、月次で策定される月次予算、四半期で策定される四半期予算などがある。これに対して、1年以上の計画は長期計画ともよばれるが、その一部を長期予算とよぶことがある。中長期利益計画を中長期損益予算、中長期投資計画を中長期投資予算などとよぶのは、その例である。

② 費目別予算、部門予算、総合予算

費目別予算では、予算の管理責任範囲に対応して勘定科目別（費目別）に予算を設定し、予算・実績比較といった統制のための情報を提供する。これに対し、部門予算では、製造、販売、購買、経理などの職能別に予算を設定する。

総合予算は、この部門予算を企業全体の予算にまとめたものである。総合予算は総括予算ともよばれる。総合予算は、通常、見積損益計算書と見積貸借対照表にまとめられるが、今日では、見積キャッシュフロー計算書が作成されることもある。

③ 固定予算と変動予算

固定予算とは、当初の予算で設定した営業量と異なった営業量が生じても、実績と比較される予算許容額を変更せず、当初予算で設定した予算額で実績との比較・分析する方法である。これに対して、変動予算は、実際の営業度が当初設定した営業度と異なった場合に、実績と比較される予算許容額を営業度の変化に応じて算定することを可能にした予算である。

④ 定期的予算と継続的予算

定期的予算では、通常、1年間の年次予算として編成され、その期間の終了とともに、新たな予算が作成される。一方、継続的予算では、たとえば年次予算の場合に、年度の期首に予算が設定されるが、1カ月が経過した時点で当月を落として、将来11カ月について、必要な修正を加えるとともに、将来の1カ月を追加して、1年間の予算を設定し直すのである。この方法は、ローリング予算ともよばれる。

⑤ オペレーティング予算とプログラムド予算

　直接材料費、直接労務費などの直接費（変動費）は、営業量が予測されれば、製品単位当たりの原価を算定することで、必要な予算額を合理的に設定できるので、こうした能率の基準で編成される予算のことを、オペレーティング予算とよぶ。これに対して、研究開発費、広告宣伝費、販売促進費の多くは、アウトプットである営業量が予定されても、インプットである予算額が一定の能率を前提にして、合理的に決定できない。こうした費目に対して、上限を設定して、政策的に編成された予算をプログラムド予算とよぶ。

⑥ 割当予算と積上予算

　割当予算とは、上限額がトップダウン方式で経営者によって各部門に割り当てることによって部門予算を編成し、その範囲内で使用が認められる予算のことである。一方、積上予算とは、各部門管理者が自部門の予算原案を作成し、各部門の予算案をボトムアップ方式で、全体予算に積み上げる方法である。積上予算では、部門管理者が予算編成に参加するため、参加型予算ともよばれる。なお、積上予算では、部門管理者が目標達成を容易にするため、売上目標を低く見積る、あるいは、原価目標を高く設定することなどがある。こうした予算目標の達成を容易にするための予算額の一部分を予算スラックとよぶ。予算スラックを形成するための管理者がとる前述のような行動は、予算ゲームとして知られる。予算スラックは、組織の安定化のためには不可欠な要素であるものの、過度の予算ゲームによって予算編成そのものが形骸化する恐れもある。

設例11-6

　下記のア～エの記述のうち、正しいものが2つある。その2つを選びなさい

　ア．トップマネジメントと現場の予算執行者との間の情報非対称性は、予算スラックには全く影響しない。

　イ．予算スラックは、予算執行者の個人的な要求を満たすための手段に利用されることはなく、もっぱら部門の予算を容易に達成するためだけに利用される。

ウ．予算には統制機能があり、管理者や予算執行者に十分な動機づけを行うような基準を設定するために事前統制が行われることがある。

エ．予算スラックは、経営環境の変化への柔軟な対応に役立つこともあり、必ずしも否定されるものでもない。

【解答】

ウ、エ

(4) 予算編成の手続

● 販売予算：

　　総合予算の策定は、販売予算の策定から始まる。販売予測に基づき、売上高が予測され、売上高予算が編成される。販売予算は、売上高予算、販売費予算などからなる。

　　下図で、売上高予算を例示する。予算編成に関する金額の単位は、すべて円とする。

売上高予算	単位	4月	5月	6月	第2四半期合計
販売台数	（台数）	1,000	1,300	1,700	4,000
販売価格	（金額）	×4,000	×4,000	×3,700	
売上高	（金額）	4,000,000	5,200,000	6,290,000	15,490,000

● 製造予算：

　　販売予算案に基づき、製造部門では製造予算案を策定する。製造予算は、製造高予算、製造原価予算、在庫予算などが含まれる。次図で、製造高予算を例示する。

製造高予算	単位	4月	5月	6月	第2四半期合計
販売台数	（台数）	1,000	1,300	1,700	
プラス：所要期末在庫 （翌月売上の10%）	（台数）	130	170	200	
マイナス：期首在庫	（台数）	(100)	(130)	(170)	
製造台数	（台数）	1,030	1,340	1,730	4,100

　　製造原価予算は、製造原価要素別に、直接材料費予算、材料仕入れにかかる購買予算、直接労務費予算、製造間接費予算、期末在庫予算などからなる。製造予算を取りまとめれば、売上原価予算が策定される。

● 販売費及び一般管理費予算：

　　販売予算を策定する際、同時に販売費予算も作成される。販売費予算は、売上を獲得するための注文獲得費や売上高を履行するための注文履行費などからなる。注文獲得費には、広告宣伝費や販売促進費などが該当するが、売上高との関係は、直接的ではないため、割当予算として編成される。注文履行費は、販売品の荷造費や運送費を含む

が、売上高と比例して連動する性質を有しているため、変動予算を利用することは有効である。

- 研究開発費予算：

    研究開発に関する予算であり、研究プロジェクトの選択、必要な費用の予測、効果分析が肝要である。研究開発費予算の編成手順をまとめると、全体の資金需要を考慮しつつ、予算の大枠を決定し、提案されたプロジェクトごとに検討作業を行い、プログラム・バランスを考慮して、経営トップの承認を得て、プロジェクト別予算を部門別、費目別に分解して、各部門に伝達することである。

- 予算損益計算書の編成：

    予算担当部門は、各部門から提出された予算案をとりまとめ、必要に応じて調整し、総合予算としての予算損益計算書を作成する。

- 財務予算：

    財務予算は、現金収支予算、設備投資予算などからなる。現金収支予算の編成には一般に、資金繰表が利用され、売掛金の回収、買掛金の支払いなどの予測が必要となる。設備投資予算は、長期プロジェクト別予算の性質を有し、当該予算期間に帰属する部分は、現金収支予算に含まれる。

- 予算貸借対照表と予算キャッシュフロー計算書：

    損益予算と財務予算が編成されることにより、最終的には予算貸借対照表が作成され、また、財務的な安全性を確保するために、予算キャッシュフロー計算書が作成されることも今日ではよく見られることである。

(5) 予算統制と予実差異分析

　予算の事前的統制では、動機づけや業績評価の向上を意図し、予算を各部門に伝えることによって、達成すべき目標と条件などを知らせる。一方、予算の事後的統制では、諸活動の実行後に、達成されたもの、達成されなかったものを識別し、達成されなかった原因を分析して、管理責任を明確にする。予算の事後的統制の主要な手法が、予算と実績の差異分析である。予算差異分析の手順として、まず、予算と実績の比較をし、差額を算定する。次に、必要に応じて差異の原因分析を行う。差異原因が明らかになったら、管

理責任別の帰属を明確にする。最終的には、上位の管理者へ報告する。

予実差異分析の例として、固定予算差異および変動予算差異について設例を用いて説明する。固定予算差異とは、当初編成した予算（固定予算）と実績との差異を意味する。変動予算差異とは、営業量に比例する費目、たとえば、販売単価や直接費（変動費）を営業量に比例させて増減させることで変動予算を作成し、その変動予算と実績との差異を指す。

設例11-7

次表では、当初予算（固定予算）と実績が比較され、固定予算差異が示されている。予算策定時での販売単価および1台当たり直接費（変動費）を一定として変動予算を求め、変動予算での限界利益を求めなさい。金額の単位は円とする。

固定予算差異：当初予算（固定予算）と実績の差異

固定予算差異	単位	実績	固定予算差異	固定予算
販売台数	（台数）	1,700	−100	1,800
売上高	（金額）	195,000	−20,000 U	215,000
変動費：				
直接材料費	（金額）	75,000	−16,000 F	91,000
直接労務費	（金額）	32,200	+2,400 U	29,800
その他変動費	（金額）	21,600	+4,300 U	17,300
変動費合計	（金額）	128,800	−9,300 F	138,100
限界利益	（金額）	66,200	−10,700 U	76,900
その他固定費	（金額）	44,000	−2,000 F	46,000
営業利益		22,200	−8,700 U	30,900
F: 好ましい（Favorable）、U: 好ましくない（Unfavorable）				

【解答】

変動予算は次表のとおり。変動予算での限界利益は72,628円である。予算策定時（固定予算）の販売単価、1台当たり直接費（変動費）を販売台数実績（1,700台）に乗ずることで、変動予算を求め、実績との差異（予算差異）を求めている。

変動予算の売上高（203,056円）
　　＝販売台数実績（1,700台）×予算販売単価（119.44円＝215,000円÷1,800台）
変動予算の変動費合計（130,428円）
　　＝販売台数実績（1,700台）×予算変動費合計単価（76.72円＝138,100円÷1,800台）

変動予算の限界利益（72,628円）

＝変動予算の売上高（203,056円）－変動予算の変動費合計（130,428円）

変動予算変異	単位	実績	変動予算差異	変動予算	予算単価
販売台数	（台数）	1,700	0	1,700	
売上高	（金額）	195,000	−8,056 U	203,056	119.44
変動費：					
直接材料費	（金額）	75,000	−10,944 F	85,944	50.56
直接労務費	（金額）	32,200	+4,056 U	28,144	16.56
その他変動費	（金額）	21,600	+5,261 U	16,339	9.61
変動費合計	（金額）	128,800	−1,628 F	130,428	76.72
限界利益	（金額）	66,200	−6,428 F	72,628	42.72
その他固定費	（金額）	44,000	−2,000 F	46,000	予算単価は、固定予算金額を固定予算台数で割る。
営業利益	（金額）	22,200	−4,428 U	26,628	

F: 好ましい（Favorable），U: 好ましくない（Unfavorable）

参考文献

〔1〕 西澤 脩『原価・管理会計論』中央経済社　2007年

〔2〕 岡本 清、他編著『管理会計　第2版』中央経済社　2008年

〔3〕 山本浩二、他編著『スタンダードテキスト管理会計論』中央経済社　2008年

〔4〕 日本管理会計学会〔編〕『管理会計学大事典』中央経済社　2000年

〔5〕 小林健吾『予算管理講義』東京経済情報出版　1997年

〔6〕 小林健吾『体系　予算管理　改訂版』東京経済情報出版　2002年

〔7〕 Irvin N.Gleim,Dale L.Flesher『Gleim CMA Review Part 1 Financial Planning, Performance,and Control（16th Edition）』Gleim Publications,2011.

3．直接原価計算

(1) 直接原価計算の特徴

　直接原価計算（direct costing）は、変動原価計算（variable costing）ともよばれ、変動製造原価を製品原価として集計し、固定製造原価は期間原価として認識する原価計算である。これに対し、全部原価計算（full costing; absorption costing）では、すべての製造原価、つまり変動製造原価だけでなく、固定製造原価も製品原価として集計される。直接原価計算の特徴をまとめれば、次のようになる。

① 製造原価、販売費・一般管理費を変動費と固定費に分解する。
② 製品原価を変動製造原価（直接材料費・直接労務費・変動製造間接費）のみで集計する。
③ 固定製造原価は、販売費・一般管理費と同様、期間原価として認識する。
④ 限界利益と営業利益とに分けて損益計算を行う。

　全部原価計算では、固定製造原価が製品原価に配賦されることから、生産数量が増加する場合においては、製品単位当たり原価の固定費部分は減少する。直接原価計算では、固定製造原価は製品原価に配賦されず、期間原価として認識されることで、生産数量が増加する場合においても、他の条件が一定であれば、製品単位当たり原価は一定である。このことから、全部原価計算では販売数量が増加しなくても、生産数量を増加させることで、製品単位当たりの原価を減少させ、期間利益は大きく算出される。一方、直接原価計算では、売上高から変動費を差し引き限界利益を算出し、そこから期間原価を差し引き営業利益（期間利益）を求めることになるため、生産数量の増加に伴い、期間利益が増加するということはつながらない。

　わが国の会計基準および国際的な会計基準（国際財務報告基準（IFRS）や米国会計基準（USGAAP）など）では、全部原価計算のみがその採用を認められており、外部報告目的として直接原価計算は認められていないことは留意する必要がある。また直接原価計算は、変動費・固定費の分解を伴うものの、経常的に行われる原価計算であり、CVP分析のように随時行う原価調査ではない。

(2) 直接原価計算の計算方法

　全部原価計算および直接原価計算での損益計算書の概略を示すと、**図表11－6**「全部原価計算・直接原価計算：損益計算書」のようになる。直接原価計算では、製造原価および販売費を変動費と固定費に区分する。売上高から変動売上原価および変動販売費を差し引き限界利益を得る。限界利益から固定製造間接費、固定販売費及び一般管理費を差し引くことで、営業利益が得られる。

図表11－6　全部原価計算・直接原価計算：損益計算書

全部原価計算		直接原価計算	
売上高：	×××	売上高：	×××
売上原価：	×××	変動売上原価	×××
		変動販売費	×××
売上総利益：	×××	限界利益：	×××
販売費	×××	固定製造原価	×××
一般管理費	×××	固定販売費	×××
		一般管理費	×××
営業利益：	×××	営業利益：	×××

　図表11－6「全部原価計算・直接原価計算：損益計算書」からは、『売上総利益』の替わりに、『限界利益』を入れ替えただけのような印象も受けるが、固定製造原価を生産数量などに基づいて製品原価に配賦する全部原価計算と、固定製造原価を期間原価とする直接原価計算とでは、販売数量と生産数量が異なる場合には異なる営業利益が算出される。次の設例で、全部原価計算と直接原価計算とでは営業利益に差が生ずることを確認する。

設例11－8

　次の前提条件に基づき、全部原価計算および直接原価計算による損益計算書をそれぞれ2期分作成しなさい。

〔前提条件〕

　販売単価　　　　　　　　　　　　　1,000円

Ⅱ 管理会計編 —267

製造原価

    製品1台当たり変動製造原価   500円

    固定製造原価　（1年間）   10,000,000円

販売費

    製品1台当たり変動販売費   100円

    固定販売費　　（1年間）   5,000,000円

一般管理費

    すべて固定費　（1年間）   5,000,000円

販売・生産数量

（台）	X期	X＋1期
期首在庫数量	0	0
当期生産数量	50,000	80,000
当期販売数量	50,000	50,000
期末在庫数量	0	30,000

（仕掛品は、各期首・期末に存在しないものとする）

【解答】

　全部原価計算による損益計算書は、**図表11-7**「設例：全部原価計算による損益計算書」のとおりである。ここで注意すべきは、売上高（販売数量）を一定としているのにもかかわらず、営業利益が増加していることである。これはX期においては、固定製造原価はその全額をその期の売上原価（費用）として認識したのに対し、X＋1期では固定製造原価の一部（3,750,000円）が期末在庫に含まれており、その期の売上原価（費用）として認識せず翌期に繰り越しているからである。

　計算過程を示すと、次のようになる。

X期　売上高：

    売上高（50,000,000円）＝販売単価（1,000円）×販売数量（50,000台）

X期　売上原価：

    製品1台当たり固定製造原価（200円）

      ＝固定製造原価（10,000,000円）÷当期生産数量（50,000台）

    製品1台当たり製品原価（700円）

      ＝製品1台当たり変動製造原価（500円）＋製品1台当たり固定製造原価（200円）

    売上原価（35,000,000円）＝製品原価（700円）×販売数量（50,000台）

X期　販売費：

    販売費（10,000,000円）

268

図表11-7　設例11-7：全部原価計算による損益計算書

全部原価計算による損益計算書				(円)
X 期			X ＋ 1 期	
売上高：	50,000,000	売上高：		50,000,000
売上原価：	35,000,000	売上原価：		31,250,000
売上総利益：	15,000,000	売上総利益：		18,750,000
販売費	10,000,000	販売費		10,000,000
一般管理費	5,000,000	一般管理費		5,000,000
営業利益：	0	営業利益：		3,750,000

　　　＝製品 1 台当たり変動販売費（100円）×販売数量（50,000台）＋固定販売費
　　　（5,000,000円）
　X ＋ 1 期　売上高：
　　　売上高（50,000,000円）＝販売単価（1,000円）×販売数量（50,000台）
　X ＋ 1 期　売上原価：
　　　製品 1 台当たり固定製造原価（125円）
　　　　＝固定製造原価（10,000,000円）÷当期生産数量（80,000台）
　　　製品 1 台当たり製品原価（625円）
　　　　＝製品 1 台当たり変動製造原価（500円）＋製品 1 台当たり固定製造原価（125円）
　　　売上原価（31,250,000円）＝製品原価（625円）×販売数量（50,000台）
　X ＋ 1 期　販売費：
　　　販売費（10,000,000円）
　　　　＝製品 1 台当たり変動販売費（100円）×販売数量（50,000台）＋固定販売費
　　　（5,000,000円）

　一方の直接原価計算による損益計算書は**図表11-8**「設例11-7：直接原価計算による損益計算書」のとおりである。この表から営業利益が生産数量の増加の影響を受けていないことがわかる。全部原価計算では、固定製造原価を生産数量に応じて期末在庫に配賦していたが、直接原価計算では固定製造原価を期間原価として認識するため、営業利益が生産数量の影響を受けないのである。
　計算過程を示すと、次のようになる。
　X 期　売上高：
　　　売上高（50,000,000円）＝販売単価（1,000円）×販売数量（50,000台）
　X 期　変動売上原価：
　　　変動売上原価（25,000,000円）

II 管理会計編 —269

図表11-8　設例11-7：直接原価計算による損益計算書

直接原価計算による損益計算書				(円)
	X 期		X＋1 期	
売上高：	50,000,000	売上高：	50,000,000
変動売上原価	25,000,000	変動売上原価	25,000,000
変動販売費	5,000,000	変動販売費	5,000,000
限界利益：	20,000,000	限界利益：	20,000,000
固定製造原価	10,000,000	固定製造原価	10,000,000
固定販売費	5,000,000	固定販売費	5,000,000
一般管理費	5,000,000	一般管理費	5,000,000
営業利益	0	営業利益	0

　　　　＝製品1台当たり変動製造原価（500円）×販売数量（50,000台）
X期　変動販売費：
　　　変動販売費（5,000,000円）＝製品1台当たり変動販売費（100円）×販売数量
　　　（50,000台）
X＋1期　売上高：
　　　売上高（50,000,000円）＝販売単価（1,000円）×販売数量（50,000台）
X＋1期　変動売上原価：
　　　変動売上原価（25,000,000円）
　　　　＝製品1台当たり変動製造原価（500円）×販売数量（50,000台）
X＋1期　変動販売費：
　　　変動販売費（5,000,000円）＝製品1台当たり変動販売費（100円）×販売数量
　　　（50,000台）

(3) 直接原価計算の利点

　前節の設例11-8で全部原価計算では売上が一定にもかかわらず、生産数量を増加させることで営業利益が増加することがあり、一方の直接原価計算ではそうした影響を取り除くことができることを確認した。直接原価計算の最も有用な利点の1つがこの期間利益が売上に比例して増減することがあげられる。これ以外の利点について、次のようなものがある。
① 短期利益計画に必要とされる原価・営業量・利益に関する情報が容易に入手できる。
② 経理部以外の経営管理者にも理解しやすい。
③ 限界利益を比較することにより、事業部やセグメントの業績評価に役立つ。
④ 固定費の増減が期間利益に及ぼす影響を把握しやすい。

(4) 全部原価計算から直接原価計算への調整

　前述したとおり、直接原価計算は外部報告目的に利用することは認められていない。したがって、月次での原価計算を直接原価計算で行っている場合には、決算期末時に外部報告目的のために修正を行う必要がある。外部報告目的で認められているのは全部原価計算であり、全部原価計算基準への修正は、固定製造原価について行われることになる。全部原価計算による営業利益と直接原価計算による営業利益の差は、次式で表すことができる。

　　（全部原価計算による営業利益：外部報告目的）
　　　＝（直接原価計算による営業利益）
　　　　＋（全部原価計算で期末棚卸資産に含まれる固定製造原価）
　　　　－（全部原価計算で期首棚卸資産に含まれる固定製造原価）

　また前式の棚卸資産は、製品だけでなく仕掛品も含む。

設例11-9

下記のア～エの記述のうち、正しいものが2つある。その2つを選びなさい。

ア．直接原価計算は、外部報告目的に利用することが認められていない。

イ．直接原価計算でも、全部原価計算と同じように、固定費に関わる配賦差額の処理の問題は生じる。

ウ．直接原価計算における限界利益は、売上高の増減に正比例する。

エ．全部原価計算における営業利益は、売上高の増減に正比例する。

【解答】

ア、ウ

参考文献

〔1〕小林健吾『原価計算総論　新訂版』創成社　2002年

〔2〕岡本　清『原価計算　六訂版』国元書房　2000年

〔3〕廣本敏郎・挽 文子『原価計算論　第3版』中央経済社　2015年

〔4〕Charles T.Horngren,Srikant M.Datar,George Foster『Cost Accounting:A Managerial Emphasis』12th Edition,Pearson Prentice Hall,2007.

〔5〕山本浩二、他編著『スタンダードテキスト管理会計論』中央経済社　2008年

〔6〕西澤　脩『原価・管理会計論』中央経済社　2007年

〔7〕日本管理会計学会［編］『管理会計学大事典』中央経済社　2000年

〔8〕高田直芳『決定版　ほんとうにわかる管理会計＆戦略会計』PHP研究所　2004年

§12 経営分析

1．経営分析の意味と方法

(1) 企業の事業活動と経営分析の意味

　製造業、販売業、サービス業などいずれの企業も外部環境の変化に対応しながら事業活動を展開している。企業が存続し発展していくためには、**図表12-1**のように事業活動に参加する構成要因（利害関係者）との関係を維持しながら、資金を回転させ、利益を追い求めることを繰り返している。資金が一周することを「資本の循環」とよぶが、資金が順調に増えたかどうかは、財務諸表（決算書）にまとめられる。

図表12-1　企業の事業活動と構成要因

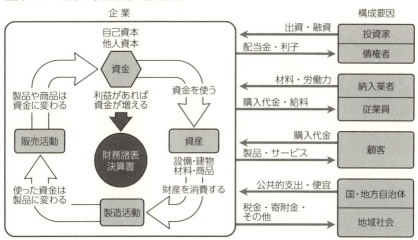

　経営分析は、財務諸表を中心にして企業とその構成要因との関係や諸問題を明確にし、その問題の解決策など経営管理に役だつ情報を提供するために行われる分析である。

(2) 経営分析の目的と区分

経営分析の目的は、事業活動の実態や問題点を的確に把握することであるが、**図表12-2**のように金融機関や株主・投資家など企業外部の立場から行われる外部利用目的と企業の経営者・管理者の立場から行われる内部利用目的に大別できる。

図表12-2　経営分析の目的

目的	内容	使う人
外部利用	信用分析	金融機関など
	投資分析	投資家、株主、証券会社など
	税務分析	税務機関など
	監査分析	会計士など
	調査分析	研究機関、経営コンサルタントなど
内部利用	経営構造分析	経営者、管理者など
	経営管理分析	経営者、管理者など
	内部監査分析	経営者、管理者など
	子会社・関連会社分析	経営者、管理者など

また、経営分析の方法は、次のようなものが一般に用いられる。

① 実数分析

貸借対照表、損益計算書や製造原価報告書などの実際の数値をなんら加工せずに用いて分析する。

② 趨勢分析

基準年度の数値を100として、それ以降の年度の数値を指数で表示し、その変化を観察して、流れが良い方向か、悪い方向かを分析する。

③ 構成分析

全体を100%として、その内訳項目の占めている割合を百分率で示し、項目間の関連を比較・分析する。

④ 比率分析

　ある項目の数値と他の項目の数値との比率（指標）を求め、比率の大きさにより比較・分析する。

2．収益性の分析

(1) 収益性分析の意義と体系

　企業のインプットは資本であり、アウトプットは利益である。企業が継続し発展しているかを分析するには、企業の収益性を調べる必要がある。資本は貸借対照表、利益は損益計算書により計算されるので、比率分析によりアウトプット（利益）をインプット（資本）で割った資本利益率で測ることができる。

　資本利益率は収益性を検討する基本的な方法であり、この比率が高いほど収益性が良いことを示すが、**図表12-3**のように分母の資本と分子と利益は分析の目的により異なる。また、分子の利益が高いほど儲かっていることを示しているので、いずれもその比率が高いほど、収益性が高いと判断できる。

図表12-3　目的により異なる投資利益率

$$資本利益率＝\frac{利益}{資産　または　資本}×100……(1)$$

(1)式で分母の資産または資本は、期首（前期）と期末（当期）の平均値を用いる。

分母 ＼ 分子	売上総利益	営業利益	経常利益	当期純利益
総資本[*1]	総資本売上総利益率	総資本営業利益率	総資本経常利益率	総資本当期純利益率
経営資本[*2]	経営資本売上総利益率	経営資本営業利益率	経営資本経常利益率	経営資本当期純利益率
自己資本[*1]	自己資本売上総利益率	自己資本営業利益率	自己資本経常利益率	自己資本当期純利益率

[*1] 総資本は、自己資本と他人資本との合計である。

　　　総資本＝自己資本＋他人資本……(2)

[*2] 経営資本は、企業の本来の経営活動に直接的に使用されている資本部分であり、次の(3)式で計算する。

　　　経営資本＝総資本－（建設仮勘定＋未稼働資産＋投資資産＋繰延資産＋その他）……(3)

Ⅱ　管理会計編 —*275*

(2) 資本利益率の分解

　資本利益率は、次の(4)式のように売上高利益率と資本回転率に分解できる。

$$資本利益率＝\frac{利益}{資本}＝\frac{利益}{売上高}×\frac{売上高}{資本}$$

$$＝（売上高利益率）×（資本回転率）……(4)$$

　ここで、売上高利益率は売上高に対する利益の獲得割合なので、この比率が高いほど販売活動による収益性が高いことを示す。また、資本回転率は投下した資本がどれだけ売上になっているかを示し、資本回転率が高いほど、資本の活用が有効であることを示す。このように、資本利益率は売上高利益率が高い（低い）ほど、資本回転率が高い（低い）ほど、高く（低く）なる。

　図表12-4は製造業であるM社の貸借対照表と損益計算書である。これより総資本経常利益を(5)式、売上高利益率を(6)式、総資本回転率を(7)式で求めてみた。経常利益率は売上高の4.25%、総資本は1期間に0.99回転し、その結果、総資本経常利益率は4.2%である。

　資本収益性を分析する比率で代表的なものはROA（return of asset：総資本利益率）とROE（return of equity：自己資本投資率）とである。

(3) 取引収益性分析の意義と体系

　取引収益性とは、取引についての採算性のことであり、それは売上高利益率として示され、分析される。この売上高利益率に影響する要因には、売上高の変動など**図表12-5**に示す項目がある。

① 売上総利益率

　(8)式のように売上高と売上総利益の比率で示され、M社では24.5%の売上総利益が獲得されている。

② 営業利益率

　(9)式のように売上高に対する営業利益の割合で示され、M社の営業利益率は4.9%である。(9)式からもわかるように、売上高を伸ばし、売上原価と販売費・一般管理費を減少させるような営業活動が展開されれば、営業利益は

図表12-4　M社の総資本経常利益率の分解

M社				貸借対照表			
							単位：千円
	期首	期末	平均		期首	期末	平均
資産				負債（借入資金）			
流動資産				流動負債			
現金預金	11,000	20,000	15,500	支払手形	25,000	24,500	24,750
受取手形	30,000	30,000	30,000	買掛金	26,000	25,500	25,750
売掛金	31,000	31,000	31,000	借入金	40,000	45,000	42,500
原料・材料	8,000	7,500	7,750	固定負債			
半製品・仕掛品	4,000	2,500	3,250	長期借入金	20,000	13,000	16,500
製品	3,000	3,000	3,000				
有価証券	12,000	14,000	13,000				
固定資産				純資産・資本（自己資金）			
建物	65,500	62,500	64,000	資本金	70,500	70,500	70,500
機械	21,000	18,000	19,500	剰余金	18,500	24,500	21,500
投資							
投資有価証券	14,500	14,500	14,500				
資産計	200,000	203,000	201,500	負債・純資産・資本計	200,000	203,000	201,500

M社	損益計算書	
平成 XX 年 1 月 1 日～平成 XX 年12月31日		
		単位：千円
売上高		200,000
売上原価		
期首製品棚卸高	3,000	
当期製品製造原価	151,000	
計	154,000	
期末製品棚卸高	-3,000	151,000
売上総利益（損失）		49,000
販売費・一般管理費		
給料	14,100	
賞与	3,360	
福利厚生費	1,650	
梱包材料費	6,900	
広告宣伝費	3,700	
賃借料	5,400	
減価償却費	3,240	
その他	950	39,300
営業利益（損失）		9,700
営業外損益		1,200
経常利益（損失）		8,500
税金		2,500
純利益		6,000

$$\text{総資本経常利益率} = \frac{\text{経常利益}}{\text{期首・期末の平均総資本}} \times 100$$

$$= \frac{8,500}{(200,000 + 203,000) \div 2} \times 100 = 4.2 \ (\%) \ \cdots\cdots(5)$$

$$\text{経常利益率} = \frac{\text{経常利益}}{\text{売上高}} \times 100$$

$$= \frac{8,500}{200,000} \times 100 = 4.25 \ (\%) \ \cdots\cdots(6)$$

$$\text{総資本回転率}^{*1)} = \frac{\text{売上高}}{\text{総資本}}$$

$$= \frac{200,000}{201,500} = 0.99 \ (回) \ \cdots\cdots(7)$$

*1) 回転率は、企業の資本（資産）などが一定期間に何回転したか、ないし一定期間に収益によって何回回収されたかを示し、企業などの資本（資産）などの活用状況を分析するための指標である。なお、回転とは、新旧のものが入れ替わることを意味する。

図表12-5 売上高利益率

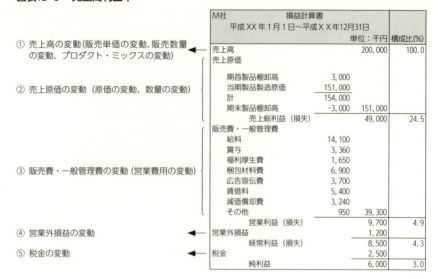

$$売上総利益 = \frac{売上総利益}{売上高} \times 100 = \frac{売上高 - 売上原価}{売上高} \times 100$$

$$= \frac{49,000}{200,000} \times 100 = 24.5 \text{ (％)} \quad \cdots\cdots(8)$$

$$営業利益率 = \frac{営業利益}{売上高} = \frac{売上高 - (売上原価 + 販売費・一般管理費)}{売上高}$$

$$= \frac{9,700}{200,000} = 4.9 \text{ (％)} \quad \cdots\cdots(9)$$

売上原価 = 期首製品棚卸高 + 当期製品製造原価 - 期末製品棚卸高
　　　　= 3,000 + 151,000 - 3,000 = 151,000 ……(10)

[商業・卸売業の場合]
　売上原価 = 期首商品棚卸高 + 当期商品仕入高 - 期末商品棚卸高……(11)

増加してくる。営業利益率が低下した場合は、製造原価や仕入原価の高騰、または人件費、交際費、旅費交通費などの営業費用にムダな消費がないかどうか吟味する必要がある。特に、販売費・一般管理費の主たる部分を占める人件費は、最適資源配分が課題となる。

(4) 活動性分析の意義と体系

　資本の調達源泉の総資本に対して、資産はその運用形態を表している。両者は貸借対照表において同額なので、総資本回転率（回転期間）は、各資産の回転率（回転期間）に細分化することができる。

　企業の資本（資産）などがどのくらい有効に活用されたかを分析する活動性分析は、**図表12-6** の回転率(12)式ないし回転期間(13)式で示される。また、年間において負債が何回転したかを示す指標が負債回転率（回転期間）で、代表的なものは(14)式、(15)式で表せる。

図表12-6　回転率と回転期間

$$資本（資産）回転率＝\frac{売上高}{資本（資産）在高}（回）\cdots(12)$$

$$資本（資産）回転期間＝\frac{資本（資産）在高}{売上高÷12}（月）\cdots(13)$$

$$支払勘定回転率＝\frac{売上高}{支払手形＋買掛金}（回）\cdots(14)$$

$$支払勘定回転期間＝\frac{支払手形＋買掛金}{売上高÷12}（月）\cdots(15)$$

※売上高は年間、資本（資産）は期中平均値、
　支払手形、買掛金は期中平均値を使用する。

摘要	指標
資本回転率	総資本回転率（回転期間）
	経営資本回転率（回転期間）
	自己資本回転率（回転期間）　　など
資産回転率	棚卸資産回転率（回転期間）
	固定資産回転率（回転期間）　　など
負債回転率	支払勘定回転率（回転期間）　　など

$$総資本回転期間＝\frac{総資本}{売上高÷12}$$
$$＝\frac{201,500}{200,000÷12}=12.09（月）\cdots(16)$$

$$支払勘定回転率＝\frac{売上高}{支払手形＋買掛金}$$
$$＝\frac{200,000}{24,750＋25,750}=3.96（回）\cdots(17)$$

$$支払勘定回転期間＝\frac{支払手形＋買掛金}{売上高÷12}$$
$$＝\frac{24,750＋25,750}{200,000÷12}=3.03（月）\cdots(18)$$

分析ポイント

資本	回転率	高い方が良い
資産	回転期間	短い方が良い

反対

負債	回転率	低い方が良い
	回転期間	長い方が良い

　M社の総資本回転期間は(16)式より12.09月、支払勘定回転率は(17)式より3.96回、支払勘定回転期間は(18)式より3.03月となる。

　資本（資産）の回転率はこの比率が高いほど、回転期間は短いほど、資本（資産）の運用効率は良い（高い）ことを意味する。また、負債回転率は資本（資産）のケースとは反対に低い方が、回転期間はそれが長いほど良いこと

Ⅱ 管理会計編 —279

を意味する。

3．安全性分析

(1) 安全性分析の意義と体系

　企業が事業活動を展開・継続し発展するには、収益性の向上はもちろんであるが、債務の支払時点において支払能力があることが欠かせない。企業が債権支払能力を持っていることを（財務）安全性があるといい、これを分析するのが（財務）安全性分析である。

　安全性分析は、**図表12-7** の上表のようにストックの側面として貸借対照

図表12-7　安全性分析の体系と分類

摘要			指標
ストック面	貸借対照表	短期（流動性）	流動比率、当座比率、流動負債比率　など
		長期（健全性）	自己資本比率、負債比率、固定比率　など
フロー面	損益計算書	収益・費用	インタレスト・カバレッジ・レシオ、安全余裕率、損益分岐点分析　など
	キャッシュフロー計算書	キャッシュフロー	キャッシュフロー・マージン、キャッシュフロー比率　など

分類		内容	指標
① 流動性分析		短期的な支払能力の分析	流動比率、当座比率、流動負債比率　など
②健全性分析	1）資本構造分析	長期的な資本の調達と運用のバランスの分析	負債比率、自己資本比率　など
	2）投資構造分析		固定比率、固定長期適合率　など
	3）利益処分性向分析		配当率、配当性向　など
③ 資金流動性分析		資金の調達と運用のバランスの分析	キャッシュフロー比率　など

280

表、フローの側面として損益計算書やキャッシュフロー計算書（cash flow statement）を使って分析する。また、安全性分析をその分析内容から分類すると、図表12-7の下表に示した① 流動性分析、② 健全性分析、③ 資金流動性分析などに分けられる。これらの安全性分析は、収益性分析と並んで企業にとって重要な2大経営分析である。

(2) 流動性分析の意義と比率

　企業の短期的な資金の流れの安全性を把握する流動性分析の代表的指標には、① 流動比率、② 当座比率、③ 流動負債比率がある。

① 流動比率

　1年以内に現金化する流動資産と、1年以内に返済しなければならない流動負債との比率で、会社の支払能力を分析する指標であり**図表12-8**の(19)式で求める。

② 当座比率

　当座資金（換金性の高い現金預金、受取手形、売掛金、有価証券、短期貸付金など）と流動負債と比率で当面の支払能力を分析する指標で、(20)式で求める。流動資産の中で、早く現金化する当座資産だけが対象なので、正味の確実な支払能力がつかめる。

③ 流動負債比率

　自己資本と流動負債の比率で企業の流動性を分析する指標で、(22)式で求める。
　M社の流動性を分析すると、流動比率は111.3%、当座比率96.2%、流動負債比率101.1%となる。

(3) 健全性分析の意義と分類

　安全性分析のうち特に、長期的な視点に立って、企業の資本調達の組合せとその運用状況について分析するのが健全性分析である。健全性分析は、**図表12-9**のように、資本構造分析、投資構造分析、利益処分性向分析に分類できる。

II 管理会計編 —281

図表12- 8　流動性分析

M社		貸借対照表		
				単位：千円
	平均			平均
資産		負債（借入資金）		
流動資産		流動負債		
現金預金	15,500	支払手形		24,750
受取手形	30,000	買掛金		25,750
売掛金	31,000	借入金		42,500
原料・材料	7,750	固定負債		
半製品・仕掛品	3,250	長期借入金		16,500
製品	3,000			
有価証券	13,000			
固定資産		純資産・資本（自己資金）		
建物	64,000	資本金		70,500
機械	19,500	剰余金		21,500
投資				
投資有価証券	14,500			
資産計	201,500	負債・純資産・資本計		201,500

分析ポイント

$$流動比率＝\frac{流動資産}{流動負債}\times100＝\frac{15,500+30,000+\cdots+13,000}{24,750+25,750+42,500}\times100$$

$$＝\frac{103,500}{93,000}\times100＝111.3（\%）\cdots\cdots(19)$$

> 流動比率が高ければ資金の流動性が高く、短期の支払能力があるとみてよいが絶対的とはいえない。

$$当座比率＝\frac{当座資産}{流動負債}\times100$$

$$＝\frac{89,500}{93,000}\times100＝96.2（\%）\cdots\cdots(20)$$

> 当座比率が高いほど支払能力が強いとされる。この比率が低い場合は、過剰な棚卸在庫を抱えている場合が多い。

$$当座資産＝現金預金＋受取手形＋売掛金＋有価証券$$

$$＝15,500+30,000+31,000+13,000$$

$$＝89,500（千円）\cdots\cdots(21)$$

$$流動負債比率＝\frac{流動負債}{自己資本}\times100＝\frac{93,000}{70,500+21,500}\times100$$

$$＝\frac{93,000}{92,000}\times100＝101.1（\%）\cdots\cdots(22)$$

> 流動負債比率は低い方が安定的に流動負債を返済でき、安全性が高いと判断できる。

図表12- 9　健全性分析

分類	内容	指標
資本構造分析	企業の資本調達の組合せ状況について分析し、長期的な支払能力を分析する。	負債比率、自己資本比率　など
投資構造分析	資本の調達と運用の状況から安全性を分析する。	固定比率、固定長期適合率　など
利益処分性向分析	企業の利益処分の状況を分析する。	配当率、配当性向　社内留保率など

282

(4) 健全性分析の主要指標

資本構造分析の指標には、① 自己資本比率や② 負債比率、投資構造分析の指標には、③ 固定比率や④ 固定長期適合率、利益処分性向分析の指標には、⑤ 配当率や⑥ 配当性向、⑦ 社内留保率などがある。

① 自己資本比率

企業の総資本に占める自己資本の比率によって健全性を分析する指標で、**図表12-10**の(23)式で求められる。

② 負債比率

企業の自己資本に対する負債の比率であり、資本構成から企業の健全性を分析する指標で、(24)式で求める。

③ 固定比率

企業の自己資本に対する固定資産の比率であり、企業が保有する固定資産がどの程度自己資本によってまかなわれているかを分析する指標で、(25)式で求める。

④ 固定長期適合率

企業の自己資本と固定負債の合計額に対する固定資産の比率であり、企業が保有する固定資産とその長期の調達資本との関係を分析する指標で、(26)式で求める。ここで、固定比率と固定長期適合率の固定資産には、有形固定資産、無形固定資産、投資その他の資産が含まれる。

図表12-4の貸借対照表よりM社の資本構造を分析すると、自己資本比率は45.7％、負債比率は119.0％、投資構造を分析すると、固定比率90.8％、固定長期適合率77.0％となる。

利益処分性向分析の⑤ **配当率**は(27)式、⑥ **配当性向**は(28)式、⑦ **社内留保率**は(29)式で求めるが、いずれの指標も企業の利益処分の状況を分析するものである。⑦ 社内留保率は、企業側にとっては高いほど良いが、株主側にとっては十分な配当による株主還元がなされることが好ましいと考えるので、両者のうまいバランスが大切である。

Ⅱ 管理会計編—*283*

図表12-10　健全性分析

■資本構造分析

分析ポイント

$$自己資本比率＝\frac{自己資本}{総資本}×100＝\frac{70,500＋21,500}{201,500}×100$$

$$＝\frac{92,000}{201,500}×100＝45.7（\%）……(23)$$

自己資本比率が高いほど、企業に社内留保されている剰余金が多く、借入金などの負債への依存度が低いことを示している。この比率は、企業体質の健全性と不況抵抗力の強さを示す重要な指標である。

$$負債比率＝\frac{負債（流動負債＋固定負債）}{自己資本}×100$$

$$＝\frac{24,750＋25,750＋42,500＋16,500}{92,000}×100$$

$$＝\frac{109,500}{92,000}×100＝119.0（\%）……(24)$$

負債比率が低いほど健全性が高いとされる。負債比率は他人資本が自己資本の何倍あるかをみる比率なので、借金経営の程度がわかる。

■投資構造分析

$$固定比率＝\frac{固定資産}{自己資本}×100＝\frac{64,000＋19,500}{92,000}×100$$

$$＝\frac{83,500}{92,000}×100＝90.8（\%）……(25)$$

企業が保有する固定資産がどのくらい自己資本によってまかなわれているかによって、健全性を分析する比率である。固定比率は、その比率が低いほど健全性が高いとされる。

$$固定長期適合率＝\frac{固定資産}{自己資本＋固定負債}×100＝\frac{83,500}{92,000＋16,500}×100$$

$$＝\frac{83,500}{108,500}×100＝77.0（\%）……(26)$$

固定長期適合率は、その比率が低いほど健全性が高いとされる。固定資産は長期に保有されるものなので、これに投下される資本は返済不要なもの（自己資本）か、少なくとも長期的に返済すればよいもの（固定負債）で調達されていることが安全で望ましいと考えられる。

■利益処分性向分析

$$配当率＝\frac{配当金＋中間配当金}{資本金}×100……(27)$$

配当率は、資本金に対してどのくらいの配当が行われたかをみる比率である。株主への利益還元の状況や配当に無理がないかどうかを分析する。

$$配当性向＝\frac{配当金＋中間配当金}{当期純利益}×100……(28)$$

企業の当期純利益に対する配当金の比率が配当性向である。この比率で、どのくらいの配当がなされたのか、または、どのくらい社内留保がなされたのかを分析する。

$$社内留保率＝\frac{当期未処分利益－（配当金＋役員賞与金）}{当期未処分利益}……(29)$$

社内留保率は、企業の当期未処分利益のうち、社内に留保した比率によって健全性を分析する指標である。この比率は、社内留保による自己資本の増加向上などについての分析に有効な指標でもある。

4．キャッシュフロー分析

(1) キャッシュフロー計算書の意義

　会社経営にとってキャッシュが不足し、債務が返済できないことは、会社にとって命取りとなる可能性がある。このキャッシュの1期間における増減変化とその残高の状況を示した計算書がキャッシュフロー計算書である。そこでは、**図表12-11**のように、営業活動、投資活動、財務活動の3つに分けて、キャッシュの動きが示されている。キャッシュフロー計算書における資金は、現金及び現金同等物であり、**図表12-12**のようなものが含まれる。

　このように構成されているキャッシュフロー計算書は、経営分析の観点からは、主に安全性や収益性などを分析するのに利用される。

図表12-11　キャッシュフロー計算書の種類

キャッシュフロー計算書の種類		キャッシュ項目	増減
営業活動	主たる営業活動と、投資活動および財務活動以外の取引によりどのくらいのキャッシュフローがあり、その結果としてどのくらいのキャッシュフローを獲得したかを示すもの	原材料購入、製造	△（支出）
		人件費、経費の支払い	△（支出）
		販売・回収	＋（収入）
投資活動	企業が将来において利益を確保する目的で、どれだけ種々の資産に投資し、回収したかに関連するキャッシュフローを示すもの	固定資産の購入	△（支出）
		固定資産の売却	＋（収入）
		投資有価証券の購入	△（支出）
		投資有価証券の売却	＋（収入）
		敷金保証金の差入れ	△（支出
財務活動	企業の営業・投資活動を維持するために、これらの資金収支の過不足の調整弁として、不足資金が調達され、余剰資金が返済されることによって、財務活動からキャッシュフローが生じたかを示すもの	増資	＋（収入）
		借入れ	＋（収入）
		返済・利払い	△（支出）
		配当	△（支出）

Ⅱ 管理会計編 —285

図表12-12　現金および現金同等物

項目	内容
現金	手許現金、要求支払金（当座預金、普通預金　など）
現金同等物	換金が容易で価格変動リスクが少ない短期投資（3カ月基準）
	（短期）定期預金、（短期）受取手形、（短期）公社債投資　など

(2) キャッシュフロー計算書の様式

図表12-13は、キャッシュフロー計算書の様式例であり、① 営業キャッシュフロー、② 投資キャッシュフロー、③ 財務キャッシュフローより構成される。

① 営業キャッシュフロー

企業の営業活動から得られるキャッシュフローであり、現金創出能力を分析するのに利用される。営業キャッシュフローに影響する要因には、純利益の増減、売掛債権の増減、買入債務の増減、棚卸資産の増減などがある。

② 投資キャッシュフロー

新規事業への投資、現状維持のための投資などによるキャッシュの流出と投資回収による流入が投資キャッシュフロー項目である。投資キャッシュフローに影響する要因には、有価証券の増減、設備投資の増減、貸付金の増減などである。

営業キャッシュフローでいかに稼いだかを分析した後は、投資キャッシュフローでそれをいかに使ったかを分析する。

③ 財務キャッシュフロー

企業の財務体質、株主に対する考え方が財務キャッシュフローで分析できる。財務キャッシュフローに影響する要因は、借入金の増減、社債の増減、増資・減資、配当などである。

図表12-13 キャッシュフロー計算書

M社	期首貸借対照表 （平成ＸＸ年１月１日） 単位：千円		
資産		**負債（借入資金）**	
流動資産		流動負債	
現金預金	11,000	支払手形	25,000
受取手形	30,000	買掛金	26,000
売掛金	31,000	借入金	40,000
原料・材料	8,000	固定負債	
半製品・仕掛品	4,000	長期借入金	20,000
製品	3,000		
有価証券	12,000	**純資産・資本（自己資金）**	
固定資産		資本金	70,500
建物	65,500	剰余金	18,500
機械	21,000		
投資			
投資有価証券	14,500		
資産計	200,000	負債・純資産・資本計	200,000

M社	期末貸借対照表 （平成ＸＸ年12月31日） 単位：千円		
資産		**負債（借入資金）**	
流動資産		流動負債	
現金預金	20,000	支払手形	24,500
受取手形	30,000	買掛金	25,500
売掛金	31,000	借入金	45,000
原料・材料	7,500	固定負債	
半製品・仕掛品	2,500	長期借入金	13,000
製品	3,000		
有価証券	14,000	**純資産・資本（自己資金）**	
固定資産		資本金	70,500
建物	62,500	剰余金	24,500
機械	18,000		
投資			
投資有価証券	14,500		
資産計	203,000	負債・純資産・資本計	203,000

M社 キャッシュフロー：計算書 （単位：千円）	
営業活動によるキャッシュフロー：	
純利益	6,000
売上債権増減	0
買入債務増減	-1,000
棚卸資産増減	2,000
減価償却費	6,000
営業活動によるキャッシュフロー	13,000
投資活動によるキャッシュフロー	
投資	-2,000
回収	0
投資活動によるキャッシュフロー	-2,000
財務活動によるキャッシュフロー	
借入	5,000
返済	-7,000
財務活動によるキャッシュフロー	-2,000

M社 損益計算書 平成ＸＸ年１月１日～平成ＸＸ年12月31日 単位：千円		
売上高		200,000
売上原価		
期首製品棚卸高	3,000	
当期製品製造原価	151,000	
計	154,000	
期末製品棚卸高	-3,000	151,000
売上総利益（損失）		49,000
販売費・一般管理費		
給料	14,100	
賞与	3,360	
福利厚生費	1,650	
梱包材料費	6,900	
広告宣伝費	3,700	
賃借料	5,400	
減価償却費	3,240	
その他	950	39,300
営業利益（損失）		9,700
営業外損益		1,200
経常利益（損失）		8,500
税金		2,500
純利益		6,000

(3) キャッシュフロー分析

図表12-14は、キャッシュフロー計算書と損益計算書の結果から経営分析する際のポイントである。分析結果は、レベルⅠからレベルⅣの４段階で評価する。レベルⅠは、損益計算書が損失、営業キャッシュフローがマイナス、投資キャッシュフローがマイナス、財務キャッシュフローがプラスの状態である。レベルⅡでは、損益計算書が利益になり、レベルⅢで営業キャッシュフローがプラス、レベルⅣで投資キャッシュフローがプラスになる。

図表12-13のＭ社のキャッシュフロー計算書をみると、損益計算書が利

Ⅱ 管理会計編 —*287*

図表12-14　キャッシュフロー（ＣＦ）計算書の分析ポイント

レベル	損益計算書	ＣＦ計算書			分析ポイント
		営業ＣＦ	投資ＣＦ	財務ＣＦ	
Ⅳ	利益	＋	＋	－	利益が計上され、営業ＣＦと投資ＣＦがプラスであるので、好ましい。
Ⅲ	利益	＋	－	－	利益が計上され、営業ＣＦがプラスであるが、投資ＣＦがマイナスなので、投資ＣＦの内容を検討する必要かある。
Ⅱ	利益	－	－	＋	利益が計上されているが、営業ＣＦがマイナスなので、黒字倒産の可能性がある。
Ⅰ	損失	－	－	＋	利益も営業ＣＦもマイナスなのでいつ倒産してもおかしくない。

凡例：ＣＦはキャッシュフロー
・財務ＣＦの－（マイナス）は返済を意味し、＋（プラス）は借入などの資金調達を意味する。
・投資ＣＦが－（マイナス）であることは、必ずしも悪いことではない。

益、営業キャッシュフローがプラス、投資キャッシュフローがマイナス、財務キャッシュフローがマイナスなのでレベルⅢであり、「投資キャッシュフローの内容を検討することが必要である」と分析できる。

(4) キャッシュフロー分析の主要指標

　キャッシュフロー分析を行うときに使用される代表的な指標（比率など）を**図表12-15**に示す。ここで、営業キャッシュフローと投資キャッシュフローの合計をフリーキャッシュフロー（free cash flow）という。これは、企業が営業活動で獲得したキャッシュの増減状況を示し、株主や債権者に自由に配分できる資金である。Ｍ社のフリーキャッシュフローは、(30)式より11,000千円である。

　キャッシュフローの観点からは、この数値がプラスであることが望ましいが、成長戦略的な意味合いで営業活動により獲得したキャッシュ以上の投資を毎年実施している場足は、ここがマイナスになってくるのが通常である。それゆえ、フリーキャッシュフローがプラスが良いのか、マイナスが良いのかは一概にはいえず、投資キャッシュフローの内容を慎重に判断する必要が

図表12-15　代表的なキャッシュフロー比率書

項目	指標
現金創出能力	① 営業キャッシュフロー
	② フリーキャッシュフロー
	③ 財務キャッシュフロー　など
収益性	① 営業利益営業キャッシュフロー比率
	② 営業キャッシュフロー当期純利益比率　など
安全性	① キャッシュフロー比率
	② 負債営業キャッシュフロー比率
	③ インタレスト・カバレッジ・レシオ　など
その他	① 株価キャッシュフロー比率　など

§12

経営分析

フリーキャッシュフロー＝営業キャッシュフロー＋投資キャッシュフロー
＝13,000千円－2,000千円＝11,000千円……(30)

ある。フリーキャッシュフローがマイナスであっても、投資キャッシュフローの分析により成長性の高い事業や製品などへの設備投資などであるときには、高く評価されなければならない。

(5) 収益性比率

　収益性は、損益計算書上で示される利益を使用した総資本利益率などで分析するが、キャッシュフローを用いた分析も必要で、両者は相互に補完的な関係にある。

① 営業利益営業キャッシュフロー比率

　この比率は、営業利益に対して営業キャッシュフローがどの程度あるかを示す収益性の指標であり、**図表12-16**の(31)式で求められる。M社の営業利益営業キャッシュフロー比率を求めると134.0%である。

② 営業キャッシュフロー当期純利益比率

　この比率は、営業キャッシュフローに対して当期純利益がどの程度あるかを示す収益性の指標であり、(32)式で求められる。M社の営業キャッシュフ

II 管理会計編 —289

図表12-16　代表的なキャッシュフロー収益性比率

営業利益営業キャッシュフロー比率

$$=\frac{\text{営業キャッシュフロー}}{\text{営業利益}}\times100$$

$$=\frac{13,000}{9,700}\times100=134.0\ (\%)\ \cdots\cdots(31)$$

分析ポイント

営業利益営業キャッシュフロー比率が売上債権の回収期間の長期化や棚卸資産の増加などによって、100%を下回るときは、利益の質が低いものと判断できる。

営業キャッシュフロー当期純利益比率

$$=\frac{\text{当期純利益}}{\text{営業キャッシュフロー}}\times100$$

$$=\frac{6,000}{13,000}\times100=46.2\ (\%)\ \cdots\cdots(32)$$

営業キャッシュフロー当期純利益比率は、2つの見方がある。
1つ目は、収益性の側面から見ると当期純利益の数値は高いほど良いので、この比率は高いほど良い。
2つ目は、安全性の側面からは、営業キャッシュフローが多い方が良いので、この比率は低い方が良いことになる。それは、この比率が低いほど、純利益がキャッシュフローにより裏づけられているので黒字倒産しにくいと考えられるからである。

ロー当期純利益比率は、46.2%である。

(6) 安全性比率

　安全性は、ストック数値である貸借対照表を使用した流動比率や固定長期適合率などの財務比率で分析することが有用であるが、これを補うものとして、より透明性の高いキャッシュフローを使用した分析を利用する。

① キャッシュフロー比率

　この比率は、流動負債をどの程度営業キャッシュフローで支払うことができるかを示す安全性の指標であり、**図表12-17**の(33)式で求められM社は14.0%である。

② 負債営業キャッシュフロー比率

　この比率は、負債に対して何倍の営業キャッシュフローがあるかを示す安全性の指標であり、(34)式で求められM社は11.9%である。

③ インタレスト・カバレッジ・レシオ（interest coverage ratio）

　これは、企業の支払利息に対する営業利益と受取利息配当金の合計額の比

図表12-17　代表的なキャッシュフロー安全性比率

$$\text{キャッシュフロー比率} = \frac{\text{営業キャッシュフロー}}{\text{流動負債}} \times 100$$

$$= \frac{13,000}{93,000} \times 100 = 14.0 \ (\%) \ \cdots\cdots(33)$$

分析ポイント

> 営業キャッシュフローがより多くなれば、それだけ支払能力が高くなるとので、キャッシュフロー比率は高いほど安全性が高いと判定できる。

$$\text{負債キャッシュフロー比率} = \frac{\text{営業キャッシュフロー}}{\text{負債}} \times 100$$

$$= \frac{13,000}{109,500} \times 100 = 11.9 \ (\%) \ \cdots\cdots(34)$$

> 営業キャッシュフローが多いほど、債務の返済能力は高くなるので、負債キャッシュフロー比率は高いほど安全性が高いと判定できる。

インタレスト・カバレッジ・レシオ

$$= \frac{\text{営業キャッシュフロー}}{\text{支払利息}} \ (\text{倍}) \ \cdots\cdots(35)$$

> 営業キャッシュフローが多いほど、その企業の支払能力がより高いことを意味するので、インタレスト・カバレッジ・レシオは高いほど安全性が高いと判定できる。

率であり、企業の金利負担能力を分析する安全性指標である。営業キャッシュフローによるインタレスト・カバレッジ・レシオは、支払利息という金融費用に対して、何倍の営業キャッシュフローが獲得されているかを示す指標であり、(35)式で求められる。

5．成長性分析と生産性分析

(1) 成長性分析の意義と基本パターン

　企業の規模や売上高がどの程度過去に増加したか、今後どの程度増える可能性があるかを分析するのが成長性分析である。

　図表12-18の左部は、成長性分析の指標と分析期間である。短期の成長性分析では、対前年増減率が用いられ、長期では、一定の基準年度に対する趨勢比率や単回帰分析、重回帰分析などの回帰モデルが用いられる。

II 管理会計編 —*291*

図表12-18 成長性分析の指標と短期分析の資料

成長性比率	期間	
	短期	長期
① 売上高増減率	対前年増減率	趨勢比率 ／ 回帰モデル
② 利益増減率		
③ 負債増減率		
④ 資本増減率		

M社	損益計算書			
		前期		当期
		単位：千円		単位：千円
売上高		196,000		200,000
売上原価				
期首製品棚卸高	3,200		3,000	
当期製品製造原価	149,000		151,000	
計	152,200		154,000	
期末製品棚卸高	-3,000	149,200	-3,000	151,000
売上総利益（損失）		46,800		49,000
販売費・一般管理費				
給料	14,000		14,100	
賞与	3,300		3,360	
福利厚生費	1,600		1,650	
梱包材料費	6,850		6,900	
広告宣伝費	3,800		3,700	
賃借料	5,400		5,400	
減価償却費	3,100		3,240	
その他	1,000	39,050	950	39,300
営業利益（損失）		7,750		9,700
営業外損益		1,150		1,200
経常利益（損失）		6,600		8,500
税金		1,900		2,500
純利益		4,700		6,000

(2) 成長性の指標

① 売上高増減率

　企業の前期売上高に対して当期売上高がどの程度増減したかを示すのが**図表12-19**の⑯式の売上高増減率で、M社は2.0％である。売上高増減率が高いことは、成長企業の第1条件である。売上高の増加には、販売数量の増加と販売単価の急騰による場合があるが、販売数量の増加によって増減率が伸びていることが望ましい。

② 利益増減率

　企業の前期の利益に対して当期の利益がどの程度増減したかを示す成長性指標が⑰式の利益増減率である。利益の追求は企業の基本目的の1つなので、この指標は成長性分析の重要指標である。利益増減率の種類には、売上総利益増減率、営業利益増減率、経常利益増減率、純利益増減率などがある。M社の売上総利益増減率を求めると⑱式より4.7％になる。

③ 負債増減率

　企業の前期の負債に対して当期の負債がどの位増減したかを示す指標が⑲

図表12-19　短期間の成長性分析

$$売上高増減率 = \frac{当期売上高 - 前期売上高}{前期売上高} \times 100$$

$$= \frac{200,000 - 196,000}{196,000} \times 100 = 2.0 \,（\%） \cdots\cdots(36)$$

分析ポイント

前期と比べ当期の売上高が多くなるほど、売上高の側面で企業がより成長していることになるので、売上高増減率は高いほど良い指標である。

$$利益増減率 = \frac{当期利益 - 前期利益}{前期利益} \times 100 \cdots\cdots(37)$$

$$売上総利益増減率 = \frac{当期売上総利益 - 前期売上総利益}{前期売上総利益} \times 100$$

$$= \frac{49,000 - 46,800}{46,800} \times 100 = 4.7 \,（\%） \cdots\cdots(38)$$

前期と比較して当期の利益が多くなっているほど、利益の側面では、その企業が成長していることになるので、利益増減率は高いほど成長性が高いと判定できる。

$$負債増減率 = \frac{当期末負債 - 当期首負債}{当期首負債^{*1)}} \times 100$$

$$= \frac{108,000 - 111,000}{111,000} \times 100 = -2.7 \,（\%） \cdots\cdots(39)$$

負債の増減が企業にとって有利なのか不利なのかは、負債の調達コスト（金利）と事業の利益率との関係で決定される。その状況に応じて判定する。

$$資本増減率 = \frac{当期末資本 - 当期首資本}{当期首資本^{*2)}} \times 100$$

$$= \frac{203,000 - 200,000}{200,000} \times 100 = 1.5 \,（\%） \cdots\cdots(40)$$

*1) 当期首負債 = 前期末負債、*2) 当期首資本 = 前期末資本

前期と比較して当期の資本が多くなっているほど、資本の側面では、その企業が成長していることになるので、一般的に資本増減率は高いほど良いと判定できる。ただし、負債との関係があるので、この側面では慎重な分析が必要である。

式の負債増減率である。M社の負債増減率を求めると－2.7%となる。

④　資本増減率

　企業の前期の資本に対して当期の資本がどの位増減したかの割合が(40)式の資本増減率であり、M社は1.5%である。資本増減率は、どのくらい、どのように資本が成長してきたのか、将来における成長の可能性はどのくらいかなどを分析するための成長性指標である。

(3)　生産性の意義と体系

　企業経営は、人、資材、機械設備、エネルギーなどの諸要素を投入し、その諸要素を有効に統合し、効果的に運用することにより、価値の高い製品な

Ⅱ　管理会計編 —293

りサービスを産出していくことである。この経営過程の中で、「より少ない投入量・投入高により、より高い産出量・産出高を得たい」という考え方が、生産性の基本的考え方であり、産出量・産出高を投入量・投入高で割った比率である。

ここで産出量・産出高は、**図表12-20**のような付加価値、売上高、生産高、生産量、生産重量などである。また投入量・投入高は生産の４要素である人、資材、機械設備、エネルギーのいずれかを持ってくる。４つの生産要素のすべてを分母にするとコストの生産性になる。

図表12-20　生産性の計算要素

$$生産性 = \frac{産出量・産出高（アウトプット）}{投入量・投入高（インプット）} \cdots (41)$$

計算要素	項目	内容
産出量・産出高 （アウトプット）	付加価値、売上高、生産高、生産量、生産重量など	新たに生み出した生産物の価値など
投入量・投入高 （インプット）	人	労働生産性
	資材	資材生産性
	機械設備	設備（資本）生産性
	エネルギー	エネルギー生産性

(4) 付加価値の意義と種類

産出量・産出高の１つである付加価値とは、会社が生み出した正味の価値をいい、付加価値を計算するには**図表12-21**のように控除法と加算法の２つの方法がある。

① 控除法（減算法）

控除法は、(42)式のように、企業が行った生産販売活動を通じて、新たに獲得した総生産額から、他の企業より購入した財・サービスの消費額を差し引いた純生産額を意味している。ここで、総生産額（営業収益）は、計算の簡便化のため売上基準が多い。

このように控除法では、付加価値は営業収益と前給付原価との差であり、社内で生産したかどうかは関係しない。営業収益や前給付原価が決定する製

294

図表12-21　付加価値の種類

■控除法の考え方

付加価値＝総生産額（営業収益）－前給付原価（財・サービスの購入原価）……(42)

■加算法の考え方

粗付加価値＝当期利益＋人件費＋租税効果など＋賃借料＋減価償却費……(43)

純付加価値＝当期利益＋人件費＋租税効果など＋賃借料……(44)

品の設計・開発によって付加価値の大きさが決まるという側面を持っている。

② 加算法

加算法は、(43)式、(44)式のように、企業が行った生産販売活動により企業が付加した要素を加算して計算する方法である。なお、減価償却費は加算する粗付加価値と加算しない純付加価値がある。

付加価値を総生産額（営業収益）で割り算した比率が付加価値率である。付加価値率を高めるには、売上高を大きくする方法と前給付原価を小さくする方法とがある。

(5) 生産性分析の主要指標

図表12-22は、代表的な生産性指標とその算定方法である。

図表12-22　代表的な生産性指標

項目		指標
労働 生産性	付加価値率	（労働生産性）＝（付加価値率）×（1人当たり売上高）
	従業員1人当た り売上高	$\dfrac{付加価値}{従業員数*}=\dfrac{付加価値}{売上高}\times\dfrac{売上高}{従業員数*}$ ……(45)
	設備投資効率	（労働生産性）＝（設備投資効率）×（労働装備率）
	労働装備率	$\dfrac{付加価値}{従業員数*}=\dfrac{付加価値}{有形固定資産*－建設仮勘定*}\times\dfrac{有形固定資産*－建設仮勘定*}{従業員数*}$ ……(46)
	総資本投資効率	（労働生産性）＝（総資本投資効率）×（資本集約度）
	資本集約度	$\dfrac{付加価値}{従業員数*}=\dfrac{付加価値}{総資本*}\times\dfrac{総資本*}{従業員数*}$ ……(47)
	（労働生産性）＝（付加価値率）×（有形固定資産回転率）×（労働装備率） $\dfrac{付加価値}{従業員数*}=\dfrac{付加価値}{売上高}\times\dfrac{売上高}{有形固定資産*－建設仮勘定*}\times\dfrac{有形固定資産*－建設仮勘定*}{従業員数*}$ ……(48)	
労働 分配率	労働分配率	（人件費率）＝（労働分配率）×（付加価値率）
	人件費率　など	$\dfrac{人件費}{売上高}=\dfrac{人件費}{付加価値}\times\dfrac{付加価値}{売上高}$ ……(49)

＊期中平均値を使用する。

① 労働生産性

　労働生産性は、生産要素である従業員1人がどの程度の付加価値を生み出したかという労働者の生産性を示す生産性指標である。これは、次のようにその原因を分析・展開することができる。

(i) 付加価値率と1人当たり売上高

　　労働生産性を売上高により付加価値率と1人当たり売上高に分解したものが(45)式である。付加価値率は企業が売上高に対してどの位価値を付け加えた、1人当たり売上高は従業員1人当たりどのくらいの売上高を上げたのかを示す生産性指標である。

(ii) 設備投資効率と労働装備率

　　労働生産性を実稼働している有形固定資産（機械設備）により設備投資効率と労働装備率に分解したものが(46)式である。設備投資効率は、有形固定資産に対する付加価値の割合であり、機械設備がどのくらいの付加価値を生み出しているのかを示す生産性指標である。労働装備率は、従業員1人当たりの有形固定資産の在高のことであり、従業員1人当たりどの程度の有形固定資産投資を行っているかを判断する生産性指標である。

(iii) 総資本投資効率と資本集約度

労働生産性を総資本により総資本投資効率と資本集約度に分解したものが(47)式である。総資本投資効率は、総資本に対する付加価値の割合であり、総資本がどの程度の付加価値を生み出しているのかを示す生産性指標である。資本集約度は、従業員1人当たりどれくらい総資本を有するかを判断する生産性指標である。また、労働生産性は(48)式のようにも分解できる。

② 分配率

付加価値や売上高がどの程度従業員に分配されたかを分配率で分析する。

(i) 労働分配率

企業によって生み出された付加価値に対する従業員への分配額である人件費の割合が労働分配率である。

(ii) 人件費率

これは、売上高に対する人件費の割合であり、売上高のうちどのくらい人件費として分配されたかを示す分配率指標である。人件費率を付加価値により労働分配率と付加価値率に分解したものが(49)式である。

(6) 生産性分析の実践

図表12-23のM社の製造原価報告書、損益計算書、貸借対照表の数値を基礎として、生産性を分析する。なお、期中平均従業員数は10名である。

① 付加価値と労働生産性

営業収益（売上高）から前給付原価（外部購入価値）を引いて付加価値を出す控除法では、何を前給付原価と考えるかにより付加価値が異なってくる。一般的には、「直接材料＋買入部品＋外注費＋間接材料＋仕入商品」を売上高から差し引いて付加価値を算定している。また、簡便法では、製造業は原材料費＋外注費、流通業は売上原価を前給付現価と考える。

簡便法によるM社の付加価値は(50)式より103,090千円であり、労働生産性は(51)式より10,309千円/人である。さらに、労働生産性を売上高により付加価値率と1人当たり売上高に分解すると、付加価値率は(52)式より51.5%、1人当たり売上高は(53)式より20,000千円/人になる。

II 管理会計編 —297

図表12-23　M社の財務諸表

M社	製造原価報告書 平成 XX 年 1 月 1 日～平成 XX 年12月31日		
			単位：千円
材料費			
期首材料棚卸高	8,000		
材料仕入高	96,410		
計	104,410		
期末材料棚卸高	7,500	96,910	
労務費			
給料	16,400		
賞与	3,650		
福利厚生費	1,810	21,860	
製造経費			
燃料動力費	10,160		
賃借料	7,520		
減価償却費	9,100		
修繕費	2,500		
消耗品費	1,450	30,730	
当期製造費用		149,500	
期首仕掛品棚卸高		4,000	
期末仕掛品棚卸高		-2,500	
当期製品製造原価		151,000	

M社	損益計算書 平成 XX 年 1 月 1 日～平成 XX 年12月31日		
			単位：千円
売上高			200,000
売上原価			
期首製品棚卸高		3,000	
当期製品製造原価		151,000	
計		154,000	
期末製品棚卸高		-3,000	151,000
売上総利益（損失）			49,000
販売費・一般管理費			
給料		14,100	
賞与		3,360	
福利厚生費		1,650	
梱包材料費		6,900	
広告宣伝費		3,700	
賃借料		5,400	
減価償却費		3,240	
その他		950	39,300
営業利益（損失）			9,700
営業外損益			1,200
経常利益（損失）			8,500
税金			2,500
純利益			6,000

M社	貸借対照表							
								単位：千円
	期首	期末	平均			期首	期末	平均
資産				負債（借入資金）				
流動資産				流動負債				
現金預金	11,000	20,000	15,500	支払手形	25,000	24,500	24,750
受取手形	30,000	30,000	30,000	買掛金	26,000	25,500	25,750
売掛金	31,000	31,000	31,000	借入金	40,000	45,000	42,500
原料・材料	8,000	7,500	7,750	固定負債				
半製品・仕掛品	4,000	2,500	3,250	長期借入金	20,000	13,000	16,500
製品	3,000	3,000	3,000					
有価証券	12,000	14,000	13,000	純資産・資本（自己資金）				
固定資産				資本金	70,500	70,500	70,500
建物	65,500	62,500	64,000	剰余金	18,500	24,500	21,500
機械	21,000	18,000	19,500					
投資								
投資有価証券	14,500	14,500	14,500					
資産計	200,000	203,000	201,500	負債・純資産・資本計	200,000	203,000	201,500

付加価値＝売上高－材料費
$$=200,000-96,910=103,090（千円）……(50)$$

分析ポイント

> 労働生産性は、企業が新たに生み出した価値が付加価値なので、その付加価値が多いほど、生産性が高いと判断できる。

労働生産性＝$\dfrac{\text{付加価値}}{\text{従業員数}^*}$

$$=\dfrac{103,090千円}{10人}=10,309.0（千円／人）……(51)$$

> 売上高に占める付加価値が多いほど、企業の生み出した価値が大きいので、付加価値率が高いほど、生産性が高いと判断できる。

付加価値率＝$\dfrac{\text{付加価値}}{\text{売上高}}×100$

$$=\dfrac{103,090}{200,000}×100=51.5（\%）……(52)$$

$$1\text{人当たり売上高} = \frac{\text{売上高}}{\text{従業員数}^*}$$

$$= \frac{200,000}{10} = 20,000 \text{（千円／人）} \cdots\cdots(53)$$

> 売上高が多いほど、儲けが多くなるので、1人当たり売上高は、高いほど生産性や収益性が高いと判断できる。

$$\text{設備投資効率} = \frac{\text{付加価値}}{\text{有形固定資産}^* - \text{建設仮勘定}^*} \times 100$$

$$= \frac{103,090}{64,000 + 19,500} \times 100 = 123.5 \text{（％）} \cdots\cdots(54)$$

> 設備投資効率の分子は付加価値であり、これが多いほど生産性（収益性）が高いことになるので、この比率が高いほど良いと判断することができる。

$$\text{労働装備率} = \frac{\text{有形固定資産}^* - \text{建設仮勘定}^*}{\text{従業員数}^*}$$

$$= \frac{83,500}{10} = 8,350 \text{（千円／人）} \cdots\cdots(55)$$

> 有形固定資産が多いほど、一般に機械化が進み、資本集約度が高いと考えられるので、労働装備率は高いほど労働生産性が高いと判断できる。

$$\text{総資本投資効率} = \frac{\text{付加価値}}{\text{総資本}^*} \times 100$$

$$= \frac{103,090}{201,500} \times 100 = 51.2 \text{（％）} \cdots\cdots(56)$$

> 総資本に占める付加価値が多いほど、企業の生み出した価値が大きいので、総資本投資効率が高いほど、生産性が高いと判断できる。

$$\text{資本集約度} = \frac{\text{総資本}^*}{\text{従業員数}^*}$$

$$= \frac{201,500}{10} = 20,150 \text{（千円／人）} \cdots\cdots(57)$$

$$\text{人件費} = \text{製造原価報告書} + \text{販売費・一般管理費}$$
$$= 21,860 + 19,110 \ (14,100 + 3,360 + 1,650)$$
$$= 40,970 \text{（千円）} \cdots\cdots(58)$$

> 総資本が多いほど、一般に機械設備等がそれだけ多くなる可能性が高いと考えられるので、資本集約度が高いほど、資本集約的であり、生産性が高いと判断できる。

$$\text{労働分配率} = \frac{\text{人件費}}{\text{付加価値}} \times 100$$

$$= \frac{40,970}{103,090} \times 100 = 39.7 \text{（％）} \cdots\cdots(59)$$

$$\text{人件費率} = \frac{\text{人件費}}{\text{売上高}} \times 100$$

$$= \frac{40,970}{200,000} \times 100 = 20.5 \text{（％）} \cdots\cdots(60)$$

＊期中平均値を使用する。

> 労働分配率や人件費率は、外部の投資家という立場で分析すると、この比率の分子が人件費なので、これが少ないほど、収益が（売上高等）が一定とすると、利益が大きくなる。この場合は、この比率は小さいほど良いと判断できる。
> なお、従業員の観点からは、全く異なった分析が行われる。

② 設備投資効率と労働装備率

　労働生産性を有形固定資産により設備投資効率と労働装備率に分解すると、設備投資効率は(54)式より123.5％、労働装備率は(55)式より8,350千円／人になる。

II 管理会計編 —299

③ 総資本投資効率と資本集約度

労働生産性を総資本により総資本投資効率と資本集約度（1人当たり総資本）に分解すると、総資本投資効率は(56)式より51.2%、資本集約度は(57)式より20,150千円／人である。

④ 労働分配率と人件費率

労働分配率は、付加価値のうち、どの程度人件費として分配されたかを示す分配率指標である。(58)式のように、製造原価報告書と損益計算書の給料、賞与、福利厚生費より人件費は40,970千円なので、労働分配率は(59)式より39.7%となる。また、売上高に対する人件費の割合である人件費率は、(60)式より20.5%である。

なお、労働分配率や人件費率の分析は、外部の投資家、従業員などのようにどのような立場でそれを行うかによって結論が異なってくる。

参考文献

〔1〕岩崎 勇『経営分析のやり方・考え方』税務経理協会　2005年
〔2〕日本経営分析学会『経営分析辞典』税務経理協会　2005年
〔3〕山本浩二、他編著『管理会計論』中央経済社　2009年
〔4〕島崎規子・沼中 健『経営分析入門』中央経済社　2009年
〔5〕大津広一『経営分析入門』ダイヤモンド社　2009年
〔6〕小川正樹『絵でみる原価計算のしくみ』日本能率協会マネジメントセンター　2008年
〔7〕小川正樹『見える化でわかる原価計算』日刊工業新聞社　2010年

§13

資金管理／キャッシュフロー管理

1．資金管理の意義

　言うまでもなく利益と資金は異なる。利益が出ていても資金が枯渇すれば倒産する。これは古今東西あらゆる組織に共通する問題である。資金管理は、あらゆる組織にとって生命線ともいえる経営管理活動の一部であり、今日その重要性は増しているといってよい。なぜなら、グローバル展開している企業は複数の通貨、複数の会計基準に対応することが求められ、かつ、国際的な取引の増大は資金管理コストを押し上げるからである。

　複数の通貨による国際的な取引の増大は必然的に為替リスクや決済コストの問題を招来し、複数の会計基準は複数の利益概念と利益額を示す。それらは、総じて会社組織の資金の状況を不明瞭なものとする。すなわち、会社のどこにどれだけの資金と資金需要があるのかを見えにくくする。そして、資金管理の巧拙は資本コスト（総額）の増減に直結する。

　さらに管理会計の立場からは、単に目前の資金管理に対応するだけでなく、中長期を見据えたキャッシュフロー管理の観点から短期および中長期の資金管理が検討されなければならない。その前提として、資金管理は現状の資金の可視化と短期及び中長期の資金需要の明確化を第1に志向することが必要である。

2．短期と長期の資金管理

(1) 短期の資金管理

　短期の資金管理は、まさに日々の資金管理からスタートする。日々の資金管理は伝統的に資金繰り表によって行われてきた。これは企業の規模を問わず普遍的に重要な業務である。言うまでもなく、資金ショートを起こさないことが事業の基本だからである。

Ⅱ 管理会計編 —*301*

図表13-1　資金管理の重要性

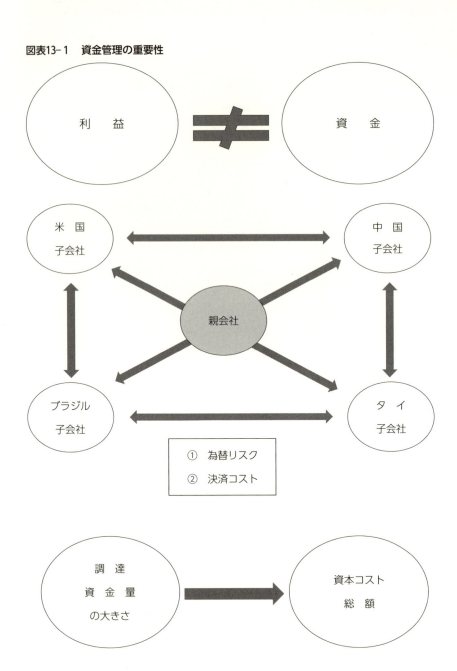

図表13-2　資金管理で用いられるツール

短期	資金繰り表	日次資金繰り表
↕		月次資金繰り表
		四半期資金繰り表
長期	資金計画表	年次資金計画表

出所：岸本光永・昆　政彦・大田研一・田尾啓一『トレジャリー・マネジメント』中央
経済社（2015）pp.28-41を基に筆者作成

　資金繰りは資金の予測や計画を作り、現預金の入出金と残高を管理することが必須である。その具体的なツールが資金繰り表であり、短期的なものから比較的長期にわたる表までを組み合わせて管理が行われる。

　なお、資金繰り表はキャッシュフロー計算書と同じく作成法に直接法と間接法がある。間接法は一定期間の動向を包括的・簡易的にみるという点では有用であるが、日常的には直接法による作成と管理が必要である。

① 日次資金繰り表

　資金繰り表の中でも、短期の資金管理の原初形態は日次資金繰り表にあると考えられる。日次資金繰り表は基本的に過去の取引実績を基に作成される。取引に伴う入出金を整理することで、手元資金の増減と必要（将来予測）を可視化するのが日次資金繰り表の役割である。

② 月次資金繰り表と四半期資金繰り表

　日次資金繰り表の蓄積は、実績として月間さらには四半期の資金繰りがどう評価できるのかを可能にする。しかしながら、単に日次資金繰り表を蓄積するだけでは実績を評価することはできない。収入の合計と支出の合計を表示するだけでは、資金の健全性ないし安全性の判断はできないのである。そこで、経営管理に活かす方法として、キャッシュフロー計算書の区分を模して月次資金繰り表および四半期資金繰り表を作成することが考えられている（**図表13-3** 参照）。

　図表13-3の3部制月次資金繰り表は、営業関係収支、設備等収支、財務関係収支のバランスから、短期的な資金管理の妥当性を検討できる。キャッシュフロー計算書と同じく、中でも重要なのは営業関係収支である。営業関係収支がプラスで推移し、営業関係収支のプラスの範囲内で設備等収支と財

図表13-3 直接法による3部制月次資金繰り表

科目（単位：百万円）			1月	2月	3月	第4四半期	4月
前月現金預金残高繰越（A）			214	132			
営業関係収支	収入	現金売上	5				
		売掛金回収	648				
		受取手形期日入金	54				
		雑収入	1				
		小計	708				
	支出	現金仕入	2				
		買掛金支払い	486				
		支払手形決済	76				
		販管費支払い	216				
		借入利息支払い	8				
		雑支出	2				
		小計	790				
営業関係収支過不足（B）			▲82				
設備等収支	収入	設備売却収入	0				
		小計	0				
	支出	設備代支払い	110				
		小計	110				
設備等収支過不足（C）			▲110				
財務関係収支	収入	借入金	0				
		手形割引	130				
		小計	130				
	支出	借入金返済	20				
		小計	20				
財務収支過不足（D）			110				
収支過不足合計（B＋C＋D）			▲82				
月末現金預金残高（A＋B＋C＋D）			132				

出所：岸本光永・昆 政彦・大田研一・田尾啓一、前掲書 p.35を筆者編集

務関係収支がマイナスとなって最終的に現金残高が増えていれば理想的といえる。ただし、これは短期的というよりも中長期的にそのようなバランスが取れていることが重要である。この表により、月ごと、四半期ごとといった短期から中期にかけての資金繰りの妥当性が検討できる。

(2) 長期の資金管理

長期の資金管理は基本的に1年以上の単位と考えてよい。そうだとすれば、長期の資金管理は年度予算および中長期利益計画との関連で構想されなければならない。ここでは特に年度予算との関連に注目して検討する。

① 年度予算とキャッシュフロー計算書

一般に年度予算は中長期計画を前提に業務予算と資本予算に区分される。業務予算は販売予算、製造予算、購買予算を中心に経費予算を含めて一連の業務を遂行するのに必要とされる予算を総合する。一方、資本予算は設備投資を中心に将来を見据えた投資活動を取りまとめる。長期の資金管理は、それら業務予算と資本予算の資金的裏づけ・妥当性を検証するとともに、実績となる短期の資金管理との間で予実分析を展開できなければならない。

年度予算としてまとめられる予想損益計算書と予想貸借対照表から導かれる予想キャッシュフロー計算書は、長期の資金管理を行う基礎となる。

予想損益計算書と予想貸借対照表があれば、間接法によって予想キャッシュフロー計算書を作成することは容易である。しかしながら、長期の資金管理は短期の資金管理と結びついて意味ある予実分析が展開できなければならない。そうすると、間接法によるキャッシュフロー計算書では役割を果たせない。そこで重要になってくるのが、直接法によるキャッシュフロー計算書である。

② 直接法によるキャッシュフロー計算書と資金計画表

直接法による予想キャッシュフロー計算書は、図表13-2に示した長期の資金管理のツールである資金計画表と同等と位置づけることができる。年度予算に表される利益計画をすべて勘案して作成される資金計画表は、様式は違えど実質的に直接法による予想キャッシュフロー計算書と同じ内容を有している。資金計画表の方が、月次資金繰り表や四半期資金繰り表などとの比

Ⅱ 管理会計編 —305

図表13-4　総合予算の体系

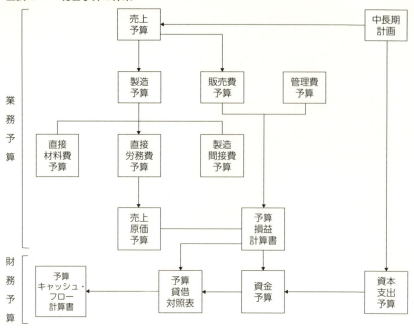

出所：田中隆雄『管理会計の知見（第2版）』(2002)　p.171

較を意識した様式となっていることから、資金管理上は有用である。直接法によるキャッシュフロー計算書は、相対的に外部報告を意識した要約様式と評せる（逆にいえば、資金計画表は資金管理に関する詳細な内容を有する）。

　なお、資金計画表が資金管理上、意味を持つには、前提として利益計画の基本である行動計画が具体的に積み上がっていなければならないことを、ここでは指摘しておきたい。

3．正味運転資本と運転資金

　管理会計の立場からは、資金管理は目前の資金需要に対応するだけでなく、中長期を見据えたキャッシュフロー管理の観点から短期および中長期の資金管理が検討されなければならない。その前提として、資金管理は現状の資金の可視化と短期および中長期の資金需要の明確化を第1に志向すること

が必要である。短期の資金管理における日次資金繰り表や月次資金繰り表、四半期資金繰り表は、現状の可視化と近未来の予測・行動の検証といった点で有効であり、年度予算と結びつく資金計画表は短期の資金管理を行う上でのメルクマールとなることを、ここまでに確認してきた。

　ここからは、より高次のキャッシュフロー管理を意図した議論を展開する。

　資金ショートを起こさないことはもちろん、むしろ余剰資金を積極的に生み出していくにはどうすればよいか。その鍵は正味運転資本と運転資金の関係を理解することにある。

(1) 正味運転資本

　正味運転資本は、流動資産から流動負債を差し引くことで算出される。単に運転資本（Working Capital）といったりもする。本来でいえば、運転資本は流動資産と流動負債の両方を指すものと解される。ただし、正味運転資本にしても運転資本にしても、原義は企業の本業の営業活動に伴って動く資本を表現しようとすることにあると考えられる。そうだとすれば、正味運転資本と運転資本の両者には「トレーディング目的の有価証券勘定、仮払金や短期貸付金等、本業に関わりのない資産」（西山 茂編著『キャッシュマネジメント入門』東洋経済新報社（2013）p.115）や負債を含むべきではない。

　正味運転資本や運転資本を本業の営業活動によって動く資本を純粋に指すものとして理解するならば、その内容は売上債権、棚卸資産、仕入債務の3つによって構成されるはずである。そして、「売上債権＋棚卸資産－仕入債務」によって算出されるのが、所要運転資金である。

(2) 運転資金

　所要運転資金の大きさは「売上債権＋棚卸資産」と仕入債務の差額によって決まる。本業の営業活動を支える運転資金の大きさが3者の関係によって変わるのである。

> 　所要運転資金の概念は（中略）、買入債務については仕入先への支払い条件によって、売上債権については販売先からの回収条件によって、そして在庫

Ⅱ 管理会計編 —307

については取り扱う製品の特性によって、その多寡は規定される。仕入先への支払いサイト、販売先からの回収サイトが早ければ買入債務や売上債権の額は小さくなり、遅ければ大きくなる。また、回転の早い製品を取り扱っている場合は在庫の額は小さくなるし、常時大量の在庫を抱える必要がある製品を取り扱っている場合は大きくなる。したがって、所要運転資金という概念は、企業の経常的な商取引のキャッシュの支払いから回収までの時間軸により規定されるものなのである。（西山 茂、前掲書（2013）p.115)

　上記ブロック引用で重要なのは、売上債権、棚卸資産、仕入債務の額の大きさが必要運転資金に影響を与えることに加え、それを規定するのが時間としている点である。考えてみれば当然であるが、売上債権、棚卸資産、仕入債務の大きさは取引ごとの額にもよる一方で、時間がどの程度かによって累積としての額の大きさが変わる。つまり必要な運転資金の額の大きさは、売上債権、棚卸資産、仕入債務それぞれの滞留時間と相互関係によって変化する。したがって、後述するキャッシュフローの管理で重要になってくるのは、売上債権の回収サイトの早期化、棚卸資産の圧縮、仕入債務の支払サイトの長期化である。短期的なキャッシュフロー管理という観点だけでいえば、「売上債権＋棚卸資産」よりも仕入債務の額が大きい方が所要運転資金を発生させないことから理想的といえる。

(3) CCC（キャッシュ・コンバージョン・サイクル）

　所要運転資金を生じさせない状態を実現するには、関連する売上債権、棚卸資産、仕入債務の総額管理を行う必要がある。しかしながら、総額管理では実務的に一貫した対応方法が見いだせない。どのような考え方に基づいてどのような方法を一貫させればよいのかがわからないのである。そこで重要になってくるのが、先述した売上債権、棚卸資産、仕入債務として滞留する時間に注目するアプローチである。

　時間に注目するアプローチで近年わが国において注目されている指標に、CCC（キャッシュ・コンバージョン・サイクル）がある。CCC は売上債権回転期間に棚卸資産回転期間を足し、そこから仕入債務回転期間を差し引くことで求められる。本業の営業活動で平均的に現金がどのように回転しているかを示す指標であり、平均的・時間的に何日分の運転資金が必要かを示す指標である。

図表13−5　CCC の計算式

CCC ＝棚卸資産回転日数[※1]＋売上債権回転日数[※2]−仕入債務回転日数[※3]

$$※1\quad 棚卸資産回転日数 = \frac{棚卸資産}{1日当たりの売上げ原価}$$

$$※2\quad 売上債権回転日数 = \frac{売上債権（売掛金＋受取手形＋割引手形）}{1日当たりの売上高}$$

$$※3\quad 仕入債務回転日数 = \frac{仕入債務（買掛金＋支払手形）}{1日当たりの売上原価}$$

出所：林 總『経営分析の基本』(2015) p.176

　CCC は単に短ければよいというものではない。「利益が出ていなくては」（林 總『経営分析の基本』(2015) p.181）ならないという点に注意する必要がある。利益率が少なくともプラスでなければ、CCC がどれほど良い数値であったとしても全体としての結果はマイナスになってしまう。利益率がプラスということは、可能性も含めてキャッシュ・インフローがキャッシュ・アウトフローよりも大きいということである。この点を踏み外すと CCC の活用は適切なものとはならない。

設例13−1

次の資料に基づいて各年度の CCC を計算しなさい。

（貸借対照表）　　　　　　　　　　　　　　　　　　　（単位：千円）

		20X1年度		20X2年度
		期首残高	期末残高	期末残高
（借方）	現金	400	700	1,100
	売掛金	4,000	6,000	8,400
	棚卸資産	4,000	4,400	3,600
	（合計）	8,400	11,100	13,100
（貸方）	買掛金	2,000	3,300	4,400
	資本金	4,000	4,000	4,000
	利益準備金	2,000	2,700	3,400
	（合計）	8,000	10,000	11,800

Ⅱ 管理会計編 —309

（損益計算書） （単位：千円）

	20X1年度	20X2年度
売上高	24,000	28,000
売上原価	12,000	15,000
売上総利益	12,000	13,000
販売費及び一般管理費	6,000	7,000
税引前当期純利益	6,000	6,000
法人税等	300	300
当期純利益	5,700	5,700

（計算条件）
① 回転期間（日数）算定にあたっては、損益計算書項目は1日当たりの平均額、貸借対照表項目は期首と期末の平均残高を用いる。
② 棚卸資産回転期間については売上原価、買掛金回転期間については仕入高を用いる。売上高と仕入高は全額掛によるものとする。
③ 会計期間は4月1日から翌年の3月31日までとし、1年は365日とする。
④ 計算上、小数点以下の端数は四捨五入する。

【解答】

（単位：日）

	20X1年度	20X2年度
売掛金回転期間	76	94
棚卸資産回転期間	128	97
買掛金回転期間	78	99
CCC	126	92

【解説】

　CCCを算出するにあたっては、前提となる売上債権回転期間と棚卸資産回転期間、仕入債務回転期間の算出が不可欠である。ここでは売掛金、棚卸資産、買掛金で回転期間をまず求めることが必要となる。

　各回転期間を計算するには、各該当資産の平均額を算定した上で、売掛金回転期間であれば売上高、棚卸資産回転期間であれば売上原価、買掛金回転期間であれば仕入高といった対応するフローを間違えないようにしなければならない。ここでは特に仕入高の算定が

1つのポイントになっている。仕入高は売上原価に期末棚卸資産を足し、期首棚卸資産を差し引くことで算定する。

これらのことを前提に各回転期間を求めて、最終的に CCC を算出する。

売掛金回転期間＝（期首・期末の平均売掛金）÷（1日当たり売上高）

棚卸資産回転期間＝（期首・期末の平均棚卸資産）÷（1日当たり売上原価

買掛金回転期間＝（期首・期末の平均買掛金）÷（1日当たり仕入高）

CCC ＝売掛金回転期間＋棚卸資産回転期間－買掛金回転期間

4．現金資金の管理：キャッシュ・マネジメント・システム

　本業の営業活動を支える所要運転資金のマネジメントが効率的になされるようになると、所要運転資金の量である必要運転資金量は小さくなり、CCCがマイナスとなれば余剰資金を生み出すことになる。また、前提としての利益率が大きくプラスになればなるほどに余剰資金の大きさは飛躍的に高まる。このような本業の営業サイクルに注目した中軸的な運転資金の管理は、結果として潤沢な現金を生み出す。

　一方、運転資本全体に目を移すと、当然ながらその内容は売上債権、棚卸資産、仕入債務に止まらない。資産側でいえば現金および有価証券等、負債側でいえば短期借入金等の流動性の有利子負債が存在する。運転資本管理のもう1つの重要な側面は、流動性の有利子負債のマネジメントである。これは、所要運転資金を短期借入金等によって調達している場合、まずは支払金利が典型的なターゲットとなる。そして、何より流動性の有利子負債そのものの圧縮が必要となる。キャッシュ・マネジメント・システムは、それらに注目した資金管理手法の総称である。

　キャッシュ・マネジメント・システムの具体的な手法は、プーリング、ネッティング、支払代行が典型的である。

(1) プーリング

　プーリングは、「資金を集中管理する手法として、物理的もしくは擬似的に資金を集積する」（高見陽一郎「CMSにおけるBSマネジメント」『企業会計』第65巻第5号（2013）p.63）。物理的な手法はフィジカル・キャッシュ・コンセントレーションとよばれ、擬似的な手法はノーショナル・キャッシュ・プーリングとよばれる。それぞれの定義は次のとおりである。

- フィジカル・キャッシュ・コンセントレーション…ある銀行口座から別の管理・集積用銀行口座へと物理的に資金移動する手法。
- ノーショナル・キャッシュ・プーリング…実際には口座間の資金移動は行わず、擬似的にグループの資金を一体の現金残高として捉える手法。

出所：（高見陽一郎、前掲　「CMSにおけるBSマネジメント」p.63）

いずれの方法も、グループ会社を構成する各会社の銀行口座の上に統括口座を設け、グループ内会社の資金余剰と資金不足をフォローする。結果、支払金利の減少と流動性の有利子負債の圧縮を実現できるようになる。当然ながら現金資金の圧縮も同時に図られる。またプーリングは、グループ会社全体での資金の状態を可視化するとともに、日々の調整を図ることによる短期的な資金予測の精度向上に効果を発揮する。

(2) ネッティング

プーリングが統括口座を設け一元的にグループ会社全体の資金の調達と運用を管理するのに対して、ネッティングはグループ企業間の債権・債務の相殺を通じて資金決済コストの圧縮を図る。すなわち、相殺して差額のみを決済することによって、「銀行への手数料（送金手数料、為替手数料）の削減になり、グループ内会社間の為替リスクの回避も可能になる」（岸本光永・昆 政彦・大田研一・田尾啓一、前掲書（2015）p.12）。

ネッティングは2種類に分類される。1つがバイラテラル・ネッティングであり、もう1つがマルチラテラル・ネッティングである。これはネッティングする対象となる国もしくは会社の数による分類である。

- バイラテラル・ネッティング … 2カ国、もしくは、2社間のみで実施
- マルチラテラル・ネッティング … 3社間以上で実施

出所：（伊藤雅彦「グローバルキャッシュマネジメントの必要性と推進上の課題」『企業会計』
　　　第65巻第5号（2013）p.58）

---

(3) 支払代行

プーリングとネッティングはグループ会社内部での現金資金の管理手法である。これに対して支払代行は、グループ会社と外部との取引に注目した手法である。

支払代行は、「グループ会社の本社またはそれに代わる金融子会社（インハウスバンク）がグループ各社に代わって、グループ各社の取引先へ代金支払や従業員の給与支払を代行する」（西山 茂、前掲書（2013）p.6）。支払代行による外部支払の集中化は、銀行手数料のボリュームディスカウントや人

員削減、支払金額、相手のモニタリングが可能となる。他にも次のような効果が期待できる。

> （中略）一般的に、必要支払額を過不足なく、全くの同額を確保、調達するというよりも、少し多目の資金を確保する傾向にある。（中略）
> しかしながら、その余剰部分（バッファ）を各社個別に持つのではなく、支払代行を行う会社のみが持てば、外部支払においても、資金の効率化を図ることができる。また、支払業務を別の組織、担当者が行うことで、牽制機能の効率化、強化を図れるというメリットもある。（中略）支払条件を明確化し（中略）、業務品質の向上、標準化にも貢献できるといえる。（伊藤雅彦、前掲「グローバルキャッシュマネジメントの必要性と推進上の課題」(2013) p.60)

つまり、余剰として持つ現金資金（対応する有利子負債）の圧縮が期待でき、内部統制上のメリットの享受、支払業務の統一性、標準化が図られるということである。

(4) その他の手法とインプリケーション

キャッシュ・マネジメント・システムは上記３つの手法に加えて、定期性貸借、資金繰り管理、資金調達代行も主要な機能として位置づけられている（岸本光永・昆 正彦・大田研一・田尾啓一、前掲書 (2015) pp.12-13)。いずれの手法も本節冒頭で述べたように、流動性の有利子負債に注目して支払金利および手数料の削減を手始めに、有利子負債の圧縮（それに対応する現金資金の圧縮）を狙っている。これは、現象的に ROA の改善を促す。

さらにキャッシュ・マネジメント・システムは、現金資金の状況を会社全体で可視化するとともに、資金調達額の最適化を志向し、結果生じる余剰資金枠の有効活用を促進することによって資金運用の改善を促せる。それは更なる余剰資金の創出やリスクへの備え、自己株式の購入による ROE の向上といった可能性を招来する（高見陽一郎、前掲「CMS における BS マネジメント」pp.68-69)。

5．キャッシュフローの管理

(1) 短期のキャッシュフローの管理

　ここまでに論じてきたことを短期のキャッシュフローの管理という観点からまとめると、大きく分けて3つの点に注目する必要があることがわかる。それは、① 利益率の多寡、② CCC による所要運転資金のマネジメント、③ キャッシュ・マネジメント・システムによる運転資本の集中管理である。

① 利益率の多寡

　利益率の多寡は、ネットキャッシュ・インフローがどれだけプラスになるかを決定する。したがって当然のことであるが、利益率は基本的に高いことが望ましい。管理会計で伝統的に理解されてきたとおり、キャッシュフローという観点でも利益率と回転率は競争力を規定する2大要因と解される。

② CCC による所要運転資金のマネジメント

　所要運転資金量は、「売上債権＋棚卸資産－仕入債務」によって算出することができる。しかしながら、動態的に所要運転資金をマネジメントするには CCC を KPI としてマネジメントを推進することが望ましい。CCC を構成する売上債権回転期間、棚卸資産回転期間、仕入債務回転期間によって計算される数値は、当該ビジネスで現金から現金に至るまでの平均的な時間を表す。つまり、それは回転率である。会社の短期的なキャッシュフロー創出力は、①の利益率の多寡と CCC が相まって基本的には規定されると考えられる。

③ キャッシュ・マネジメント・システムによる運転資本の集中管理

　キャッシュ・マネジメント・システムは、グループ会社全体の資金状態を可視化し、資金決済コストの効率化を志向する。これは前出の①と②によって規定されるキャッシュフロー創出力を側面から支援するとともに、余剰資金の可視化と有効活用が現在および未来の更なるキャッシュフロー創出に寄与する。

II 管理会計編 —315

(2) 長期のキャッシュフローの管理

　長期のキャッシュフローの管理は、長期の資金管理と同じく年度予算および中長期計画との結びつきの中で考えられる。しかし長期の資金管理と違い、長期のキャッシュフローの管理は設備投資や事業投資との関連で考えられる必要がある。すなわち、長期のキャッシュフローの管理は投資の採算性の管理である。

　投資の採算性を検討する手法として代表的な現在価値法や内部利益率法、回収期間法などは、すべて長期のキャッシュフローの管理を実行する際の手段と位置づけられる。そして、重要なのは投資案件ごとの当初の採算性計算だけでなく、事後的に採算性がどのように推移しているかを検証することである。これは、理論的には投資キャッシュフローに対する営業キャッシュフローの増分によって判定される。予定されたとおりの営業キャッシュフローの増分が得られているかどうかということである。

参考文献

〔1〕伊藤雅彦「グローバルキャッシュマネジメントの必要性と推進上の課題」『企業会計』第65巻第5号　2013年
〔2〕岸本光永・昆 政彦・大田研一・田尾啓一『トレジャリー・マネジメント』中央経済社　2015年
〔3〕高見陽一郎「CMS における BS マネジメント」『企業会計』第65巻第5号　2013年
〔4〕田中隆雄『管理会計の知見』第2版　森山書店　2002年
〔5〕西山 茂編著『キャッシュマネジメント入門』東洋経済新報社　2013年
〔6〕林 總『経営分析の基本』日本実業出版社　2015年

§14

原価管理（原価企画／原価維持／原価改善）／品質管理会計

1．原価管理の概念

　原価管理は、原価維持（原価統制）のみを含めるという考え方と原価低減も含めるという考え方とが存在する。原価維持とは、所与の生産・技術条件等の下で効率的な生産を行った場合達成し得る原価の水準を標準として設定し、この水準を現実の生産活動において達成、維持する活動をいう。典型的には標準原価計算をいう。原価低減とは、生産・技術条件等を改変し、原価水準自体を低下させる活動をいう。原価低減は、量産開始前に行われる場合、原価企画といい、量産開始後に行う場合、原価改善とよぶ。原価改善の成果は、新たな原価標準として設定され、原価維持で達成される必要がある（図表14-1）。

図表14-1　原価企画・原価維持・原価改善の相互関係

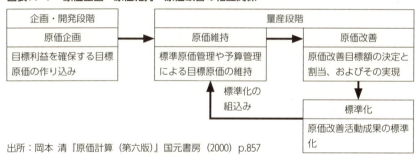

出所：岡本　清『原価計算（第六版）』国元書房（2000）p.857

　トヨタにおいては、1950年代から60年代前半にかけて、原価維持・原価改善・原価企画の3つからなる原価管理体系が築き上げられた（トヨタ自動車株式会社『創造限りなく』トヨタ自動車株式会社（1987）pp.304-305、370-371）。
　従来、原価計算といえば、標準原価計算を示すものであった。原価計算基準一（三）においても、「原価管理とは、原価の標準を設定してこれを指示し、原価の実際の発生額を計算記録し、これを標準と比較して、その差異の

【解説】（学説）　標準原価計算と目標原価計算

　市場価格をベースに、原価目標が設定され、その原価目標を実現すべく行う原価管理を「目標原価計算による原価管理」という（廣本敏郎・挽 文子『原価計算論（第3版）』中央経済社（2015））。「目標原価計算は、開発・設計段階で適用されるとき、原価企画の中に組み込まれ、製造段階で適用されるときには原価改善に組み込まれている」（廣本敏郎・挽 文子、前掲書（2015）p.491）。目標原価計算の意義は、標準原価計算と比較することによって、よりよく理解し得る。標準原価計算は、次のような特徴を有する。

① 原価管理に用いる比較基準は技術志向標準である。すなわち、実際発生額と比較する標準原価は、コントロール対象期間中に予定される当該企業の技術環境を前提として算定される。

② 原価の実際発生額の管理に焦点を当てている。

それに対し、目標原価計算は、

① 原価管理に用いる比較基準は市場志向である。すなわち、市場で決まる価格をもとに、必要利益を得るために目標にしなければならない原価を計算し、それを用いて製造現場等の活動をコントロールする。

② 原価の作込みに焦点を当てている。ここで、作込み原価とは、未だ発生していないが、発生以前になされる一連の意思決定に基づいて将来発生することが予定される原価をいう。

①の違いを示したものが以下の図である。

図表14-2　技術志向の原価管理と市場指向の原価管理

・技術志向の原価管理

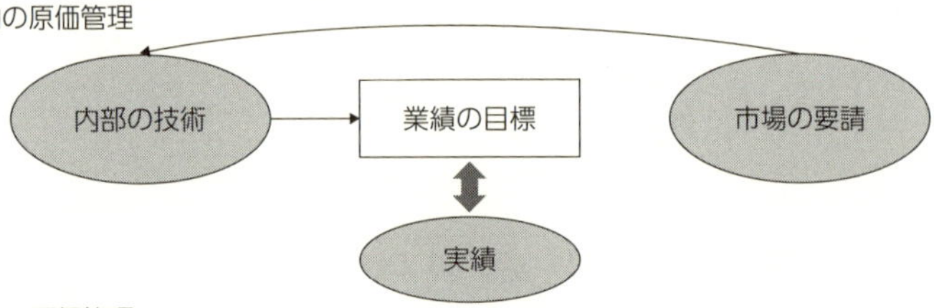

・市場志向の原価管理

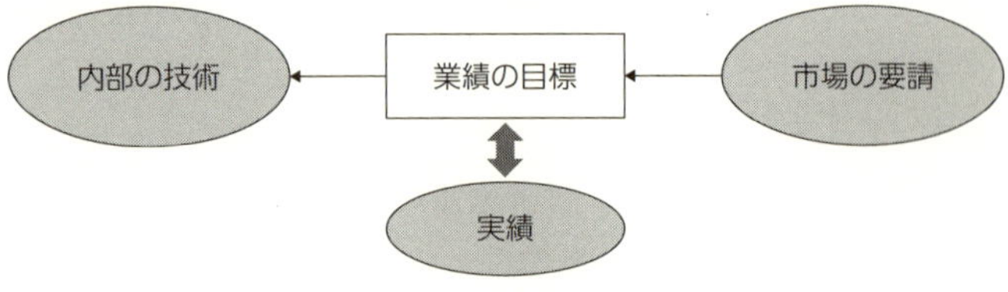

出所：廣本敏郎「わが国製造企業の管理会計：一つの覚書」『ビジネス・レビュー』第33巻第4号（1986）p.76

なお、標準原価計算は、コスト・ベースの価格決定と整合的な原価管理システムであるのに対し、目標原価計算は、市場ベースの価格決定と整合する原価管理システムである。

図表14-3　コスト・ベースの価格決定と市場ベースの価格決定

〈コスト・ベースの価格決定〉
　　販売価格＝コスト・ベース＋マーク・アップ
　　　　　　　　　　⇧
　　　　　　　　標準原価

〈市場ベースの価格決定〉
　　販売価格－目標利益＝目標原価
　　　　　⇧
　　　　市場

出所：廣本敏郎・挽　文子、前掲書（2015）を基に筆者作成

原因を分析し、これに関する資料を経営管理者に報告し、原価能率を増進する措置を講ずることをいう。」と述べられている。しかし、1967年に通産省産業合理化審議会管理部会から公表された『コスト・マネジメント』において、短期的で、部門管理中心である原価統制志向に対して、原価引下げ（原価低減）の重要性が主張された。近年においては、原価管理に原価低減も含めるという捉え方をするのがより一般的であると考えられる。

　なお、原価管理は、利益管理のために行われるということに留意する必要がある（廣本敏郎・挽　文子、前掲書（2015））。

2. 原価維持の意義と特徴

　原価維持に該当する標準原価計算は、1910年頃米国において、実際原価計算の原価管理上の欠陥を克服すべく工夫された原価計算方式である。ここでは、岡本（前掲書（2000））に基づき、(1) 実際原価計算による原価管理の欠点をまず確認し、次に、(2) 標準原価計算による原価管理がどのようにそれを克服しているのかを確認する。そして、(3) 1970年代末頃より論じられてきた標準原価計算による原価管理の有用性の低下の議論を確認し、(4) 近年の標準原価管理の利用状況を確認する。なお、(1)、(2)でいう実際原価は、実

際消費量に実際単価（賃率、配賦率）をかけて算出するものに限られており、通常の実際原価計算の定義に含まれている実際消費量に予定単価をかけたものは含めない。このような狭義の実際原価を歴史的原価とよぶことがある。

(1) 実際原価計算による原価管理の欠点（標準原価計算による原価管理が必要になった背景）

① 原価発生額が様々な要素の影響を受けること

　実際原価の算出結果は、様々な要素の影響を受ける。生産現場の能率が低くなれば原価財の実際消費量が増え、実際原価は高くなる。また、市況の変化により材料の実際単価が上がったり、労働力の調達が困難になり実際賃率が上がれば、実際原価は高くなる。さらに、製造間接費に関しては、固定費が存在することから、景気の悪化などにより操業度が減少した場合、操業度ないし製品一単位当たりが負担すべき固定費金額は増加し、その結果、実際原価は高くなる。このように、実際原価は、生産現場にとって管理可能である生産の能率以外の要因の影響をも受けることとなる。

② ころがし計算であること

　実際原価計算では、費目別計算から製品別計算まで実際原価をもとに計算を行う。それゆえ、原価財の原価の実際発生額の費目別集計を行ってから、次の部門（工程）別計算、製品別計算へと進むこととなり、また、工程別計算を累加法で行う場合であれば、前工程の計算が終わってから次工程の計算を行うこととなる。このように、実際原価に基づいてすべての勘定間の振替えを行う場合、計算結果の迅速な提供が行えないこととなる。

(2) 標準原価計算による原価管理

① 能率測定尺度としての標準原価

　実際原価による原価管理を行う場合、その月の実際原価の比較基準として過去の実際原価を用いることとなるが、(1)で述べたように様々な要因により影響を受けている当月の実際原価と過去の実際原価を比較しても、原価管理に有用な情報を得られない。一方、標準原価は、科学的・統計的方法に基づき、所与の生産状況下で効率的な生産を行った場合に必要となる原価財の

消費量を見積り、それに次年度あるいは将来の数年間に予定される原価財の単価を掛けることにより計算されるので、標準原価と実際原価とを比較することにより、能率の良否の判断をすることができる。

② 非通算方式の採用

勘定間の振替えのいずれかの時点から標準原価を用いた振替えに切り替えることにより、原価の実際発生額が判明する前に、それ以降の計算を行うことができるため、より迅速な原価計算が可能となる。そして、原価の実際発生額判明後に、標準原価と比較し、差異を把握することができる（**図表14-4**）。

図表14-4　標準原価計算の場合の勘定連絡図

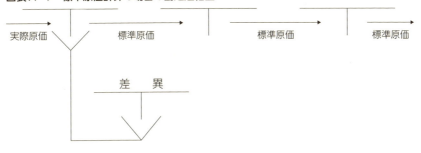

出所：岡本 清、前掲書（2000）p.382

(3) 標準原価計算による原価管理の有用性の低下

標準原価計算の原価管理目的における有用性の低下問題が1970年代末頃から指摘されるようになった（小林健吾「ＦＡは予算管理と標準原価計算にいかに影響するか」『企業会計』第37巻第2号（1985）pp.18-24、小林啓孝『現代原価計算講義（第2版）』中央経済社（1997）pp.339-340、小林哲夫『現代原価計算論』中央経済社（1997）、牧戸孝郎「最近におけるわが国管理会計実践の傾向」『企業会計』第31巻第3号（1979）pp. 430-436、牧戸孝郎「FAの進展と原価管理のあり方」『企業会計』第37巻第2号（1985）pp. 228-233）。それらの議論を確認する。

① 原価維持から原価低減へ

　高度成長期においては、生産量を増やすことにより、単位当たり固定費ないし単位当たり製造原価を下げることが可能であった。しかし、低成長期に入り、量的拡大が期待できなくなったため、生産条件等を変更し、原価水準を下げることの重要性が高まった。貿易自由化、石油危機、プラザ合意後の円高などの競争要因も原価低減の重要性の高まりに影響を及ぼしている。

　なお、原価低減は、量産開始後に行うよりも量産開始前に行うのが効果的である。**図表14-5**にあるように、原価の発生額の大部分は量産後に生じるが、その原価の発生額の水準は量産開始前に大部分決まってしまう。なぜなら、量産開始前に、生産設備、生産方法、生産技術等の各種の生産条件がほとんど決まってしまうためである。

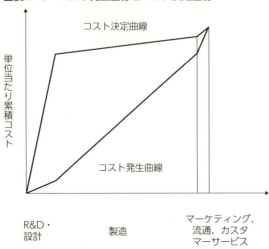

図表14-5　コスト発生曲線とコスト決定曲線

出所：Horngren,C.T.,Foster,G.and Datar,S.M.(2000) Cost Accounting (Tenth edition), Prentice Hall,p.431.（筆者一部修正）

② 原価構造の変化

　1980年代、多品種少量生産を可能にするFMS化（Flexible Manufacturing Systems）を含む工場の自動化（Factory Automation：FA）が盛んに行われた。そこでは、材料の出庫・投入から製品の完成・入庫までの多くの作業が機械設備の中で行われることとなり、直接工による製品の加工組立といった

直接作業は減少し、機械保守作業などを担う間接工が増加した。それにより、標準原価管理の主たる管理対象である、直接材料費・直接労務費が全部原価において占める割合の低下をもたらした。

③ 標準設定の意義の低下

標準原価計算における原価標準の設定は、従来、科学的あるいは統計的に設定するものとされてきた。前者は、動作研究や時間研究などにより、能率的な作業を行った場合の原価水準が設定された。このような方法により、能率の基準として一般に受け入れられる規範性が獲得されていたといえる。しかし、このような設定方法は、作業が反復的に行われ、また、生産設備、生産方法、使用材料等の生産構造が安定していることを前提としている。

戦後の技術革新による不断の機械の部分的更新や、1970年代から盛んに叫ばれるようになった多品種少量生産の必要性とそれに伴う製品ライフサイクルの短期化は、科学的・統計的な原価標準設定にかかる手間やコストに比して、それを用いた標準原価管理によるコスト節約のベネフィットを少ないものとした。小林（健）（前掲「FAは予算管理と標準原価計算にいかに影響するか」（1985））は、当時の状況について、一部の業種や企業では、科学的調査研究が実施されているであろうが、多くの企業では、不断の機械の取換えや使用材料の改善、生産方法の変更に伴って、技術者等の見積りによる当初の原価標準の換算によって、新たな原価標準を設定することが少なくないようであると述べている。

(4) 採用度合い

2010年12月から2011年1月に証券取引所上場製造業1,283社対象に行った清水（2014）の質問票調査（回答企業200社、回答率15.6%）（清水 孝『現場で使える原価計算』中央経済社（2014））によると、標準原価計算を採用していた企業は117社（58.5%）であり、標準原価計算の使用目的は**図表14-6**のようになり、製品原価計算に次いで原価統制目的が高い回答率を得ている。原価標準の決定方法としては、原価低減目標を織り込んだものが最も多く、また、直前（前年度、半期、四半期）の実績を標準としている企業も少なからず存在する（**図表14-7**）。

また、吉田、他（吉田栄介・福島一矩・妹尾剛好・徐 智銘「わが国管理会計

図表14-6　標準原価計算の使用目的（複数回答あり）

① 製品原価等の計算に使用している	99社	84.6%
② 原価統制（標準と実際の差額を分析してフィードバック情報）に使用している	92	78.6
③ 製造予算編成のための資料として使用している	66	56.4
④ 記帳の迅速化・簡略化	65	55.6
合　　計	117社	100.0%

出所：清水　孝、前掲書（2014）p.196

図表14-7　原価標準の決定方法（複数回答あり）

① 前年度実績	23社	19.7%
② 直前の半期実績	12	10.3
③ 直前の四半期実績	8	6.8
④ 原価低減目標を織り込んだもの	49	41.9
⑤ その他	27	23.1
無回答	4	3.4
合　　計	117社	100.0%

出所：清水　孝、前掲書（2014）p.196

の実態調査（第1回）製造業と非製造業との比較：調査概要と原価計算編」『企業会計』第67巻第1号（2015））の東証一部上場企業1,752社（製造業847社、非製造業905社）を対象に2014年1月に行った質問票調査によれば、標準原価計算の（臨時的利用を含めた）利用率は製造業73.8%、非製造業24.1%となっており、製造業に関しては、臨時的利用を含めていることもあり、比較的高い割合を占めている。標準原価計算の利用目的については7点尺度（「1　全く利用していない」から「7　全般的に利用している」）で質問しており、

図表14-8　標準原価計算の利用目的

	製造業			非製造業		
	有効回答	平均値	標準偏差	有効回答	平均値	標準偏差
原価・費用算定目的の利用	96	5.69	1.25	28	5.11	1.20
経営管理目的の利用	96	5.38	1.36	28	4.96	1.20

出所：吉田栄介・福島一矩・妹尾剛好・徐　智銘、前掲「製造業と非製造業との比較：調査概要と原価計算編」（2015）p.169

図表14-8のようになっている。製造業においてのみ2つの目的間に有意な差異が確認されたと述べられている（吉田栄介・福島一矩・妹尾剛好・徐 智銘、前掲「製造業と非製造業との比較：調査概要と原価計算編」（2015） pp.166-171）。

3. 原価企画の意義とプロセス

(1) 原価企画の定義

　原価企画の定義には様々なものがあるが、日本会計研究学会（後掲書（1996））は、原価企画に多様な目的、内容、適用段階があることを認めながらも、それらが発展していくに従って、その原価企画は、企業活動として一定の「あるべき姿」に進展すると考える立場をとっている。その「あるべき姿」の原価企画とは、「製品の企画・開発にあたって、顧客ニーズに適合する品質・価格・信頼性・納期等の目標を設定し、上流から下流までのすべての活動を対象としてそれらの目標の同時的な達成を図る、総合的利益管理活動」（日本会計研究学会『原価企画研究の課題』森山書店（1996）p.23）であると述べられている。

　末尾の「総合的利益管理活動」についてであるが、原価企画のプロセスの節で述べるように、個別製品の原価企画に先立ち、中期利益計画において、全社的な目標利益が設定され、各製品にその利益目標が配分されることとなる。その利益目標を達成すべく、製品の企画・開発・設計、生産ラインの準備を行う。原価企画活動が量産準備段階など量産開始前の一連のプロセスの終盤のみで行われる場合、利益を得る目的のためには、原価を引き下げるという手段を用いることとなるが、原価企画が商品企画段階までさかのぼって行われる場合、より顧客ニーズに合った商品企画を行い、高水準の価格を設定することにより、利益増加を達成することが可能となる。すなわち、利益目標達成のために収益増加という手段も用いることができるようになる。

(2) 原価企画のプロセス

　原価企画の基本的なプロセスにつき、主に門田安弘（『価格競争力をつける

Ⅱ 管理会計編 —325

原価企画と原価改善の技法』東洋経済社（1994）、編著『管理会計学レクチャー〔基礎編〕』税務経理協会（2008））に依拠する。

① 中長期利益計画

　向こう3ないし5カ年にわたる全社的な期ごとの利益計画と資金計画を立てる。このプロセスの中で、個々の製品ラインのモデルライフにわたる利益目標が決定され、また、各製品の新製品開発計画、設備投資計画、人員計画、資金調達計画などの個別構造計画が利益計画と資金計画の観点から調整される。

② 製品企画構想

　商品企画室が市場調査により作成した商品企画とプロダクトを統括するプロダクト・マネジャー自身の市場調査に基づき、プロダクト・マネジャーを中心として、開発のねらい、車種構成、生産規模、サイズなどを決定する。現行製品の実際原価に新製品の機能・仕様変更による原価変動分を足すことにより、見積原価を算出し、それを製品企画に基づき算出した見積販売価格から差し引くことにより、損益成立性を検討する。

③ 目標原価の設定

　製品企画構想をもとに、各機能ごとの構造、仕様などさらに詳細な計画を立て、それに基づき、見積販売価格を算出する。見積販売価格から中長期利益計画で導出された車系別営業利益（見積販売価格×目標売上利益率）を差し引き、目標原価を算出する。このような算出方法を控除法という。控除法で算出する目標原価（許容原価という）は、達成が非常に難しい水準となることが多い。それゆえ、計画案をもとに現状の努力水準で達成できる原価（成行原価という）を積上げ的に見積り（積上げ法という）、許容原価と成行原価の間の水準で目標原価を設定する。動機づけの観点からは、厳しいが努力すれば達成可能な水準がよいと論じられることもあるが、実務上は、それよりも厳しい水準あるいは容易な水準で設定されていることがしばしばある。

④ 目標原価の達成

　製品単位当たりの目標原価を費目別・機能別に配分し、それを部品別に配分する。機能別配分にあたっては、ユーザーの立場からの機能別重要度（図

表14-9）とメーカーの立場からの原価低減の達成可能性を考慮する。また、機能別配分は、プロダクト・マネジャーと各設計部が協議して決め、その後の部品別配分は各設計部に一任する場合がある。

図表14-9　QFD の手法による目標原価の主要機能（サブシステム）別配分のプロセス

要求品質	要求品質ウェイト	バンド		発電装置		表示盤		発振機		タイマー	
快適性	26.50%	vvv	6.97	–	–	vvv	6.97	vvv	6.97	vv	5.58
スタイル性	22.61%	vvv	8.48	–	–	vvv	8.48	–	–	vvv	5.65
信頼性	35.34%	vvv	5.44	vvv	8.15	v	5.44	vvv	8.15	vvv	8.15
単純性	12.72%	v	5.09	–	–	vvv	7.63	–	–	–	–
機能性	2.83%	–	–	vvv	0.94	vvv	0.94	–	–	vvv	0.94
サブシステムのウェイト	100%（合計）	25.98%		9.10%		29.47%		15.13%		20.33%	
サブシステムの目標原価	75.60円	19.64円		6.88円		22.28円		11.44円		15.37円	

出所：門田安弘編著、前掲書（2008）p.376

(1) 顧客へのアンケート調査に基づいて把握した各要求品質の重要度などを基に各要求品質の相対的ウェイトを算出する（要求品質ウェイトの欄）。

(2) 各主要機能がそれら要求品質の達成にどれだけ貢献するのかを把握する（各機能欄の左側の欄）。ここで、vvv:vv:v=1.5:1.2:1.0の比で表されるものとする。たとえば、快適性という要求品質を満たすために、4つの機能が、バンド：表示板：発信機：タイマー＝1.5:1.5:1.5:1.2の比率で貢献すると考えられる。
その比率をもとに、快適性の要求品質ウェイトを各機能に配分する。
たとえば、バンドへの要求品質ウェイトの配分値＝26.50%÷（1.5＋1.5＋1.5＋1.2）×1.5≒6.97

(3) 同様に、各要求品質ウェイトを各主要機能に配分する。

(4) (2)、(3)で配分された各要求品質のウェイトを各機能ごとに合計する（サブシステムのウェイトの行）。

(5) 製品の目標原価を(4)で算出した各サブシステムのウェイトの割合で配分することにより、サブシステムの目標原価が計算される。たとえば、バンドの目標原価は19.64円である。
このようなプロセスで配分された主要機能別目標原価は、同様の方法で構成部品別に配分される。

各設計部では、機能別ないし部品別目標原価を達成するため、部品の図面作成→当該図面の見積原価と目標原価の比較→未達の場合、VE 案の作成というサイクルを繰り返す。VE 検討会には、設計者、工場、仕入先などが参加する。案を出す手がかりとして、他社車両の分解（ティアダウン）なども行われる。

(3) 原価企画の主要なツール

原価企画を支えるツールの主なものとしては、VEとコストテーブルがあげられる。

① VE

顧客は、製品そのものを購入するのではなく、製品によって実現される機能を購入する。それゆえ、必要な機能を最低限のライフサイクル・コストで達成案を創出するための組織的活動が必要となる。そのような活動をVE（Value Engineering：価値分析）という。VEは、① VE対象物全体、あるいはその構成要素（部品など）ごとに機能を分析し、原則として名詞と動詞を使って簡潔に定義し、それら定義した機能を一定のルール（一般的には、「目的－手段関係」。たとえば、ドアを回転させるという機能は、ドアを自由に開閉する機能の手段である）によって関連づけて体系化（機能体系図の作成）を行う「機能の定義」（図表14-10参照）、② 機能体系図作成により明らかとなる、幾つかの関連する機能分野ごとに、価値比率を計算し、低価値分野を発見する「機能の評価」、③ 低価値分野を中心に、価値比率を改善する代替案を発案、評価する「代替案の作成」、というプロセスで行われる（田中雅康『原価企画の理論と実践』中央経済社（1995））。

図表14-10　機能体系図（小型懐中電灯の例）

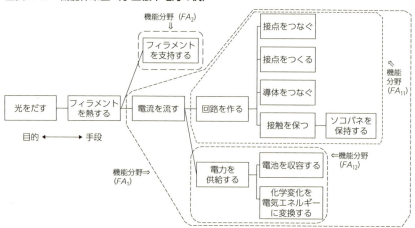

出所：田中雅康『VE（価値分析）－考え方と具体的な進め方』マネジメント社（1989）p.103

価値比率は、価値（V）＝ $\frac{機能（F）}{原価（C）}$ の式で算出される。分母は、その機能分野の見積原価を、分子はその機能の評価値を用いる。価値比率を上げるためには、機能の向上、原価の低減、両方策の併用、原価増以上の機能の向上のいずれかを実現することとなる。

② コストテーブル

　コストテーブルには、機能コストテーブル（**図表14-11**）とエンジニアリング・コストテーブル（**図表14-12**）とが存在する。前者は、開発初期において、目標原価の設定、製品開発のアイデアの発想・評価に用いられる。たと

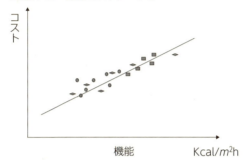

図表14-11　機能コストテーブル

出所：谷 武幸「2つのコストテーブルとその機能」『国民経済雑誌』第179巻第2号（1999）p.8

図表14-12　エンジニアリング・コストテーブル

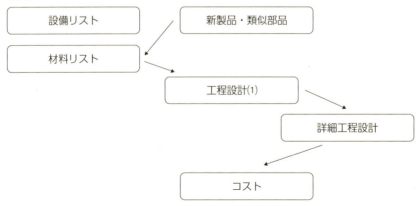

出所：谷 武幸、前掲「2つのコストテーブルとその機能」（1999）p.5

えば、熱交換システムにおいて、機能（Kcal/m²h）とコストとの関係を回帰分析で描き、コストを見積り、その見積原価と目標原価とのギャップを認識し、それが埋まるまで、アイデアを探求する。後者は、最適な設備・工場レイアウト・人員配置を想定した仮想モデル工場を用いて作成され、そこで材料・工法・工程・段取り・ロットサイズを選択しながら、コストをシミュレートすることができる（谷 武幸、前掲「2つのコストテーブルとその機能」(1999) pp. 1 -11）。

(4) 原価企画の組織的要因

原価企画の定義にあるような複数次元の目標の同時達成のためには、社内の部門間、また部品を提供するサプライヤーとの情報共有、協力作業が必要となる。前者を実現すべく、開発段階の各フェイズに複数の職能が関与し、また、後段階の活動が前段階の活動終了以前から始められる製品開発方式をラグビー型の製品開発（竹内弘高・野中郁次郎「製品開発プロセスのマネジメント」『ビジネス・レビュー』第32巻第4号 (1985)）という（**図表14-13**）。

図表14-13　ラグビー型の製品開発

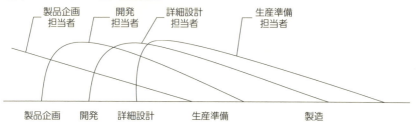

出所：日本会計研究学会、前掲書 (1996) p.31

① ラグビー型の製品開発（部門間連携）
(i) メリット

ラグビー型の製品開発を円滑に行った場合、次のようなメリットが得られる（谷 武幸「原価企画におけるインタラクティブ・コントロール」『国民経済雑誌』第169巻第4号 (1994) など）。まず、開発リードタイムの短縮が可能となる。たとえば、量産準備に関わる生産技術部門が開発や詳細設計のプロセスで行った発言が取り入れられれば、製品開発と量産準備をある程度同時に進められる。第2に、部門ごとの活動よりも大幅なコ

スト低減が可能となる。たとえば、生産技術が部品の取り付けやすい位置について設計に意見をいうことにより、生産コストが低くなるような設計を行うことができる。第3に、商品企画や開発の段階において営業部門が提案することにより、顧客ニーズに合った製品開発が可能となる。

(ii) 部門間インタラクション促進の仕組み

各フェーズにおける複数部門のインタラクションが円滑なものとなるには、どのような工夫がなされるべきであろうか。

まず、組織的な側面としては、重量級プロダクト・マネジャーが率いる製品開発組織であること（加登 豊「原価企画研究の今日的課題」『国民経済雑誌』69巻第5号（1994）など）、また、インタラクションの場を設定することが有用である。前者の重量級プロダクト・マネジャーとは、製品開発プロジェクトを率いるマネジャーであり、組織図上の地位としては、各職能部門の長と同格かそれより格が上であり、しかし、各職能部門の従業員に対して通常人事権はないことが多い。説得を通じて、各部門のエンジニア、また技術部門以外の部門にも影響を及ぼし、商品企画室の市場ニーズ情報のみならず、自身も市場ニーズの情報を直接集めた上で創出する製品コンセプトの実現を図る。なお、重量級プロダクト・マネジャー組織は、企業の組織構造は職能別組織であり、そこに横軸を刺す形でプロジェクトを運営する形をとるという点に留意されたい（**図表14-14**）。

図表14-14　重量級プロダクト・マネージャー組織

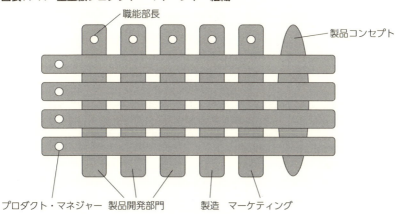

出所：藤本隆宏・キム B. クラーク『［実証研究］製品開発力　日米欧自動車メーカー20社の詳細調査』ダイヤモンド社（1993）を基に筆者作成

部門間インタラクションの場としては、トップ・マネジメント・レベルでは、プロダクト・マネジャーらが作成した開発提案を承認する製品企画機能会議、原価企画目標を決定する原価機能会議などの機能別会議、ミドル・マネジメント・レベル以下の場としては、開発の節目ごとに上流工程のプロセス情報や図面・試作品などの成果物を後工程が（時には製品企画部門などの前工程も）レビューする制度であるデザイン・レビュー（日野三十四『トヨタ経営システムの研究―永続的成長の原理―』ダイヤモンド社（2002））、VE検討会があげられる。ITを用いたインタラクションも近年有用性が指摘されている。

部門間インタラクションを推奨する組織風土、ミドル・マネジメントが全社的な経営の立場から行動するという土壌の有用性も指摘されている。トヨタでは、1960年代のTQC活動において、「品質保証」、「原価管理」といった、企業目的達成に必要な活動を機能として定め、各機能における各部門の役割を明確化することにより、共有目標に対して協力し合う体制ができたことが社史に示されている（トヨタ自動車株式会社社史編集委員会『トヨタ自動車30年史』トヨタ自動車工業株式会社（1967））。

管理会計的側面としては、厳しい目標の設定の有用性は複数の論者により指摘されてきた。その他の仕組みについては、諸藤裕美（『自律的組織の管理会計　原価企画の進化』中央経済社（2013））を参照のこと。

② サプライヤー関係

完成品メーカーに部品を提供するサプライヤーには、市販品タイプの部品を提供するサプライヤー、貸与図部品のサプライヤー、承認図部品のサプライヤーが存在する（浅沼萬里『日本の企業組織　革新的適応のメカニズム』東洋経済新報社（1997））。

貸与図部品のサプライヤーとは、完成品メーカーが部品の設計を行い、その設計図を貸与され製造を行うサプライヤーをいう。承認図部品のサプライヤーとは、完成品メーカーから大まかな仕様の提示がなされ、その仕様に適合するような部品を開発し、その図面の承認を得て部品生産を行うサプライヤーをいう。

承認図部品のサプライヤーを用いることにより、社内の過大な開発業務量、製品開発部門組織の複雑化、社内の部品同士の調整作業の困難性の問題を回避することができる。一方、その部品に関する技術を社内で蓄積しない

と、将来的にそのサプライヤーに対する交渉力を失う可能性がある。

　承認図部品のサプライヤーを用いる場合、詳細な部分の決定をサプライヤーに依存するので、サプライヤーとの早期からの共同作業（デザイン・インという）が必要となる。場合によっては、サプライヤーのエンジニアが完成車メーカーの設計部に常駐するゲスト・エンジニアリング制度が用いられる。

[事例１] トヨタの原価企画の５つのフェーズ

（岡野　浩・小林英幸編『コスト・デザイン　トヨタ／研究者の実践コミュニティ理論』大阪公立大学共同出版会（2015）pp.159-160）

　現在のトヨタにおいては、以下の５つのフェーズに沿って原価企画が行われている。

① コンセプト・プラニング（CP）フェーズ

　　マーケティング部門による市場調査を受けて、CE（チーフ・エンジニア：プロダクトマネジャーの呼称）が次期開発車のコンセプトをまとめる段階であり、二度のコンセプト審査を経た上で、商品企画会議において承認される。原価はラフにしか見積ることができないが、CEの考える企画がコスト面からふさわしいかが詳細にチェックされる。この時点で達成の目処が立っていることはほとんどなく、良いクルマにしたいというCEの思いをベースとして見積られた原価と利益目標を達成するための原価目標との間には乖離があるのが通常である。

② 開発決定フェーズ

　　現モデルからの変化点についての原価の変動を見積り、車両１台当たりの原価を集約する。この段階では最大限原価低減が実現した場合にいくらになるかという予測と、仮に定めた原価目標との間に乖離が存在する場合もある。その場合でも乖離を解消するためのシナリオができているべきである。

③ 目標審議フェーズ

　　原価企画会議で目標の妥当性が審議され了承されれば、仮置きだった原価目標が正式目標になる。

④ 達成報告フェーズ

　　主にSE図を用いて、外注品は仕入先が、内製品は生産技術部門が原価を見積る。SE（Simultaneous Engineering）とは、後工程を巻き込んだ設計活動のことであり、SE図には生産技術・製造サイドの要件も織

§14

原価管理（原価企画／原価維持／原価改善）／品質管理会計

II 管理会計編 —333

り込まれる。このフェーズでは目標原価を達成していなければならない。

⑤ 号試フォローフェーズ

　　正式図を用いて仕入先と生技管理部が原価を見積る。図面完成度のさらなる向上を含む達成報告以降の変動を経て、なお目標原価を満たしていることが求められる。正式図による仕入先、生技部門の見積りを全部品について取得し、車両1台分の最終的な原価の積上げと原価企画目標の達成状況を確認する。

［事例2］ 1990年代末のトヨタにおける目標原価設定方法の大幅な変更

（岡野 浩『グローバル戦略会計』有斐閣（2003）、挽 文子「企業のグローバル化とコスト・マネジメントの進化」『経理研究』第48号（2005）、諸藤裕美、前掲書（2013））

　トヨタは、従来、原価企画目標として、目標原価と見積原価との差額である原価低減目標額を用いていた。また、目標原価に含める費目は、主に、設計部門にとって管理可能な費目のみ含め、加工費についてもレートは管理対象とせず、原単位のみ対象としていた。しかし、1998年に従来の方法（差額原価方式）から絶対値方式（総額管理・絶対値原価企画）といわれる方法に変更し、加工費のレート部分、また、従来部門ごとに管理していた厚生費などのエンジニアにとって管理不能な費目も原価企画の管理対象に含めるようになった。

　そのような変更の背景としては、1980年代以降の海外メーカーによる日本の低コスト高品質製品の生産の学習・キャッチアップにより、更なるコスト競争力の強化が必要となったこと、また、生産・購買のグローバル化が進んだことにより、図面の努力以外も含めたチャレンジングな目標達成が必要となり、そして、国内外のサプライヤーの部品価格（本社費など設計部門にとって管理不能な費目も含めて計算されている）よりも低いコストで部品を生産することの重要性が増したことがあげられる。

4．原価改善の意義と特徴

原価改善は、企業の目標利益を達成するために、既存の製品の製造段階において行う原価低減活動である。原価改善の成果は、原価標準に反映しその後の原価維持に役立てるのが望ましい。原価改善には、製品別原価改善と期別・部門別原価改善とに大別できる（門田安弘編著、前掲書（2008））。

(1) 製品別原価改善

製品別原価改善は、新製品の生産開始3カ月後、実際原価と目標原価の差異が大きいとき、それに対処すべく行われる。また、新製品の開発段階での目標原価が開発期間中に達成し得なかった場合に、その未達部分を製造段階に入ってから原価改善で達成するということもあった。オイルショックや円高などによる不況期にも、特定製品をターゲットにした原価改善が行われてきた（門田安弘編著、前掲書（2008））。

トヨタにおいては、1973年のオイル・ショック直後、原油価格の急騰による原価増加により、カローラの収益性が著しく低下した際、カローラの製造工場の工場長（取締役）を委員長とする原価改善委員会が設立された。委員会の下部機構として、生産組立部会あるいは工程別部会、設計部会、技術部会、外注部会が設けられ、全社的な原価低減活動が推進された（**図表14-15**）。その際、当該機種モデル「約半年間に1台当たり1万円」（トヨタ自動車株式会社、前掲書（1987）p.574）という厳しい原価低減目標が設定され、6カ月後には128％の達成率を実現した。

近年のリーマンショック後においても、緊急VA活動が行われた。2008年度においてはマンパワーの関係上、一部車種について行い、2009年度に入り大半の車種に拡大した。組織的展開としては50人規模の専任メンバーで構成する組織（BR-VI室）を技術部内に新たに設置し、プロダクト・マネジャーをそれぞれの車種の推進責任者とした。活動はグローバルの全車種を対象にしており、海外専用モデル10車種も含めた。2010年度から活動の名称を全社VAと改め、技術サイドの原価企画部署であるEQ推進部からスピンアウトしたVA開発部が事務局となった（伊藤伍郎「経済危機における戦略コストマネジメント—トヨタ自動車を中心に」『企業会計』第61巻第6号、岡

図表14-15　製品別原価改善の体制

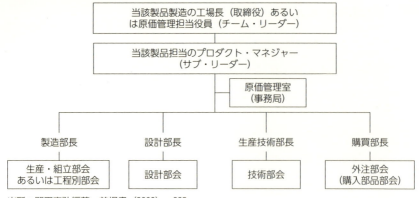

出所：門田安弘編著、前掲書（2008）p.225

野　浩・小林英幸編、前掲書（2015））。

(2) 期別・部門別原価改善

　門田安弘編著（前掲書（2008））によれば、期別・部門別の原価改善活動は、短期利益計画達成のために予算管理の一環として行われる。まず年間の利益改善目標額が次年度の目標利益と予想利益の差額を目安として決定される。一部は売上高の増加により、残りは原価低減により達成することが意図される。原価低減目標は、製造部門だけでなく、本社管理部門にも設定される。製造部門への割当額は、工場別、さらに部門別・工程別に割り当てられる（**図表14-16**）。

5．品質管理会計の意義と特徴

(1) 品質管理活動

　品質管理を効果的に実施するためには、企業活動の全段階にわたり、経営者をはじめ、管理者、監督者、作業者など企業の全員参加と協力が必要である。このような活動を全社的品質管理（Total Quality Control：TQC）とい

図表14-16　期別・部門別原価改善のプロセス

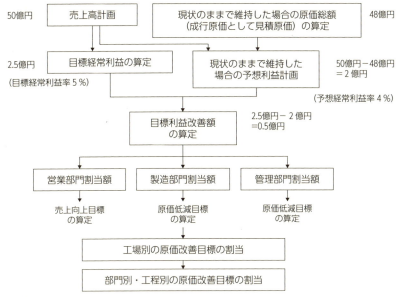

出所：門田安弘編著、前掲書（2008）p.226

い、日本企業では1950年代後半から行われるようになった。1980年代後半以降、日本のTQCを徹底的にベンチマーキングし、戦略的要素を加味するなどの改善を加えたTQM（Total Quality Management）が米国において提唱され、日本でも1990年代、TQCからTQMへと移行する企業等が増加した。

　高品質を達成するためには、設計段階と製造段階の双方において品質の作り込みが必要であり、前段階で創出される品質を「設計品質」といい、後段階で創出される品質を「適合（性）品質」という。前者は、製品の特質が顧客のニーズに合致していることを意味し、後者は、製品が、設計仕様、製造仕様に合致していることを意味する。

(2) 品質原価計算

　品質管理活動を行うにあたっては、原価が発生する。また、品質不良が生じたときには損失が生じる。それら原価・損失の金額を認識・測定することを品質原価計算という。

図表14-17　品質原価計算の4つのカテゴリーと具体例

基本的カテゴリー	具体例
予防原価	品質教育訓練費、製造工程改善費、製品設計改善費
評価原価	品質検査費、保守費、購入材料受入検査費
内部失敗原価	製品の出荷前のスクラップ、補修費
外部失敗原価	返品修理費、信用減による利益逸失額、品質不良による売上値引、クレーム調査費

出所：筆者作成

　品質原価は、通常、予防原価、評価原価、内部失敗原価、外部失敗原価の4つに分類される（**図表14-17**）。予防原価とは、品質上の欠陥の発生を早い段階から防止する目的で支出される原価をいう。評価原価とは、製品の品質を評価することによって品質レベルを維持するために発生する原価をいう。内部失敗原価とは、製品の出荷前に品質不良や欠陥が発見された場合の処理に関する原価をいい、外部失敗原価とは、製品出荷後に欠陥が発見された場合の処理に付随して生ずる原価をいう（伊藤嘉博『品質マネジメントシステムの構築と戦略的運用』日科技連出版社（2005））。予防原価と評価原価を品質適合コスト、内部失敗原価と外部失敗原価を品質不適合コストとよぶ場合がある（廣本敏郎・挽 文子、前掲書（2015）p.510）。

　品質原価計算の目的は、4つの品質原価の相互関係を把握し、品質原価総額を最小にすることである。一般的に、予防・評価活動にコストをかけて強化することにより、品質不良の発生が減少し、内部失敗原価、外部失敗原価は減少する。しかし、ある一定の点を超えると、予防・評価活動にかける追加原価よりも失敗原価の減少額が小さくなる。そのような関係を考慮に入れて、総品質原価を最小化すべく、予防・評価原価にどれだけのコストをかけるかを決めるのが有効である（**図表14-18**）。

　品質原価計算の課題として、原価計算制度では、品質原価のすべてを分離把握していないことがあげられる。たとえば、ある工程における自動製品検査作業にかかる原価は、工程別の原価に含まれており分離把握されていない。また、不良品が生じ製品のイメージを損ない売上を減らしてしまうことによる機会原価は別途把握する必要がある。

図表14-18　品質原価計算のトレードオフの図

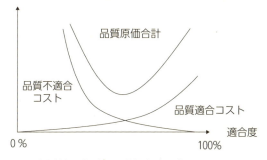

出所：廣本敏郎・挽 文子、前掲書（2015）p.514

設例14-1　目標原価の計算（平成22年第Ⅱ回短答式試験を改変）

　P社では、製品Mシリーズの新型製品M102の開発を行っている。以下の〔資料〕(1)・(2)に基づき、控除法による製品1個当たりの目標製造原価、積上げ法による製品1個当たりの目標製造原価を計算しなさい。

〔資料〕
(1) 控除法に関するデータ
① 当社における新製品のモデルサイクル期間は4年間である。なお、モデルサイクルとは、新製品が販売されてから次の製品に切り替わるまでの周期を意味する。
② モデルサイクル期間において新製品M102に求められる必要営業利益額は120,000,000円である。
③ 新製品M102の1個当たりの初年度販売価格は15,000円、2年度は12,000円、3年度は11,000円、4年度は9,500円と見積った。
④ 新製品M102の1年当たりの予定販売数量は2万個（各年度同数）と見積った。
⑤ 販売費及び一般管理費は、売上高比20%とする。

(2) 積上げ法に関するデータ
① 製品Mシリーズの現行モデルM101の1個当たり製造原価は、量産開始時点で8,500円であった。
② 新製品M102において、新規に3つの機能を追加する。それらの機能の実現に

関する製造原価は、1個当たり200円と見積られている。

③ 新製品M102において取り除かれる機能に関する製造原価は、1個当たり100円と見積られている。

【解答】

控除法による目標製造原価（許容原価）8,000円、積上げ法による目標原価8,600円

【解説】

(1) 控除法による目標製造原価

売上高の見積額は、15,000円×2万個＋12,000円×2万個＋11,000円×2万個＋9,500円×2万個＝950,000,000円

販売費及び一般管理費の見積額は、950,000,000円×20％＝190,000,000円

必要営業利益額が120,000,000円であるので、

目標製造原価総額＝950,000,000円－190,000,000円－120,000,000円＝640,000,000円

1個当たりの目標製造原価は、640,000,000円÷80,000個＝@8,000円

(2) 積上げ法による目標製造原価

8,500円＋200円－100円＝8,600円

設例14-2　品質原価計算（廣本敏郎・挽 文子、前掲書（2015）を基に筆者作成）

○○製作所は、製品M1万個を生産・販売している。当年度の品質原価報告書は〔資料〕(1)のとおりであった。○○製作所は、当年度の失敗原価が多額であると考え、次年度の品質管理活動について、以下の2案を検討し、その際生じる品質原価を見積った。○○製作所は、いずれの案を採用すべきか、あるいはいずれも採用すべきでないかについて答えなさい。なお、製品Mは、1年後に生産・販売を終了する予定である。

〔資料〕

(1) 当年度の品質原価報告書

予 防 原 価	3,000万円
評 価 原 価	5,000万円
内部失敗原価	8,000万円
外部失敗原価	10,000万円（＊）

＊品質に懸念を持った顧客による売上の減少の見積額1,500万円を含む。

(2) 次年度の品質管理活動の改善案

・第1案

　製品Mの検査活動に力を入れる。それにより、検査費は2,000万円増加するが、内部補修費2,600万円の減少、販売後の無償修理代3,500万円の減少、品質問題による売上減少の回避額1,000万円を見積った。

・第2案

　製品Mを加工組み立てしやすくするため、生産ラインを改善する。それにより、予防原価は3,800万円増加するが、内部補修費3,800万円の減少、販売後の無償修理代4,000万円の減少、品質問題による売上減少の回避額1,200万円を見積った。

【解答】

第2案を採用すべきである。

【解説】

　第1案の場合、評価原価が2,000万円増加するが、内部失敗原価が2,600万円、外部失敗原価が4,500万円（3,500万円＋1,000万円）減少するため、総コストは5,100万円減少する。

　第2案の場合、予防原価が3,800万円増加するが、内部失敗原価が3,800万円、外部失敗原価が5,200万円（4,000万円＋1,200万円）減少するため、総コストは5,200万円減少する。

　それゆえ、第2案を採用すべきである。

参考文献

〔1〕 伊藤嘉博『品質コストマネジメントシステムの構築と戦略的運用』日科技連出版社 2005年

〔2〕 岡野 浩・小林英幸編『コスト・デザイン　トヨタ/研究者の実践コミュニティ理論』大阪公立大学共同出版会　2015年

〔3〕 岡本 清『原価計算（六訂版）』国元書房　2000年

〔4〕 田中雅康『原価企画の理論と実践』中央経済社　1995年

〔5〕廣本敏郎・挽 文子『原価計算論（第3版）』中央経済社　2015年

〔6〕門田安弘『自動車企業のコストマネジメント：原価企画・原価改善・原価維持』同文舘出版　1991年

〔7〕門田安弘『価格競争力をつける原価企画と原価改善の技法』東洋経済新報社　1994年

〔8〕門田安弘編著『管理会計学レクチャー〔基礎編〕』税務経理協会　2008年

§15
ABC／ABM／ABB

1．序：ABC登場の背景

　活動基準原価計算（Activity-Based Costing：ABC）は、CooperとKaplanによって提唱された製品原価計算の手法である。1988年の論文で、彼らは、伝統的な製品原価計算手法によると正確な製品原価を計算することができず、製品原価計算が製品関連の意思決定ないし戦略の策定には役立たないと指摘したのである（Cooper and Kaplan（1988））。正確な製品原価情報は製品別・セグメント別の収益性分析に役立ち、経営者は、適切な収益性分析から得られた情報を利用して、販売価格戦略、生産・販売の継続・拡張・縮小・廃止、資源配分といった様々な製品戦略を策定・実行する。しかし、伝統的な製品原価計算によると、大量生産品には過大なコスト、少量生産品には過小なコストがチャージされてしまい、製品原価の歪みからくる弊害が生じてしまう。適切な収益性分析を行わなければ、製品戦略に関する意思決定をミスリードしてしまうというのが彼らの主張であった。

　それでは、伝統的方法では、なぜ正確な計算を行い得ないのか。伝統的方法によると、製品別収益性分析には、貢献利益アプローチ（直接原価計算）が適切であるといわれることもあった。しかし、その時代背景は、市場や技術が安定していることが前提となっている。市場・技術の変化が激化すると、全部原価計算によるアプローチが重視されるようになったが、それは大量生産品に過大なコストを負担させてしまい、少量生産品に過小なコストを負担させてしまう結果となった。なぜならば、市場・技術の変化に柔軟に対応することが重視される現代では、価値観の多様化や消費者嗜好の多様化、商品ライフサイクルの短縮化は、製品の多様化、製造活動の複雑化を招き、結果として、製造原価に占める生産支援活動のキャパシティに関するコストが増大（構造が変化）し、それが少量生産のカスタム品に負担させられてしまったのである（内部相互補助：cross-subsidization）。ABCは、そのような生産支援活動のために発生する固定費を適切に製品に負担させるシステムとして登場した。

Ⅱ 管理会計編 —343

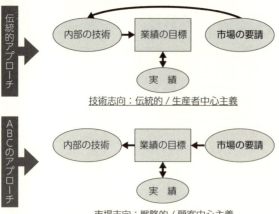

図表15-1　伝統的方法とABCのアプローチの対比

設例15-1

下記の前提条件のもとに製品AとBの製品原価および単価を計算せよ。

〔資料〕

原価計算の前提条件：		
	製品A	製品B
生産個数	900個	100個
直接材料費	90万円	20万円
直接労務費	90万円	10万円
製造間接費	200万円	
直接作業時間	90時間	10時間
直接作業時間/個	0.1時間/個	0.1時間/個
材料受入回数	10回	10回
段取回数	10回	10回
品質検査回数	10回	10回
梱包回数	10回	10回

- 伝統的方法による配賦基準は直接作業時間である。
- 製造間接費は各活動で均等に発生している。

【解答】

計算結果				
	伝統的方法		ABC	
	製品A	製品B	製品A	製品B
直接材料費	90万円	20万円	90万円	20万円
直接労務費	90万円	10万円	90万円	10万円
製造間接費	180万円	20万円	100万円	100万円
製造原価	360万円	50万円	280万円	130万円
単価	4,000円	5,000円	3,111円	13,000円

設例15-1における計算によれば、伝統的方法とABCとの違いは製造間接費配賦額の相違から生じているが、因果関係をより忠実に反映しているABCによる計算結果の方が正確な製品原価であるといえる。伝統的方法によると、生産数量と比例的な関係をもつ操業度関連の配賦基準のみが利用されるため、製品原価が歪んでしまうからである。そこで、ABCでは、操業度関連だけでなく、非操業度関連の配賦基準をも利用する。

一般に、製造原価の発生は、単位当たりアウトプット（生産量）との間に相関関係を有している。しかしながら、それは必ずしも製造原価（特に製造間接費）の発生原因（コスト・ドライバー）が生産量であることを意味するものではない。現代では、製造間接費の発生原因は、生産量（操業度関連の変数）だけでなく、製品の多様性（非操業度関連の変数：段取作業時間、発注回数、検収回数ほか）の関数で決定されることが認識されている。原価計算上では、ABCシステムによって、生産活動における因果関係を徹底的に追究した結果として明らかにされるようになった。

その後1992年になると、CooperとKaplanは、ABCモデルの計算構造を論じるとともに、ABCモデルの2つの役割を指摘した（Cooper and Kaplan (1992)）。

① 販売価格決定やプロダクト・ミックス決定・PPMに役立つ情報の提供（ABC提唱当初の役割期待：収益性分析）

② 資源利用の削減に役立つ情報の提供：原価管理

1990年代には、ABCに関する多くの論文や文献が発表されたが、KaplanとCooperの研究の集大成が1998年の *Cost & Effect* であるといってよいだろう（Kaplan and Cooper (1998)）。その後、2000年代になると、活動原価の定義とデータ収集の煩雑さを回避することを目的として、時間主導型活動基準原価計算（Time-Driven Activity-Based Costing：TDABC）とよばれるABCの簡便法も登場した。

2．ABCの計算構造と方法

(1) ABCと伝統的方法

ABCは、まず経済的資源を消費する活動自体に原価を集計し、次いでそ

図表15-2 伝統的方法とABC

	コスト・プール (中間的原価計算対象)	配賦基準
伝統的方法	部門(製造部門)	操業度関連の配賦基準
ABCシステム	活動/活動センター	操業度関連の配賦基準 ＋ 非操業度関連の配賦基準

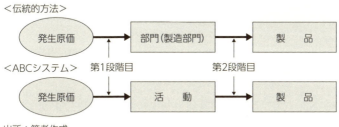

出所：筆者作成

の原価（活動原価）を、活動によって生み出された原価計算対象（製品・サービス）に集計する原価計算システムである。ABCも伝統的方法も、いずれも2段階の製造間接費配賦計算手続（原価集計プロセス）を経ている。つまり、2段階配賦システムであるという点では、ABCと伝統的方法との間には相違はない。しかし、ABCは、因果関係を徹底的に追究し、活動に焦点を当てた原価計算システムであるため、**図表15-2**のように、伝統的方法とはコスト・プールと配賦基準が異なってくる。ABCは、資源の消費・利用と原価計算対象との間の因果関係を徹底的に追究した結果として生まれた原価計算システムなのである。

そのように理解するとき、製品と活動との間の関係、および活動と資源消費の間の関係を「コスト・ドライバー」というキーワードによって説明することができる。コスト・ドライバーは原価の発生を引き起こす原因を表しており、活動ドライバー（活動コスト・ドライバー）と資源ドライバー（資源コスト・ドライバー）に区分することができる。一般に、単にコスト・ドライバーといえば、前者の活動ドライバーのことを指している。活動ドライバーは、活動コストを生じさせる要因を表しており、製品の生産量、種類数などを挙げることができる。ABCでは、生産量（操業度関連の変数）だけでなく、製品の多様性（非操業度関連の変数：段取作業時間、発注回数、検収回数ほ

か）が活動ドライバーが各活動コストの製品別配賦基準として選定される。したがって、この活動ドライバーの概念に伝統的方法との本質的な相違を見出すことができる。一方の資源ドライバーは、資源消費を引き起こす原因を表しており、各活動で行われる作業（組立作業、機械作業など）を挙げることができる。

　したがって、どのようなコスト・プール設定され、各コスト・プールにおける活動を適切に表現するためにはどのような活動ドライバーが選択されるのか、という点がABCシステムを設計するためのポイントであるといってよい[1]。

(2) コスト・ドライバーの階層

　ABCシステムでは、製造間接費の発生において、どのような活動か、コスト・ドライバーは何かに注目する。配賦計算の観点から、コスト・ドライバー（活動ドライバー）には一般に次の4つの階層があるとされている。

① 生産単位レベル・コスト・ドライバー（output unit-level cost driver）

② バッチ・レベル・コスト・ドライバー（batch-level cost driver）

③ 製品維持コスト・ドライバー（product-sustaining cost driver）

④ 施設維持コスト・ドライバー（facility-sustaining cost driver）

　製品1単位の増産をする場合には生産単位レベルの活動が、バッチを生産するごとにバッチ・レベルの活動が、製品種類を増やすごとに製品維持レベルの活動が、各々実施されることになる。このようなコスト・ドライバーの階層は、活動の階層ともいうことができる。活動の階層とコスト・ドライバーは**図表15-3**のように例示することができる。

　この活動別の階層を強調することによって、製品別の多段階損益計算システムを設計することができる。つまり、いかなる製品（事業セグメント、事

1）一般に、従来からのABCは複雑でコストのかかるシステムであり、それを原因として、採用の棄却、運用の中断、更新の停止などが相次いだ。一方で、TBABCによれば、各部門で消費された資源の原価を計算し、それを当該部門における作業時間合計で除することで、部門作業時間当たりの配賦率（部門別キャパシティコスト率）を計算する。その上で、この率に時間方程式を用いて求めた原価計算対象別の消費時間を乗じて製品原価を計算する。これにより、導入と運用のコストを大幅に低減することができたといわれている。

図表15-3　活動の階層とコスト・ドライバーの例

活動の階層	活動の例	コスト・ドライバーの例
生産単位レベル	直接作業	直接作業時間
	機械加工	機械加工時間
バッチ・レベル	段取	段取回数・段取時間
	材料購買	材料発注回数
	品質管理	検査回数・検査時間
製品維持レベル	技術	製造指図書枚数・工程数
施設維持レベル	工場保守・監督	(付加価値率・生産量)

出所：門田安弘編著（2010）p.228を参照した。

業部などを含む）が、どのような経緯で製造間接費を配賦されているのかを可視化することによって、経営者は、製品の生産・販売を継続・拡張・縮小・廃止するかの意思決定を下すために有用な情報を得ることができ、資源配分のための有用な情報を得ることができるのである。その結果、活動およびコスト・ドライバーを階層別に把握することは、正確な製品原価の計算を志向していた ABC の議論を、やはり経営管理にいかにして役立つのか、もしくは役立てるべきなのかという方向へ展開させることになった。

設例15-2　（平成26年第Ⅱ回短答式管理会計論問題5を参照）

　当社工場では、等級製品MとLを生産しており、製造間接費について活動基準原価計算を実施している。〔資料〕に基づき、① 製品Mへの活動Aおよび活動Bからの配賦額合計、② 製品Lへの活動Aおよび活動Bからの配賦額合計、③ 製品Mの完成品が負担する製造間接費配賦額合計、および④ 製品Lの完成品が負担する製造間接費配賦額合計を計算しなさい。

〔資料〕

(1) 生産データ

	製品M	製品L
当月着手	?個	?個
正常仕損品	40個	20個

Ⅱ 管理会計編 —*349*

月末仕掛品	400個 (0.5)	800個 (0.2)
当月完成品	2,000個	1,580個

（　）内は加工進捗度を表している。

(2) 当月の活動に関するデータ

活動内容		活動原価 （製造間接費）	活動ドライバー	
			製品 M	製品 L
加工中に平均的に実行する活動	活動 A	22,000千円	300時間	200時間
	活動 B	387,200千円	150回	150回
加工進捗度90％の点から実行する活動 C		20,000千円	300時間	100時間

(3) 計算条件

 (ア) 製造間接費の完成品と仕掛品への按分計算は、活動ごとに、実行のタイミングに応じて合理的と考えられる方法によって処理する。

 (イ) 仕損品には売却価値はない。仕損の費用は度外視法で処理する。なお、仕損は、製品 M については加工工程を通じて平均的に発生し、製品 L については加工費進捗度100％の点（終点）で発生している。

 (ウ) 計算過程で端数が生じる場合は、解答の千円未満を四捨五入する。

【解答】

 ① 206,800千円
 ② 202,400千円
 ③ 203,000千円
 ④ 189,000千円

【解説】

 本問は、ABC を組別総合原価計算に組み合わせた問題であり、ABC に対する理解、組別総合原価計算に対する理解、および総合原価計算における仕損費の処理（度外視法）についての理解が必要である。

 まずは(i) 各活動からの製品別配賦額を計算し、その上で(ii) 各製品への製造間接費配賦額を完成品総合原価と月末仕掛品原価への配分計算をする。配分計算をする際には、度外視法によって仕損費の処理を行う。

(i) 製品別配賦額の計算

活動Aの活動原価

活動Aの活動ドライバーレート：

22,000千円÷（300時間＋200時間）＝44千円／時間

製品Mへの配賦額：44千円／時間×300時間＝13,200千円

製品Lへの配賦額：44千円／時間×200時間＝8,800千円

活動Bの活動原価

活動Bの活動ドライバーレート：

387,200千円÷（150回＋150回）＝1,290.666…千円／時間

製品Mへの配賦額：1,290.666…千円／時間×150回＝193,600千円

製品Lへの配賦額：1,290.666…千円／時間×150回＝193,600千円

活動Cの活動原価

活動Cの活動ドライバーレート：

20,000千円÷（300時間＋100時間）＝50千円／時間

製品Mへの配賦額：50千円／時間×300時間＝15,000千円

製品Lへの配賦額：50千円／時間×100時間＝5,000千円

∴製品Mへの活動Aおよび活動Bからの配賦額：

13,200千円＋193,600千円＝206,800千円……①

製品Lへの活動Aおよび活動Bからの配賦額：

8,800千円＋193,600千円＝202,400千円……②

(ii) 完成品総合原価と月末仕掛品原価への配分

活動Aおよび活動Bは加工中に平均的に実行する活動であり、活動Cは加工進捗度90％の点から実行する活動である。したがって、製品Mの製造工程では仕損が平均的に発生し、製品Lの製造工程では仕損が工程の終点で発生するため、次のように計算することができる。

製品Mにおける原価配分

$$完成品負担額 = \frac{206,800千円 \times 2,000個}{2,000個 + 400個 \times 0.5} + 15,000千円 = 203,000千円……③$$

$$月末仕掛品負担額 = \frac{206,800千円 \times 400個 \times 0.5}{2,000個 + 400個 \times 0.5} = 18,800千円$$

製品Mの製造工程において、活動Aおよび活動Bの活動原価合計の配分については、仕損費は完成品および月末仕掛品の両者が加工費完成品換算量ベースで負担する。しかし、活動Cの活動原価については、月末仕掛品の進捗度は50％であるため、月末仕掛品は、加工進捗度90％から着手される活動Cの作業を受けていない。

製品Lにおける原価配分

$$完成品負担額 = \frac{202,400千円 \times （1,580個 + 20個）}{1,580個 + 20個 + 800個 \times 0.2} + 5,000千円 = 189,000千円……④$$

月末仕掛品負担額 $= \dfrac{202,400千円 \times 800個 \times 0.2}{1,580個 + 20個 + 800個 \times 0.2} = 18,400千円$

　製品 L の製造工程において、活動 A および活動 B の活動原価合計の配分については、完成品のみが仕損費を負担する。しかし、製品 M と同様、活動 C の活動原価については、月末仕掛品の進捗度は20％であるため、月末仕掛品は活動 C の作業を受けていない。

　前述のとおり、ABC は、市場・技術の多様性に柔軟に対応することを企図して登場した。したがって、工程別組別総合原価計算や部門別個別原価計算と適切に組み合わせて利用されなければ、その真価を発揮することはできない。

3．ABCの本質と資源の消費・利用

(1) 資源の投入と利用

　ABC は、企業活動における因果関係を徹底的に追究することによって、資源の投入と利用の関係を明確化する手法である。これは、われわれが学んできた伝統的な原価計算の本質とまったく同じあることには注意してよい。

　つまり、計算のプロセスは、次の２つのプロセスから成り立っている。
① 投入（消費）資源の原価の測定（原価収集プロセス）
② 利用資源原価の測定（原価集計プロセス）

　原価収集プロセスでは、資源別に消費量および消費額が計算される。したがって、どのような材料を何 kg 消費したのか、どのような労働力を何時間消費したのか、どのような設備を何時間消費したのかを把握し測定する。一方で、原価集計プロセスでは、原価計算対象別に利用された資源の量および利用額が計算される。したがって、その製品にはどれだけの資源が利用されたのか、その活動にはどれだけの資源が利用されたのかを把握し計算する。その結果、とくに ABC では、次の関係式が強調されることになる。

　　資源供給量（資源消費量・利用可能活動量）
　　　＝資源利用量＋未利用資源量（未利用キャパシティ）

　　投入（消費）資源の原価・発生原価
　　　＝利用資源の原価＋未利用資源の原価

　このとき注意すべき点は、資源の利用効率を高めることと、資源の利用度を高めることとの区分を理解することである。次の引用文からその区分を確

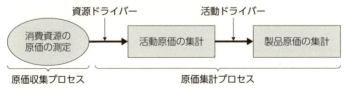

図表15-4　原価収集プロセスと原価集計プロセス

出所：筆者作成

認してみよう。

> 　資源の利用効率を高めることと資源の利用度を高めることとを混同してはならない。例えば、工場に投入した工具や機械を休みなく働かせるならば、それは利用度を高めることになるが、その結果、無駄な活動を行わせることになるかもしれない。従来、しばしば、工場の操業度を上げることが強調されてきた。それは、機械や労働力の利用度を高めることを意味している。そのような行動が有効であるのは、生産したアウトプットをすべて販売することができるという状況が存在しているときである。そうでない場合には、前述したように、何の価値も生まない無駄な活動を行っているにすぎない。操業度を上げることは、決して利用効率を高めることではない。利用効率の向上とは、同じアウトプットを生産するために利用する資源の量を減らすことである。1単位の製品を生産をするために利用する作業時間を1時間から30分に減らすならば、それは50％の効率向上である。（廣本敏郎『原価計算論』中央経済社（1997）p.415）

ここで、簡単な計算例によって未利用資源の原価を計算してみよう。

設例15-3　未利用原価の計算

　購買部門に注文書の処理（実施されるべき活動）に携わる従業員（投入されるべき資源）が10人いる。各従業員は1カ月に125枚の注文書を処理する能力をもっている。従業員1人当たりの給与は月額25万円である。ある月における注文処理枚数が1,000枚であった場合、資源の投入と利用の式は各々いくらになるのか。

【解答】

　資源供給量1,250枚＝資源利用量1,000枚＋未利用資源量250枚
　投入（消費）資源の原価250万円＝利用資源の原価200万円＋未利用資源の原価50万円

設例15-3からも理解できるように、資源の投入（消費）と利用の関係を可視化することに意味がある。ABCの登場によって新しい用語・概念を使うことで、組織構成員に常にそれらの変数を意識させ、測定させることが重要であるといってよい。資源の投入と利用との関係をより強く意識づけるためには、多段階損益計算に組み込むとよい。

設例15-4　損益計算書の例

M社は、受注による多品種少量生産の特殊品を生産・販売している。7月のM社の売上高は18,000,000円であり、製品・仕掛品ともに期首と期末の在庫はなかったため、生産量＝販売量であったとする。一方、原価・費用に関する情報は、資料1のとおりである。

なお、ここで示した原価の内訳は、すべて消費資源の原価を表している。各資源についての未利用資源キャパシティの原価は資料2のとおりである。

〔資料1・2〕に基づいて、M社の7月のABMによる活動階層別の損益計算書を作成しなさい。

〔資料1〕費目別の原価（単位：万円）

単位数レベルの活動		製品支援レベルの活動	
材料費	300	部品管理費	70
動力費	100	市場調査費	150
直接工労務費	40	顧客サービス費	40
外注加工賃	60	技術変更費	60
バッチレベルの活動		工場支援レベルの活動	
段取費	200	工場事務員労務費	70
品質検査費	100	建物減価償却費	200
		工場管理費	130

〔資料2〕未利用資源の原価の内訳（単位：万円）

単位数レベルの活動		製品支援レベルの活動	
材料費	0	部品管理費	10
動力費	0	市場調査費	10
直接工労務費	5	顧客サービス費	20
外注加工賃	0	技術変更費	10
バッチレベルの活動		工場支援レベルの活動	
段取費	60	工場事務員労務費	20

§15

ABC／ABM／ABB

II 管理会計編 ―355

品質検査費	15	建物減価償却費	80
		工場管理費	30

【解答】

ABM による月次損益計算書（単位・万円）

売上高			1,800
	利用資源	未利用資源 キャパシティ	消費資源
費用			
単位数レベルの活動			
材料費	300	0	300
動力費	100	0	100
直接工労務費	35	5	40
外注加工賃	60	0	60
	495	5	500
バッチレベルの活動			
段取費	140	60	200
品質検査費	85	15	100
	225	75	300
製品支援レベルの活動			
部品管理費	60	10	70
市場調査費	140	10	150
顧客サービス費	20	20	40
技術変更費	50	10	60
	270	50	320
工場支援レベルの活動			
工場事務員労務費	50	20	70
建物減価償却費	120	80	200
工場管理費	100	30	130
	270	130	400
合計	1,260	260	1,520
営業利益			280

4．ABM の意義：ABC から ABM

(1) ABC から ABM へ

原因と結果をよりよくリンクさせる原価計算システムの探究には終りがない。ABC は、探究の最新の例であった。そんな中でも、適切に機能している経常的管理会計システムは、次の 2 点を同時に達成している[2]。

① 賢明な経済的意思決定に導く情報を伝達すること

② 会社の目標に向けて従業員を動機づけること

特に、現代の企業は厳しいグローバル競争の下にあり、したがって、原価計算システムは、多様で変化する顧客のニーズに応じて製品の原価を柔軟に計算することが求められる。

伝統的な原価計算のモデルでは、まず原価管理のために原価を部門へ集計し、その上で部門原価を製品別配賦する段階で製品の多様性に対応する。それに対して、ABC のステップは次のように説明できる。

① 顧客にニーズに応えるための活動を認識する。

② 資源のコストを活動に割り当て、活動原価を計算する。

③ 顧客ニーズに合った最終原価計算対象を認識する。

④ 活動原価を最終原価計算対象に割り当て、最終原価計算対象の原価を計算する。

ABC では、まず活動を認識することから始まり、個々の活動にどれだけのコストが生じているのかが可視化される。マネジメントの焦点が製品原価の計算だけではなく、活動自体へも当てられるようになった。そのように理解するとき、ABC という用語を広義に用いることもできれば、狭義に用いることもできる。すなわち、現代的には、広義の ABC には、狭義の ABC（製品原価計算システム）だけでなく、ABM（Activity-Based Management：活動基準管理）および ABB（Activity-Based Budgeting：活動基準予算）も含められると解釈することができる。ABM とは、企業の持続的競争優位を確保するために、企業活動（価値連鎖）を顧客の観点から見直し、顧客にとって無駄な非付加価値活動を除去し、付加価値活動のみを効率的に実施するよう

2）ABC は現段階では特殊原価調査として位置づけられている。

業務活動の根本的改革を行い、それによって継続的改善活動を支援する管理活動である。ABBは、ABCのアルゴリズムを利用する予算編成の方式をいう（後述）。

(2) 付加価値活動と非付加価値活動

　従来の標準原価計算に代表される伝統的な原価管理の技法や考え方とは異なる新しいコスト・マネジメントを総称して戦略的コスト・マネジメントと呼ばれているが、（広義の）ABCが戦略的コスト・マネジメントの代表的技法の１つであるといわれる所以である。

　従来の原価計算システムは生産・販売活動をより効率的に行うことに主眼が置かれてきた（生産者中心主義の原価計算システム：プッシュ型またはプロダクト・アウト型）。一方、現代の企業は、顧客の視点から、経済的資源を顧客ニーズに適合する製品・サービスへと転換し、それを提供している。その意味でも、ABCは顧客中心主義に立つ原価計算システムである（プル型またはマーケット・イン型）。つまり、顧客のニーズに適合するような製品・サービスを提供するための活動だけを精選する。

　顧客価値を創造する企業内における諸活動間の価値連鎖の下で、次のステップで活動分析が行われる。

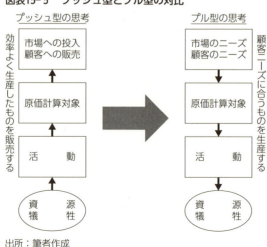

図表15-5　プッシュ型とプル型の対比

出所：筆者作成

① 顧客が望み期待するものは何かという観点から、活動の目的を識別する。
② その活動の内容と作業時間を、製品ないしサービスを提供する始点から終点までを図表化して記録する。
③ すべての活動を付加価値活動と非付加価値活動とに区分する（活動分析）。
④ 付加価値活動を効率的に実施できるように継続的に改善活動を行い、非付加価値活動を削減ないし除去するための計画を練る（コスト・ドライバー分析）。

図表15-6のように、活動分析およびコスト・ドライバー分析を行うことによって、絶えず企業活動を見直して、顧客に価値を提供しない不必要な活動（非付加価値活動）を削減し、最小限の価値連鎖活動を精選して、その付加価値活動を競争相手よりも効率よく、できるだけ低コストで行うことが不可欠になっている。継続的改善活動において、活動分析により付加価値活動と非付加価値活動に区分した上で、コスト・ドライバー分析により非付加価値活動を削減し、付加価値活動については資源効率を高めることが重要である。非付加価値活動の排除と資源利用効率の向上によって、図表15-7上にプロットされたすべての活動がAのエリアに含まれるようにする。

これらの活動に関する情報は、因果関係を重視した精緻で正確な原価計算システム（ABC）によって提供され得る。まず、非付加価値活動を削減することによっていくら原価低減することができるのか、どの非付加価値活動から優先的に削減するべきかといった情報は、ABCシステムから提供される。次いでコスト・ドライバーを管理して資源効率を高めていく。企業が競争力・競争優位を保持し続けるためには、顧客の視点からみた一連の価値連

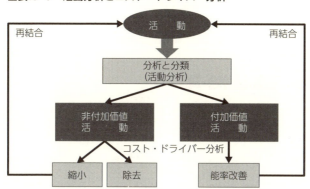

図表15-6　活動分析とコスト・ドライバー分析

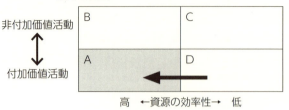

図表15-7　付加価値活動・非付加価値活動の区分と資源利用効率の向上

出所：筆者作成

図表15-8　付加価値活動と非付加価値活動の例

活動	付加価値活動	非付加価値活動
製品設計	○	
段取り	△	△
待ち時間		○
移動・搬送		○
工程作業	○	
補修		○
修繕		○
貯蔵		○
検査	△	△
製品の配送	○	

鎖が、付加価値活動のみで構成されるように常に改善され、そしてより効率的に遂行される必要があるといえる。

付加価値活動と非付加価値活動の例は**図表15-8**のとおりである。

5．ABB：活動基準予算

ABB（活動基準予算管理）とは、ABCを予算編成に組み込んだ予算管理システムをいう。

一般に、従来の予算編成の方法は、販売予測・売上予測に基づいて、企業組織における資源配分を行う際に、上司と部下との間で反復的・交渉的な折

衝が繰り返されてきたといわれている。つまり、より少ない資源配分で最大の効率を望む上司と、より多くの資源の配分を望む部下との間で予算ゲームが行われていた。その結果、通常の予算編成では、前年度予算に基づいて、数パーセントの増減という形で決められることがほとんどであった。

ABBは、そのような議論が権力や影響力、交渉能力によって決まってしまうことを抑制し、毎期、顧客からのニーズに基づいて予算編成を行う。つまり、KaplanとCooperは、ゼロベース予算と本質的には同じである旨を述べている（Kaplan and Cooper (1988)）。ABBのプロセスは、ABCにおける2段階配賦法の計算プロセスを逆転させたものとなる。これはつまり、ABCが自らの論拠とする因果連鎖（資源に対するニーズ）を表しているものに他ならない。ABCの計算手続とABBのプロセスの関係を**図表15-9**のように表すことができる。

図表15-9におけるプロセスは、市場・顧客からの資源に対するニーズを因果連鎖として表している。この因果連鎖は、まさに原価計算の基礎を構成する因果関係に他ならない（**図表15-10**）。

因果連鎖に基づくABBのプロセスは、おおよそ次のとおりである。
① 次期の期待生産量と販売量を製品別・顧客別に見積る。
② 企業の活動の需要量を予測する。
③ 企業の活動を遂行するための資源需要量を計算する。

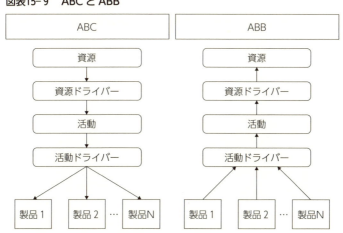

図表15-9　ABCとABB

出所：Kaplan and Cooper (1998) p.303を参照した。

図表15-10　市場・顧客からのニーズ

出所：筆者作成

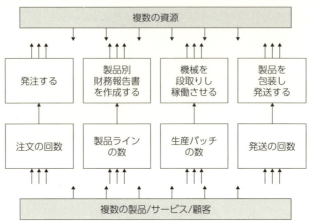

図表15-11　資源に対するニーズ

出所：Kaplan and Cooper（1998）を参照した。

④　これらの需要を満たすための実際資源投入量を決定する。
⑤　活動キャパシティを決定する。

　より具体的には、**図表15-11**のように示すことができる。
　ABBでは、原価計算対象（製品・サービス・顧客など）の設定からスタートし、次の手続で予算編成を行う。
①　売上高、製品、顧客組合せを計画することで、次年度の活動の潜在的な需要を予測する。
②　活動に対するコスト・ドライバー（活動ドライバー）を設定することで、原価計算対象別にどの程度の活動量を必要とするのかを測定する。
③　各活動のコスト・ドライバー量によって、当該活動の作業水準を決定する。

④ 各活動のコスト・ドライバーを設定することで、必要とされる需要を満たすために必要とされる努力水準を決定する。

⑤ 各活動の努力水準に応じて、必要とされる資源量を算定する。

したがって、企業における継続的改善活動では、まず、資源に対する需要量（利用量）を減少させ、そして、資源への支出（消費）を減少させるように努力することになる。ABC / ABM / ABB における PDCA サイクルを回転させるということである。

参考文献

〔1〕 Cooper,R.and R.S.Kaplan,1988,"How Cost Accounting Distorts Product Costs," *Management Accounting*,April,pp.20-27.

〔2〕 Cooper,R.and R.S.Kaplan,1992,"Activity-Based Systems:Measuring the Costs of Resource Usage,"*Accounting Horizons*,September,pp.1-13.

〔3〕 Kaplan,R.S.and R.Cooper,1998,*Cost & Effect:Using Integrated Cost Systems to Drive Profitability and Performance*, Harvard Business School Press. （櫻井通晴監訳『コスト戦略と業績管理の統合システム』ダイヤモンド社　1998年）

〔4〕 門田安弘編著『セミナー管理会計』税務経理協会　2016年

§16

差額原価収益分析

1. 差額原価収益分析の基礎概念

(1) 個別計画とは

　企業の経営計画は個別計画（project planning）と期間計画（period planning）の2つに大別される。部分計画である個別計画は、設備投資計画、労務計画、製品計画、財務計画、販売計画、生産計画、操業度計画等といったように企業活動の一部を対象に立案される。これらは事業目標の達成や経営改革の成否等に直結するため、今日の企業経営では重要視される。

　マネジャー等が、① 検討対象の問題を認識・確定させて、② 代替的内容を伴った案を作成し、③ それら諸代替案を貨幣価値的に（非貨幣価値的にも）評価・審議する中で、④ 個別計画は採択・決定される。①〜④のステップ中、計画の実現に向け特に重要なのが③である。個別計画の対象となる問題は個別的・臨時的な性質を有し、さらに将来どのような問題が生じるのかも不確実なため、常時継続的に原価や収益を把握しても無意味であるし、不可能でもある。代替案の正しい評価には、常時継続的な複式簿記システムからもたらされる情報とは別に、必要に応じてその都度、問題に関係する原価（関連原価：relevant cost）や収益（関連収益：relevant revenue）を適切に計算する手法を通じて情報を入手し、分析する必要がある。そのために行われるのが「差額原価収益分析（differential cost and revenue analysis）」である。

(2) 差額原価、差額収益、差額利益

　差額原価収益分析は「差額分析（differential analysis）」ともよばれる。また原価計算研究の中で最初に注目された経緯から原価に重点を置き、「差額原価分析（differential cost analysis）」や「関連原価分析（relevant cost analysis）」と称されることもある。これは差額原価（differential cost）、差額収益（differential revenue）、差額利益（differential profit）といった概念を使用

Ⅱ 管理会計編—*365*

し、経営計画の決定に役立つ資料を提供するためになされる管理会計手法である。

差額原価とは、経営活動の量や内容を変化させるために特定の代替案を行う場合、それによって他の案（あるいは現状）と比較して増えたり減ったりする総原価における変動額のことである。なお増える場合の差額原価を増分原価（incremental cost）、減る場合を減分原価（decremental cost）ともいう。さらに生産量を1単位増加させるための操業度（経営活動の量）の変化で生じた増分原価（あるいは増分原価総額を増分生産量で除して算出される単位当たり平均増分原価）は限界原価（marginal cost）ともよばれ、主に経済学者が好んで用いる表現である。

代替案を実行することで発生する差額原価は、意思決定後に投入される資源犠牲の測定額であるため、将来の活動に関連して発生する未来原価（expected future cost）の一形態である。この差額原価を適切に把握するには「特殊原価調査（special cost studies）」という特別な原価計算を行う必要がある。

一方、差額収益とは差額原価に対応する概念で、ある代替案と他の案（あるいは現状）との間における収益の差額のことである。また代替案間で異なる将来の利益のことを差額利益という。

差額原価収益分析で「差額」という概念を用いるのは、各案で同一額の項目を除外することで、計算上の煩雑さを避けることができ、さらに重要な変化項目にマネジャー等の注意を振り向けることが可能になるからである。

(3) 特殊原価調査で用いられる原価概念

原価計算は複式簿記と結合して経常的に記録計算が行われるか否かで、原価計算制度（cost accounting system）と特殊原価調査とに分類される。特殊原価調査とは、複式簿記システムの外で必要に応じて原価計算制度では使用されない特殊な原価概念（特殊原価：special cost）を用いて行う原価計算である。

この特殊原価には、差額原価の他に、機会原価（opportunity cost）、付加原価（imputed cost）、埋没原価（sunk cost）、回避可能原価（avoidable cost）、現金支出原価（out-of-pocket cost）等の原価概念が含まれる。

① 機会原価

材料や労働力あるいは設備等といった資源に関し、代替的用途のうちの1つをとったために、他をとる機会が犠牲になり、その結果、得ることができなかった利益を貨幣価値的に測定したものである。犠牲となった用途が複数の場合は、その中の最大の利益額が機会原価と測定される。

② 付加原価

現金の支出や現金以外の資産の提供が無いにもかかわらず取得された原価財を消費した場合に測定される原価である。特殊原価調査において付加原価は機会原価として測定される。たとえば、個人事業主等が従業員として働いた場合の計算上の給与額は、他社で実際に給与を受け取って働くといった代替的選択肢をとった場合の給与見込額として測定される。

③ 埋没原価

意思決定すべき問題を検討する際、俎上に載せられたいずれの代替案を選択しても支出が同額であるため、各代替案の可否判断にまったく影響を及ぼさない原価（無関連原価：irrelevant cost）のことである。経済学等では支出済みの過去原価（past cost）で回収不能原価（irrecoverable cost）を埋没原価と見なすが、特殊原価の一部として捉えるならば、これは適切ではない。たとえば、経営活動の中止を検討する際、代替案間で回収不能額が変わるならば、その原価は差額原価である。だが回収不能な過去原価はすべて埋没原価であると定義してしまうと、ある代替案のある原価について、埋没原価でありながら差額原価でもあるという事態に陥る。よって埋没原価は無関連原価と同義であるとするのが妥当である。なお埋没原価は無関連原価であると捉えれば、俎上の代替案次第で回収可能原価も埋没原価になり得る。

④ 回避可能原価

経営活動の縮小や廃止が必要とされる際、ある代替案を選択することで発生を回避できる原価を回避可能原価という。一方、回避することができない原価は回避不能原価（inescapable cost）とよばれる。また日々の経営活動の能率に支障がないため、設備の修繕費や検査費等のように原価の発生を暫く延期させるといった延期可能原価（postponable cost）という原価概念もある。ただ一時的には延期可能でも、長期的には原価の発生を避けられないた

め、回避可能か否かの概念と延期可能か否かの概念は本質的に異なる。つまり延期可能原価も延期不能原価（unpostponable cost）も回避不能原価である。

⑤ 現金支出原価

代替案を実行するために、直ちに、あるいは近い将来に現金支出を必要とする原価である。一般に変動費の全部、支払保険料や特許権使用料といった固定費の一部が現金支出原価になる。一方、現金支出を伴わない固定費の典型例は減価償却費である。代替案ごとに要する現金支出は異なることがほとんどであるため、現金支出原価の代替案間の差額に着目することが差額原価の計算では極めて重要なものになる。

(4) 総額法と増分法

差額原価の分析には、総額法（total project approach）と増分法（incremental approach）という2つの方法がある（**図表16-1**参照）。

図表16-1　総額法と増分法

出所：廣本敏郎・挽 文子『原価計算論　第3版』中央経済社（2015）p.568

総額法は代替案ごと差額原価を計算し、それに基づき比較する方法である。それに対して、増分法は2つの代替案のうち、片方の代替案をベース・ケースとし、他方についてベース・ケースとの差額原価を計算する方法である。現状案に対する新提案を出す場合等に増分法を用いれば、新提案の差額原価のみを計算すればよいため、速やかに分析を行うことが可能になる。また増分法は代替案間で異なる部分に焦点を当てるため、マネジャー等にも理解されやすい。だが、代替案が3つ以上になると増分法は重要なキャッシュフローを見逃す危険が高くなるため、注意を要する。

設例16-1　特殊原価の正誤問題（平成22年第Ⅱ回短答式 問題19を改変）

　多様な原価概念に関する以下の記述にはそれぞれ誤りがある。誤っている箇所を訂正しなさい。

- ア．ある案を採択することで他の代替案を選択できなくなることがある。採択されなかった代替案から得られたであろう利益の中で、検証可能な客観的尺度を用いて測定された最大のものを機会原価という。
- イ．原価の発生が既に確定し、どの代替案を選択しても回避し得ない原価を埋没原価という。特殊原価調査では、支出済みで回収不能な過去原価を埋没原価とみなすのが妥当である。
- ウ．限界原価は、本来、経済学上の概念で、総費用関数の第1次導関数、すなわち、操業度ないし生産量の無限小の変化に対する総費用の変化額と定義される。なお、原価計算や管理会計では、操業度の変化とは無関係に原価が増減すれば限界原価と扱われる。
- エ．業務を縮小したり停止したりする案の採択により発生を回避できる原価は回避可能原価に分類する。複数製品を製造する工場において、ある製品のすべてをアウトソーシングに切り替えるか否かの分析では、固定製造原価は回避不能原価に分類される。

【解答】

　ア．は「検証可能な客観的尺度を用いて」が誤りである。会計帳簿に記録されないことが機会原価の本質であるため、必然的に主観が入って計算される。

　イ．は「支出済みで回収不能な過去原価」ではなく「無関連原価」である。特殊原価調査では埋没原価を無関連原価と捉えるのが妥当である。

　ウ．は「操業度の変化とは無関係に」ではなく「操業度の変化とともに」である。限界原価は変動費そのものであるという意味で用いられることもある。

　エ．は「固定製造原価は回避不能原価に」ではなく「固定製造原価のうちの共通費は回避不能原価に」分類される。個別固定費は代替案次第で原価の発生を回避できるため、回避可能原価である。

Ⅱ 管理会計編 —369

設例16-2　機会原価の問題

　Ａ社は利用者が多いターミナル駅に直結するビルを自社で所有し、本社機能を置いている。これまで地上１階のフロアを社外のレストランチェーンに貸してきたが、賃貸契約が満了し、同チェーンが退店することになった。現在、不動産の有効活用という観点から、Ａ社は次の２つの代替案を検討している。

(1) 集客力のあるこのフロアは、飲食業にとって極めて魅力的な好立地である。取引銀行を通じて、先日ファーストフードチェーンである甲社がこのフロアを月間1,500,000円で賃借したい旨が伝えられた。
(2) Ａ社の営業本部はこの本社ビル近くの賃貸オフィスビルに置かれている。空いたフロアに営業本部の一部を移転させることができれば、賃貸オフィスビル会社と結んでいる賃借契約の一部を解除でき、月間1,000,000円の賃料を浮かすことができる。また営業マンと経営陣がすぐに顔を合わせ、大胆な営業交渉に必要な迅速な決裁も可能になるため、従来よりも１カ月当たり200,000円多く利益を稼ぎ出すことができると見込まれている。

　Ａ社が(1)の代替案を選択した場合、１カ月当たりの機会原価はいくらと計算されるか。

【解答】

　機会原価とは逸失利益のことである。Ａ社が(1)ではなく、(2)の代替案を選んだ場合、月間1,000,000円の賃貸オフィスの賃料を回避することができ、さらに１カ月当たり200,000円の利益を多く得ることができる。つまり、(2)を選択したならば１カ月当たり1,200,000円の差額利益を得ることができる。この金額が(1)を選択した場合の機会原価となる。一方、(2)を選択したならば、(1)の差額利益である1,500,000円が機会原価と計算される。

　なお差額原価収益分析で機会原価を利用するメリットは次の２点である。① 確実な代替案からもたらされる差額利益を機会原価とすれば、複数の候補から俎上に載せる代替案を絞り込めること。② 必要な情報がすべて揃っていなくても、機会原価を含めることで代替案選択に必要な条件が示され得ること。

2．差額原価収益分析による計算例

(1) 戦略的意思決定と業務的意思決定

　個別計画には様々な計画が含まれる。大別するとそれらの計画の意思決定は経営構造の変革を伴う戦略的意思決定（strategic decision making）と、経営構造の変革を伴わない業務的意思決定（operating decision making）に分類できる。

　戦略的意思決定は経営活動の根幹に関わる極めて重要な意思決定であり、意思決定の効果が比較的長期間にわたって続く。そのため貨幣の時間価値を考慮する必要があり、会計数値ではなくキャッシュフローを使用して分析する。戦略的意思決定の詳細については次章で論じよう。

　一方、業務的意思決定は戦略的意思決定ほどには重要性が高くない意思決定である。戦略的意思決定によって設定された物的、人的、財務的な状況を所与として行われるもので、業務的意思決定では解決すべき問題や制約条件が相対的に明確で定型的なものになる。また比較的短期的に意思決定の成果が実現され、犠牲になる利子の重要度がそれほど高くないため、貨幣の時間価値を考慮する必要がない。また、その意思決定が適切であったか否かは企業における毎期の業績評価プロセスの中で確認することができる。

　戦略的意思決定でも業務的意思決定でも、差額原価収益分析（あるいはその派生である差額キャッシュフロー分析）に基づいて意思決定が行われる。

(2) 差額原価収益分析を用いた業務的意思決定の諸問題

　差額原価収益分析を用いる業務的意思決定の諸問題には以下がある。

① 自製か購入かの意思決定

　自製か購入かの意思決定とは、自社製品に必要な部品を社内で製造すべきか、それとも社外のサプライヤーに外注すべきかの問題である。この問題を検討するには、まず現有設備を前提に自製するのか、あるいは設備投資も考慮して自製するのかを明確にする必要がある。後者の場合、経営構造の変革を伴うため戦略的意思決定と区分され、次章で扱う問題である。一方、前者

ならば業務的意思決定の問題であり、ここで取り上げる。

　差額原価収益分析において、検討対象の代替案のどれを選択しても収益に影響しないのであれば、収益の計算はせず、差額原価だけを計算すればよい。差額収益の計算にも手間や労力がかかるからである。同様に代替案間で原価が変わらなければ、差額収益だけを計算すればよい。自製か購入かの意思決定では代替案間で収益は変化しないため、差額原価のみ計算すればよい。

② 半製品を加工すべきか販売すべきかの意思決定

　半製品を加工すべきか販売すべきかの意思決定とは、社外にも販売可能な中間製品を社内で追加加工すべきか、それとも社外に中間製品のまま販売すべきかの問題である。この問題は代替案間で原価も収益も変わるため、差額利益で判断がなされる。さらにこの問題では追加加工したことで得られる利益と、加工せずに販売した場合の利益を比較するため、増分法をとる場合は機会原価を考慮する必要がある。

③ 臨時注文を引き受けるべきか否かの意思決定

　臨時注文を引き受けるべきか否かの意思決定とは、現有設備の生産能力に余力があるときに入ってきた注文を引き受けるべきか否かの問題である。この問題は現状案をベース・ケースとした増分法で分析し、注文を引き受けた場合の増分収益と増分原価から意思決定すべきである。

④ 製品・セグメントを廃止すべきか否かの意思決定

　製品・セグメントを廃止すべきか否かの意思決定とは、自社の業績を向上させるために特定の製品やセグメントを廃止すべきか否かの問題である。この問題では検討対象の製品やセグメントからもたらされる差額利益を計算して、廃止が妥当か問うべきである。なお、廃止する製品・セグメントに替えて新たな製品やセグメントを追加するという代替案があるならば、その代替案からもたらされる機会原価にも注意を払う必要がある。

　これらの意思決定の諸問題を設例16-3〜16-6で説明しよう。

設例16-3　自製か購入か（平成22年第Ⅰ回短答式　問題18を改変）

　B社では現在、自社で製造し最終製品にも組み付けている部品αを、外部のサプライヤーからの購入に切り替えるべきか検討をしている。今後1年間の部品αの必要量は年間3,000個で変更がないと仮定する。部品α1個当たりの材料費は8,000円である。3,000個の部品αを製造するのに必要な従業員は1人で、年間給与は750万円である。その従業員は部品αを製造するために雇用されている。部品αの製造を中止しても雇用は継続され、人件費は同額発生する。部品αの製造を取り止めた場合、この従業員は他の製造ラインに回るが、それに伴ってB社全体として人件費が浮くことも、生産効率が向上することもないとする。また、この部品αを製造している専用機械は、他の用途に転用することも、他社に売却することもできない。この機械は今後2年間で減価償却費が毎年600万円発生する。

　一方、サプライヤーから部品αを3,000個購入する場合、1個9,000円で購入できるが、運送費が新たに年間130万円発生する。購入の場合には、内部副費として倉庫費（自社所有の倉庫の減価償却費）が部品α1個当たり10円予定配賦される。自製の場合、部品αが必要な度に製造するため、倉庫費は予定配賦されない。

　上記の条件に基づいて、当面の1年間に限定し、B社は現在のまま部品αを製造すべきか、あるいは外部のサプライヤーから購入すべきか計算しなさい。

【解答】

　部品3,000個を自製する場合、その材料費2,400万円（= @8,000円×3,000個）は差額原価である。だが部品αを3,000個生産するのに必要な従業員の人件費750万円は、部品αをサプライヤーから購入することになっても雇用が継続され同額が発生するため、埋没原価である。また、この部品を製造するために使用される専用機械の減価償却費も埋没原価である。よって、部品3,000個を自製する場合の差額原価は、材料費2,400万円のみである。

　一方、サプライヤーから部品αを3,000個購入する場合、購入代金2,700万円（= @9,000円×3,000個）と運送費130万円の合計額2,830万円が差額原価となる。なお内部副費としての倉庫費は自社所有の倉庫の減価償却費として発生したもので、これはそもそもこの意思決定の問題とは無関係に、過去の意思決定の結果、発生が決まった埋没原価である。よって、部品3,000個をサプライヤーから購入する場合の差額原価は、購入代金と運送費の合計2,830万円である。

Ⅱ 管理会計編 —373

自製の場合
材料費　　　　@8,000円　×　3,000個　　24,000,000円
差額原価　　　　　　　　　　　　　　24,000,000円

購入の場合
購入代価　　　@9,000円　×　3,000個　　27,000,000円
運送費　　　　　　　　　　　　　　　　1,300,000円
差額原価　　　　　　　　　　　　　　28,300,000円

　以上をまとめれば、部品3,000個を自社で製造する場合の差額原価は2,400万円、部品3,000個をサプライヤーから購入する場合の差額原価は2,830万円であると判明する。よって、自社で製造する方が430万円安く入手することができるため、自製すべきである。

　なお経営構造の変革を伴わない自製か購入かの意思決定は、一般に短期的な観点から行われる。しかし、短期的には有利と判断される代替案であっても、たとえば、外注という代替案を選んだことで社内にノウハウが蓄積されなくなる等、選択次第で長期的な収益性を損なう場合もある。一方、取引を契機にサプライヤーとの関係が深化し、以降の調達をめぐる状況が良化することもある。よって企業間関係の形態が多岐にわたる現代においては、長期にわたる企業全体の収益への影響も十分に勘案した上で、自製か購入かの意思決定を行う必要がある。

設例16-4　半製品を加工すべきか否か

　C社は半製品αとそれに加工を加えた製品βを生産し、半製品αを1個5,500円で、製品βを1個9,000円で販売している。現在、同社のマネジャー等は半製品αの月間販売量を現在よりも900個減らして、その代わりに需要が極めて旺盛な製品βの販売量を増やすべきか検討している。なお半製品αを1個使用して製品βが1個生産される。また半製品αの販売量を減らして製品βの販売量を増やしても、追加の販売費や一般管理費は発生しない。

　製品βを生産するにあたり、半製品α以外の直接材料費として製品β1個当たり2,100円かかる。また製品β1個当たり800円の追加的な直接労務費が必要である。製造間接費の増加は次の変動予算から見積ることが可能である。

月間直接作業時間	6,000時間	6,500時間	7,000時間	7,500時間
製造間接費予算	4,800,000円	5,075,000円	5,350,000円	5,625,000円

　C社は現在、月間6,500直接作業時間で操業を行っている。そして900個の半製品αを加工し、製品βを900個増産するならば、月間直接作業時間は7,000時間に

なると見込まれる。以上より、半製品αのまま販売した方がよいか、あるいは追加加工して製品βとして販売した方がよいか計算しなさい。

【解答】

まずは増分法を用い、現状の半製品αを900個販売している方をベース・ケースとし、半製品αを追加加工して製品βを生産・販売する場合の差額収益並びに差額原価を計算しよう。

差額収益は製品βを9,000円で900個販売することでもたらされる収益810万円（＝@9,000円×900個）である。なお、製品βの「需要が極めて旺盛」との記述から、追加生産した900個はすべて販売可能と考えられる。

一方、追加加工に伴う差額原価には、半製品α以外の直接材料費189万円（＝@2,100円×900個）、直接労務費72万円（＝@800円×900個）、月間直接作業が6,500時間から7,000時間に増加したことで発生する追加の製造間接費27万5,000円（＝5,350,000円－5,075,000円）、さらに半製品αを900個販売し損ねたことによる機会原価495万円（＝@5,500円×900個）がある。これらの合計は783万5,000円である。

<u>追加加工して製品βとして販売する場合</u>

差額収益：	@9,000円	× 900個		8,100,000円
差額原価：				
直接材料費	@2,100円	× 900個	1,890,000円	
直接労務費	@800円	× 900個	720,000円	
追加の製造間接費			275,000円	
半製品αに係る機会原価	@5,500円	× 900個	4,950,000円	7,835,000円
差額利益				265,000円

以上より、追加加工して製品βを生産・販売する場合でも、差額収益が差額原価を上回り差額利益26万5,000円を享受することができるため、半製品αの販売量を900個減らし、製品βを同数生産し販売した方がよい。

なお、上記では増分法で計算したが、総額法を用いた場合、下記のように求めることができる。当然のことながら、2つの代替案間の差額利益の差は増分法の結果と同じである。

<u>半製品αのまま販売する場合</u>

差額収益：	@5,500円	× 900個	4,950,000円
差額利益			4,950,000円

§16

差額原価収益分析

II 管理会計編 —375

追加加工して製品βとして販売する場合

差額収益：	@9,000円	×	900個	8,100,000円
差額原価：				
直接材料費	@2,100円	×	900個	1,890,000円
直接労務費	@800円	×	900個	720,000円
追加の製造間接費			275,000円	2,885,000円
差額利益				5,215,000円

設例16-5　臨時顧客の注文の可否（平成24年第Ⅰ回短答式 問題17を改変）

　D社では、電機メーカー向けに部品αを製造販売している。その生産能力は年間で20,000個であるが、次期の見積操業度は不況のあおりを受けて80%に止まると見込まれる。その見積操業度の下で明日から新年度を迎えようという慌しいときに、某電機メーカーから「次期において部品αを1個当たり2,000円で、2,750個を発注したい」という注文があった。下記の資料に基づいて、この注文を引き受けるべきか否か計算しなさい。

製造原価（部品α1個当たりの見積発生額）

直接材料費（変動費）	200円
直接労務費（変動費）	240円
製造間接費（変動費）	300円
製造間接費（固定費）	250円
	990円

次期の営業費予算（部品αの見積発生額）

変動販売費	1,600,000円
固定一般管理費	2,000,000円
	3,600,000円

なお注文を受けるにあたり上記以外に、次の点にも注意が必要である。

ⓐ 直接労務費は操業度が生産能力の85%以上になると、85%を超える部分について25%増の残業手当を支払う。

ⓑ 製造間接費（固定費）は、次期の見積発生額を見積操業度で除して算出している。

ⓒ 操業度が生産能力の90%以上になるとメンテナンスが必要になり、製造間接費（固定費）が全体で5%増加する。

ⓓ 変動販売費は、部品α1個当たりの変動費に、次期の見積操業度を乗じて算出している。

【解答】

この問題でも増分法を用い、注文が入っていない現状をベース・ケースとし、臨時顧客から注文が入った場合の差額収益ならびに差額原価を計算しよう。

差額収益は部品αを2,000円で2,750個販売することでもたらされる収益550万円（＝＠2,000円×2,750個）である。

一方、追加加工に伴う差額原価には、直接材料費55万円（＝＠200円×2,750個）、直接労務費66万円（＝＠240円×2,750個）、変動製造間接費82万5,000円（＝＠300円×2,750個）がある。2,750個の注文を引き受けると、D社の次期の生産量は18,750個（＝20,000個×80％＋2,750個）で、操業度は93.75％に達する。そのため直接労務費に係る残業手当10万5,000円（＝（＠240円×25％）×（20,000個×（93.75％－85％）））や、固定製造間接費の追加発生額20万円（＝（＠250×（20,000個×80％）×5％））も差額原価である。さらに、変動販売費の追加発生額27万5,000円（＝（1,600,000円／（20,000個×80％））×2,750個）も差額原価である。これらの合計額は261万5,000円である。

臨時注文を引き受ける場合

差額収益：

	＠2,000円	×	2,750個		5,500,000円	

差額原価：

直接材料費	＠200円	×	2,750個	550,000円	
直接労務費	＠240円	×	2,750個	660,000円	
	＠60円	×	1,750個	105,000円	
変動製造間接費	＠300円	×	2,750個	825,000円	
追加の固定製造間接費				200,000円	
変動販売費	＠100円	×	2,750個	275,000円	2,615,000円
差額利益					2,885,000円

以上より、臨時注文を引き受けた場合、差額利益288万5,000円を享受することができるため、この注文を引き受けた方がよい。

設例16-6　製品・セグメントを廃止すべきか否か

多くの商品を取り揃えている食品スーパーのE社は現在、惣菜に力を入れている。E社の惣菜部門は「サラダ」、「煮物」、「揚物」、「丼」の4つの分野から成っている。同社では商品別損益計算書を通じて営業活動を管理しているが、ここ数カ月間、「煮物」の営業状況が思わしくなく、「煮物」の販売を止めるべきか検討している。過去12カ月の平均的な毎月の「サラダ」、「煮物」、「揚物」、「丼」の損

益計算書は下記のとおりである。この資料に基づいて「煮物」を廃止すべきか計算しなさい。

	サラダ	煮物	揚物	丼
売上高	1,800,000円	1,400,000円	1,600,000円	1,600,000円
売上原価	530,000円	540,000円	510,000円	580,000円
粗利	1,270,000円	860,000円	1,090,000円	1,020,000円
その他の変動費	120,000円	190,000円	160,000円	160,000円
貢献利益	1,150,000円	670,000円	930,000円	860,000円
個別固定費	180,000円	180,000円	180,000円	200,000円
共通固定費	675,000円	525,000円	600,000円	600,000円
営業利益（損失）	295,000円	△35,000円	150,000円	60,000円

なお、E社では固定費を個別固定費と共通固定費とに区分し、各分野のために発生したことが明らかな固定費を個別固定費、惣菜部門で共通的に発生した固定費を共通固定費としている。共通固定費は各分野の売上高に応じて配賦している。

【解答】

この問題では、まず「煮物」を廃止することに伴う回避可能原価と回避不能原価とを峻別する必要がある。貢献利益を算出する過程で登場する売上原価や変動費は回避可能原価である。また各製品やセグメントに直接跡づけることができる個別固定費も製品やセグメントの廃止とともに回避可能な原価である。一方、共通固定費は製品やセグメントを廃止しても、その発生は回避できない。

よって回避可能原価と回避不能原価に注意して、「煮物」を継続させた場合と廃止した場合の惣菜部門全体の損益計算書を作成すると、以下のようになる。

	継続する場合	廃止する場合	差額
売上高	6,400,000円	5,000,000円	△1,400,000円
売上原価	2,160,000円	1,620,000円	△540,000円
粗利	4,240,000円	3,380,000円	△860,000円
その他の変動費	630,000円	440,000円	△190,000円
貢献利益	3,610,000円	2,940,000円	△670,000円
個別固定費	740,000円	560,000円	△180,000円
共通固定費	2,400,000円	2,400,000円	0円
営業利益（損失）	470,000円	△20,000円	△490,000円

計算の結果、「煮物」を廃止した場合、差額損失が49万円発生し、しかも営業損失を2万円計上してしまう。したがって、「煮物」を廃止すべきではないという結論が導かれる。この計算方法は総額法である。

一方、継続する場合をベース・ケースとして増分法でも計算してみよう。廃止する場合の差額収益は回避可能な売上原価54万円、その他変動費19万円、個別固定費18万円の合計額91万円である。それに対し、差額原価は「煮物」の売上を失ってしまうことによる機会原価140万円である。よって総額法と同様、差額損失49万円と計算される。

　廃止する場合

差額収益：

回避可能な売上原価	540,000円	
回避可能なその他の変動費	190,000円	
回避可能な個別固定費	180,000円	910,000円

差額原価：

「煮物」売上高を失う機会原価		1,400,000円
差額損失		△490,000円

§16

差額原価収益分析

II 管理会計編 —*379*

3．最適セールス・ミックスの意思決定

(1) 組合せの最適化問題

　企業は一般に複数の財やサービスを製造したり販売している。企業が利用できる資源は有限であり、利益の最大化を図るには複数の財やサービスへの資源配分を適切に行わねばならない。儲からないものに稀少な資源を配分すれば、それだけで利益獲得の機会を失うことになる。そこで業務的意思決定として、セールス・ミックス（売上全体に占める各製品の売上の割合をどう組み合わせるか）やプロダクト・ミックス（所与の生産能力内で各製品の生産の割合をどう組み合わせるのか）等、資源の最適な組合せ問題が重要になってくる。

(2) 線形計画法

　稀少資源の配分問題では、線形計画法（linear programming：LP）が利用される。LP とは、複数の1次式を満たす変数の値の中（制約条件）で、非負の変数で表現されたある1次式（目的関数）について、その最大または最小にする値を求める方法である。

　たとえば、k個の変数を $x_1, x_2, \cdots, x_k$ と置くと、最大化の問題は $a_{11}x_1 + a_{12}x_2 + \cdots + a_{1k}x_k \leqq b_1, a_{21}x_1 + a_{22}x_2 + \cdots + a_{2k}x_k \leqq b_2, \cdots, a_{r1}x_1 + a_{r2}x_2 + \cdots + a_{rk}x_k \leqq b_r$ という制約条件ならびに $x_1 \geqq 0, x_2 \geqq 0, \cdots, x_k \geqq 0$ という非負条件の下で、$Z = c_1x_1 + c_2x_2 + \cdots + c_kx_k$ を最大化させる変数を求めるものである。なお、$a_{ij} (i = 1, \cdots, r ; j = 1, \cdots, k), b_i (i = 1, \cdots, r), c_j (j = 1, \cdots, k)$ は定数である。

　LP の適用範囲は広く、様々な計画問題に適用可能である。しかし、LP では制約条件も目的関数も線形（1次関数）で表現できなければならない。現実の問題では、1次式にまとめられない関係もあり、その場合は注意を要する。

　線形計画法では、図解法やシンプレックス法（simplex method）がとられる。図解法は変数が2つならば利用可能だが、それ以上になるとシンプレックス法が用いられる。これは最初に適当な実行可能解を求め、それが最適解

かシンプレックス表を作成して検証し、最適解でなければ徐々に目的関数を大きくする方向へと解を改善させ、最適解に到達するまで解を探っていく解法である。

設例16-7　最適セールス・ミックス（第101回日商簿記検定1級を改変）

　当社は自製部品αとβを使い、最終製品AとBを製造している。当社には部品αライン、部品βライン、総組立ラインがある。部品αラインで部品αが、部品βラインで部品βが生産される。総組立ラインで自製部品に買入部品が組み付けられ、部品α1個から製品A1個が、部品β1個から製品B1個が生産される。なお総組立ラインの単位当たり標準作業時間は両製品とも同じである。次の資料に基づき、最適プロダクト・ミックスの製品AとBの生産量を計算しなさい。

1．各ラインの生産能力

ライン	アウトプット 1単位当たりの標準時間	最大月間稼働時間
部品α専用ライン	0.5時間	500時間
部品β専用ライン	0.8時間	600時間
総組立ライン	2.0時間	3,000時間

2．直接材料費

	直接材料費
部品α　1単位の生産に要する直接材料費	5,000円
部品β　1単位の生産に要する直接材料費	3,500円
製品A　1単位の生産に要する買入部品費	5,200円
製品B　1単位の生産に要する買入部品費	9,500円

3．直接労務費
　　直接労務費はすべて固定給で支払われており、固定費である。

Ⅱ 管理会計編 —381

4．製造間接費

ライン	固定製造間接費	変動製造間接費
部品α専用ライン	2,000,000円	400円／時間
部品β専用ライン	2,000,000円	500円／時間
総組立ライン	5,000,000円	800円／時間

5．製品の販売価格および需要状況

　　製品Aの販売価格は16,000円、製品Bの販売価格は20,000円である。両製品の需要は現在安定している。

【解答】

　まず製品Aの月間生産量をx_a、製品Bの月間生産量をx_bと置こう。

　そして、x_aとx_bの制約条件が何かを調べてみよう。製品Aは部品α、製品Bは部品βを使用するため、部品αと部品βの生産量の制約条件がx_aとx_bの制約条件にもなる。部品α専用ラインの最大月間稼働時間は500時間で、部品α1個当たりの標準時間が0.5時間であることから、その最大月間生産量は1,000個（＝500時間÷0.5時間／個）である。部品α1個につき製品Aが1個生産されるため、部品α専用ラインに由来する制約条件は (1) $x_a \leqq 1,000$ となる。

　同様に部品β専用ラインの最大月間稼働時間は600時間で、部品α1個当たりの標準時間が0.8時間であることから、その最大月間生産量は750個（＝600時間÷0.8時間／個）である。部品β1個につき製品Bが1個生産されるため、部品β専用ラインに由来する制約条件は (2) $x_b \leqq 750$ と判明する。

　製品Aと製品Bを生産する総組立ラインの最大月間稼働時間は3,000時間である。製品Aも製品Bも標準時間が2.0時間であるため、総組立ラインに由来する制約条件は (3) $2x_a + 2x_b \leqq 3,000$ となる。

　(1)、(2)、(3)の条件下におけるx_aとx_bの最適なプロダクト・ミックスとは、両製品からもたらされる貢献利益が最大化するときである。販売価格から単位当たり変動費を差し引くことで、製品Aと製品Bの単位当たりの貢献利益が計算される。

	製品A		製品B	
販売価格		16,000円		20,000円
部品専用ライン：				
直接材料費		5,000円		3,500円
変動製造間接費	@400円／時間×0.5時間	200円	@500円／時間×0.8時間	400円
総組立ライン：				
買入部品費		5,200円		9,500円
変動製造間接費	@800円／時間×2.0時間	1,600円	@800円／時間×2.0時間	1,600円
単位当たり変動費		12,000円		15,000円
単位当たり貢献利益		4,000円		5,000円

製品Aの単位当たりの貢献利益は4,000円、製品Bは5,000円である。よって、x_aとx_bの最適プロダクト・ミックスが実現した場合の貢献利益の合計額をZと置くならば、この問題における目的関数は $Z = 4,000x_a + 5,000x_b$ となる。

以上をまとめれば、この問題は以下のようにまとめることができる。

目的関数：$Z = 4,000x_a + 5,000x_b$
制約条件：(1) $x_a \leq 1,000$ ， (2) $x_b \leq 750$ ， (3) $2x_a + 2x_b \leq 3,000$
非負条件：$x_a \geq 0$ ， $x_b \geq 0$

図解法に基づいて、上記をすべて書き込めば**図表16-2**を作成することができる。網掛け部分は(1)、(2)、(3)の制約条件で規定された実行可能領域である。実行可能領域内の組合せで、点線の目的関数が最大化するのは①の点（x_a: 750個、x_b: 750個、Z: 6,750,000円）を通るときである。したがって、最適プロダクト・ミックスは貢献利益675万円がもたらされる製品Aを750個、製品Bを750個生産したときである。

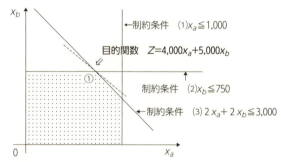

図表16-2　図解法に基づく解法

4. 価格決定の意思決定

(1) 会計モデルに基づく価格決定

　マネジャーにとって財やサービスの価格決定（pricing decision）は重要な意思決定である。価格決定は会計学以外にも、経済学やマーケティング等の様々なアプローチがあるが、ここでは会計モデルに基づいて説明する。

　会計モデルに基づく価格決定では、原価を基礎に販売価格が決められる。原価の計算方法には、全部原価法（full costing pricing）と部分原価法がある。

(2) 全部原価法

　全部原価法とは財やサービスの単位当たり全部原価を計算し、これに一定の利益を加算して価格を決定する方法で、コスト・プラス法（cost plus profit pricing）ともいう。全部原価とは製造原価に営業費（販売費及び一般管理費）を加えた総原価を指す。全部原価に加算する利益の設定方法には、① 総原価法、② 加工費法、③ 目標投下資本利益率法、④ 売上高利益率法等がある。

(3) 部分原価法

　全部原価法では、単位当たりの変動費に生産量で按分して算出される単位当たりの平均固定費を合算して、財やサービスの単位当たり原価が計算される。だが、この方法では追加生産を行った場合に、原価がいくら追加的に発生し、その追加分1単位当たりの原価がいくらかがわからない。全部原価法では最初に生産した分と追加生産分とを区別せず、一定期間内で生産されたすべての量で按分計算するため、最初に生産した分も追加生産分も同額になるからである。

　追加生産したことで発生する原価は変動費と追加的な固定費から構成され、その追加生産物の販売価格はこの原価に基づいて設定されるべきである。そこで、追加生産された財・サービスの価格決定には部分原価法が適切

とされる。

部分原価法には、直接原価計算法（pricing based on direct costing）と増分分析法（incremental approach）がある。直接原価計算は**§11**で説明されたとおりである。一方、増分分析法は差額原価収益分析に拠る方法である。

設例16-8　増分分析法に基づく価格決定

F社は甲社から注文を受け、特注部品αを2,000個完成させた。この注文の売上高は3,900,000円（＝@1,950円×2,000個）、総原価は次のとおりである。

直接材料費	（200円/kg	×	2.5kg）	×	2,000個	1,000,000円
直接労務費	（150円/時間	×	2時間）	×	2,000個	600,000円
製造間接費配賦額：						
変動費	（100円/時間	×	2時間）	×	2,000個	400,000円
固定費	（250円/時間	×	2時間）	×	2,000個	1,000,000円
販売費・一般管理費（すべて固定費）						600,000円
総原価						3,600,000円

だが、特注部品αを出荷しようとした直前、甲社が倒産し、注文がキャンセルされた。そして今、話を聞きつけた乙社が、特注部品αに加工を施して特注部品βにするならば、2,000個すべてを買い取るとF社に申し出た。なお、2,000個分の特注部品αを特注部品βへと加工するには次のコストを要する。

直接材料費	（300円/kg	×	1kg）	×	2,000個	600,000円
直接労務費	（150円/時間	×	3時間）	×	2,000個	900,000円
素価						1,500,000円

また、今年度分の予算に基づいて、F社は製造間接費および販売費・一般管理費を次のように配賦している。

製造間接費配賦額：
　　変動費率：100円/時間（配賦基準は直接作業時間）
　　固定費率：250円/時間（配賦基準は直接作業時間）
販売費・一般管理費（すべて固定費）：製造原価の20%を配賦

乙社から購入打診があるが、F社には特注部品αを見切り品（B級品）として市

Ⅱ 管理会計編 —*385*

販する選択もあり、見切り品としてならば、700,000円（＝@350円×2,000個）で売れる目算がある。もし、F社が乙社の申し出を受けるならば、いくら以上の販売価格を付けるべきか計算しなさい。

【解答】

　この問題では、まず特注部品αに係る総原価360万円が埋没原価になることを理解する必要がある。その上で、特注部品αを特注部品βに加工して乙社に販売する選択肢をベース・ケースとする差額原価収益分析の増分法（増分分析法）を使えば、解答可能である。

　まず、乙社に売る特注部品βの販売価格をx円とすると、差額収益は2,000x円である。

　一方、差額原価は特注部品βへと加工に要する原価と、見切り品として販売する場合の機会原価70万円（＝@350円×2,000個）の合計である。

　特注部品βへと加工するには、直接材料費60万円（＝@300円×2,000個）、直接労務費90万円（＝@450円×2,000個）がかかる。また直接労務費のデータより、特注部品βへと加工する1個当たりの直接作業時間が3時間であるとわかり、変動製造間接費は60万円（＝100円／時間×6,000時間）である。そして、固定製造間接費や販売費及び一般管理費は、特注部品βへと加工する際に追加的に発生する原価ではないため、無関連原価である。

　よって、差額原価は280万円とわかる。

加工して特注部品βを乙社に販売する場合

直接材料費	（300円／kg　×　1kg）	×　2,000個	600,000円
直接労務費	（150円／時間　×　3時間）	×　2,000個	900,000円
製造間接費配賦額：			
変動費	（100円／時間　×　3時間）	×　2,000個	600,000円
見切り品を販売した場合の機会原価	@350円	×　2,000個	700,000円
差額原価			2,800,000円

　したがって、差額収益2,000x円≧差額原価2,800,000円を満たす解を求めればよい。よって特注部品βへと加工し、乙社に売る場合の販売価格は1,400円以上（＝2,800,000円／2,000個）である。

5．経済的発注量モデル

(1) 在庫関連の原価

　商品や材料等を発注する際、企業は購入代価のみならず在庫関連の原価も考慮して意思決定する。考慮されるコストには発注費（ordering cost）、保管費（carrying cost）、品切れコスト（stockout cost）がある。

　発注費とは発注業務に関わるコストで、発注回数に比例して発生する。発注費には注文先への通信費、注文伝票の作成事務費等がある。また、保管費とは在庫量（在庫金額）の変化とともに発生する原価で、これには倉庫管理費、保険料、棚卸減耗費等が含まれる。そして、品切れコストとは材料や商品等の在庫が無いために製造や販売ができず発生した費用や逸失利益のことであり、連絡費、違約金等の現金支出原価があるが、ほぼ大部分は機会原価が該当する。

(2) 経済的発注量

　発注の方法には、一定の発注量を不定期に発注する定量発注方式と、不定の量を一定間隔で発注する定期発注方式がある。前者の定量発注方式をとると、毎回発注量が同じであるため、在庫関連の原価を最小にする発注量があるはずである。その算出モデルを経済的発注量モデル（economic-order-quantity decision model：EOQ model）という。ある期間中の在庫関連の総原価をC、1回当たりの発注量をQ、当該期間中の需要量をD、1回当たりの発注費をP、当該期間中の在庫1単位当たりの保管費をSとすると、**図表16-3**のように定量発注方式を図示することができる。

　また、ある期間中の総発注費、総保管費、在庫関連の総原価は次のような数式で表現できる。

$$総発注費 ＝ 1回当たりの発注費(P) \times \frac{当該期間中の需要量(D)}{1回当たりの発注量(Q)} ＝ \frac{PD}{Q} \cdots\cdots(1)$$

$$総保管費 ＝ 在庫1単位当たりの保管費(S) \times 平均在庫量\left(\frac{Q}{2}\right) ＝ \frac{SQ}{2} \cdots\cdots(2)$$

Ⅱ 管理会計編 —*387*

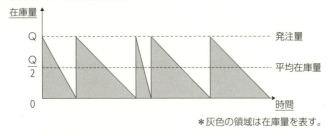

図表16-3　定量発注方式

＊灰色の領域は在庫量を表す。

$$在庫関連の総原価（C）= \frac{PD}{Q} + \frac{SQ}{2} \cdots\cdots (3)$$

在庫関連の総原価（C）を最小にする発注量を求めるには、上記の(3)をQで微分して解けばよい。Q>0より経済的発注量（EOQ）は次のように求められる。

$$EOQ = \sqrt{\frac{2PD}{S}} = \sqrt{\frac{2 \times 1回当たりの発注費 \times 当該期間中の需要量}{在庫1単位当たりの保管費}}$$

なお、経済的発注量は**図表16-4**のように示される。

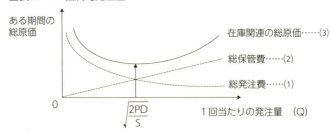

図表16-4　経済的発注量

設例16-9　経済的発注量モデル（平成23年第Ⅱ回短答式　問題18を改変）

　G社は次の資料に基づき経済的発注量を求めたが、運転資金の調達等の制約があるため、実際には経済的発注量より100ロット少ない数量で発注を行っている。これにより年間いくらのコスト増加を余儀なくされるか計算しなさい。

　なお100ロット少ない数量で発注しても、資料の各条件は変わらない。また保管

費と発注費はそれぞれ平均在庫量と発注回数に比例して発生し、安全在庫の保有
や品切れにかかるコストは考慮しないものとする。

1. 材料の年間予定総消費量　　　　120,000ロット
2. 材料1ロット当たりの年間保管費　　1,200円
3. 発注1回当たりの発注費　　　　　4,050円

【解答】

まず、

$$EOQ = \sqrt{\frac{(2 \times 1 回当たりの発注費(4,050円) \times 当該期間中の需要量(120,000ロット))}{(在庫1単位当たりの保管費(1,200円))}}$$

を求めると、EOQ＝900ロットと算出される。この経済的発注量で発注を行えば、在庫関連の総原価は1,080,000円（＝$\frac{4,050円 \times 120,000ロット}{900ロット} + \frac{1,200円 \times 900ロット}{2}$）となる。

一方、実際の発注量は800ロット（＝900ロット－100ロット）で、在庫関連の総原価は1,087,500円（＝$\frac{4,050円 \times 120,000ロット}{800ロット} + \frac{1,200円 \times 800ロット}{2}$である。よって経済的発注量よりも100ロット少ない量で発注を行う場合、7,500円（＝1,087,500円 － 1,080,000円）のコスト増加を余儀なくされる。

(3) 発注点在庫量

経済的発注量が決まれば、次にいつ発注すべきかが問題となる。いつ発注すべきかの発注点在庫量（reorder point：ROP）は次のように表現される。

ROP＝1日当たりの在庫消費量×発注から納入までの時間

通常、企業は安全在庫を保有するため、実際には次のように計算される。

ROP＝1日当たりの在庫消費量×発注から納入までの時間＋安全在庫量

参考文献

〔1〕太田哲三・黒澤清・佐藤孝一・山下勝治・番場嘉一郎 監修『原価計算辞典』中央経済社　1968年

〔2〕大塚宗春『意思決定会計講義ノート』税務経理協会　2001年

〔3〕岡本 清『原価計算 6訂版』国元書房　2000年

〔4〕櫻井通晴『管理会計 第6版』同文館出版　2015年

〔5〕廣本敏郎・挽 文子『原価計算論 第3版』中央経済社　2015年

§17
投資計画の経済性計算

1．投資計画に付随する基礎概念

(1) 投資計画と資本予算

　投資とは資本を資産に投下することである。その意味では、資本を固定資産はもちろん、証券や在庫等の流動資産に充てることを指して、投資という。その一方で、投資とはある特定の資産に資本を拘束することとも表現される。その側面を強調する場合、拘束が長期に及ぶ固定資産への投資にはより熟慮が求められる。固定資産への投資には、不動産、設備、他社を支配するための有価証券等と様々な形がある。本章ではこうした固定資産への投資を前提に説明する。

　投資を行うには、それに係る個別計画（投資計画）を立案して、その採否を意思決定し、その上で投資を実行するための資金計画も策定する必要がある。こうした一連の投資案の策定、評価、採択、資金調達を図るプロセスは資本予算（capital budgeting）や資本支出予算（capital expenditure budgeting）とよばれる（**図表17-1** 参照）。

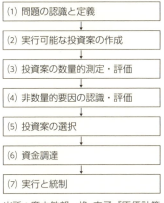

図表17-1　資本予算のプロセス
(1) 問題の認識と定義
(2) 実行可能な投資案の作成
(3) 投資案の数量的測定・評価
(4) 非数量的要因の認識・評価
(5) 投資案の選択
(6) 資金調達
(7) 実行と統制

出所：廣本敏郎・挽 文子『原価計算論　第3版』中央経済社 (2015) p.602

　資本予算プロセスは、(1)～(5)の投資の意思決定（investment decision）という投資計画の立案、経済性計算を含む評価、決裁者等により採否がなされるステップと、(6)資金調達の意思決定（financing decision）という企業全体の長期資金計画と調整して、採択された投資計画の資本をどのような形で賄うのかを決定するステップから構成される。なお、投資計画の経済性計算は図表17-1の(3)のステップで行われる。

(2) 戦略的意思決定の特徴

§16で説明されたように、個別計画に係る意思決定は、経営構造の変革を伴う戦略的意思決定（strategic decision making）と、経営構造の変革を伴わない業務的意思決定（operating decision making）とに分類される。本章で取り上げる固定資産を対象とした投資計画は、戦略的意思決定の対象である。

宮川公男（『新版 意思決定論』中央経済社（2010）pp.307-309）によれば、経営構造の変革を伴って、臨時的に行われる戦略的意思決定には以下の8つの特徴がある。

① 意思決定が1回限りで、特異な性質のものである。そのため過去の経験から判明していることが無いか、少ないことが多い。

② 1回の意思決定で、非常に多くの経済的資源を長期にわたり拘束することが決まるため、それらの資源を長期間、他の代替的用途に用いることができなくなることも考慮しなければならない。

③ 意思決定の対象となる問題が他の問題にも影響を及ぼすような大きなものであることが多い。したがって、意思決定の内容次第で他にも影響を及ぼすことは想定できるが、具体的にどのような影響がどの程度起こるかは諸問題の関係が複雑であったりするため、不明確なことが多い。

④ 長期にわたる問題で、将来に予期せぬ出来事が生じる可能性がある。

⑤ 問題解決の目的さえも所与ではなく、選択すべきものと考える必要がある。そのため、ある目的を達成するために他の目的を犠牲にするトレードオフを覚悟して意思決定せざるを得ないことも起こり得る。

⑥ 問題の解決策が所与の代替案の集合にあるとは限らない。むしろ新たな代替案を意思決定プロセスの中で創案しなければならないことが多い。

⑦ 非数量的な要因も多いため、単に数量的な評価の結果だけではなく、その意思決定の最終責任を負うマネジャーの判断を要することが多い。

⑧ 問題には考慮しなければならない多様な要素が複雑に絡んでいるため、学際的なアプローチが求められることが多い。

(3) 貨幣の時間価値

戦略的意思決定の対象となる投資計画の効果や影響は、比較的長期間にわたって継続し、しかも企業業績に大きな影響を及ぼす。そのため意思決定を

行う際は、各年度の損益というよりも、むしろ投資計画全体の損益に目を向ける必要が生じる。そして、投資計画が長期にわたるものであればあるほど、貨幣の時間価値（time value of money）を無視することができなくなる。

　貨幣の時間価値とは、たとえば同じ10万円でも、現在の10万円の方が未来の10万円よりも高い価値があるというものである。それは貨幣を銀行に預金すれば、受取利息が得られるからである。仮に年利率が10％であった場合、10万円を１年間預金すれば11万円（＝10万円＋10万円×10％＝10万円×（1＋0.1））になる。したがって、現在の10万円と同等価値を有する１年後の価値は11万円である。また１年を超えて預金を行うと、元本のみならず利息にも利息がつく複利（compound interest）で計算される。よって現在の10万円と同等の価値を有する２年後の価値は12万1,000円（＝10万円×（1＋0.1)^2)である。

　これらの例より、年利率（interest rate：r）と年数（number of periods：n）を介在させることで、現在における価値である現在価値（present value：PV）と将来における価値である将来価値（future value：FV）には、**図表17-2**の関係があるとわかる。

図表17-2　現在価値と将来価値の関係

$$FV = PV \times (1 + r)^n \qquad PV = FV \times 1 / (1 + r)^n$$

　図表17-2の左の式は将来価値を求めるためのものである。この$(1 + r)^n$という係数は終価係数とよばれる。

　一方、右の式は将来価値から現在価値を算定する式である。将来価値を現在価値に換算することを、現在価値に割り引く（discount to the present value）と表現する。現在価値に割り引く$1 / (1 + r)^n$という係数を現価係数（present value factor）といい、割り引く際の年利率は割引率（discount rate）ともよばれる。また毎年の現価係数を累算したものが年金現価係数（present value annuity factor）である。

　たとえば、年利率が10％であったとして、１年後、２年後、３年後の10万円という現金を現在価値に割り引くと、**図表17-3**で表されるように、それぞれの現在価値は90,909円、82,645円、75,131円となる。

　投資計画全体の経済性を計算するには、こうした現在価値の視点が必要になってくる。

Ⅱ 管理会計編 —*393*

図表17-3　割引計算の例

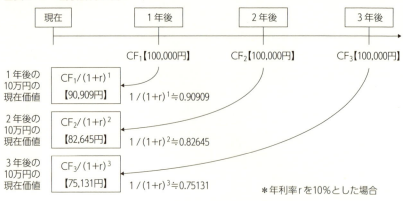

(4) キャッシュフロー

　戦略的意思決定の対象となる投資計画の経済性計算では、貨幣の時間価値を考慮する必要がある。さらに貨幣の時間価値を考慮するならば、発生主義に基づく会計数値ではなく、キャッシュフロー（cash flow：CF）を使用して分析を行う必要が生じる。

　キャッシュフローとは、ある一定期間内に流入/流出する現金あるいは現金同等物（売掛金、買掛金、手形等）のことである。戦略的意思決定でキャッシュフローが用いられるのは、下記の理由による。

① 現行の会計システムでは、減価償却費や繰延資産等のように期間配分の処理が行われ、利益の平準化が重視される。こうした期間配分を通じて会計数値を均すことが許容されるのは、異時点でも同額ならば価値は等しいと考えるからである。これは異時点の貨幣の価値は異なるとする考え方と相違する。

② 現行の会計システムでは、会計処理方法に関して様々な選択が認められている。そのため会計数値には必然的に将来について暗黙的/明示的な予測が付随し、その分、判断や裁量が介入する余地が大きい。これに対し、キャッシュフローの計算には、判断や見積り等の裁量が入る余地が少ない。その結果、様々な処理方法間での数値のブレが低く、会計数値よりも硬度が高い。

投資計画の経済性を計算する上で、キャッシュフローの見積りは恣意性が入る余地が大きく、その見積りは非常に難しい。それ故に計画された投資事業のプロセスを次の３段階に分けて、見積りを行った方が良いとされる。

Ⓐ 営業活動前の正味キャッシュ・アウトフロー

　　投資計画は通常、その対象事業の営業活動が始まるまで初期投資として多額のキャッシュ・アウトフロー（cash outflow）を要する。もし旧設備を新設備に取り替えるような投資計画の場合、旧設備売却によるキャッシュ・インフロー（cash inflow）が生じることもある。その場合は初期投資分と売却分とを相殺させた正味キャッシュ・アウトフロー（net cash outflow）を見積る必要がある。

Ⓑ 営業活動中の年々の正味キャッシュ・インフロー

　　投資事業の営業活動開始後、企業には毎年収益という形でキャッシュ・インフローがもたらされる。他方、営業活動を継続させるにはランニングコストとして修繕費等のキャッシュ・アウトフローも必要なため、正味キャッシュ・インフロー（営業活動開始から間もない場合は正味キャッシュ・アウトフローもあり得る）を見積る際はそれらも考慮する必要がある。

　　投資の結果、課税対象となる利益が発生すれば、利益に税率を掛けた金額を納める必要があり、キャッシュ・アウトフローが生じる。費用を計上すると、課税対象の利益が圧縮され、税金として企業外に流出するキャッシュ・アウトフローが減少する。費用のうち、実際にキャッシュ・アウトフローを発生させる現金支出費用には特段言及すべき点はない。だが、減価償却費のように営業活動中に費用計上されながらキャッシュ・アウトフローを伴わない非現金支出費用には、企業が支払うべき税金を減少させる効果があり、年々のキャッシュフローを見積る際は注意を要する。

　　以上を踏まえれば、営業活動中の年々の正味キャッシュ・インフローは次のように計算される。

年々の正味キャッシュ・インフロー
＝［収益－現金支出費用］（１－実効税率）＋実効税率×減価償却費

　実効税率（effective tax rate）とは法人税、住民税、事業税といった企業の課税所得に対する総合的な課税税率のことである。

　年々の正味キャッシュ・インフローを［収益－現金支出費用］（１－実

効税率）とすると、税金として流出するキャッシュ・アウトフローが過大になる。なぜなら、多くの企業は減価償却費も計上しており、それにより課税対象の利益が減じられ、［実効税率×減価償却費］の分だけ税金としての流出額が少なくなるはずだからである。よって、年々のキャッシュ・インフローを見積る際は［実効税率×減価償却費］の分を戻す必要がある。換言すれば、［実効税率×減価償却費］は法人税等の節税額（タックスシールド：tax shield）を意味する。

ⓒ 営業活動終了後の正味キャッシュフロー

投資事業の営業活動終了時、残余資産の処分により正味キャッシュフローが発生する。処分により発生する正味キャッシュフローは営業活動前の初期投資、あるいは営業活動最終年度の正味キャッシュ・インフローと合算される。実務上は一般に後者の営業活動最終年度の正味キャッシュ・インフローと合算する方法がとられるという（櫻井通晴『管理会計第6版』同文舘出版（2015）p.485）。

設例17-1　キャッシュフロー（平成26年第Ⅱ回短答式 問題16を改変）

　黒字企業のＡ社は現在の機械を新機械αに切り替えることを検討している。新機械αを導入すれば、5年間にわたり毎年、売上増加に伴い営業キャッシュフローが170,000千円増加すると見込まれる。次の資料に基づき、① 新機械αを購入し、現在の機械を売却することによって発生する正味キャッシュ・アウトフロー、② 5年目までの毎年の増分キャッシュフローを計算しなさい。

	現在の機械	新機械α
現在の正味簿価	125,000千円	
取得予定価額		600,000千円
現在の売却額	50,000千円	
減価償却費（年間）	25,000千円	120,000千円

(1) 減価償却は定額法で行っている。また法人税の実効税率は40%である。

(2) 毎年のキャッシュフローは、期末にまとまって発生する。

(3) 機械の購入や売却は現金で行う。売却時の損失は売却時に全額処理する。

(4) キャッシュ・インフローは税引後の額で計算する。

【解答】

　①に係るキャッシュフローは大別して 3 つある。まず新機械 α を購入することによるキャッシュ・アウトフローの600,000千円。そして現在の機械を売却することによるキャッシュ・インフローの50,000千円。さらに現在の機械を正味簿価よりも安く売却したことで売却損が計上され、それにより節税されたキャッシュ・インフローが30,000千円（＝40%×（125,000千円－50,000千円））。以上より、①の正味キャッシュ・アウトフローは520,000千円と計算される。

　②に係るキャッシュフローは 2 つである。 1 つは売上増加による増分キャッシュ・インフローで、その税引後の額は102,000千円（＝170,000千円×（ 1 －40%））である。もう 1 つは減価償却費増加による節税額増の増分キャッシュ・インフローで38,000千円（＝40%×（120,000千円－25,000千円））となる。よって、②の毎年の正味キャッシュ・インフローは140,000千円と計算される。

Ⅱ 管理会計編 —*397*

(5) フリーキャッシュフロー

投資計画の採算性を測る際にキャッシュフローを用い、さらに時間価値を考慮した方法のことを割引キャッシュフロー（discounted cash flow：DCF）法という。DCF法は事業価値や企業価値を評価する際にも用いられる。その場合、年々の正味キャッシュ・インフローにはフリーキャッシュフロー（free cash flow：FCF）が用いられる。

フリーキャッシュフローにおけるフリーとは、企業が自由に配分先を決められるキャッシュという意味である。またフリーキャッシュフローとは、営業キャッシュフローから投資キャッシュフローを差し引いたものであり、次の式で計算される。

FCF＝税引後営業利益（NOPAT）＋減価償却費－設備投資額－増分運転資本

(6) インフレーションによるキャッシュフローの修正

過去において日本でも急激なインフレーションが発生した。今でも高いインフレの国はある。よって投資機会を見積る際、インフレを考慮することは極めて重要である。インフレは、年々のキャッシュフローを評価する際にインフレ率を組み込むことで分析に反映することができる。

たとえば、ある投資計画により毎年1,000万円のキャッシュ・インフローがもたらされ、将来にわたる数年間のインフレ率が年5％と予想されているとする。この場合、1年後のキャッシュ・インフローは1,050万円（＝1,000万円×$(1.05)^1$）、2年後のキャッシュ・インフローは1,102万5,000円（＝1,000万円×$(1.05)^2$）と、3年後は1,157万6,250円（＝1,000万円×$(1.05)^3$）と見積る。終価係数を掛け、将来におけるキャッシュフローの金額を算出するのである。

インフレが進行しているにもかかわらず、投資計画の評価プロセスにインフレ率を組み込まない場合、多くの価値ある投資機会を失ってしまう。なぜなら資金の提供者等はインフレ率を考慮し、資金を提供しているからである。銀行は将来のインフレ率が高いと予測すれば、貸出利子率を高めに設定する。つまり投資計画からもたらされる利益への期待はより高くなる。それにもかかわらずインフレ率を考慮しないならば、インフレ率を考慮した

キャッシュフローの修正が行われないため、将来のキャッシュ・インフロー
を見積る際、その額は相対的に低くなる。その結果、本来、採択されるべき
投資案でも棄却すべきと判断されてしまうのである。

(7) 資本コスト率の計算

　将来における価値を現在価値へと割り引くには、年利率を知らなければな
らない。

　割引とは、ある将来の時点における価値を現在の等価価値に転換すること
である。したがって、年利率になり得る候補には名目利子率や長期利子率等
と様々あるが、割引が必要とされる問題状況を十分に認識した上で、幾つか
の候補から将来価値を現在価値へと適切に転換させるものを選ぶ必要があ
る。

　投資計画は投資家等から資本を調達して初めて遂行できる。通常、投資家
等は複数の選択肢の中から投資先企業を選択する。投資家等にとってある投
資先に資本を投じることは、他の投資先に投資した場合に得られたであろう
利益獲得の機会を犠牲にすることを意味する。投資家等は機会原価
（opportunity cost）を負っている。それ故に、資本が調達されて実行可能に
なる投資計画の年利率には、投資家等の機会原価である期待収益率（expected
rate of return）、すなわち当該企業にとっての資本コスト率（cost of capital）
を用いるべきである。

① 加重平均資本コスト率

　資本コストとは、投資家等が資本の拠出に際して、投資先に求める最低限
の期待利回りのことである。一般に資本コスト率は、負債と株式の加重平均
資本コスト率（weighted average of cost of capital：WACC）により算定され
る。

　対象となる投資計画が本業に関するもので、その事業特性が当該企業の特
性と異ならないのであれば、年利率には当該企業の WACC を用いるのがよ
いとされる。それに対して、ある特定の投資計画が投資家等に紹介されてい
て、投資家等がその計画からもたらされるリターンを期待している場合に
は、その投資計画独自の WACC を計算する必要がある（榊原茂樹・砂川伸
幸編著『価値向上のための投資意思決定』中央経済社（2009）p.124）。

Ⅱ 管理会計編 —399

WACC は次の計算式で求められる。なお、この式における負債額は、有利子負債の時価または簿価で算定される。また企業価値とは負債額と株式時価総額の合計である。

負債で資本を調達する場合、その調達コストは法人税等の計算の際、損金として算入される。つまり前述の減価償却費の節税効果（タックスシールド）と同様、負債として資本調達を行った場合、株式で調達するよりも税率分だけ節税効果がある。負債で調達することによる節税効果を組み入れるため、負債の資本コストには（1－実効税率）が掛けられる。

$$WACC = 負債の税引前資本コスト率 \times （1－実効税率） \times \frac{負債額}{企業価値}$$
$$+ 株式の資本コスト率 \times \frac{株式時価総額}{企業価値}$$

② 資本構成の決定

企業の WACC を投資計画の年利率とした方がよい場合、企業の資本構成（負債額や株式時価総額）がそのまま WACC の計算に使われる。

一方、投資計画独自の WACC を計算する必要がある場合は、上記式の「企業価値」に代えて「総投資額」が使われる。そして当該事業のために調達した負債額および上記式の「株式時価総額」に代わる「自己資本額」が用いられる。自己資本額は総投資額から負債額を控除して算出される。

③ 負債の資本コスト率の推計

WACC の算定に際して、負債の資本コスト率を推計する方法には2つがある。

1つ目は直近の有利子負債利子率（支払利息／期中平均有利子負債額）を用いる方法である。もし有利子負債における短期負債の割合が多い企業の場合、この方法で推定される負債の資本コスト率は短期的なバイアスが掛かるため、長期的な観点から行われる投資計画の資本コスト率としては相応しいものではない。

もう1つの方法は長期社債の利回りを用いる方法である。これは社債データや格付情報を用いて入手される。長期的な投資計画や企業価値評価にはこの方法が適しているとされる（榊原茂樹・砂川伸幸編著、前掲書（2009）pp.59-60）。

また投資計画独自の負債の資本コスト率を算出する場合、負債の資本コス

ト率である支払利息等の利回りは、金銭消費貸借契約や社債契約等によって
特定可能である。

④ 株式の資本コスト率の推計

株主は配当のみならず、株式の値上り益（キャピタルゲイン）も期待して
投資を行う。そのため株式の資本コスト率は配当とキャピタルゲイン双方か
らもたらされる期待収益を反映して推定される。一般に株式の資本コスト率
の推定には、資本資産評価モデル（capital asset pricing model：CAPM）や、
配当割引モデル（dividend discount model：DDM）等が用いられる。

(ⅰ) 資本資産評価モデル（CAPM）による推定

CAPM はマーケットポートフォリオを基準にし、それと個別株式のリ
スク・リターン関係を表したモデルである。このモデルでは、マーケッ
トポートフォリオのリスク・リターン関係が個別株式のリスク・リター
ン関係の基準になり、個別企業の株価は基本的にマーケットポートフォ
リオに連動すると考える。マーケットポートフォリオのリスクプレミア
ムは、マーケット・リスクプレミアムとよばれる。

個別株式のマーケットポートフォリオに対する連動率（感応度）の大
きさをベータ（β）という。マーケットポートフォリオに対する連動率
が低い個別株式のベータは１より小さく、連動率が高い株式のベータは
１より大きくなる。

R_E を個別株式の期待収益率（株式の資本コスト率）、R_F を資産価値の変
動リスクがまったくない安全資産の利子率とすると、個別株式のリスク
プレミアムは $(R_E - R_F)$ と表現できる。さらに R_M をマーケットポート
フォリオの期待収益率とすると、マーケット・リスクプレミアムは $(R_M - R_F)$ と表される。

CAPM に基づけば、$R_E - R_F = \beta (R_M - R_F)$ という関係式が成り立
つ。よって、この式の変形により、個別株式の資本コスト率は下記のよ
うに表せる。

$R_E = R_F + \beta (R_M - R_F)$

なお、安全資産の利子率には長期国債の利回り、マーケット・リスク
プレミアムには過去に実現した TOPIX のリスクプレミアムの平均値を
用いることが実際上は多いとされる（榊原茂樹・砂川伸幸編著、前掲書

Ⅱ 管理会計編 —*401*

(2009) pp.57-59)。

(ii) 配当割引モデル（DDM）による推定

　配当割引モデルでは、あるべき株価は予想される将来の配当の現在価値の合計に等しいという前提に立つ。すなわち下記の式が成り立つと考える。そして、この式を満たす割引率 r を株式の資本コスト率と捉える。

$$現在の株価 = \left[\frac{1\text{年後の配当}}{(1+r)^1} + \frac{2\text{年後の配当}}{(1+r)^2} + \cdots\cdots \right] = \sum_{t=1}^{\infty} \frac{\text{各年の配当}}{(1+r)^t}$$

　ただし、上記式は各年の配当を予測できなければ、資本コスト率も判明しない。各年の配当に規則性がなければ計算は困難である。そこで、一般に配当が永久的に定額であったり、配当が成長するといった仮定が置かれる。

　もし定額配当という仮定を置くと、次の式で株式の資本コスト率 r がわかる。なお、この場合の r は配当利回りと同じ値を示すことになる。

　r ＝配当／株価

　また配当が毎年一定の割合 g で成長するという仮定が置かれるならば、下記で株式の資本コスト率 r が計算される。

$$r = \frac{\text{配当}}{\text{株価}} + \text{配当の成長 } g$$

設例17-2　加重平均資本コスト率の推定

　下記の資料に基づき B 社の加重平均資本コスト率（WACC）を計算しなさい。なお株式の資本コストの推定に際しては CAPM を用いること。

B 社に関わるデータ

有利子負債残高（簿価）	800億円	B 社の長期社債利回り	3.5%
発行済み株式数	1,000万株	B 社株式のベータ（β）	0.7
株価	4,500円		

B社を取り巻く経済データ

実効税率	40%	長期国債利回り	0.8%
マーケット・リスクプレミアム	4％		

【解答】

WACCは負債と株式の資本コスト率の加重平均として計算される。

まず負債の資本コスト率の推定には、支払利息を期中平均の有利子負債額で除す方法もあるが、ここではB社の長期社債の利回りを用いる。この3.5％が負債の資本コスト率となる。

一方、株式の資本コストはCAPMの式 $R_E = R_F + \beta (R_M - R_F)$ に代入することで算出される。計算により、B社の株式の資本コスト率は3.6％（＝0.8％＋0.7×4％）となる。

またB社の資本構成であるが、有利子負債残高が800億円。株式時価総額が450億円（＝4,500円×1,000万株）である。

負債で資本調達した場合、（1－実効税率）分の節税効果がある。その節税効果も考慮した上で、WACCの式にデータを代入してみよう。

$$\text{WACC} = \frac{800億円}{1,250億円} \times (1-40\%) \times 3.5\% + \frac{450億円}{1,250億円} \times 3.6\% = 2.64\%$$

以上の計算より、B社のWACCは2.64％と推定される。B社はこの2.64％を年利率として投資計画の採算性を問うのである。

Ⅱ 管理会計編 —403

(8) 経済命数

投資計画は長期間にわたって企業に影響を及ぼす。したがって、その経済性を評価するには、対象とする計画期間を設定する必要がある。

計画期間の設定に際して、設備等の減価償却費の計算に係る法定耐用年数を用いがちであるが、それは必ずしも妥当とはいえない。なぜなら法定耐用年数は法律で定められた期間に過ぎないからである。たとえば、技術の進歩が安定的ならば、その設備等は耐用年数以上に使うことができるかもしれない。一方、企業間競争が激しく、さらに技術が急速に進歩していれば耐用年数よりも早く陳腐化してしまうかもしれない。そのため、投資計画の経済性を評価する際、その対象期間としては正味キャッシュ・インフローを生み出し続けられる期間がとられる。この期間を経済命数（economic life）や経済的貢献期間という。

(9) 経済性評価尺度の種類

投資計画の経済性評価尺度は大別すると、貨幣の時間価値を考慮するものと考慮しないものがある。様々な手法をまとめたものが**図表17-4**である。

なお正味現在価値法や内部利益率法はキャッシュフローを用い、さらに時間価値を考慮しているため、DCF法の具体的手法と見なされる。

図表17-4　代表的な投資計画の経済性評価尺度

収益性評価基準	貨幣の時間価値	
	考慮しない	考慮する
回収期間	（単純）回収期間法	割引回収期間法 割増回収期間法
金額	原価比較法 投資損益法	正味現在価値法
比率	会計的利益率法	内部利益率法 収益性指数法

出所：上總康行『ケースブック管理会計』新世社（2014）p.89を一部修正

2．時間価値を考慮しない経済性評価尺度

(1) 回収期間法

　回収期間法（payback period method）とは、次の式で投資額を回収するまでの期間を計算する方法である。なお、後述の割引回収期間法や割増回収期間法にも焦点が当てられるようになってより、貨幣の時間価値を考慮しないことを強調して、この回収期間法は「単純」という言葉をつけてよばれることもある。

$$回収期間 = \frac{投資額}{毎年の正味キャッシュ・インフロー}$$

　回収期間法は当初の投資額を回収するのに要する期間を計算し、より回収期間が短い投資計画を有利とする評価法である。それは回収期間が長いほど、投資計画の不確実性やリスクが増すためである。つまり回収期間法は収益性よりも、企業財務上の流動性や経営の安全性を重視した方法である。またマネジャーが予め目標回収期間を設定しておき、それよりも投資計画の回収期間が短ければ、この投資計画は収益性を有していると評価する尺度にもなる。

　多くの日本企業は回収期間法をとっている。それは次の理由による。
① 単純かつ迅速な計算が可能であり、マネジャー等が理解しやすいこと
② 回収期間法に従うと、複数の代替案からリスクの低い投資案を選択しがちになる。こうした回収期間法の特徴は、これは資金調達を間接金融に頼っていて、投下資本の早期回収を望む日本企業の目的と一致していること

　その一方で、回収期間法には投資計画がもたらすキャッシュフローの規模や収益性を度外視したり、投資回収後のキャッシュフローが考慮されない等の欠点があることも指摘されている。

(2) 原価比較法

　原価比較法とは2つ以上の代替案を比較して、より原価の低い投資案を採

II 管理会計編—405

択する評価法である。また、代替案の年額原価を計算することから、年額原価法（annual cost method）ともよばれる。原価比較法は投資案の原価のみを比較する方法であるため、公共事業体や地方自治体等が行うプロジェクトや、取替投資等の評価に適した方法である（櫻井通晴、前掲書（2015）pp.490-491）。

年額原価は次の式で算出される。

年額原価＝資本回収費＋操業費

資本回収費を計算する方法には、年利率を考慮せず毎年の減価償却費をそのまま資本回収費とする方法と、［投資額×資本回収係数］を資本回収費として計算する方法の2つがある。一般に年利率を考慮しているため、後者の方が望ましいとされる。なお資本回収係数は年金現価係数の逆数であり、下記の式で算出される。

年利率×（1＋年利率）^{年数}／［（1＋年利率）^{年数}－1］

操業費はランニングコストともよばれ、労務費、動力費、設備の維持費等を年額で計算したものである。

資本回収費の計算には年利率を考慮する場合もある。だが操業費には貨幣の時間価値が反映されないため、この方法自体は時間価値を考慮しないものになっている。

(3) 投資損益法

投資損益法とは普通の損益計算を投資経済計算に適用したものである（上總康行、前掲書（2014）p.91）。これは、次の計算式によって投資損益を計算し、投資計画の経済性を求める方法である。

投資損益＝投資からの売上高総額－投資額－操業費総額

投資損益自体は、投資計画からいくらの利益がもたらされるかを示すものに過ぎない。だが会計に慣れないマネジャー等にも馴染みのある概念で、投資計画全体の損益を掴むことができる点に、この方法の特長がある。

(4) 会計的利益率法

　会計的利益率法（accounting rate of return method）は投資利益率法（rate of return on investment method：ROI）や投下資本利益率法（rate of return on invested capital method：ROIC）ともよばれる。この方法は平均年間利益を分子、総投資額を分母にして、その比率で投資計画の収益性を計算する方法である。なお、分子の平均年間利益は、投資計画の経済命数期間における正味キャッシュ・インフローの合計から減価償却費を差し引いた金額を、投資計画の予想される貢献年数で除すことで算出される。

$$利益率 = \frac{平均年間利益}{総投資額}$$

$$= \frac{（正味キャッシュ・インフロー合計 - 減価償却費）÷ 年数}{総投資額}$$

　会計的利益率法では分母の総投資額に代えて、平均投資額を用いることもある。平均投資額は総投資額を2で除すことで算出される。これは投下された資本は毎年減価償却により回収されるため、投資の全期間を通じてみれば、投下資本の平均有高が初期投資額の半分と見なせるからである。しかし、この平均投資額を用いての計算は実務上、ほとんどないという（櫻井通晴、前掲書（2015）p.492）。

　会計的利益率法は計算が容易で、会計数値と整合性があるため、実務で広く用いられている。しかし、貨幣の時間価値を考慮しない方法であり、投資が長期にわたると、キャッシュフローの大きさやタイミングが考慮されないといった欠点もある。したがって、会計的利益率法はそれ単独では投資計画の経済性を評価する尺度としては信頼できないと指摘される。

設例17-3　回収期間法①

　C社は1,250億円の支出を要する投資案を検討している。この計画を実施すれば、今後20年にわたり毎年210億円の正味キャッシュ・インフローがもたらされると見込まれる。この投資案の回収期間を計算しなさい。

【解答】

回収期間法によれば、5.95年（≒1,250億円 /210億円 / 年）で回収される。

設例17- 4　回収期間法②

D 社は2,000億円の支出を要する投資案を検討している。この計画を実施すれば、今後 6 年にわたり次のような正味キャッシュ・インフロー（NCIF）がもたらされると見込まれている。この投資案の回収期間を計算しなさい。なお各年のキャッシュフローは年間を通じて平均的に発生する。

年	1 年目	2 年目	3 年目	4 年目	5 年目	6 年目
NCIF	520億円	780億円	930億円	980億円	870億円	750億円

【解答】

資料に基づけば、投資案は 3 年目のいずれかの時点で投資額が回収される。

	期首未回収残高	NCIF	期末未回収残高
1 年目	△2,000億円	520億円	△1,480億円
2 年目	△1,480億円	780億円	△700億円
3 年目	△700億円	930億円	230億円
4 年目	回収済み		

2 年目終了後のいずれかの時点で回収される。回収期間法に 3 年目の数値を入れると、回収期間は2.75年（≒ 2 年＋700億円 /930億円 / 年）と判明する。

設例17- 5　原価比較法

E 市は200億円の構造物への投資を検討している。この投資による年々の操業費は 5 億円で、経済命数は30年である。また同市は公債を発行し、その利回りは0.5％ である。この投資案の年額原価を計算しなさい。資本回収費の計算に際しては資本回収係数を用いること。なお、経済命数30年、利回り0.5％ の資本回収係数は0.036である。

408

【解答】

　本投資案の資本回収係数は0.036（≒0.005×（1＋0.005)^{30}／〔(1＋0.005)^{30}－1〕）である。よって、資本回収費は7億2,000万円（＝200億×0.036）となり、操業費を加えた年額原価は12億2,000万円と計算される。

設例17-6　投資損益法および会計的利益率法

　F社は投資額8,000万円、経済命数10年の設備投資を検討している。この投資により毎年1,320万円の売上増加が見込まれる。毎年の操業費は40万円である。毎年の売上高や操業費はその年のキャッシュフローとして発生する。なお設備の耐用年数も10年、減価償却費は定額法で計算され、残存価値は0円である。この投資案の①投資損益ならびに②会計的利益率を計算しなさい。

【解答】

　①投資損益法によれば、投資損益は4,800万円（＝1,320万円／年×10年－8,000万円－40万円／年×10年）と計算される。

　②会計的利益率を計算するには、まず平均年間利益を把握せねばならない。平均年間利益は480万円（＝〔(1,320万円－40万円)／年×10年－8000万円〕/10年）である。よって会計的利益率は6％（＝480万円/8,000万円）と計算される。

Ⅱ 管理会計編 —*409*

3．時間価値を考慮した経済性評価尺度

(1) 割引回収期間法と割増回収期間法

　回収期間法には、貨幣の時間価値を考慮した割引回収期間法（discounted payback period method）や割増回収期間法（premium payback period method）といった方法もある。

　高度経済成長期の日本企業は証券市場が未成熟であったため、主に金融機関からの間接金融に頼り設備投資を行ってきた。このような経緯から、金融機関への支払利息（資本コスト）も考慮するよう工夫されたこれらの方法が生み出され、広く利用されるようになったという（上總康行、前掲書（2014）pp.98-99）。

　また資本コストを考慮するために、回収期間法に貨幣の時間価値を包含することは合理的であるとされる。それは貨幣の時間価値を考慮するために年利率が計算過程に組み込まれたことで、回収期間が長くなり、計算結果が保守的な結論になるからである。これは貸し手側である金融機関側にとってリスク対応策として好都合な点である（櫻井通晴、前掲書（2015）p.495）。

　2つの方法のうち割引回収期間法であるが、この方法ではまず初期投資後、営業活動中に回収される各年の正味キャッシュ・インフローを現在価値に割り引く。その後、割り引かれた正味キャッシュ・インフローを累算していき、いつ投資額が回収されるかを計算する（廣本敏郎・挽 文子、前掲書（2015）pp.606-607）。

　一方、割増回収期間法は、金融機関の融資条件が回収期間の計算式に組み込まれている。すなわち、金融機関への資本コストも回収しなければならない投資額の一部とみなす。そのため割増回収期間法では、以下のように分子を［投資額＋資本コスト］にして、回収期間を計算する。

$$割増回収期間 = \frac{投資額＋資本コスト}{毎年の正味キャッシュ・インフロー}$$

設例17-7　割引回収期間法

G社は新型機械導入のために、3,200万円の支出を要する投資案を計画した。この計画を実施すれば、今後6年にわたり次のような正味キャッシュ・インフロー（NCIF）がもたらされると見込まれている。各年のキャッシュフローは年間を通じて平均的に発生する。

年	1年目	2年目	3年目	4年目	5年目	6年目
NCIF	500万円	880万円	930万円	980万円	940万円	750万円

G社の資本コスト率は5.5%であり、その1～6年目の現価係数は下記のとおりである。

年	1年目	2年目	3年目	4年目	5年目	6年目
現価係数	0.9479	0.8985	0.8516	0.8072	0.7651	0.7252

この投資案の回収期間を、割引を考慮して計算しなさい。

【解答】

各年の正味キャッシュ・インフローを現在価値に割引し、それを投資額から引いていくと下記の表のようになる。

	期首未回収残高	NCIF	NCIFの現在価値	期末未回収残高
1年目	△32,000,000円	5,000,000円	4,739,500円	△27,260,500円
2年目	△27,260,500円	8,800,000円	7,906,800円	△19,353,700円
3年目	△19,353,700円	9,300,000円	7,919,880円	△11,433,820円
4年目	△11,433,820円	9,800,000円	7,910,560円	△3,523,260円
5年目	△3,523,260円	9,400,000円	7,191,940円	3,668,680円
6年目	回収済み			

4年目終了後のいずれかの時点で回収される。回収期間法に5年目の数値を入れると、回収期間は4.49年（≒4年＋3,523,260円／7,191,940円／年）と判明する。

Ⅱ 管理会計編 —411

設例17-8　割増回収期間法

H社は新店舗建設のために、1億円の支出を要する投資案を計画した。この計画を実施すれば、今後10年にわたり正味キャッシュ・インフロー（NCIF）が毎年2,700万円もたらされると見込まれている。なおH社ではこの投資に係る資金1億円を、下記の条件で銀行からの借入で賄う予定である。

借入額：	1億円	利率：	7.5%
借入期間：	5年間	返済条件：	毎年度末に元利均等返済

この投資案の回収期間を割増回収期間法により計算しなさい。

【解答】

割増回収期間法で計算するには、分母の［投資額＋資本コスト］を算定する必要がある。まず資本コストであるが、この借入によりどれくらいの支払利息が発生するかを計算する必要がある。資本回収係数は元利均等償還率ともよばれ、支払利息を付しながら借入金を均等に返済する際に用いられる。H社の場合の資本回収係数は0.2471…（≒0.075×$(1+0.075)^5$/［$(1+0.075)^5-1$］）であり、毎年度末の返済額は約24,716,471.8円となる（**図表17-5**参照）。

以上より、銀行に返済すべき支払利息の総額が23,582,359円（＝24,716,471.8円/年×5年－1億円（借入額））であるとわかる。よって、分子の［投資額＋資本コスト］は123,582,359円（＝1億円（投資額）＋23,582,359円（資本コスト））で、割増回収期間は4.58年（≒123,582,359円/27,000,000円）と計算される。

図表17-5　元利均等返済

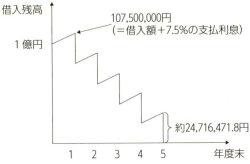

(2) 正味現在価値法

正味現在価値法（net present value method：NPV）は、まず投資計画からもたらされる年々のキャッシュ・インフローやキャッシュ・アウトフローを一定の割引率で割り引く。そしてキャッシュ・インフローの現在価値の合計から、初期投資およびキャッシュ・アウトフローの現在価値の合計を控除して正味現在価値を計算する方法である。その計算式は下記のとおりである。

$$NPV = \left[\frac{P_1}{(1+r)^1} + \frac{P_2}{(1+r)^2} + \cdots + \frac{P_n}{(1+r)^n} \right] - \left[I_0 + \frac{I_1}{(1+r)^1} + \frac{I_2}{(1+r)^2} + \cdots + \frac{I_m}{(1+r)^m} \right]$$

$P_1, P_2, \cdots, P_n$	n年目までの年々のキャッシュ・インフロー
I_0	初期投資
$I_1, I_2, \cdots, I_m$	m年目までの年々のキャッシュ・アウトフロー
r	割引率

正味現在価値法を用いる場合、正味現在価値が正（0より大きい）ならばその投資案を採択し、負（0より小さい）ならば棄却すべきと判断される。また2つ以上の投資案を比較する場合、正味現在価値がより大きな投資案がより有利と評価される。

経済命数におけるキャッシュフローを現在価値に換算する割引率には、マネジャー等の当該投資計画に対する期待収益率や所要利益率が用いられる。なお設定に際して少なくとも資本コスト率を上回らなければならないため、資本コスト率は最低所要利益率にもなる。

正味現在価値法は絶対額として計算されるため、その投資計画の投資効率を測ることができない。そのため後述の収益性指数が用いられることがある。

設例17-9　正味現在価値法①

専門食料品店のI社は、あるショッピングセンター（SC）にテナント出店をすべきか検討している。SCに問い合わせたところ物件αが提示され、これについてI社は市場調査を行った。下記のSCとの契約条件、I社の市場調査に基づく予測ならびに投資条件に従った場合、同社は出店をすべきか。5年間の契約期間を経済命数として正味現在価値法で計算しなさい。

SCの契約条件	物件α
保証金（契約期間前）＊	800万円
契約年数	5年
賃料（年額）	340万円＋年間粗利益の12%
退店に係る原状回復費（契約満了時）	380万円

＊契約締結時の保証金は全額、契約満了時に返却される。

I社の市場調査に基づく予測	物件α
営業開始前の出店準備費用	1,300万円
粗利益（年間）	4,250万円
年間営業費用（賃料・減価償却費以外）＊	1,800万円
陳列棚等の年間減価償却費（定額法）	100万円

＊年間営業費用はすべて現金支出費用である。

【I社の投資条件】
　(1) 保証金、出店準備費用は営業開始前（契約期間前の年度）の現金支出である。
　(2) 粗利益および賃料、減価償却費、営業費用は当該年度末に一括して発生する。
　(3) 原状回復費は契約満了時（契約期間の最終年度末）の現金支出費用である。
　(4) 年々のキャッシュフローは法人税等を考慮して計算する。
　(5) 法人税等の実効税率は40%である。
　(6) 現在同様にI社は将来5年間にわたり、十分な利益を獲得すると見込まれる。
　(7) I社の期待収益率は5%であり、その現価係数は次のとおりである。

年	1年目	2年目	3年目	4年目	5年目
現価係数	0.9524	0.9070	0.8638	0.8227	0.7835

【解答】
　この問題を解答するには、まず契約期間前の正味キャッシュ・アウトフロー、契約期間における年々の正味キャッシュ・インフロー、契約満了時の正味キャッシュフローの金額を知る必要がある。それぞれ整理すると下記のように判明する。

契約期間前の正味キャッシュ・アウトフロー：
保証金	800万円	
出店準備費用	1,300万円	
出店準備費用計上による節税額	△520万円	1,580万円

契約期間における年々の正味キャッシュ・インフロー：

粗利益	4,250万円	
賃料	△850万円	
営業費用	△1,800万円	
税引前正味キャッシュ・インフロー	1,600万円	
法人税等（40%）	△640万円	960万円
減価償却費計上によるタックスシールド		40万円
		1,000万円

契約満了時（最終年度末）の正味キャッシュ・インフロー：

保証金の返却額	800万円	
原状回復費	△380万円	
原状回復費計上によるタックスシールド	152万円	572万円

これらの値を正味現在価値法の式に当てはめると次のようになる。

$$NPV = \left[\frac{1,000万円}{(1+0.05)^1} + \frac{1,000万円}{(1+0.05)^2} + \frac{1,000万円}{(1+0.05)^3} + \frac{1,000万円}{(1+0.05)^4} + \frac{1,000万円}{(1+0.05)^5} \right] - 1,580万円 + \frac{572万円}{(1+0.05)^5}$$

これを展開すると、NPV ＝［(0.9524＋0.9070＋0.8638＋0.8227＋0.7835)×1,000万円］－1,580万円＋［0.7835×572万円］となり、NPVは31,975,620円と計算される。以上より、正味現在価値が正であるため、採算が取れると見込まれ、物件αへの出店を行うべきと評価される。

設例17-10　正味現在価値法②

　消費財メーカーのＪ社は毎年1,200万円の税引後キャッシュ・インフローを得ており、現在の営業方針を堅持すれば今後５年間も同額の正味キャッシュ・インフローを毎年獲得できると見込まれている。現在、Ｊ社では消費者に自社商品をより認知させるため、TVコマーシャルを打とうか検討している。

　TVコマーシャルの制作には１億円のキャッシュ・アウトフロー（COF）が必要である。だが、一度制作すれば、その後は制作し直す必要はない。TVコマーシャルを放映するようになれば、今後５年間にわたり毎年3,750万円の税引後キャッシュ・インフローが得られると予測される。

　Ｊ社の期待収益率が９％であった場合、TVコマーシャルを打つべきか。正味現在価値法で計算しなさい。なおキャッシュフローは年度末に一括して発生するものとする。年利率９％の現価係数は次のとおりである。

年	1年目	2年目	3年目	4年目	5年目
現価係数	0.9174	0.8417	0.7722	0.7084	0.6499

【解答】

この問題は2つの代替案間で、どちらがより多くの差額キャッシュフローを望めるかというものである。したがって、**§16**で示されたように、総額法で解答することも1つの手段だが、現状案をベース・ケースにしてTVコマーシャル制作案を比較する増分法をとった方がより簡単に計算できる。

	現状案	コマーシャル制作	差額
制作に伴うCOF	0円	100,000,000円	△100,000,000円
毎年の税引後CIF	12,000,000円	37,500,000円	25,500,000円

よって、差額キャッシュフローの正味現在価値の正負により、どちらを採択すべきかが判明する。NPVは〔(0.9174+0.8417+0.7722+0.7084+0.6499)×2,550万円−1億〕で求められ、−815,200円と計算される。すなわち正味現在価値が負になるため、TVコマーシャルを制作すべきではないと評価される。

(3) 内部利益率法

　内部利益率法（internal rate of return method：IRR）は、正味現在価値を0にする割引率（r）を求め、それが投資案の所要利益率（required rate of return）やハードルレート（hurdle rate）よりも大きければ投資案を採択し、小さければ棄却するという方法である。内部利益率とは投資案から得られるキャッシュ・インフローの現在価値が、初期投資およびキャッシュ・アウトフローの現在価値と等しくなる割引率のことで、次の高次方程式を満たすrである。

$$\left[\frac{P_1}{(1+r)^1} + \frac{P_2}{(1+r)^2} + \cdots + \frac{P_n}{(1+r)^n} \right] - \left[I_0 + \frac{I_1}{(1+r)^1} + \frac{I_2}{(1+r)^2} + \cdots + \frac{I_m}{(1+r)^m} \right] = 0$$

を満たす r

$P_1, P_2, \cdots, P_n$	n 年目までの年々のキャッシュ・インフロー
I_0	初期投資
$I_1, I_2, \cdots, I_m$	m 年目までの年々のキャッシュ・アウトフロー

　手計算で内部利益率を正確に求めることは困難なため、実務で求める場合、一般に表計算ソフト等が用いられる。もし手計算で行う場合、次の計算手続で内部利益率が推定される。

① 年々のキャッシュフローが異なる場合、まず投資案からもたらされるキャッシュ・インフローとキャッシュ・アウトフローの一覧表を作成する。次に、回収額と投資額が同額になると思われる割引率を任意に設定し、その割引率で投資案の正味現在価値を計算する。正味現在価値が正ならばより高い割引率を、負ならば低い割引率を再設定し、改めて正味現在価値を計算する。この手続を試行錯誤的に何度も繰り返し、正味現在価値が0に最も近づく割引率を探る。

② 年々のキャッシュフローが同額の場合、**設例17-11**のように年金現価係数を用いて推定がなされる。

　なお、内部利益率を推定する過程で試行錯誤法や補間法がとられる。

Ⅱ 管理会計編 —417

設例17-11　内部利益率法

　K社は新型加工機械導入のため1,900万円の支出を要する投資案を計画した。計画案によれば、5年にわたって毎年500万円の正味キャッシュ・インフローが見込まれる。この投資案の内部利益率を推定した上で、K社の資本コスト率が9％であった場合、採択すべきか否かを解答しなさい。なお内部利益率の推定に際しては補間法をとり、下記の現価係数表を用いること。

年度	現価係数						
	6％	7％	8％	9％	10％	11％	12％
1	0.9434	0.9346	0.9259	0.9174	0.9091	0.9009	0.8929
2	0.8900	0.8734	0.8573	0.8417	0.8264	0.8116	0.7972
3	0.8396	0.8163	0.7938	0.7722	0.7513	0.7312	0.7118
4	0.7921	0.7629	0.7350	0.7084	0.6830	0.6587	0.6355
5	0.7473	0.7130	0.6806	0.6499	0.6209	0.5935	0.5674

【解答】

　この問題の内部利益率は、次の式を満たす割引率rを求めることでわかる。

$$\left[\frac{(P_1 - I_1)}{(1+r)^1} + \frac{(P_2 - I_2)}{(1+r)^2} + \frac{(P_3 - I_3)}{(1+r)^3} + \frac{(P_4 - I_4)}{(1+r)^4} + \frac{(P_5 - I_5)}{(1+r)^5} - I_0 \right] = 0$$

　この式における $P_t - I_t$ は500万円であり、I_0 は1,900万円である。これらを代入すると下記のように展開される。

$$\left[\frac{1}{(1+r)^1} + \frac{1}{(1+r)^2} + \frac{1}{(1+r)^3} + \frac{1}{(1+r)^4} + \frac{1}{(1+r)^5} \right] = \frac{1,900万円}{500万円} = 3.8$$

　ここから左辺、すなわち現価係数の1～5年度の合計が3.8になる割引率が本投資案の内部利益率である。割引率6％から12％の1～5年度の現価係数を合計したのが、下記である。なお現価係数の合計は年金現価係数とよばれる。

	6％	7％	8％	9％	10％	11％	12％
1～5 年度合計	4.2124	4.1002	3.9926	3.8896	3.7907	3.6959	3.6048

　ここから年金現価係数が3.8になる内部利益率は、9％（3.8896）と10％（3.7907）の間であるとわかる。よってK社のハードルレートである9％を、この投資案の内部利益率が上回っているため採択すべきと評価される。

なお既に判明している年金現価係数を用い、近似値を内部利益率とする方法を試行錯誤法という。したがって、年金現価係数3.8に近いのは9％よりも10％の割引率であるため、試行錯誤法をとると内部利益率は10％と推定される。
　また補間法を用いて内部利益率は求める際、**図表17-6**をイメージすると容易である。求めるべき内部利益率を（9＋x）％とすると、濃い色のAと淡い色のBという2つの三角形の比を利用することで推定することができる。

図表17-6　補間法による内部利益率の推定

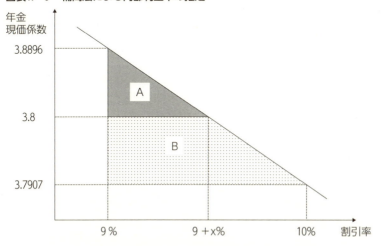

計算式としては、次の式の解を求めればよい。

$$\frac{(3.8896-3.7907)}{1\%} = \frac{(3.8896-3.8)}{x\%}$$

以上より $x ≒ 0.9060\%$ となり、内部利益率は約9.91％と推定される。
　なお、割引率と年金原価係数との関係は高次方程式であり、補間法による解は概算値にすぎない。正確な値は表計算ソフト等に頼るほかない。この問題を表計算ソフト等で検証した場合、内部利益率は9.91％（≒9.9051…％）となる。

(4) 正味現在価値法と内部利益率法

　正味現在価値法と比較して内部利益率法には、次の欠点がある。
① 内部利益率で再投資されるという前提で計算されるため、相互排他的な
　　投資案が並んだ場合、正しい順位づけができないこと
② 内部利益率がマイナスで表されることがあること
③ 2つ以上の内部利益率が計算されることがあること
④ 投資規模が考慮されないため、仮に正味現在価値の規模が倍以上でも、
　　内部利益率が同じならば結論が同じになってしまうこと
　こうした点から、独立投資案の場合は正味現在価値法でも内部利益率法でも常に同じ結論が出されるが、相互排他的な投資案を評価する場合は正味現在価値法で評価した方が良いとされる。

(5) 収益性指数法

　収益性指数法（profitability index method：PI）は現在価値指数法（excess present value index method）ともよばれ、正味現在価値法を補完する方法である。正味現在価値法とは正味現在価値の正負で投資案を評価する方法だが、それだけを計算しても、その投資額に対する資金の効率性がわからない。そこで投資額の異なる複数の代替案から選択を行う場合、投資効率を明らかにするために収益性指数が用いられる。収益性指数は次の式で計算される。

$$収益性指数 = \frac{正味キャッシュ・インフローの現在価値合計}{投資額} \times 100$$

　収益性指数が100%以下の投資案は、資本コストが利益率を超過するため、望ましくないと判断される。
　また収益性指数を、キャッシュ・インフローの現在価値合計を分子に、初期投資およびキャッシュ・アウトフローの現在価値の合計を分母にして計算することもある。

(6) 投資案間の関係と資本配分

2つ以上の投資案があって、1つの投資案を選択したときに、それ以外を却下しなければならない場合、それぞれの投資案は「相互に排他的」であるとされる。一方、ある投資機会が他の投資機会とは互いに無関係である場合、それぞれの投資案は「独立」であると見なされる。

企業活動はすべて資本面での制約がある。投資にも制約があり、それを超過した投資計画が承認されることはない。また、企業は同時に複数の独立投資案を実施することもあるため、資本に制約があるときには、単に投資案を採択したり棄却したりするだけではなく、各投資案の優先順位を決める必要がある。

それぞれの状況における投資案の順位づけは、**図表17-7**のように整理される。

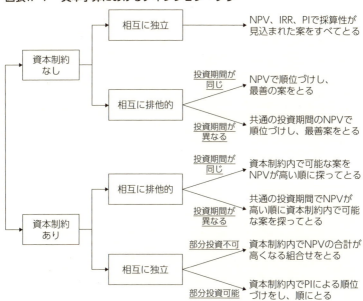

図表17-7 資本予算におけるディシジョン・ツリー

出所：グロービス経営大学院訳『フィナンシャル・マネジメント 改訂3版』ダイヤモンド社（2015）p.349を一部修正

設例17-12　資本制約下の選択（平成25年第Ⅰ回短答式 問題19を改変）

　L社は互いに独立した設備投資案α、β、γ、δ、εについて検討している。投資案α〜εのキャッシュフローは下記のとおりである。

	1年度 期首	1年度 期末	2年度 期末	3年度 期末	4年度 期末	5年度 期末
投資案α	△2,000	600	600	600	600	500
投資案β	△3,000	800	800	900	900	600
投資案γ	△2,000	700	700	700	600	600
投資案δ	△1,500	700	700	500	500	500
投資案ε	△3,000	900	900	800	800	800

（単位：百万円）

　＊1年度期首は初期投資、1年度期末以降は各年の税引後正味キャッシュフローである。

　L社の期待収益率が10％で、1年度期首における資本の制約が5,000百万円、さらに部分投資が不可の場合、どのように投資案を選択すべきか計算しなさい。なお期待収益率10％の現価係数は次のとおりである。

年	1年目	2年目	3年目	4年目	5年目
現価係数	0.9091	0.8264	0.7513	0.6830	0.6209

【解答】

　投資案α〜εを正味現在価値法、収益性指数法で測ったものが下記である。

	投資額	年々CFの 現在価値合計	正味 現在価値	収益性 指数
投資案α	△2,000	2,274.42	274.42	113.72%
投資案β	△3,000	3,238.08	238.08	107.94%
投資案γ	△2,000	2,523.10	523.10	126.16%
投資案δ	△1,500	2,242.45	742.45	149.50%
投資案ε	△3,000	3,281.24	281.24	109.37%

　図表17-7のように、この状況では資本制約内で正味現在価値が高くなる組合せを探る必要がある。その結果、投資案γとδを選択すべきと評価される。

4．投資計画へのリスクへの対応

　投資計画にはリスクが伴う。そのリスクに対応するため、企業は回収期間の短縮化や高い割引率の適用、正味キャッシュ・インフローの見積りの調整、正味キャッシュ・インフローの見積りに期待値を利用、感度分析（sensitivity analysis）等の手段を講じている（廣本敏郎・挽 文子、前掲書(2015) p.638)。

　とりわけリスクの高い投資計画に対しては、リスクの程度に応じて正味キャッシュ・インフローを低めに見積ることがある。このアプローチは確実性等価アプローチ（certainty equivalent approach）とよばれる。

　また正味キャッシュ・インフローに期待値が考慮されると、次のように見積られる。たとえば、ある投資案のX年度における正味キャッシュ・インフローについて、70%の確率で100億円、20%の確率で200億円、10%の確率で300億円が生じると予測されれば、X年度の正味キャッシュ・インフローは140億円（＝100億円×70%＋200億円×20%＋300億円×10%）と見積られる。

　感度分析は対象となる投資計画の基礎にある仮定を変化させた場合に、結果がどのように変化するかを分析するものである。感度分析は投資計画の評価のみならず、管理会計手法を用いる多くの場面で行われるものである。

参考文献

〔1〕 大塚宗春『意思決定会計講義ノート』税務経理協会　2001年
〔2〕 岡本 清・廣本敏郎・尾畑 裕・挽 文子『管理会計 第2版』中央経済社　2008年
〔3〕 上總康行『ケースブック管理会計』新世社　2014年
〔4〕 グロービス経営大学院訳『ファイナンシャル・マネジメント 改訂3版』ダイヤモンド社　2015年〔R.C.Higgins. 2011. *Analysis for Financial Management 10*th *ed*, McGraw-Hill.〕
〔5〕 榊原茂樹・砂川伸幸編著『価値向上のための投資意思決定』中央経済社　2009年
〔6〕 櫻井通晴『管理会計 第6版』同文舘出版　2015年
〔7〕 廣本敏郎・挽 文子『原価計算論 第3版』中央経済社　2015年
〔8〕 宮川公男『新版 意思決定論』中央経済社　2010年

§18

生産／在庫管理と管理会計

1．生産管理

(1) 生産管理の目的

　商品を購入して販売する卸小売業とは異なり、製造業は自ら製品を生産して販売する。すなわち購入した材料を加工し、組み立てることで新たな価値を付与して製品に変え、顧客に販売する。いうまでもなく、生産活動で消費される材料、労働力、機械設備などの経営資源は無限ではない。ところが、近年顧客ニーズの多様化が進んだことで、生産方式は少品種多量生産から、多品種少量ロット生産へと移行した。生産現場では、様々な生産ロットが行き交い、段取替えが増え、機械設備の停止時間が増え、歩留率は悪化し、工程仕掛在庫が増えた。工程混乱である。その結果、製品の品質は悪化し、生産に要する時間は長くなり、管理コストが増え、製品原価は増加した。

　製品は品質が悪ければ売れないし、原価が高くても売れない。また、納期日に引渡しできなければ契約がキャンセルされかねず、ペナルティーも発生する。こうした状況において、競争に勝ち抜くために生産量と生産日程の計画（生産計画）および生産活動の統制（生産統制）、すなわち生産管理の必要性が増してきたのである。

図表18-1　生産管理の目的

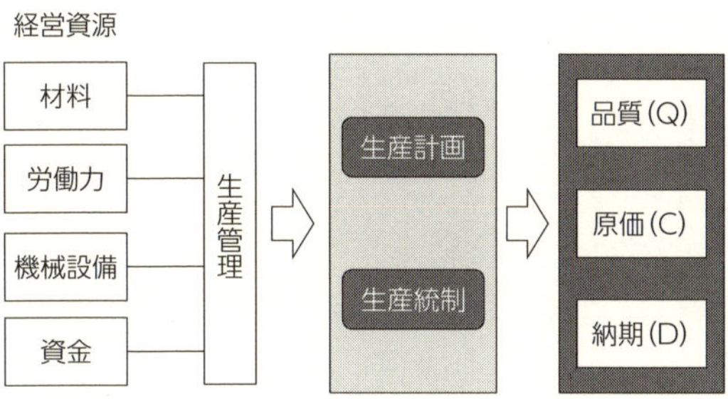

出所：著者作成

Ⅱ 管理会計編 —*425*

(2) 品質（Quality）、原価（Cost）、納期（Delivery）の必要性

なぜ生産活動において品質（Q）、原価（C）、納期（D）の必要性が強調されるのか。

第1に品質管理である。顧客は製品を購入するにあたり、製品に価値ありと認めるがゆえに購入代金を支払うのであるから、販売する製品は支払代金以上の価値がなくてはならない。生産計画や生産統制のまずさゆえに品質を落としてはならない。企業は、合理的な生産管理の下で、加工や組立ての精度を高め、不良を減少させて品質の均一化を図ることが必要になる。

第2に原価管理である。販売価格は市場での需給バランス、あるいは顧客との契約で決まる。顧客は満足に対して代金を支払うから、仕損やムダな作業にかかった原価は、結局は生産者が負担することになる。つまり、販売価格が変わらず原価が増えれば、利益率は低くなる。生産管理は、歩留率の向上、労働力や機械の生産性の向上、設備稼働率の向上を通して原価を引き下げる働きがある。

そして第3は納期の管理である。これには顧客に対する納期と工程管理の2つの意味が含まれる。顧客が製造業である場合、納期遅れは相手企業の生産活動を妨げてしまうことになる。また、顧客が最終消費者の場合、顧客が欲しいときに製品がなければ売損じが生じてしまう。

工程管理についていえば、生産の進捗が遅れれば、仕掛品在庫が増加し、資金繰りの悪化に繋がる。後述するジャスト・イン・システムも制約理論も、工程管理を効果的に行うために考え出された理論である。

(3) 生産形態

品質、原価、納期と密接に関係するのが生産形態である。生産形態には①受注のタイミングによる分類、② 生産する品種と生産量による分類、③ 仕事の流し方による分類がある。

① 受注のタイミングによる分類

いつの時点で受注し生産するかによって、受注生産と見込生産と中間的な生産方式に分けられる。

図表18-2　生産形態

生産形態	生産方式
受注のタイミングによる分類	受注生産
	見込生産
	中間的な生産
生産する品種と生産量による分類	多品種少量生産
	少品種多量生産
仕事の流し方による分類	個別生産
	ロット生産
	連続生産

出所：著者作成

(i) 受注生産

　日本工業調査会（以下「JIS」）の定義によれば、受注生産とは「顧客が定めた仕様の製品を生産者が生産する形態」である。すなわち、顧客は製品の仕様、品質、数量、納期、金額などについて内容を指示し、企業はその指示を受けて生産する方式である。典型的な例として造船やビル等の建築がある。この生産方式では製品の仕様が決定してから材料を発注するため、製品、仕掛品、材料のすべてにおいて在庫は持たない。また、受注から完成引渡しまでの時間（出荷リードタイム）が長くなり、製造原価も高くなる。そこで、受注生産であっても出荷リードタイムの短縮と製品原価を引き下げるために、企画・設計の段階で使用材料や部品の共通化を進めて事前に在庫することが行われる。

(ii) 見込生産

　見込生産とは「生産者が市場の需要を見越して企画・設計した製品を生産し、不特定な顧客を対象として市場に製品を出荷する形態（同JIS）」である。市場の要求、期待している製品の品質、数量、時間、金額についてできるだけ正確に予想して製品在庫を保有し、注文に対応しようとするものである。このため、予想以上に売れた場合は製品在庫が足りなくなり売り損じを招くことになるから、企業は多めに在庫を持とうとする。しかしながら予想が外れた場合、不良在庫化する恐れがある。

II 管理会計編 —427

(iii) 中間的生産方式

　　受注生産と見込生産との中間的な生産方式である。すなわち途中工程まで見込生産した半製品を在庫し、注文を受けてから顧客の仕様に従って製品を加工組み立てる生産方式である。たとえば、自動車会社の場合、共通化したエンジンとボディを見込生産して半製品として在庫し、その後顧客の注文に応じて組立てを行う。したがって、出荷リードタイムは最終の組立てに要する時間だけとなる。この場合、企業が保有する在庫は主として材料と半製品である。

② 製品の種類と生産量による分類

　　製品の種類と生産量による注目した場合、生産形態は一品生産、多品種少量生産、少品種多量生産に分類できる。

(i) 一品生産

　　建物、船舶、工事など設計条件や現場条件がすべて異なる製品を受注生産する形態である

(ii) 多品種少量生産

　　品種ごとに１つのロットにまとめて少量生産する形態である。同一の機械設備や生産ラインを使い、金型や治具を変えて様々な製品を生産する場合、ロット切替えに伴って段取替えが必要となる。その間、機械設備は停止し、次のロットを立ち上げる際には仕損が生じやすい。頻繁に段取替えを行えば、それだけ品質、原価、納期に重大な影響を及ぼすことになる。

(iii) 少品種大量生産

　　大ロットあるいは一定期間連続して同一製品を生産する形態である。装置工場における生産方式で、段取替えがない分、物の動きが安定的で効率的な生産が可能となる。

③ 仕事の流し方による分類

　　個別生産方式、ロット生産方式、連続生産方式がある。

(i) 個別生産方式

　　顧客の仕様に合わせて個々に製品を製造する方式である。受注生産にもっとも適合する。

(ii) ロット生産方式

　　複数の製品を製造する場合、同一種類の製品を経済的な数でまとめて生産する方式である。ロットサイズは、製造リードタイム（製造スピード）と工程在庫金額に大きく影響する。たとえば、ロットサイズが10個である場合、ある工程で10個すべての作業が完了したのちに次の工程に引き渡されるから、ロットサイズが50個の場合と比べて、製造リードタイムも工程在庫金額も5分の1倍になる。したがって、ロットサイズが小さいほど工程における製造リードタイムは短くなり、工程にとどまる仕掛品在庫は少なく、運転資金も少ない。

(iii) 連続生産

　　製品の需要を見込み、注文に先行して大量の製品を計画生産する方式である。品質、原価、納期管理ともに安定的であるが、需要予測が外れた場合、大量の不良在庫を抱えてしまうことになる。正確な需要予測に基づく生産計画が重要になる。

(4) 生産形態と原価計算方式

　　個別生産方式は個別原価計算、ロット生産方式はロット別原価計算方式または総合原価計算、連続生産方式は総合原価計算がもっとも適合する。ロット別原価計算は製造ロット別に個別原価を計算する原価計算方式である。

　　以上をまとめると**図表18-3**のようになる。

図表18-3　生産形態と原価計算方式

品種と生産量	仕事の流し方	原価計算方式	
一品生産	個別生産	個別原価計算	-
多品種少量生産	ロット生産	ロット別原価計算	総合原価計算
少品種多量生産	連続生産	ロット別原価計算	総合原価計算

出所：著者作成

Ⅱ 管理会計編—429

2. 在庫管理の目的

(1) 在庫が増加する原因

　在庫は円滑な企業活動に不可避である。とはいえ、在庫が必要以上に増えれば、そこに滞留する資金が増えて経営に支障をきたすから、在庫はできる限り減らすべきである。ところが現実には、積極的に管理しなければ在庫は増えてしまう。ここに在庫管理の必要性がある。では、どのような理由で在庫が増えてしまうのだろうか。

(i) 材料在庫が増えてしまう主な原因
- 生産活動に支障をきたさないようにするため
- 材料の品質にばらつきがある場合、良い品質に当たったときに多めに購入する
- 購入価格に変動がある場合、単価が安いときに多めに購入する
- 大量に購入するとボリュームディスカウントを受けられるため
- 輸入品のように大量購入することで、購入事務費や運送単価が安くなるため
- 客からの注文が大きく増減するため
- 特殊材料で発注から納品までに時間がかかるため

(ii) 製品在庫が増える主な理由
- 売り損じを防ぐため多めに生産するため
- 大量生産することで、歩留率が向上し、製品原価が低下し、設備稼働率が高まるため
- 繁忙期に備えて、前倒しで生産するため

(iii) 仕掛品在庫が増える理由
- 工程の生産能力以上の生産を行うため
- 故障等のトラブルが発生して生産が止まったため
- 生産スピードが遅くなったため
- ロットサイズを大きくしたため

(2) 在庫が増えることの弊害

(ⅰ) 在庫の維持管理費用が増える

　　自動倉庫やフォークリフトなどの減価償却費、燃料費や電力費などの経費、在庫担当者の人件費、在庫管理システムのリース料、在庫品にかける保険料等の増加。営業倉庫を利用する場合は賃借料も余計にかかる。

(ⅱ) 長期滞留品の劣化による評価損、廃棄損が増える。

(ⅲ) 在庫に投下した運転資金が増えるから資金繰りが悪化する。

(ⅳ) 運転資金を有利子負債で賄った場合、支払利息が増えて利益を圧迫する。

図表18-4　在庫が増えることの弊害

なぜ在庫を持つのか　　　　　　　　　　在庫が増えすぎると

円滑な生産販売活動

- 在庫の維持管理費用がかかる（利益の減少）
- 長期滞留品の劣化による評価損、廃棄損（利益の減少）
- 運転資金の増加にともなう資金繰りの悪化
- 運転資金を有利子負債で賄った場合、支払利息の増加

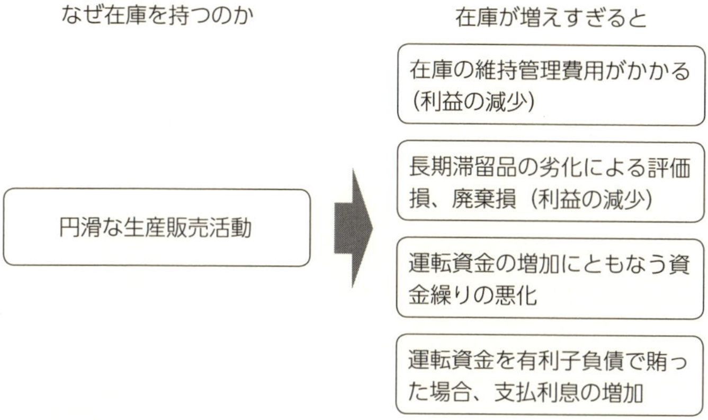

出所：著者作成

3．ジャスト・イン・タイムと管理会計

(1) トヨタ生産方式

　トヨタ生産方式は「会社全体としての「経常利益」を生み出すという究極目的に対して効果的な方法」である（門田安弘『トヨタプロダクションシステム』ダイヤモンド社（2006）p.4）。トヨタ生産システムにおいて、この利益獲得目的を達成するための第1の目標が生産性の向上であり、コスト削減である。ここでいうコストの概念は広く「過去・現在・未来のあらゆる現金支

出をさし、製造原価だけでなく、販売費や一般管理費、さらにはキャピタルコスト（資本費）まで含む（門田安弘、前掲書(2006) p.4)」。

(2) ムダの概念

トヨタ生産方式はムダを排除してコストを低減させることに主眼が置かれる。ムダは第1次的ムダ、第2次的ムダ、第3次的ムダ、第4次的ムダから構成されている。

第1次的ムダとは「過剰な生産要素の存在」であり、過剰人員、過剰設備、過剰在庫を指す。過剰人員は余分な労務費、過剰設備は余分な減価償却費、過剰在庫は余分な金利を生じさせる。これらのムダにより第2次的ムダが生じる。

第2次的ムダとは「作りすぎのムダ」である。トヨタでは生産工程における作りすぎを「最悪のムダ」と考えている。そして「作りすぎのムダ」は第3次的ムダである「過剰在庫」をもたらす。過剰

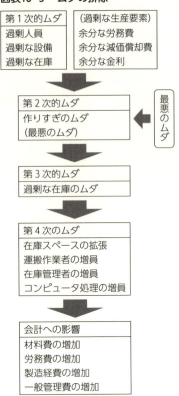

図表18-5　ムダの排除

出所：著者作成

在庫は第4次のムダを生じさせる。すなわち、製品倉庫の増設、倉庫での運搬作業者の増員、在庫管理要員の増員、在庫管理システム費用の増加である。こうしてムダは、材料費、労務費、製造経費、一般管理費を増大させ、会社全体のコストを高めて経常利益を圧迫する。さらに運転資金の増加をもたらすから、会社の資金繰りに重大な影響を及ぼすことになる。

(3) 作りすぎを防止するJITと自働化

したがって、最悪のムダである「作りすぎによる過剰な在庫」を作らないことが極めて重要であり、生産工程におけるモノの継続的な流れを管理し、

図表18-6　作りすぎの防止

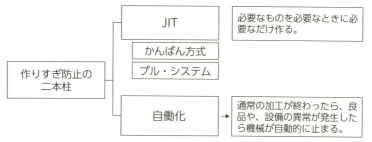

出所：著者作成

需要変化への弾力的対応が必須である。このために考え出されたのが、各工程が必要なものだけを流れるように停滞なく生産する「ジャスト・イン・タイム」、そして異常が発生したら機械がただちに停止して、不良品を造らない「自働化」である。

① ジャスト・イン・タイム（Just in time：JIT）

「ジャスト・イン・タイム」とは、「必要なものを、必要なときに、必要なだけ」という意味である。すなわち、様々な種類の部品を大量にしかも効率良く生産するためには、ち密な生産計画を立て、「必要なものを、必要なときに、必要なだけ供給し、生産現場の「ムダ・ムラ・ムリ」をなくし、良いものだけを短時間で効率良く作ることで、過剰在庫を防ごうとするものである。そしてJITを支える仕組みが「プル・システム」と「かんばん方式」である。

(i) プル・システム

　JITでは、後工程は必要な部品を、必要な時に、必要な量だけ前工程に取りにいく。ということは、前工程には必要な部品が、必要なときに、必要な量だけ到着していなくてはならない、ということである。こうしてJITが全工程で達成されれば、工場における余分な在庫は一掃されることになる。つまり、JITでは、生産の流れとは逆に、顧客の注文を起点として、生産物を引っ張りあげているのである。このような方式をプル・システムという。

(ii) かんばん方式

　後工程が前工程に部品を調達しにいく際に、何が使われたかを相手に

図表18-7　生産指示カンバンと引取りカンバン

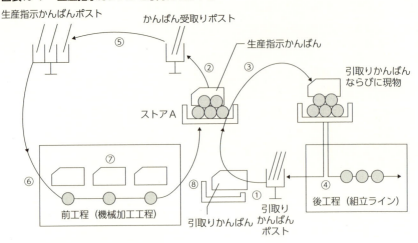

出所：門田安弘、前掲書（2006）p.35

伝える手段として使われるのが「かんばん」である。「かんばん」には、後工程が引き取るべき品物の種類と量を指定する「引取りかんばん」と、前工程が生産すべき品物とその量を示す「生産指示かんばん」の2種類がある。それぞれの関係は**図表18-7**のとおりである。

② 自働化

「ジャスト・イン・タイム」を実現するには、後工程に流れる部品はすべて良品でなくてはならない。それを実現するのが「自働化」である。トヨタ自動車のホームページでは次のように説明している。

> 自働化とは、通常の加工が完了したら、機械が安全に停止することと、万一、品質、設備に異常が起こった場合、機械が自ら異常を検知して止まり、不良品の発生を未然に防止することである。それにより、後工程には、良品だけが送られる

自働化が機能することにより不良品を作り続けることがなくなり、不良発生原因の追求と再発防止に努めることができるようになる。つまり、自働化はJITと品質向上を支えるメカニズムである。

(4) JIT 生産方式が管理会計に及ぼす影響

　JIT 生産方式は次の点で管理会計に大きな影響を及ぼすことになる。

(i)　プルシステムにより、必要なモノを必要なだけ必要なときに生産される
　　ことになる。また、自動化により、生産ラインにおいて仕損が発見され
　　るとラインは停止される。このことは、次の2つの点で管理会計に影響
　　を及ぼす。

　ⓐ　生産工程における仕掛品在庫が最小限に維持されるから究極的には販
　　　売量と生産量が一致することになる。

　　　　すなわち投入原価はそのまま期間費用となるから、投入原価を完成
　　　品原価に変換するための仕掛品評価計算の手間が大幅に低下する。と
　　　りわけ総合原価計算における仕掛品評価が著しく簡略化される。

　ⓑ　JIT 方式に切り替えた直後は、仕掛品在庫や製品在庫が減ることで、
　　　単位当たり製品が負担する固定費が増加するため営業利益が一時的に
　　　悪化する。

　　　　このことが JIT 方式移行の阻害要因とされる。しかしながら、そ
　　　の後在庫回転率が高まり生産量が増加すれば、この問題は自然に解決
　　　される。

(ii)　原価管理の重点が事後管理から事前管理へと移行する。

　　　伝統的原価管理は、標準原価維持の原価管理であり、原価改善活動は
　　想定されていない（廣本俊郎『原価計算論』中央経済社（2009）p.476）。原
　　価改善は「原価改善（Kaizen Costing）は、既存の製品モデルの製造段階
　　において、目標利益を達成するために原価低減活動をサポートするシス
　　テムである」。さらに原価改善は「伝統的な標準原価計算よりも広い。標
　　準原価計算は、実際原価を標準原価に合致させることを旨としており、
　　標準に達しなかったときに差異原因を探索し、対応策を考えるので「原
　　価維持」ともいう。これに対し、原価改善活動は、実際原価を標準原価
　　よりも低くするように、既存の製品の製造方法を変化させるような原価
　　低減活動をも含んでいる。既存の製品の製造方法を不変とする考え方に
　　たつ原価管理では、今日の競争には勝てないのである。」（門田安弘、前掲
　　書（2006）p.293）

Ⅱ 管理会計編 —*435*

設例18-1

トヨタ生産システムに関する記述で正しいものは○を、間違っているものには×をつけ、その理由を簡潔に説明しなさい。

1. トヨタがもっとも悪と考えるムダは作りすぎによる過剰在庫である。

2. トヨタ生産システムは、企業が生産現場から大量の製品をマーケットに押し出す（プッシュする）のではなく、たくさんのそれぞれ個性を持った顧客たちが、マーケットの最前線に立って、それぞれの望む商品を、つまり「必要なものを、必要な分だけ、必要なときに」、工場から引っ張り出す仕組みである。

3. 自働化とは、通常の加工が完了したら、機械が完全に停止することと、万一、品質、設備に異常が起こった場合、機械が自ら異常を検知して止まり、不良品の発生を未然に防止できる。しかしながら、機械が止まっている間、生産は止まり、作業者は遊んでしまうから、生産性は低下する。

4. トヨタ生産方式に移行すると、製品在庫や仕掛品在庫は減少するから製品原価は増加し、営業利益は減少する。

【解答】

1. ○

2. ○

3. × 機械が止まることにより不良品それ以上生産されないですむ。また、機械が止まっている間、作業者は安心してほかの機械で仕事ができるから会社全体の生産性は向上する。また、異常原因の追求と改善により再発防止策が打てれば、品質向上と原価引下げ効果をもたらすことになる。

4. × 全部原価計算で製品原価における固定費に影響を及ぼすのは、生産高であって在庫量ではない。在庫が増えるのは販売量以上に生産するからである。受注量を増やし、必要なものをも必要なだけ、必要なときに生産量して出荷するようになれば、生産量は増えても在庫は増えず、製品単位当たりの固定費は低下し、製品原価は低下する。

4. 制約理論（TOC：theory of constraints）と管理会計

(1) TOCにおけるシステムの考え方

　TOCでは、会社を1つのシステムととらえている。ここでシステムとは、相互に依存関係にある「一組の要素」である。「各要素は、なんらかの形で、他の要素に依存しており、このシステムの全体的な業績は、すべての要素の共同努力に依存」している（トーマス・コーベット、MSI 小林英三訳、「スループット会計とABC」2つの方法の背後にあるドライビング・ファクター（世界観）Journal of Cost Management, January/February 2000）。

(2) 制約（constraints）

　アメリカ生産管理学会 Dictionary,1998によれば、制約とは「あるシステムが、ゴール達成のためより高い機能へレベルアップするのを妨げる要因」である。もしも制約がまったくなければ、企業の利益は無限に増加することになる。したがって、現実には、どんなシステムも、必ず最低1つの制約を持っている、と考えられる。制約の種類には物理的制約、方針制約、市場制約がある。

① 物理的制約

　製造工程、設備、作業人員などに関する物理的な制約のため、需要を満足させることができない状態を指す。物理制約が生じている企業では、材料の欠品、製品在庫不足による売り損じが生じる。物理制約を解決する対応策には、不稼働時間の排除、段取り時間の短縮、人作業の間接手待ち時間の削減、製造リードタイムの短縮などがある。

② 方針制約

　本来、方針は会社の正しい行動を促すものでありながら、企業環境や市場動向の変化により、従来の会社のルール、習慣、組織構造、評価方法などでは正しい行動ができない状態を指す。方針制約の対応策には、間違ったルールや評価方法の変更、教育などがある。

§18

生産／在庫管理と管理会計

Ⅱ 管理会計編 —437

③ 市場制約

物理制約とは逆に、供給能力は十分にあるが需要が不十分な状態である。供給過多の企業では、値下げ販売による利益の減少、大量生産による仕掛品在庫や製品在庫過多に陥りがちである。市場制約に対する対応としては、製品価格戦略の見直し、製造リードタイム短縮・納期遵守率向上による在庫の圧縮などがある。

(3) TOC活用による改善

TOCの活用は、次の5つのステップから成り立っている。
(i) システムの制約を識別する。
(ii) このシステムの制約を、どのように徹底的に利用するか、を決める。
(iii) その他のすべての制約を、この制約に従属させる。
(iv) 制約を強化する。
(v) 惰性に注意しながら繰り返す。

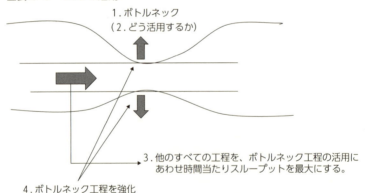

図表18-8　TOCの活用

1. ボトルネック
（2. どう活用するか）
3. 他のすべての工程を、ボトルネック工程の活用にあわせ時間当たりスループットを最大にする。
4. ボトルネック工程を強化

出所：著者作成

(4) スループット会計 (throughput accounting)

スループット会計は制約理論に基づく管理会計手法である。制約理論では企業の目的は、最小の資産と業務費用によって最大のスループットを上げることである。

① スループットの最大化

TOC は企業の目的を、利益の最大化ではなく「スループットの最大化」であるとする。ここでスループットとは システムが「販売」を通じて儲けた現金のことである。たとえば、製品を1個販売すれば1個分の売上代金をもたらす。その製品1個を作るには真の変動費である材料代金と外注代金が支払われている。したがって、製品の販売によってもたらされる企業全体のスループットは、企業の最終指標である売上高から真の変動費を差し引いたものとなる。

スループット＝売上高－真の変動費

スループット会計の特徴は、単に製品単位当たりのスループットを増やすことではなく、**(3)** に記したように、制約を徹底的に利用する点にある。すなわち人や組織にとって等しく、かつ有限な制約条件である時間を有効に活用し、時間の概念を加えた「時間当たりの利益」を最大にし、会社全体のスループットを最大化することである（この点については設例を参照されたい）。

② 資産の最小化

資産はシステムが販売を目的に購入したものに投下した現金であり、棚卸資産を指す。
棚卸資産が増えれば、それだけ会社内に滞留する現金も増加する。したがって、スループットを最大にするには、需要動向を予測した在庫政策、物理的制約の解消、製造リードタイムの短縮化を進めることで流通速度を速め、棚卸資産在庫の最小化を実現することが必要となる。

③ 業務費用の最小化

業務費用は投下した現金をスループットに変換するために使った現金のことであり、真の変動費（材料費・外注費）以外の費用である。業務費用にムダかあればそれだけ現金はムダに使われることになる。

(5) TOC 評価指標

以上3つの尺度は、以下の計算式に組み込まれ有用な意思決定情報となる。

$$純利益（NP）＝スループット（T）－業務費用（OE）$$

$$
\begin{aligned}
投下資本純利益率（ROI）&＝純利益（NP）／在庫（I）\\
&＝純利益（NP）／売上高（S）×売上高（S）／在庫（I）\\
&＝売上高純利益率　　　　×在庫回転数
\end{aligned}
$$

　繰返しになるが、NP は会計上の利益ではなく、会社の儲けである現金の増加を指す。NP を最大にするには、理論的に制限のないスループットを最大にし、業務費用支出を厳しく管理すること。そして、売上に対する NP の割合を増やし、在庫回転数（つまり流通速度）を高めることである。

設例18-2

　TP 社は X、Y の 2 種の製品を製造販売している。当社の市場は過熱状態であり、生産した製品はすべて売却可能である。生産工程は 5 つから成り立っており、X、Y は第 3 工程を共有している。つまり物理的制約条件は第 3 工程である。
　生産能力の関係から翌週の注文のすべてを引き受けることはできない状態である。翌週の生産基礎情報は次のとおりである。

TP 社の社の基礎データ

	X	Y	
販売価格 / 台	13,000	12,000	円
材料費 / 台	9,000	8,000	円
スループット / 台	4,000	4,000	円
需要数 / 週	100	75	個

操業時間 / 日	480	分
操業時間 / 週	2,400	分
業務費用 / 週	480,000	円
加工費配賦率	40	円

生産工程（分）	作業時間	作業時間	作業者
第 1 工程	20	—	1
第 2 工程	—	5	1
第 3 工程	15	30	1

第4工程	10	—	1
第5工程	—	5	1
計	45	40	

（設問）

1. 全部原価計算によりX、Y一単位当たりの製品原価と粗利益を計算しなさい。

2. 全部原価計算データに基づいて生産量を決めるとした場合、X、Yの計画生産数はいくつになるか。また、予想売上総利益はいくらか。

3. スループット会計に基づいて生産数量を決めるとした場合、X、Yの計画生産数量はいくつになるか。予想売上高総利益はいくらか。

なお加工費は加工費配賦率×作業時間で計算すること。

【設問1・2解答】

（設問1　全部原価計算）

製品原価	X	Y	
材料費	9,000	8,000	円
加工費	1,800	1,600	円
計	10,800	9,600	円

粗利益	2,200	2,400	円

（設問2　全部原価計算）

	X	Y	計	
生産数	10	75	85	個
稼働時間	150	2,250	2,400	分
売上高	130,000	900,000	1,030,000	円
材料費	90,000	600,000	690,000	円
加工費	18,000	120,000	138,000	円
売上原価（予定配賦率）	108,000	720,000	828,000	円
売上総利益	22,000	180,000	202,000	円
操業度差異	—	—	342,000	円
売上総利益（実際）	—	—	−140,000	円

Ⅱ 管理会計編 —441

【解説】

　全部原価計算による粗利益は X2,200円に対して Y2,400円。したがって、物理的制約条件である第3工程において Y をできる限り生産し、残った時間で X を生産する。

　つまり、第3工程で稼働可能な2,400分のうち2,250分を Y、150分を X 生産に充てる。業務費用のうち138千円は製品原価に配賦済み。残りの342千円は操業度差異として売上原価で処理する。

【設問3解答】

(設問3　スループット会計)

	X	Y	計	
生産数	100	30	130	個
稼働時間	1,500	900	2,400	分
売上高	1,300,000	360,000	1,660,000	円
材料費	900,000	240,000	1,140,000	円
スループット	400,000	120,000	520,000	円
業務費用			480,000	円
売上総利益			40,000	円

【解説】

　物理的制約条件である第3工程における時間当たりのスループットは X267円（4,000÷15）に対して Y は133円（4,000÷30）。したがって、X を優先して生産計画を立てる。第3工程で稼働可能な2,400分のうち1,500分（100個分）を X、残りの900分を Y 生産に充てる。

設例18-3

　甲社は製品 A のみ生産している。市場は売り手市場であり生産した製品はすべて販売される。原材料は第1工程に投入され、第5工程で完成したのち製品倉庫に保管される。

　<u>製品 A の基礎データ</u>

販売価格	2,000円／個
材料費	700円／個
1日	8時間
稼働日数	22日
月間稼働時間	176時間

442

工程	1時間当たり生産数
第1工程	15
第2工程	20
第3工程	7
第4工程	10
第5工程	13

業務費用　　　　 1,000,000円
設備投資　　　 60,000,000円
月間減価償却費　　 250,000円

（設問）

1．制約資源はどの工程か。

2．甲社の月間スループットはいくらか。

3．6,000万円投資して第2工程の能力を1時間13個から14個に拡大する提案は合理的か。

4．6,000万円投資をして第3工程の能力を1時間7個から8.5個に拡大する提案は合理的か。

　　ただし、この場合、第5工程の生産量は1時間11個から10個に減少する。

5．非制約資源に不稼働時間が生じることは経営にとってプラスか。

【解答】

（設問1）

　甲社の生産能力を決めるのは、最も生産能力の低い第3工程であり、ここが物理的制約条件である。会社の生産量は1時間当たり7個が上限であり、それ以上生産しても仕掛品在庫を増やすだけでスループットは変わらない。たとえば、第1工程で1時間15個生産した場合、時間当たりの生産能力が20個の第2工程では、そのすべてを処理できる。しかし、第3工程は7個しか処理できないため、第2工程と第3工程の間に時間当たり8個の仕掛け在庫が滞留することになる。結局、製品は時間当たり7個しか完成しない。

（設問2）

　製品1単位当たりのスループットは販売価格2,000円から真の変動費700円を差し引いた1,300円であるから、月間スループットは1,601,600円と計算される。

　　月間生産数量＝7個×8時間×22日＝1,232個

　　月間スループット＝1,232個×1,300円＝1,601,600円

Ⅱ 管理会計編 —443

（設問3）

6,000万円投資した場合、月間の減価償却費は25万円増加する（耐用年数10年、残存価格ゼロ、定額法）。しかしながら、第2工程の生産能力を増やしたとしても会社全体の生産能力は変わらない。結局、業務費用が25万円増加するだけであり、この提案は却下される。

（設問4）

6,000万円投資して能力制約資産である第3工程の生産能力を1時間7個から8.5個に増やした場合、生産能力は時間当たり1.5個増加し、純利益も93,200円増加する。第5工程の生産能力についても会社全体の生産に影響しない。したがって、この提案は合理的である。

	投資前	投資後	差額
CCRにおける月間最大生産量			
1時間当たり生産数量	7.0	8.5	2
月間生産数量	1,232	1,496	264
1個当たりスループット	1,300	1,300	0
月間スループット	1,601,600	1,944,800	343,200
業務費用	1,000,000	1,250,000	250,000
純利益	601,600	694,800	93,200

8.5個×8時間×22日＝1,496個

（設問5）

TOCでは制約資源を除き、部分的な効率は測定しない。たとえば、第1工程で1時間15個生産した場合、第3工程の生産能力の差である8個が第2工程と第3工程の間に滞留する。つまり、スループットは変わらないものの、運転資金量が増え業務費用も増え、純利益は減少して、ROIは悪化する。したがって、何もしないことが経営には正しい選択ということができる。以上から、非制約資源の不稼働時間は経営にとってプラスである。

5. マテリアルフローコスト会計 (MFCA: material flow cost accounting)

(1) 伝統的管理会計との違い

　マテリアルフローコスト会計（MFCA）はドイツのアウグスブルグにある民間の環境経営研究所（IMU）が開発した環境管理会計手法であり、日本では経済産業省の主導で1999年より環境会計の手法として、ドイツの事例をもとに企業への導入検証研究が開始された。この管理会計手法の特徴は、製造プロセスにおけるマテリアル（原材料）のフローとストックを物量単位と金額単位で測定する点である。この違いには重要な意味がある。伝統的原価計算は製造活動で消費された経済価値である原価を、製品に転嫁させる過程を記録・計算することを目的としている。つまり製品原価の計算である。一方、MFCA は製品原価だけでなく、製造プロセスで生じた廃棄物の原価の計算も行う。

　伝統的原価計算では、製造プロセスにおいて消費された原価は、物量の増減とは関係なく仕掛品原価に累積される。たとえば、鋼材を加工して切削工具を生産する会社を考えてみよう（**図表18-9**）。この会社は100kgの鋼材10万円を生産プロセスに投入して加工費5万円をかけて80kgの切削工具を完成させたとする。差額の20kgは作業くずなどの廃棄物である。物量の動きを見ると最初の100kgから80kgに減少した。しかしながら、原価計算は物量の変化とは関係なく消費した原価を累積して計算する。20kgの廃棄物（作業くず）が正常の範囲であれば、材料費も加工費も製品原価に加算されるから、切削工具の原価は15万円と計算される。つまり、伝統的原価計算は正常の範囲である限り製品原価が負担することになる。しかしながら、正常として取り扱えばそれを削減しようとするインセンティブは働きにくい。

　廃棄物が生じるということは、生産効率が悪いということである。同時に、それだけ環境に対して非効率ということでもある。MFCA は環境負荷軽減を企業の重要な目的としてとらえる。そこで、MFCA は完成品と切り離して廃棄物についても価値評価の対象とするのである。完成品80kg 廃棄物20kg に発生原価15万円を振り分けることで、製品原価12万円、廃棄物原価3万円と計算する。

図表18-9 伝統的原価計算とマテリアルフローコスト会計

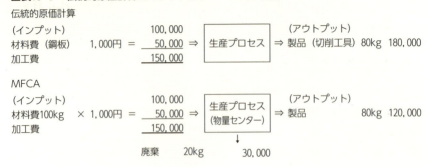

(2) マテリアルフローコスト会計（MFCA）の基本構造

① マテリアルフロー構造の可視化

　製造プロセスは材料（マテリアル）に価値を付与して製品に変換する過程である。MFCAの第1の目的はモノの流れであるマテリアルフロー構造を可視化することである。ここで重要な点は、マテリアルフローで作られた廃棄物（マテリアルロス）そのものの評価ではなく、廃棄物を生じさせた製造プロセスである。つまりMFCAは「製造プロセスを原材料という物質（マテリアル）のフローとみなし、各マテリアルがプロセスをどのように移動し、どこで滞留（ストック）し、どこで製品と廃棄物に分化するのかを把握する（中嶌道靖・国部克彦『マテリアルフローコスト会計』日本経済新聞社（2002）p.101）」ことを目的としている。ここで重要になるのは、物量センターの設定である。

　マテリアルフローコスト会計は、物流センターを設定して、インプットされたマテリアルが、製造プロセスを経て、良品と廃棄物がアウトプットされるまで、どのようなプロセスを流れ（フロー）、滞留（ストック）するかの情報を測定・記録する。

② マテリアルフローとストックを物量とコスト情報で把握する

　伝統的原価計算は、物量単位での原価情報が費目別原価計算の段階で切り離され、金額だけが仕掛品、製品へと累計される。そのため、原価の発生原因を製品原価からその発生源である物量情報まで遡ることが容易でない。一方MFCAは、製造プロセスにおけるマテリアルの動きとストックの情報

図表18-10　MCFA のコスト計算

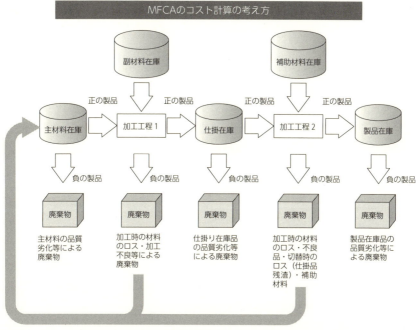

出所：マテリアルフロー＝コスト会計手法導入ガイド（Ver.3）経済産業省

を、物量レベルで収集し、この情報に会計情報である原価を貼りつけることで、マテリアルの流れを物量と原価の両面から可視化する仕組みである。

③ 正の製品と負の製品

　つまり物量情報に原価情報を貼り付けることで、完成品はもとより廃棄品のモノとしての価値が明確になる。すなわち、製造プロセスを流れるすべてのマテリアルの物量情報を金額に置き換えることによって、従来の原価計算では無価値なものとされてきたものも、価値あるものとして管理対象となる。

　マテリアルフローコスト会計では、良品である「正の製品」だけをみるのではなく、廃棄物もまた製造プロセスで投入した原材料をもとに加工した「負の製品」として認識し、その製品原価を計算するのである。

　すでに説明したように、伝統的原価計算では、廃棄物である「負の製品」

に関わるコストは、異常ではない限り「正の製品」のコストに含められてきた。しかしながら、MFCAでは「正の製品」とは別に、「負の製品」についても原価を計算するため、伝統的原価計算と比べて、「正の製品」のコストは「負の製品」原価だけ少なくなる。これは「正の製品」だけが企業の利益に貢献し、「負の製品」はロスとして企業の利益を圧迫する要因と考えからである。

廃棄物は企業利益を圧迫するだけでなく環境負荷を増加させる。したがって、廃棄物をなくし、負の製品原価を低減すれば、環境負荷を削減するとともに原価低減による利益向上を同時に達成できることになる。

④ マテリアルコスト会計の原価要素

MFCAの原価要素はマテリアルコスト、システムコスト、配送／廃棄物コストの3つに分類する。

(i) マテリアルコスト

マテリアルコストとは、原材料費として投入される物質のすべてを指し、理論的にはエネルギーも含まれる（中嶌道靖・国部克彦、前掲書(2002) p.101)。原価計算基準の要素別分類にあてはめれば、原材料費、買入部品費、燃料費、工場消耗品費、消耗工具器具備品費などがマテリアルコストに該当する。また、直接材料費だけでなく、洗浄剤・溶剤・触媒などの間接材料も計算の対象となる。原価計算基準では経費に分類される電力料、燃料費などのエネルギーコストも、マテリアルコストに含まれる。なお、エネルギーコストが大きい業種の場合、これらを区分して表示する。

マテリアルコストは、各マテリアルの良品へのフロー分と廃棄分へのフロー分の物量を収集し、その割合で各マテリアルコストが計算される。

(ii) システムコスト

製造原価のうちマテリアルコストと配送／廃棄物処理コストを除いたものであり、労務費、外注加工費、減価償却費、その他の製造経費が含まれる。

(iii) 配送／廃棄物処理コスト

材料、製品、廃棄物の移動に要する配送費と廃棄物処理に要するコストである。廃棄物処理費には、会社内における処理費用、ならびに外部へ処理委託する際の委託費用などがある。

設例18-4　工場内リサイクルの MFCA 計算

(設問)
正の製品原価と負の製品原価はそれぞれいくらか。
1カ月の生産実績は以下のとおり。

		工程1		工程2	
投入量	材料	460	kg	—	
	リサイクル材	40	kg	—	
	前工程品	—		500	kg
材料費 (MC)		4600	円	—	
システムコスト (SC)		1500	円	2000	円
エネルギーコスト (EC)		1500	円	2000	円
				—	
完成品		500	kg	450	kg
廃棄品		0	—	10	kg
リサイクル品		0	—	40	kg

【解答】

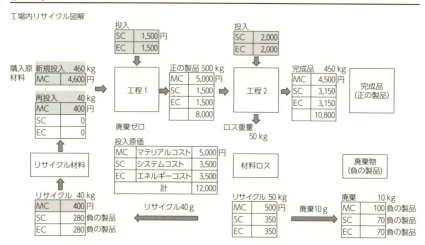

	マテリアルフローマトリックス					(単位：円)
	マテリアルコスト	システムコスト	エネルギーコスト	廃棄処理コスト	リサイクル材料	コスト合計
正の製品	4,500	3,150	3,150	0	400	11,200
負の製品	500	350	350	0	0	1,200
廃棄/リサイクル				0	−400	−400
計	5,000	3,500	3,500	0	0	12,000

	マテリアルフローマトリックス					(単位：％)
	マテリアルコスト	システムコスト	エネルギーコスト	廃棄処理コスト	リサイクル材料	コスト合計
正の製品	38%	26%	26%	0%	3%	93%
負の製品	4%	3%	3%	0%	0%	10%
廃棄/リサイクル					−3%	−3%
計	42%	29%	29%	0%	0%	100%

　ロスのうち10kgは破棄し、40kgはリサイクルの結果400円が第1工程に再投入された。廃棄費用、リサイクル費用ともにかからないとした場合、マテリアルコストマトリックスは表のようになる。再投入された材料40kgに対応するコストは負の製品とはしない。材料ロスのうち廃棄物のMC、SC、EC並びにリサイクル品のSC、ECは負の製品コストとして計算される。当該工場における負の製品原価は1,200円で、総原価の10%である。

参考文献

〔1〕 秋庭雅夫編 『生産管理』日本規格協会

〔2〕 藤本隆宏『生産マネジメント入門Ⅰ　生産システム編』日本経済新聞社　2015年

〔3〕 藤本隆宏『生産マネジメント入門Ⅱ　生産資源・技術管理編』日本経済新聞社　2015年

〔4〕 松林光男・渡部弘編集『工場の仕組み』日本実業出版社　2004年

〔5〕 伊藤 隆 『図解　マネジメントシステム』実業之日本社　1985年

〔6〕 トーマス・コーベット『スループット会計とABC』ダイヤモンド社　2000年2月
　　　佐々木俊雄訳　2005年

〔7〕 エリア・コールドラット『コールドラット博士のコストに縛られるな！利益を最大
　　　化するTOC意思決定プロセス』ダイヤモンド社　村上悟　2005年

〔8〕 門田安弘『トヨタプロダクションシステム』ダイヤモンド社　2006年

〔9〕 中嶋道靖・国部克彦 『マテリアルフローコスト会計』日本経済新聞社　2002年

〔10〕 柴田英樹・梨岡英理子『進化する環境会計』中央経済社　2006年

原価計算基準

原価計算基準の設定について

わが国における原価計算は，従来，財務諸表を作成するに当たつて真実の原価を正確に算定表示するとともに，価格計算に対して資料を提供することを主たる任務として成立し，発展してきた。

しかしながら，近時，経営管理のため，とくに業務計画および原価管理に役立つための原価計算への要請は，著しく強まつてきており，今日，原価計算に対して与えられる目的は，単一ではない。すなわち，企業の原価計算制度は，真実の原価を確定して財務諸表の作成に役立つとともに，原価を分析し，これを経営管理者に提供し，もつて業務計画および原価管理に役立つことが必要とされている。したがつて，原価計算制度は，各企業がそれに対して期待する役立ちの程度において重点の相違はあるが，いずれの計算目的にももともに役立つように形成され，一定の計算秩序として常時継続的に行なわれるものであることを要する。ここに原価計算に対して提起される諸目的を調整し，原価計算を制度化するため，実践規範としての原価計算基準が，設定される必要がある。

原価計算基準は，かかる実践規範として，わが国現在の企業における原価計算の慣行のうちから，一般に公正妥当と認められるところを要約して設定されたものである。しかしながら，この基準は，個々の企業の原価計算手続を画一に規定するものではなく，個々の企業が有効な原価計算手続を規定し実施するための基本的なわくを明らかにしたものである。したがつて，企業が，その原価計算手続を規定するに当たつては，この基準が弾力性をもつものであることの理解のもとに，この基準にのっとり，業種，経営規模その他当該企業の個々の条件に応じて，実情に即するように適用されるべきものである。

この基準は，企業会計原則の一環を成し，そのうちとくに原価に関して規定したものである。それゆえ，すべての企業によって尊重されるべきであるとともに，たな卸資産の評価，原価差額の処理など企業の原価計算に関係ある事項について，法令の制定，改廃等が行なわれる場合にも，この基準が充分にしん酌されることが要望される。

　　昭和三十七年十一月八日　　企業会計審議会

第一章　原価計算の目的と原価計算の一般的基準

一　原価計算の目的

原価計算には，各種の異なる目的が与えられるが，主たる目的は，次のとおりである。

(一)企業の出資者，債権者，経営者等のために，過去の一定期間における損益ならびに期末における財政状態を財務諸表に表示するために必要な真実の原価を集計すること。

(二)価格計算に必要な原価資料を提供すること。

原価計算基準 —451

(三)経営管理者の各階層に対して，原価管理
に必要な原価資料を提供すること。ここ
に原価管理とは，原価の標準を設定して
これを指示し，原価の実際の発生額を計
算記録し，これを標準と比較して，その
差異の原因を分析し，これに関する資料
を経営管理者に報告し，原価能率を増進
する措置を講ずることをいう。

(四)予算の編成ならびに予算統制のために必
要な原価資料を提供すること。ここに予
算とは，予算期間における企業の各業務
分野の具体的な計画を貨幣的に表示し，
これを総合編成したものをいい，予算期
間における企業の利益目標を指示し，各
業務分野の諸活動を調整し，企業全般に
わたる総合的管理の要具となるものであ
る。予算は，業務執行に関する総合的な
期間計画であるが，予算編成の過程は，
たとえば製品組合せの決定，部品を自製
するか外注するかの決定等個々の選択的
事項に関する意思決定を含むことは，い
うまでもない。

(五)経営の基本計画を設定するに当たり，こ
れに必要な原価情報を提供すること。こ
こに基本計画とは，経済の動態的変化に
適応して，経営の給付目的たる製品，経
営立地，生産設備等経営構造に関する基
本的事項について，経営意思を決定し，
経営構造を合理的に組成することをいい，
随時的に行なわれる決定である。

二 原価計算制度

この基準において原価計算とは，制度とし
ての原価計算をいう。原価計算制度は財務諸
表の作成，原価管理，予算統制等の異なる目
的が，重点の相違はあるが相ともに達成され
るべき一定の計算秩序である。かかるものと

して原価計算制度は，財務会計機構のらち外
において随時断片的に行なわれる原価の統計
的，技術的計算ないし調査ではなくて，財務
会計機構と有機的に結びつき常時継続的に行
なわれる計算体系である。原価計算制度は，
この意味で原価会計にほかならない。

原価計算制度において計算される原価の種
類およびこれと財務会計機構との結びつきは，
単一ではないが，しかし原価計算制度を大別
して実際原価計算制度と標準原価計算制度と
に分類することができる。

実際原価計算制度は，製品の実際原価を計
算し，これを財務会計の主要帳簿に組み入れ，
製品原価の計算と財務会計とが，実際原価を
もつて有機的に結合する原価計算制度である。
原価管理上必要ある場合には，実際原価計算
制度においても必要な原価の標準を勘定組織
のわく外において設定し，これと実際との差
異を分析し，報告することがある。

標準原価計算制度は，製品の標準原価を計
算し，これを財務会計の主要帳簿に組み入れ，
製品原価の計算と財務会計とが，標準原価を
もつて有機的に結合する原価計算制度である。
標準原価計算制度は，必要な計算段階におい
て実際原価を計算し，これと標準との差異を
分析し，報告する計算体系である。

企業が，この基準にのつとつて，原価計算
を実施するに当たつては，上述の意味におけ
る実際原価計算制度又は標準原価計算制度の
いずれかを，当該企業が原価計算を行なう目
的の重点，その他企業の個々の条件に応じて
適用するものとする。

広い意味での原価の計算には，原価計算制
度以外に，経営の基本計画および予算編成
における選択的事項の決定に必要な特殊の原価
たとえば差額原価，機会原価，付加原価等を，
随時に統計的，技術的に調査測定することも

含まれる。しかしかかる特殊原価調査は，制度としての原価計算の範囲外に属するものとして，この基準に含めない。

三　原価の本質

原価計算制度において，原価とは，経営における一定の給付にかかわらせて，は握された財貨又は用役（以下これを「財貨」という。）の消費を，貨幣価値的に表わしたものである。

(一)原価は，経済価値の消費である。経営の活動は，一定の財貨を生産し販売することを目的とし，一定の財貨を作り出すために，必要な財貨すなわち経済価値を消費する過程である。原価とは，かかる経営過程における価値の消費を意味する。

(二)原価は，経営において作り出された一定の給付に転嫁される価値であり，その給付にかかわらせて，は握されたものである。ここに給付とは，経営が作り出す財貨をいい，それは経営の最終給付のみでなく，中間的給付をも意味する。

(三)原価は，経営目的に関連したものである。経営の目的は，一定の財貨を生産し販売することにあり，経営過程は，このための価値の消費と生成の過程である。原価は，かかる財貨の生産，販売に関して消費された経済価値であり，経営目的に関連しない価値の消費を含まない。財務活動は，財貨の生成および消費の過程たる経営過程以外の，資本の調達，返還，利益処分等の活動であり，したがつてこれに関する費用たるいわゆる財務費用は，原則として原価を構成しない。

(四)原価は，正常的なものである。原価は，正常な状態のもとにおける経営活動を前提として，は握された価値の消費であり，異常な状態を原因とする価値の減少を含

まない。

四　原価の諸概念

原価計算制度においては，原価の本質的規定にしたがい，さらに各種の目的に規定されて，具体的には，次のような諸種の原価概念が生ずる。

(一)実際原価と標準原価

原価は，その消費量および価格の算定基準を異にするにしたがつて，実際原価と標準原価とに区別される。

1　実際原価とは，財貨の実際消費量をもつて計算した原価をいう。ただし，その実際消費量は，経営の正常な状態を前提とするものであり，したがつて，異常な状態を原因とする異常な消費量は，実際原価の計算においてもこれを実際消費量と解さないものとする。

実際原価は，厳密には実際の取得価格をもつて計算した原価の実際発生額であるが，原価を予定価格等をもつて計算しても，消費量を実際によつて計算する限り，それは実際原価の計算である。ここに予定価格とは，将来の一定期間における実際の取得価格を予想することによつて定めた価格をいう。

2　標準原価とは，財貨の消費量を科学的，統計的調査に基づいて能率の尺度となるように予定し，かつ，予定価格又は正常価格をもつて計算した原価をいう。この場合，能率の尺度としての標準とは，その標準が適用される期間において達成されるべき原価の目標を意味する。

標準原価計算制度において用いられる標準原価は，現実的標準原価又は正常原価である。

現実的標準原価とは，良好な能率のも

原価計算基準 —453

とにおいて，その達成が期待されうる標準原価をいい，通常生ずると認められる程度の減損，仕損，遊休時間等の余裕率を含む原価であり，かつ，比較的短期における予定操業度および予定価格を前提として決定され，これら諸条件の変化に伴い，しばしば改訂される標準原価である。現実的標準原価は，原価管理に最も適するのみでなく，たな卸資産価額の算定および予算の編成のためにも用いられる。

正常原価とは，経営における異常な状態を排除し，経営活動に関する比較的長期にわたる過去の実際数値を統計的に平準化し，これに将来にすう勢を加味した正常能率，正常操業度および正常価格に基づいて決定される原価をいう。正常原価は，経済状態の安定している場合に，たな卸資産価額の算定のために最も適するのみでなく，原価管理のための標準としても用いられる。

標準原価として，実務上予定原価が意味される場合がある。予定原価とは，将来における財貨の予定消費量と予定価格とをもつて計算した原価をいう。予定原価は，予算の編成に適するのみでなく，原価管理およびたな卸資産価額の算定のためにも用いられる。

原価管理のために時として理想標準原価が用いられることがあるが，かかる標準原価は，この基準にいう制度としての標準原価ではない。理想標準原価とは，技術的に達成可能な最大操業度のもとにおいて，最高能率を表わす最低の原価をいい，財貨の消費における減損，仕損，遊休時間等に対する余裕率を許容しない理想的水準における標準原価である。

(二)製品原価と期間原価

原価は，財務諸表上収益との対応関係に基づいて，製品原価と期間原価とに区別される。

製品原価とは，一定単位の製品に集計された原価をいい，期間原価とは，一定期間における発生額を，当期の収益に直接対応させて，は握した原価をいう。

製品原価と期間原価との範囲の区別は相対的であるが，通常，売上品およびたな卸資産の価額を構成する全部の製造原価を製品原価とし，販売費および一般管理費は，これを期間原価とする。

(三)全部原価と部分原価

原価は，集計される原価の範囲によつて，全部原価と部分原価とに区別される。全部原価とは，一定の給付に対して生ずる全部の製造原価又はこれに販売費および一般管理費を加えて集計したものをいい，部分原価とは，そのうち一部分のみを集計したものをいう。

部分原価は，計算目的によつて各種のものを計算することができるが，最も重要な部分原価は，変動直接費および変動間接費のみを集計した直接原価(変動原価)である。

五　非原価項目

非原価項目とは，原価計算制度において，原価に算入しない項目をいい，おおむね次のような項目である。

(一)経営目的に関連しない価値の減少，たとえば

1　次の資産に関する減価償却費，管理費，租税等の費用

(1)投資資産たる不動産，有価証券，貸付金等

(2)未稼働の固定資産

(3)長期にわたり休止している設備

(4)その他経営目的に関連しない資産

2 寄付金等であって経営目的に関連しない支出

3 支払利息，割引料，社債発行割引料償却，社債発行費償却，株式発行費償却，設立費償却，開業費償却，支払保険料等の財務費用

(二)異常な状態を原因とする価値の減少，たとえば

1 異常な仕損，減損，たな卸減耗等

2 火災，震災，風水害，盗難，争議等の偶発的事故による損失

3 予期し得ない陳腐化等によつて固定資産に著しい減価を生じた場合の臨時償却費

4 延滞償金，違約金，罰課金，損害賠償金

5 偶発債務損失

6 訴訟費

7 臨時多額の退職手当

8 固定資産売却損および除却損

9 異常な貸倒損失

(三)税法上とくに認められている損失算入項目，たとえば

1 価格変動準備金繰入額

2 租税特別措置法による償却額のうち通常の償却範囲額をこえる額

(四)その他の利益剰余金に課する項目，たとえば

1 法人税，所得税，都道府県民税，市町村民税

2 配当金

3 役員賞与金

4 任意積立金繰入額

5 建設利息償却

六 原価計算の一般的基準

原価計算制度においては，次の一般的基準にしたがつて原価を計算する。

(一)財務諸表の作成に役立つために，

1 原価計算は，原価を一定の給付にかかわらせて集計し，製品原価および期間原価を計算する。すなわち，原価計算は原則として

(1)すべての製造原価要素を製品に集計し，損益計算書上の売上品の製造原価を売上高に対応させ，貸借対照表上仕掛品，半製品，製品等の製造原価をたな卸資産として計上することを可能にさせ，

(2)また，販売費および一般管理費を計算し，これを損益計算書上期間原価として当該期間の売上高に対応させる。

2 原価の数値は，財務会計の原始記録，信頼しうる統計資料等によつて，その信ぴよう性が確保されるものでなければならない。このため原価計算は，原則として実際原価を計算する。この場合，実際原価を計算することは，必ずしも原価を取得価格をもつて計算することを意味しないで，予定価格等をもつて計算することもできる。また必要ある場合には，製品原価を標準原価をもつて計算し，これを財務諸表に提供することもできる。

3 原価計算において，原価を予定価格等又は標準原価をもつて計算する場合には，これと原価の実際発生額との差異は，これを財務会計上適正に処理しなければならない。

4 原価計算は，財務会計機構と有機的に結合して行なわれるものとする。このために勘定組織には，原価に関する細分記録を統括する諸勘定を設ける。

(二)原価管理に役立つために，

原価計算基準—455

5 原価計算は，経営における管理の権限と責任の委譲を前提とし，作業区分等に基づく部門を管理責任の区分とし，各部門における作業の原価を計算し，各管理区分における原価発生の責任を明らかにさせる。

6 原価計算は，原価要素を，機能別に，また直接費と間接費，固定費と変動費，管理可能費と管理不能費の区分に基づいて分類し，計算する。

7 原価計算は，原価の標準の設定，指示から原価の報告に至るまでのすべての計算過程を通じて，原価の物量を測定表示することに重点をおく。

8 原価の標準は，原価発生の責任を明らかにし，原価能率を判定する尺度として，これを設定する。原価の標準は，過去の実際原価をもつてすることができるが，理想的には，標準原価として設定する。

9 原価計算は，原価の実績を，標準と対照比較しうるように計算記録する。

10 原価の標準と実績との差異は，これを分析し，報告する。

11 原価計算は，原価管理の必要性に応じて，重点的，経済的に，かつ，じん速にこれを行なう。

(三)予算とくに費用予算の編成ならびに予算統制に役立つために，

12 原価計算は，予算期間において期待されうる条件に基づく予定原価又は標準原価を計算し，予算とくに，費用予算の編成に資料を提供するとともに，予算と対照比較しうるように原価の実績を計算し，もって予算統制に資料を提供する。

第二章 実際原価の計算

七 実際原価の計算手続

実際原価の計算においては，製造原価は，原則として，その実際発生額を，まず費目別に計算し，次いで原価部門別に計算し，最後に製品別に集計する。販売費および一般管理費は，原則として，一定期間における実際発生額を，費目別に計算する。

第一節 製造原価要素の分類基準

八 製造原価要素の分類基準

原価要素は，製造原価要素と販売費および一般管理費の要素に分類する。

製造原価要素を分類する基準は次のようである。

(一)形態別分類

形態別分類とは，財務会計における費用の発生を基礎とする分類，すなわち原価発生の形態による分類であり，原価要素は，この分類基準によってこれを材料費，労務費および経費に属する各費目に分類する。

材料費とは，物品の消費によつて生ずる原価をいい，おおむね次のように細分する。

1 素材費(又は原料費)

2 買入部品費

3 燃料費

4 工場消耗品費

5 消耗工具器具備品費

労務費とは，労務用役の消費によつて生ずる原価をいい，おおむね次のように細分する。

1 賃金(基本給のほか割増賃金を含む。)

2 給料

3 雑給

4 従業員賞与手当

5 退職給与引当金繰入額

6 福利費（健康保険料負担金等）

経費とは，材料費，労務費以外の原価要素をいい，減価償却費，たな卸減耗費および福利施設負担額，賃借料，修繕料，電力料，旅費交通費等の諸支払経費に細分する。

原価要素の形態別分類は，財務会計における費用の発生を基礎とする分類であるから，原価計算は，財務会計から原価に関するこの形態別分類による基礎資料を受け取り，これに基づいて原価を計算する。この意味でこの分類は，原価に関する基礎的分類であり，原価計算と財務会計との関連上重要である。

(二)機能別分類

機能別分類とは，原価が経営上のいかなる機能のために発生したかによる分類であり，原価要素は，この分類基準によってこれを機能別に分類する。この分類基準によれば，たとえば，材料費は，主要材料費，および修繕材料費，試験研究材料費等の補助材料費，ならびに工場消耗品費等に，賃金は，作業種類別直接賃金，間接作業賃金，手待賃金等に，経費は，各部門の機能別経費に分類する。

(三)製品との関連における分類

製品との関連における分類とは，製品に対する原価発生の態様，すなわち原価の発生が一定単位の製品の生成に関して直接的に認識されるかどうかの性質上の区別による分類であり，原価要素は，この分類基準によってこれを直接費と間接費とに分類する。

1 直接費は，これを直接材料費，直接労務費および直接経費に分類し，さらに適当に細分する。

2 間接費は，これを間接材料費，間接労務費および間接経費に分類し，さらに適当に細分する。

必要ある場合には，直接労務費と製造間接費とを合わせ，又は直接材料費以外の原価要素を総括して，これを加工費として分類することができる。

(四)操業度との関連における分類

操業度との関連における分類とは，操業度の増減に対する原価発生の態様による分類であり，原価要素は，この分類基準によってこれを固定費と変動費とに分類する。ここに操業度とは，生産設備を一定とした場合におけるその利用度をいう。固定費とは，操業度の増減にかかわらず変化しない原価要素をいい，変動費とは，操業度の増減に応じて比例的に増減する原価要素をいう。

ある範囲内の操業度の変化では固定的であり，これをこえると急増し，再び固定化する原価要素たとえば監督者給料等，又は操業度が零の場合にも一定額が発生し，同時に操業度の増加に応じて比例的に増加する原価要素たとえば電力料等は，これを準固定費又は準変動費となづける。

準固定費又は準変動費は，固定費又は変動費とみなして，これをそのいずれかに帰属させるか，もしくは固定費と変動費とが合成されたものであると解し，これを固定費の部分と変動費の部分とに分類する。

(五)原価の管理可能性に基づく分類

原価の管理可能性に基づく分類とは，原価の発生が一定の管理者層によって管理しうるかどうかの分類であり，原価要素は，この分類基準によってこれを管理可能費と管理不能費とに分類する。下級管理者層にとって管理不能費であるものも，上級管理者層にとっては管理可能費となることがあ

原価計算基準 —457

る。

第二節　原価の費目別計算

九　原価の費目別計算

原価の費目別計算とは，一定期間における原価要素を費目別に分類測定する手続をいい，財務会計における費用計算であると同時に，原価計算における第一次の計算段階である。

一〇　費目別計算における原価要素の分類

費目別計算においては，原価要素を，原則として，形態別分類を基礎とし，これを直接費と間接費とに大別し，さらに必要に応じ機能別分類を加味して，たとえば次のように分類する。

直接費
　直接材料費
　　主要材料費(原料費)
　　買入部品費
　直接労務費
　　直接賃金(必要ある場合には作業種類別に細分する。)
　直接経費
　　外注加工費
間接費
　間接材料費
　　補助材料費
　　工場消耗品費
　　消耗工具器具備品費
　間接労務費
　　間接作業賃金
　　間接工賃金
　　手待賃金
　　休業賃金
　　給料

従業員賞与手当
退職給与引当金繰入額
福利費(健康保険料負担金等)
間接経費
　福利施設負担額
　厚生費
　減価償却費
　賃借料
　保険料
　修繕料
　電力料
　ガス代
　水道料
　租税公課
　旅費交通費
　通信費
　保管料
　たな卸減耗費
　雑費

間接経費は，原則として形態別に分類するが，必要に応じ修繕費，運搬費等の複合費を設定することができる。

一一　材料費計算

(一)直接材料費，補助材料費等であつて，出入記録を行なう材料に関する原価は，各種の材料につき原価計算期間における実際の消費量に，その消費価格を乗じて計算する。

(二)材料の実際の消費量は，原則として継続記録法によつて計算する。ただし，材料であつて，その消費量を継続記録法によつて計算することが困難なもの又はその必要のないものについては，たな卸計算法を適用することができる。

(三)材料の消費価格は原則として購入原価を

もつて計算する。

同種材料の購入原価が異なる場合，その消費価格の計算は，次のような方法による。

1　先入先出法
2　移動平均法
3　総平均法
4　後入先出法
5　個別法

材料の消費価格は，必要ある場合には，予定価格等をもつて計算することができる。

(四)材料の購入原価は，原則として実際の購入原価とし，次のいずれかの金額によつて計算する。

1　購入代価に買入手数料，引取運賃，荷役費，保険料，関税等材料買入に要した引取費用を加算した金額

2　購入代価に引取費用ならびに購入事務，検収，整理，選別，手入，保管等に要した費用(引取費用と合わせて以下これを「材料副費」という。)を加算した金額。ただし，必要ある場合には，引取費用以外の材料副費の一部を購入代価に加算しないことができる。

購入代価に加算する材料副費の一部又は全部は，これを予定配賦率によつて計算することができる。予定配賦率は，一定期間の材料副費の予定総額を，その期間における材料の予定購入代価又は予定購入数量の総額をもつて除して算定する。ただし，購入事務費，検収費，整理費，選別費，手入費，保管費等については，それぞれに適当な予定配賦率を設定することができる。

材料副費の一部を材料の購入原価に算入しない場合には，これを間接経費に属する項目とし又は材料費に配賦する。

購入した材料に対して値引又は割戻等を受けたときは，これを材料の購入原価から控除する。ただし，値引又は割戻等が材料消費後に判明した場合には，これを同種材料の購入原価から控除し，値引又は割戻等を受けた材料が判明しない場合には，これを当期の材料副費等から控除し，又はその他適当な方法によつて処理することができる。

材料の購入原価は，必要ある場合には，予定価格等をもつて計算することができる。

他工場からの振替製品の受入価格は，必要ある場合には，正常市価によることができる。

(五)間接材料費であつて，工場消耗品，消耗工具器具備品等，継続記録法又はたな卸計算法による出入記録を行なわないものの原価は，原則として当該原価計算期間における買入額をもつて計算する。

一二　労務費計算

(一)直接賃金等であつて，作業時間又は作業量の測定を行なう労務費は，実際の作業時間又は作業量に賃率を乗じて計算する。賃率は，実際の個別賃率又は，職場もしくは作業区分ごとの平均賃率による。平均賃率は，必要ある場合には，予定平均賃率をもつて計算することができる。

直接賃金等は，必要ある場合には，当該原価計算期間の負担に属する要支払額をもつて計算することができる。

(二)間接労務費であつて，間接工賃金，給料，賞与手当等は，原則として当該原価計算期間の負担に属する要支払額をもつて計算する。

原価計算基準 —459

一三　経費計算

(一)経費は，原則として当該原価計算期間の実際の発生額をもつて計算する。ただし，必要ある場合には，予定価格又は予定額をもつて計算することができる。

(二)減価償却費，不動産賃借料等であつて，数カ月分を一時に総括的に計算し又は支払う経費については，これを月割り計算する。

(三)電力料，ガス代，水道料等であつて，消費量を計量できる経費については，その実際消費量に基づいて計算する。

一四　費用別計算における予定価格等の適用

費目別計算において一定期間における原価要素の発生を測定するに当たり，予定価格等を適用する場合には，これをその適用される期間における実際価格にできる限り近似させ，価格差異をなるべく僅少にするように定める。

第三節　原価の部門別計算

一五　原価の部門別計算

原価の部門別計算とは，費目別計算においては握された原価要素を，原価部門別に分類集計する手続をいい，原価計算における第二次の計算段階である。

一六　原価部門の設定

原価部門とは，原価の発生を機能別，責任区分別に管理するとともに，製品原価の計算を正確にするために，原価要素を分類集計する計算組織上の区分をいい，これを諸製造部門と諸補助部門とに分ける。製造および補助の諸部門は，次の基準により，かつ，経営の特質に応じて適当にこれを区分設定する。

(一)製造部門

製造部門とは，直接製造作業の行なわれる部門をいい，製品の種類別，製品生成の段階，製造活動の種類別等にしたがつて，これを各種の部門又は工程に分ける。たとえば機械製作工場における鋳造，鍛造，機械加工，組立等の各部門はその例である。

副産物の加工，包装品の製造等を行なういわゆる副経営は，これを製造部門とする。

製造に関する諸部門は，必要ある場合には，さらに機械設備の種類，作業区分等にしたがつて，これを各小工程又は各作業単位に細分する。

(二)補助部門

補助部門とは，製造部門に対して補助的関係にある部門をいい，これを補助経営部門と工場管理部門とに分け，さらに機能の種類別等にしたがって，これを各種の部門に分ける。

補助経営部門とは，その事業の目的とする製品の生産に直接関与しないで，自己の製品又は用役を製造部門に提供する諸部門をいい，たとえば動力部，修繕部，運搬部，工具製作部，検査部等がそれである。

工具製作，修繕，動力等の補助経営部門が相当の規模となつた場合には，これを独立の経営単位とし，計算上製造部門として取り扱う。

工場管理部門とは，管理的機能を行なう諸部門をいい，たとえば材料部，労務部，企画部，試験研究部，工場事務部等がそれである。

一七　部門個別費と部門共通費

原価要素は，これを原価部門に分類集計するに当たり，当該部門において発生したことが直接的に認識されるかどうかによつて，部門個別費と部門共通費とに分類する。

部門個別費は，原価部門における発生額を直接に当該部門に賦課し，部門共通費は，原価要素別に又はその性質に基づいて分類された原価要素群別にもしくは一括して，適当な配賦基準によつて関係各部門に配賦する。部門共通費であつて工場全般に関して発生し，適当な配賦基準の得がたいものは，これを一般費とし，補助部門費として処理することができる。

一八 部門別計算の手続
(一)原価要素の全部又は一部は，まずこれを各製造部門および補助部門に賦課又は配賦する。この場合，部門に集計する原価要素の範囲は，製品原価の正確な計算および原価管理の必要によつてこれを定める。たとえば，個別原価計算においては，製造間接費のほか，直接労務費をも製造部門に集計することがあり，総合原価計算においては，すべての製造原価要素又は加工費を製造部門に集計することがある。

　　各部門に集計された原価要素は，必要ある場合には，これを変動費と固定費又は管理可能費と管理不能費とに区分する。
(二)次いで補助部門費は，直接配賦法，階梯式配賦法，相互配賦等にしたがい，適当な配賦基準によつて，これを各製造部門に配賦し，製造部門費を計算する。

　　一部の補助部門費は，必要ある場合には，これを製造部門に配賦しないで直接に製品に配賦することができる。
(三)製造部門に集計された原価要素は，必要に応じさらにこれをその部門における小工程又は作業単位に集計する。この場合，小工程又は作業単位には，その小工程等において管理可能の原価要素又は直接労

務費のみを集計し，そうでないものは共通費および他部門配賦費とする。

第四節　原価の製品別計算

一九　原価の製品別計算および原価単位
　　原価の製品別計算とは，原価要素を一定の製品単位に集計し，単位製品の製造原価を算定する手続をいい，原価計算における第三次の計算段階である。
　　製品別計算のためには，原価を集計する一定の製品単位すなわち原価単位を定める。原価単位は，これを個数，時間数，度量衡単位等をもつて示し，業種の特質に応じて適当に定める。

二〇　製品別計算の形態
　　製品別計算は，経営における生産形態の種類別に対応して，これを次のような類型に区分する。
(一)単純総合原価計算
(二)等級別総合原価計算
(三)組別総合原価計算
(四)個別原価計算

二一　単純総合原価計算
　　単純総合原価計算は，同種製品を反復連続的に生産する生産形態に適用する。単純総合原価計算にあつては，一原価計算期間(以下これを「一期間」という。)に発生したすべての原価要素を集計して当期製造費用を求め，これに期首仕掛品原価を加え，この合計額(以下これを「総製造費用」という。)を，完成品と期末仕掛品とに分割計算することにより，完成品総合原価を計算し，これを製品単位に均分して単位原価を計算する。

原価計算基準 —461

二二　等級別総合原価計算

　等級別総合原価計算は，同一工程において，同種製品を連続生産するが，その製品を形状，大きさ，品位等によつて等級に区別する場合に適用する。

　等級別総合原価計算にあつては，各等級製品について適当な等価係数を定め，一期間における完成品の総合原価又は一期間の製造費用を等価係数に基づき各等級製品にあん分してその製品原価を計算する。

　等価係数の算定およびこれに基づく等級製品原価の計算は，次のいずれかの方法による。

(一)各等級製品の重量，長さ，面積，純分度，熱量，硬度等原価の発生と関連ある製品の諸性質に基づいて等価係数を算定し，これを各等級製品の一期間における生産量に乗じた積数の比をもつて，一期間の完成品の総合原価を一括的に各等級製品にあん分してその製品原価を計算し，これを製品単位に均分して単位原価を計算する。

(二)一期間の製造費用を構成する各原価要素につき，又はその性質に基づいて分類された数個の原価要素群につき，各等級製品の標準材料消費量，標準作業時間等各原価要素又は原価要素群の発生と関連ある物量的数値等に基づき，それぞれの等価係数を算定し，これを各等級製品の一期間における生産量に乗じた積数の比をもつて，各原価要素又は原価要素群をあん分して，各等級製品の一期間の製造費用を計算し，この製造費用と各等級製品の期首仕掛品原価とを，当期における各等級製品の完成品とその期末仕掛品とに分割することにより，当期における各等級製品の総合原価を計算し，これを製品単位に均分して単位原価を計算する。

　この場合，原価要素別又は原価要素群別に定めた等価係数を個別的に適用しないで，各原価要素又は原価要素群の重要性を加味して総括し，この総括的等価係数に基づいて，一期間の完成品の総合原価を一括的に各等級製品にあん分して，その製品原価を計算することができる。

二三　組別総合原価計算

　組別総合原価計算は，異種製品を組別に連続生産する生産形態に適用する。

　組別総合原価計算にあつては，一期間の製造費用を組直接費と組間接費又は原料費と加工費とに分け，個別原価計算に準じ，組直接費又は原料費は，各組の製品に賦課し，組間接費又は加工費は，適当な配賦基準により各組に配賦する。次いで一期間における組別の製造費用と期首仕掛品原価とを，当期における組別の完成品とその期末仕掛品とに分割することにより，当期における組別の完成品総合原価を計算し，これを製品単位に均分して単位原価を計算する。

二四　総合原価計算における完成品総合原価と期末仕掛品原価

　単純総合原価計算，等級別総合原価計算および組別総合原価計算は，いずれも原価集計の単位が期間生産量であることを特質とする。すなわち，いずれも継続製造指図書に基づき，一期間における生産量について総製造費用を算定し，これを期間生産量に分割負担させることによつて完成品総合原価を計算する点において共通する。したがつて，これらの原価計算を総合原価計算の形態と総称する。

　総合原価計算における完成品総合原価と期末仕掛品原価は，次の手続により算定する。

(一)まず，当期製造費用および期首仕掛品原

価を，原則として直接材料費と加工費とに分け，期末仕掛品の完成品換算量を直接材料費と加工費とについて算定する。

期末仕掛品の完成品換算量は，直接材料費については，期末仕掛品に含まれる直接材料消費量の完成品に含まれるそれに対する比率を算定し，これを期末仕掛品現在量に乗じて計算する。加工費については，期末仕掛品の仕上り程度の完成品に対する比率を算定し，これを期末仕掛品現在量に乗じて計算する。

(二)次いで，当期製造費用および期首仕掛品原価を，次のいずれかの方法により，完成品と期末仕掛品とに分割して，完成品総合原価と期末仕掛品原価とを計算する。

1　当期の直接材料費総額(期首仕掛品および当期製造費用中に含まれる直接材料費の合計額)および当期の加工費総額(期首仕掛品および当期製造費用中に含まれる加工費の合計額)を，それぞれ完成品数量と期末仕掛品の完成品換算量との比により完成品と期末仕掛品とにあん分して，それぞれ両者に含まれる直接材料費と加工費とを算定し，これをそれぞれ合計して完成品総合原価および期末仕掛品原価を算定する(平均法)。

2　期首仕掛品原価は，すべてこれを完成品の原価に算入し，当期製造費用を，完成品数量から期首仕掛品の完成品換算量を差し引いた数量と期末仕掛品の完成品換算量との比により，完成品と期末仕掛品とにあん分して完成品総合原価および期末仕掛品原価を算定する(先入先出法)。

3　期末仕掛品の完成品換算量のうち，期首仕掛品の完成品換算量に相当する部分については，期首仕掛品原価をそのまま適用して評価し，これを超過する期末仕

掛品の完成品換算量と完成品数量との比により，当期製造費用を期末仕掛品と完成品とにあん分し，期末仕掛品に対してあん分された額と期首仕掛品原価との合計額をもつて，期末仕掛品原価とし，完成品にあん分された額を完成品総合原価とする(後入先出法)。

4　前三号の方法において，加工費について期末仕掛品の完成品換算量を計算することが困難な場合には，当期の加工費総額は，すべてこれを完成品に負担させ，期末仕掛品は，直接材料費のみをもつて計算することができる。

5　期末仕掛品は，必要ある場合には，予定原価又は正常原価をもつて評価することができる。

6　期末仕掛品の数量が毎期ほぼ等しい場合には，総合原価の計算上これを無視し，当期製造費用をもつてそのまま完成品総合原価とすることができる。

二五　工程別総合原価計算

総合原価計算において，製造工程が二以上の連続する工程に分けられ，工程ごとにその工程製品の総合原価を計算する場合(この方法を「工程別総合原価計算」という。)には，一工程から次工程へ振り替えられた工程製品の総合原価を，前工程費又は原料費として次工程の製造費用に加算する。この場合，工程間に振り替えられる工程製品の計算は，予定原価又は正常原価によることができる。

二六　加工費工程別総合原価計算

原料がすべて最初の工程の始点で投入され，その後の工程では，単にこれを加工するにすぎない場合には，各工程別に一期間の加工費を集計し，それに原料費を加算することによ

り，完成品総合原価を計算する。この方法を
加工費工程別総合原価計算（加工費法）という。

二七　仕損および減損の処理

　総合原価計算においては，仕損の費用は，
原則として，特別に仕損費の費目を設けるこ
とをしないで，これをその期の完成品と期末
仕掛品とに負担させる。

　加工中に蒸発，粉散，ガス化，煙化等によ
つて生ずる原料の減損の処理は，仕損に準ず
る。

二八　副産物等の処理と評価

　総合原価計算において，副産物が生ずる場
合には，その価額を算定して，これを主産物
の総合原価から控除する。副産物とは，主産
物の製造過程から必然に派生する物品をいう。

　副産物の価額は，次のような方法によつて
算定した額とする。

(一)副産物で，そのまま外部に売却できるも
　　のは，見積売却価額から販売費および一
　　般管理費又は販売費，一般管理費および
　　通常の利益の見積額を控除した額。

(二)副産物で，加工の上売却できるものは，
　　加工製品の見積売却価額から加工費，販
　　売費および一般管理費又は加工費，販売
　　費，一般管理費および通常の利益の見積
　　額を控除した額。

(三)副産物で，そのまま自家消費されるもの
　　は，これによつて節約されるべき物品の
　　見積購入価額

(四)副産物で，加工の上自家消費されるもの
　　は，これによつて節約されるべき物品の
　　見積購入価額から加工費の見積額を控除
　　した額

　　　軽微な副産物は，前項の手続によらな
　　いで，これを売却して得た収入を，原価

計算外の収益とすることができる。

　作業くず，仕損品等の処理および評価
は，副産物に準ずる。

二九　連産品の計算

　連産品とは，同一工程において同一原料か
ら生産される異種の製品であつて，相互に主
副を明確に区別できないものをいう。連産品
の価額は，連産品の正常市価等を基準として
定めた等価係数に基づき，一期間の総合原価
を連産品にあん分して計算する。この場合，
連産品で，加工の上売却できるものは，加工
製品の見積売却価額から加工費の見積額を控
除した額をもつて，その正常市価とみなし，
等価係数算定の基礎とする。ただし，必要あ
る場合には，連産品の一種又は数種の価額を
副産物に準じて計算し，これを一期間の総合
原価から控除した額をもつて，他の連産品の
価額とすることができる。

三〇　総合原価計算における直接原価計算

　総合原価計算において，必要ある場合には，
一期間における製造費用のうち，変動直接費
および変動間接費のみを部門に集計して部門
費を計算し，これに期首仕掛品を加えて完成
品と期末仕掛品とにあん分して製品の直接原
価を計算し，固定費を製品に集計しないこと
ができる。

　この場合，会計年度末においては，当該会
計期間に発生した固定費額は，これを期末の
仕掛品および製品と当年度の売上品とに配賦
する。

三一　個別原価計算

　個別原価計算は，種類を異にする製品を個
別的に生産する生産形態に適用する。

　個別原価計算にあつては，特定製造指図書

について個別的に直接費および間接費を集計
し，製品原価は，これを当該指図書に含まれ
る製品の生産完了時に算定する。

　経営の目的とする製品の生産に際してのみ
でなく，自家用の建物，機械，工具等の製作
又は修繕，試験研究，試作，仕損品の補修，
仕損による代品の製作等に際しても，これを
特定指図書を発行して行なう場合は，個別原
価計算の方法によってその原価を算定する。

三二　直接費の賦課

　個別原価計算における直接費は，発生の
つど又は定期に整理分類して，これを当該指
図書に賦課する。

(一)直接材料費は，当該指図書に関する実際
　消費量に，その消費価格を乗じて計算す
　る。消費価格の計算は，第二節一一の
　(三)に定めるところによる。

　　自家生産材料の消費価格は，実際原価
　又は予定価格等をもって計算する。

(二)直接労務費は，当該指図書に関する実際
　の作業時間又は作業量に，その賃率を乗
　じて計算する。賃率の計算は，第二節一
　二の(一)に定めるところによる。

(三)直接経費は，原則として当該指図書に関
　する実際発生額をもって計算する。

三三　間接費の配賦

(一)個別原価計算における間接費は，原則と
　して部門間接費として各指図書に配賦す
　る。

(二)間接費は，原則として予定配賦率をもっ
　て各指図書に配賦する。

(三)部門間接費の予定配賦率は，一定期間に
　おける各部門の間接費予定額又は各部門
　の固定間接費予定額および変動間接費予
　定額を，それぞれ同期間における当該部

門の予定配賦基準をもって除して算定す
る。

(四)一定期間における各部門の間接費予定額
　又は各部門の固定間接費予定額および変
　動間接費予定額は，次のように計算する。

1　まず，間接費を固定費および変動費に
　分類して，過去におけるそれぞれの原価
　要素の実績をは握する。この場合，間接
　費を固定費と変動費とに分類するために
　は，間接費要素に関する各費目を調査し，
　費目によって固定費又は変動費のいずれ
　かに分類する。準固定費又は準変動費は，
　実際値の変化の調査に基づき，これを固
　定費又は変動費とみなして，そのいずれ
　かに帰属させるか，もしくはその固定費
　部分および変動費率を測定し，これを固
　定費と変動費とに分解する。

2　次に，将来における物価の変動予想を
　考慮して，これに修正を加える。

3　さらに固定費は，設備計画その他固定
　費に影響する計画の変更等を考慮し，変
　動費は，製造条件の変更等変動費に影響
　する条件の変化を考慮して，これを修正
　する。

4　変動費は，予定操業度に応ずるように，
　これを算定する。

(五)予定配賦率の計算の基礎となる予定操業
　度は，原則として，一年又は一会計期間
　において予期される操業度であり，それ
　は，技術的に達成可能な最大操業度では
　なく，この期間における生産ならびに販
　売事情を考慮して定めた操業度である。

　　操業度は，原則として直接作業時間，
　機械運転時間，生産数量等間接費の発生
　と関連ある適当な物量基準によって，こ
　れを表示する。

　　操業度は，原則としてこれを各部門に

区分して測定表示する。

(六)部門間接費の各指図書への配賦額は，各製造部門又はこれを細分した各小工程又は各作業単位別に，次のいずれかによつて計算する。

　1　間接費予定配賦率に，各指図書に関する実際の配賦基準を乗じて計算する。

　2　固定間接費予定配賦率および変動間接費予定配賦率に，それぞれ各指図書に関する実際の配賦基準を乗じて計算する。

(七)一部の補助部門費を製造部門に配賦しないで，直接に指図書に配賦する場合には，そのおのおのにつき適当な基準を定めてこれを配賦する。

三四　加工費の配賦

　個別原価計算において，労働が機械作業と密接に結合して総合的な作業となり，そのため製品に賦課すべき直接労務費と製造間接費とを分離することが困難な場合その他必要ある場合には，加工費について部門別計算を行ない，部門加工費を各指図書に配賦することができる。部門加工費の指図書への配賦は，原則として予定配賦率による。予定加工費配賦率の計算は，予定間接費配賦率の計算に準ずる。

三五　仕損費の計算および処理

　個別原価計算において，仕損が発生する場合には，原則として次の手続により仕損費を計算する。

(一)仕損が補修によつて回復でき，補修のために補修指図書を発行する場合には，補修指図書に集計された製造原価を仕損費とする。

(二)仕損が補修によつて回復できず，代品を製作するために新たに製造指図書を発行

する場合において

　1　旧製造指図書の全部が仕損となつたときは，旧製造指図書に集計された製造原価を仕損費とする。

　2　旧製造指図書の一部が仕損となつたときは，新製造指図書に集計された製造原価を仕損費とする。

(三)　仕損の補修又は代品の製作のために別個の指図書を発行しない場合には，仕損の補修等に要する製造原価を見積つてこれを仕損費とする。

　前記(二)又は(三)の場合において，仕損品が売却価値又は利用価値を有する場合には，その見積額を控除した額を仕損費とする。

　軽微な仕損については，仕損費を計上しないで，単に仕損品の見積売却価額又は見積利用価額を，当該製造指図書に集計された製造原価から控除するにとどめることができる。

　仕損費の処理は，次の方法のいずれかによる。

(一)仕損費の実際発生額又は見積額を，当該指図書に賦課する。

(二)仕損費を間接費とし，これを仕損の発生部門に賦課する。この場合，間接費の予定配賦率の計算において，当該製造部門の予定間接費額中に，仕損費の予定額を算入する。

三六　作業くずの処理

　個別原価計算において，作業くずは，これを総合原価計算の場合に準じて評価し，その発生部門の部門費から控除する。ただし，必要ある場合には，これを当該製造指図書の直接材料費又は製造原価から控除することができる。

466

第五節　販売費および一般管理費の計算

三七　販売費および一般管理費要素の分類基準

販売費および一般管理費の要素を分類する基準は、次のようである。

(一)形態別分類

販売費および一般管理費の要素は、この分類基準によつて、たとえば、給料、賃金、消耗品費、減価償却費、賃借料、保険料、修繕料、電力料、租税公課、運賃、保管料、旅費交通費、通信費、広告料等にこれを分類する。

(二)機能別分類

販売費および一般管理費の要素は、この分類基準によつて、たとえば、広告宣伝費、出荷運送費、倉庫費、掛売集金費、販売調査費、販売事務費、企画費、技術研究費、経理費、重役室費等にこれを分類する。

この分類にさいしては、当該機能について発生したことが直接的に認識される要素を、は握して集計する。たとえば広告宣伝費には、広告宣伝係員の給料、賞与手当、見本費、広告設備減価償却費、新聞雑誌広告料、その他の広告料、通信費等が集計される。

(三)直接費と間接費

販売費および一般管理費の要素は、販売品種等の区別に関連して、これを直接費と間接費とに分類する。

(四)固定費と変動費

(五)管理可能費と管理不能費

三八　販売費および一般管理費の計算

販売費および一般管理費は、原則として、形態別分類を基礎とし、これを直接費と間接費とに大別し、さらに必要に応じ機能別分類

を加味して分類し、一定期間の発生額を計算する。その計算は、製造原価の費目別計算に準ずる。

三九　技術研究費

新製品又は新技術の開拓等の費用であつて企業全般に関するものは、必要ある場合には、販売費および一般管理費と区別し別個の項目として記載することができる。

第三章　標準原価の計算

四〇　標準原価算定の目的

標準原価算定の目的としては、おおむね次のものをあげることができる。

(一)原価管理を効果的にするための原価の標準として標準原価を設定する。これは標準原価を設定する最も重要な目的である。

(二)標準原価は、真実の原価として仕掛品、製品等のたな卸資産価額および売上原価の算定の基礎となる。

(三)標準原価は、予算とくに見積財務諸表の作成に、信頼しうる基礎を提供する。

(四)標準原価は、これを勘定組織の中に組み入れることによつて、記帳を簡略化し、じん速化する。

四一　標準原価の算定

標準原価は、直接材料費、直接労務費等の直接費および製造間接費について、さらに製品原価について算定する。

原価要素の標準は、原則として物量標準と価格標準との両面を考慮して算定する。

(一)標準直接材料費

1　標準直接材料費は、直接材料の種類ごとに、製品単位当たりの標準消費量と標

原価計算基準—467

準価格とを定め，両者を乗じて算定する。

2　標準消費量については，製品の生産に
必要な各種素材，部品等の種類，品質，
加工の方法および順序等を定め，科学的，
統計的調査により製品単位当たりの各種
材料の標準消費量を定める。標準消費量
は，通常生ずると認められる程度の減損，
仕損等の消費余裕を含む。

3　標準価格は，予定価格又は正常価格と
する。

(二)標準直接労務費

1　標準直接労務費は，直接作業の区分ご
とに，製品単位当たりの直接作業の標準
時間と標準賃率とを定め，両者を乗じて
算定する。

2　標準直接作業時間については，製品の
生産に必要な作業の種類別，使用機械工
具，作業の方式および順序，各作業に従
事する労働の等級等を定め，作業研究，
時間研究その他経営の実情に応ずる科学
的，統計的調査により製品単位当たりの
各区分作業の標準時間を定める。標準時
間は，通常生ずると認められる程度の疲
労，身体的必要，手待等の時間的余裕を
含む。

3　標準賃率は，予定賃率又は正常賃率と
する。

(三)製造間接費の標準

製造間接費の標準は，これを部門別(又
はこれを細分した作業単位別，以下これを
「部門」という。)に算定する。部門別製造
間接費の標準とは，一定期間において各部
門に発生すべき製造間接費の予定額をいい，
これを部門間接費予算として算定する。そ
の算定方法は，第二章第四節三三の(四)に
定める実際原価の計算における部門別計算
の手続に準ずる。部門間接費予算は，固定

予算又は変動予算として設定する。

1　固定予算

製造間接費予算を，予算期間において予
期される一定の操業度に基づいて算定する
場合に，これを固定予算となづける。各部
門別の固定予算は，一定の限度内において
原価管理に役立つのみでなく，製品に対す
る標準間接費配賦率の算定の基礎となる。

2　変動予算

製造間接費の管理をさらに有効にするた
めに，変動予算を設定する。変動予算とは，
製造間接費予算を，予算期間に予期される
範囲内における種々の操業度に対応して算
定した予算をいい，実際間接費額を当該操
業度の予算と比較して，部門の業績を管理
することを可能にする。

変動予算の算定は，実査法，公式法等に
よる。

(1)実査法による場合には，一定の基
準となる操業度(以下これを「基
準操業度」という。)を中心として，
予期される範囲内の種々の操業度
を，一定間隔に設け，各操業度に
応ずる複数の製造間接費予算をあ
らかじめ算定列記する。この場合，
各操業度に応ずる間接費予算額は，
個々の間接費項目につき，各操業
度における額を個別的に実査して
算定する。この変動予算における
基準操業度は，固定予算算定の基
礎となる操業度である。

(2)公式法による場合には，製造間接
費要素を第二章第四節三三の(四)
に定める方法により固定費と変動
費とに分け，固定費は，操業度の
増減にかかわりなく一定とし，変
動費は，操業度の増減との関連に

468

おける各変動費要素又は変動費要素群の変動費率をあらかじめ測定しておき，これにそのつどの関係操業度を乗じて算定する。

(四)標準製品原価

標準製品原価は，製品の一定単位につき標準直接材料費，標準直接労務費等を集計し，これに標準間接費配賦率に基づいて算定した標準間接費配賦額を加えて算定する。標準間接費配賦率は固定予算算定の基礎となる操業度ならびにこの操業度における標準間接費を基礎として算定する。

標準原価計算において加工費の配賦計算を行なう場合には，部門加工費の標準を定める。その算定は，製造間接費の標準の算定に準ずる。

四二　標準原価の改訂

標準原価は，原価管理のためにも，予算編成のためにも，また，たな卸資産価額および売上原価算定のためにも，現状に即した標準でなければならないから，常にその適否を吟味し，機械設備，生産方式等生産の基本条件ならびに材料価格，賃率等に重大な変化が生じた場合には，現状に即するようにこれを改訂する。

四三　標準原価の指示

標準原価は，一定の文書に表示されて原価発生について責任をもつ各部署に指示されるとともに，この種の文書は，標準原価会計機構における補助記録となる。標準原価を指示する文書の種類，記載事項および様式は，経営の特質によつて適当に定めるべきであるが，たとえば次のようである。

(一)標準製品原価表

標準製品原価表とは，製造指図書に指定された製品の一定単位当たりの標準原価を構成する各種直接材料費の標準，作業種類別の直接労務費の標準および部門別製造間接費配賦額の標準を数量的および金額的に表示指定する文書をいい，必要に応じ材料明細表，標準作業表等を付属させる。

(二)材料明細表

材料明細表とは，製品の一定単位の生産に必要な直接材料の種類，品質，その標準消費数量等を表示指定する文書をいう。

(三)標準作業表

標準作業表とは，製品の一定単位の生産に必要な区分作業の種類，作業部門，使用機械工具，作業の内容，労働等級，各区分作業の標準時間等を表示指定する文章をいう。

(四)製造間接費予算表

製造間接費予算表は，製造間接費予算を費目別に表示指定した費目別予算表と，これをさらに部門別に表示指定した部門別予算表とに分けられ，それぞれ予算期間の総額および各月別予算額を記載する。部門別予算表において，必要ある場合には，費目を変動費と固定費又は管理可能費と管理不能費とに区分表示する。

第四章　原価差異の算定および分析

四四　原価差異の算定および分析

原価差異とは実際原価計算制度において，原価の一部を予定価格等をもって計算した場合における原価と実際発生額との間に生ずる差額，ならびに標準原価計算制度において，標準原価と実際発生額との間に生ずる差額(これを「標準差異」となづけることがある。)をいう。

原価計算基準——469

原価差異が生ずる場合には，その大きさを算定記録し，これを分析する。その目的は，原価差異を財務会計上適正に処理して製品原価および損益を確定するとともに，その分析結果を各階層の経営管理者に提供することによつて，原価の管理に資することにある。

四五　実際原価計算制度における原価差異

実際原価計算制度において生ずる主要な原価差異は，おおむね次のように分けて算定する。

(一)材料副費配賦差異

材料副費配賦差異とは，材料副費の一部又は全部を予定配賦率をもつて材料の購入原価に算入することによつて生ずる原価差異をいい，一期間におけるその材料副費の配賦額と実際額との差額として算定する。

(二)材料受入価格差異

材料受入価格差異とは，材料の受入価格を予定価格等をもつて計算することによつて生ずる原価差異をいい，一期間におけるその材料の受入金額と実際受入金額との差額として算定する。

(三)材料消費価格差異

材料消費価格差異とは，材料の消費価格を予定価格等をもつて計算することによつて生ずる原価差異をいい，一期間におけるその材料費額と実際発生額との差額として計算する。

(四)賃率差異

賃率差異とは，労務費を予定賃率をもつて計算することによつて生ずる原価差異をいい，一期間におけるその労務費額と実際発生額との差額として算定する。

(五)製造間接費配賦差異

製造間接費配賦差異とは，製造間接費を予定配賦率をもつて製品に配賦することに

よつて生ずる原価差異をいい，一期間におけるその製造間接費の配賦額と実際額との差額として算定する。

(六)加工費配賦差異

加工費配賦差異とは，部門加工費を予定配賦率をもつて製品に配賦することによつて生ずる原価差異をいい，一期間におけるその加工費の配賦額と実際額との差額として算定する。

(七)補助部門費配賦差異

補助部門費配賦差異とは，補助部門費を予定配賦率をもつて製造部門に配賦することによつて生ずる原価差異をいい，一期間におけるその補助部門費の配賦額と実際額との差額として算定する。

(八)振替差異

振替差異とは，工程間に振り替えられる工程製品の価額を予定原価又は正常原価をもつて計算することによつて生ずる原価差異をいい，一期間におけるその工程製品の振替価額と実際額との差額として算定する。

四六　標準原価計算制度における原価差異

標準原価計算制度において生ずる主要な原価差異は，材料受入価額，直接材料費，直接労務費および製造間接費のおのおのにつき，おおむね次のように算定分析する。

(一)材料受入価格差異

材料受入価格差異とは，材料の受入価格を標準価格をもつて計算することによつて生ずる原価差異をいい，標準受入価格と実際受入価格との差異に，実際受入数量を乗じて算定する。

(二)直接材料費差異

直接材料費差異とは，標準原価による直接材料費と直接材料費の実際発生額との差額をいい，これを材料種類別に価格差異と

数量差異とに分析する。

1 価格差異とは，材料の標準消費価格と実際消費価格との差異に基づく直接材料費差異をいい，直接材料の標準消費価格と実際消費価格との差異に，実際消費数量を乗じて算定する。

2 数量差異とは，材料の標準消費数量と実際消費数量との差異に基づく直接材料費差異をいい，直接材料の標準消費数量と実際消費数量との差異に，標準消費価格を乗じて算定する。

(三)直接労務費差異

直接労務費差異とは，標準原価による直接労務費と直接労務費の実際発生額との差額をいい，これを部門別又は作業種類別に賃率差異と作業時間差異とに分析する。

1 賃率差異とは，標準賃率と実際賃率との差異に基づく直接労務費差異をいい，標準賃率と実際賃率との差異に，実際作業時間を乗じて算定する。

2 作業時間差異とは，標準作業時間と実際作業時間との差異に基づく直接労務費差異をいい，標準作業時間と実際作業時間との差異に，標準賃率を乗じて算定する。

(四)製造間接費差異

製造間接費差異とは，製造間接費の標準額と実際発生額との差額をいい，原則として一定期間における部門間接費差異として算定して，これを能率差異，操業度差異等に適当に分析する。

第五章 原価差異の会計処理

四七 原価差異の会計処理

(一)実際原価計算制度における原価差異の処理は，次の方法による。

1 原価差異は，材料受入価格差異を除き，原則として当年度の売上原価に賦課する。

2 材料受入価格差異は，当年度の材料の払出高と期末在高に配賦する。この場合，材料の期末在高については，材料の適当な種類群別に配賦する。

3 予定価格等が不適当なため，比較的多額の原価差異が生ずる場合，直接材料費，直接労務費，直接経費および製造間接費に関する原価差異の処理は，次の方法による。

(1)個別原価計算の場合
次の方法のいずれかによる。

イ 当年度の売上原価と期末におけるたな卸資産に指図書別に配賦する。

ロ 当年度の売上原価と期末におけるたな卸資産に科目別に配賦する。

(2)総合原価計算の場合
当年度の売上原価と期末におけるたな卸資産に科目別に配賦する。

(二)標準原価計算制度における原価差異の処理は，次の方法による。

1 数量差異，作業時間差異，能率差異等であつて異常な状態に基づくと認められるものは，これを非原価項目として処理する。

2 前記1の場合を除き，原価差異はすべて実際原価計算制度における処理の方法に準じて処理する。

原価計算基準—471

複利現価係数表

$$\frac{1}{(1+r)^n}$$

n\r	1%	2%	3%	4%	5%	6%	7%	8%	9%	10%
1	0.9901	0.9804	0.9709	0.9615	0.9524	0.9434	0.9346	0.9259	0.9174	0.9091
2	0.9803	0.9612	0.9426	0.9246	0.9070	0.8900	0.8734	0.8573	0.8417	0.8264
3	0.9706	0.9423	0.9151	0.8890	0.8638	0.8396	0.8163	0.7938	0.7722	0.7513
4	0.9610	0.9238	0.8885	0.8548	0.8227	0.7921	0.7629	0.7350	0.7084	0.6830
5	0.9515	0.9057	0.8626	0.8219	0.7835	0.7473	0.7130	0.6806	0.6499	0.6209
6	0.9420	0.8880	0.8375	0.7903	0.7462	0.7050	0.6663	0.6302	0.5963	0.5645
7	0.9327	0.8706	0.8131	0.7599	0.7107	0.6651	0.6227	0.5835	0.5470	0.5132
8	0.9235	0.8535	0.7894	0.7307	0.6768	0.6274	0.5820	0.5403	0.5019	0.4665
9	0.9143	0.8368	0.7664	0.7026	0.6446	0.5919	0.5439	0.5002	0.4604	0.4241
10	0.9053	0.8203	0.7441	0.6756	0.6139	0.5584	0.5083	0.4632	0.4224	0.3855

n\r	11%	12%	13%	14%	15%	16%	17%	18%	19%	20%
1	0.9009	0.8929	0.8850	0.8772	0.8696	0.8621	0.8547	0.8475	0.8403	0.8333
2	0.8116	0.7972	0.7831	0.7695	0.7561	0.7432	0.7305	0.7182	0.7062	0.6944
3	0.7312	0.7118	0.6931	0.6750	0.6575	0.6407	0.6244	0.6086	0.5934	0.5787
4	0.6587	0.6355	0.6133	0.5921	0.5718	0.5523	0.5337	0.5158	0.4987	0.4823
5	0.5935	0.5674	0.5428	0.5194	0.4972	0.4761	0.4561	0.4371	0.4190	0.4019
6	0.5346	0.5066	0.4803	0.4556	0.4323	0.4104	0.3898	0.3704	0.3521	0.3349
7	0.4817	0.4523	0.4251	0.3996	0.3759	0.3538	0.3332	0.3139	0.2959	0.2791
8	0.4339	0.4039	0.3762	0.3506	0.3269	0.3050	0.2848	0.2660	0.2487	0.2326
9	0.3909	0.3606	0.3329	0.3075	0.2843	0.2630	0.2434	0.2255	0.2090	0.1938
10	0.3522	0.3220	0.2946	0.2697	0.2472	0.2267	0.2080	0.1911	0.1756	0.1615

n\r	21%	22%	23%	24%	25%	26%	27%	28%	29%	30%
1	0.8264	0.8197	0.8130	0.8065	0.8000	0.7937	0.7874	0.7813	0.7752	0.7692
2	0.6830	0.6719	0.6610	0.6504	0.6400	0.6299	0.6200	0.6104	0.6009	0.5917
3	0.5645	0.5507	0.5374	0.5245	0.5120	0.4999	0.4882	0.4768	0.4658	0.4552
4	0.4665	0.4514	0.4369	0.4230	0.4096	0.3968	0.3844	0.3725	0.3611	0.3501
5	0.3855	0.3700	0.3552	0.3411	0.3277	0.3149	0.3027	0.2910	0.2799	0.2693
6	0.3186	0.3033	0.2888	0.2751	0.2621	0.2499	0.2383	0.2274	0.2170	0.2072
7	0.2633	0.2486	0.2348	0.2218	0.2097	0.1983	0.1877	0.1776	0.1682	0.1594
8	0.2176	0.2038	0.1909	0.1789	0.1678	0.1574	0.1478	0.1388	0.1304	0.1226
9	0.1799	0.1670	0.1552	0.1443	0.1342	0.1249	0.1164	0.1084	0.1011	0.0943
10	0.1486	0.1369	0.1262	0.1164	0.1074	0.0992	0.0916	0.0847	0.0784	0.0725

n\r	31%	32%	33%	34%	35%	36%	37%	38%	39%	40%
1	0.7634	0.7576	0.7519	0.7463	0.7407	0.7353	0.7299	0.7246	0.7194	0.7143
2	0.5827	0.5739	0.5653	0.5569	0.5487	0.5407	0.5328	0.5251	0.5176	0.5102
3	0.4448	0.4348	0.4251	0.4156	0.4064	0.3975	0.3889	0.3805	0.3724	0.3644
4	0.3396	0.3294	0.3196	0.3102	0.3011	0.2923	0.2839	0.2757	0.2679	0.2603
5	0.2592	0.2495	0.2403	0.2315	0.2230	0.2149	0.2072	0.1998	0.1927	0.1859
6	0.1979	0.1890	0.1807	0.1727	0.1652	0.1580	0.1512	0.1448	0.1386	0.1328
7	0.1510	0.1432	0.1358	0.1289	0.1224	0.1162	0.1104	0.1049	0.0997	0.0949
8	0.1153	0.1085	0.1021	0.0962	0.0906	0.0854	0.0806	0.0760	0.0718	0.0678
9	0.0880	0.0822	0.0768	0.0718	0.0671	0.0628	0.0588	0.0551	0.0516	0.0484
10	0.0672	0.0623	0.0577	0.0536	0.0497	0.0462	0.0429	0.0399	0.0371	0.0346

年金現価係数表

$$\frac{(1+r)^n - 1}{r(1+r)^n}$$

n\r	1%	2%	3%	4%	5%	6%	7%	8%	9%	10%
1	0.9901	0.9804	0.9709	0.9615	0.9524	0.9434	0.9346	0.9259	0.9174	0.9091
2	1.9704	1.9416	1.9135	1.8861	1.8594	1.8334	1.8080	1.7833	1.7591	1.7355
3	2.9410	2.8839	2.8286	2.7751	2.7232	2.6730	2.6243	2.5771	2.5313	2.4869
4	3.9020	3.8077	3.7171	3.6299	3.5460	3.4651	3.3872	3.3121	3.2397	3.1699
5	4.8534	4.7135	4.5797	4.4518	4.3295	4.2124	4.1002	3.9927	3.8897	3.7908
6	5.7955	5.6014	5.4172	5.2421	5.0757	4.9173	4.7665	4.6229	4.4859	4.3553
7	6.7282	6.4720	6.2303	6.0021	5.7864	5.5824	5.3893	5.2064	5.0330	4.8684
8	7.6517	7.3255	7.0197	6.7327	6.4632	6.2098	5.9713	5.7466	5.5348	5.3349
9	8.5660	8.1622	7.7861	7.4353	7.1078	6.8017	6.5152	6.2469	5.9952	5.7590
10	9.4713	8.9826	8.5302	8.1109	7.7217	7.3601	7.0236	6.7101	6.4177	6.1446

n\r	11%	12%	13%	14%	15%	16%	17%	18%	19%	20%
1	0.9009	0.8929	0.8850	0.8772	0.8696	0.8621	0.8547	0.8475	0.8403	0.8333
2	1.7125	1.6901	1.6681	1.6467	1.6257	1.6052	1.5852	1.5656	1.5465	1.5278
3	2.4437	2.4018	2.3612	2.3216	2.2832	2.2459	2.2096	2.1743	2.1399	2.1065
4	3.1024	3.0373	2.9745	2.9137	2.8550	2.7982	2.7432	2.6901	2.6386	2.5887
5	3.6959	3.6048	3.5172	3.4331	3.3522	3.2743	3.1993	3.1272	3.0576	2.9906
6	4.2305	4.1114	3.9975	3.8887	3.7845	3.6847	3.5892	3.4976	3.4098	3.3255
7	4.7122	4.5638	4.4226	4.2883	4.1604	4.0386	3.9224	3.8115	3.7057	3.6046
8	5.1461	4.9676	4.7988	4.6389	4.4873	4.3436	4.2072	4.0776	3.9544	3.8372
9	5.5370	5.3282	5.1317	4.9464	4.7716	4.6065	4.4506	4.3030	4.1633	4.0310
10	5.8892	5.6502	5.4262	5.2161	5.0188	4.8332	4.6586	4.4941	4.3389	4.1925

n\r	21%	22%	23%	24%	25%	26%	27%	28%	29%	30%
1	0.8264	0.8197	0.8130	0.8065	0.8000	0.7937	0.7874	0.7813	0.7752	0.7692
2	1.5095	1.4915	1.4740	1.4568	1.4400	1.4235	1.4074	1.3916	1.3761	1.3609
3	2.0739	2.0422	2.0114	1.9813	1.9520	1.9234	1.8956	1.8684	1.8420	1.8161
4	2.5404	2.4936	2.4483	2.4043	2.3616	2.3202	2.2800	2.2410	2.2031	2.1662
5	2.9260	2.8636	2.8035	2.7454	2.6893	2.6351	2.5827	2.5320	2.4830	2.4356
6	3.2446	3.1669	3.0923	3.0205	2.9514	2.8850	2.8210	2.7594	2.7000	2.6427
7	3.5079	3.4155	3.3270	3.2423	3.1611	3.0833	3.0087	2.9370	2.8682	2.8021
8	3.7256	3.6193	3.5179	3.4212	3.3289	3.2407	3.1564	3.0758	2.9986	2.9247
9	3.9054	3.7863	3.6731	3.5655	3.4631	3.3657	3.2728	3.1842	3.0997	3.0190
10	4.0541	3.9232	3.7993	3.6819	3.5705	3.4648	3.3644	3.2689	3.1781	3.0915

n\r	31%	32%	33%	34%	35%	36%	37%	38%	39%	40%
1	0.7634	0.7576	0.7519	0.7463	0.7407	0.7353	0.7299	0.7246	0.7194	0.7143
2	1.3461	1.3315	1.3172	1.3032	1.2894	1.2760	1.2627	1.2497	1.2370	1.2245
3	1.7909	1.7663	1.7423	1.7188	1.6959	1.6735	1.6516	1.6302	1.6093	1.5889
4	2.1305	2.0957	2.0618	2.0290	1.9969	1.9658	1.9355	1.9060	1.8772	1.8492
5	2.3897	2.3452	2.3021	2.2604	2.2200	2.1807	2.1427	2.1058	2.0699	2.0352
6	2.5875	2.5342	2.4828	2.4331	2.3852	2.3388	2.2939	2.2506	2.2086	2.1680
7	2.7386	2.6775	2.6187	2.5620	2.5075	2.4550	2.4043	2.3555	2.3083	2.2628
8	2.8539	2.7860	2.7208	2.6582	2.5982	2.5404	2.4849	2.4315	2.3801	2.3306
9	2.9419	2.8681	2.7976	2.7300	2.6653	2.6033	2.5437	2.4866	2.4317	2.3790
10	3.0091	2.9304	2.8553	2.7836	2.7150	2.6495	2.5867	2.5265	2.4689	2.4136

複利現価係数表／年金現価係数表 —473

索 引

【ア行】

アクティビティ・コスト	*145*
後入先出法	*30*
アメリカ管理会計史の概要	*172*
粗利益率	*295*
安全性分析	*280*
安全余裕率	*252, 253, 254*
意思決定会計	*177*
意思決定会計/業績管理会計/戦略管理	
会計マトリックス	*177*
異常減損	*72*
異常仕損	*70*
1日の公平な仕事	*111*
5つの競争要因モデル	*190*
一品生産	*428*
移動平均法	*30*
因果関係	*346*
インタレスト・カバレッジ・レシオ	*290*
インターラクティブ・コントロール・	
システム	*202*
売上高増減率	*292*
売上高利益率	*276*
運転資金	*307*
営業キャッシュフロー	*286*
営業キャッシュフロー当期純利益比率	*289*
営業利益営業キャッシュフロー	*289*
延期可能原価	*150, 367*
延期不能原価	*368*
オペレーショナル・コントロール	*208*
オペレーティング予算	*260*

【カ行】

会計情報基準	*142*

会計的利益率法	*407, 409*
回収期間法	*405, 407, 408*
改正非累加法	*80*
階梯式配賦法	*40*
回転期間	*279*
回転率	*279*
回避可能原価	*149, 367, 369*
回避不能原価	*367*
外部失敗原価	*338*
価格計算	*5*
価格差異	*106, 121*
過勤賃率差異	*125*
確実性等価アプローチ	*423*
学習と成長の視点	*216*
加工費工程別総合原価計算	*78, 84*
加工費法	*78, 84*
加重平均資本コスト率	*399, 402*
過剰在庫	*432*
上總康行教授	*167*
価値システム	*192*
価値消費性	*9*
価値連鎖	*192*
価値連鎖分析	*195*
活動基準管理	*357*
活動基準原価計算	*343*
活動基準予算	*357*
活動基準予算管理	*360*
活動コスト・ドライバー	*347*
活動性分析	*279*
活動ドライバー	*347*
稼働日数差異	*125*
貨幣の時間価値	*393*
環境管理会計手法	*445*
勘定科目法	*251*

索 引 —475

間接経費	35	基準操業度	49
間接費	19, 37	帰属原価	149
間接労務費	20	期待収益率	399
かんばん方式	433	機能戦略	187
管理会計		機能別	38
——の意義	139	機能別分類	17
——の基礎概念	143	期別・部門別原価改善	336
——の機能	140	基本時間	112
——の生成と発展に関する諸説	165	基本戦略	191
——の体系	175	キャッシュ・コンバージョン・サイクル	
——の倫理基準	154	（CCC）	308
——の歴史	163	キャッシュフロー	394, 396
——における原価概念	144	キャッシュフロー管理	301
——における原価の基礎概念	144	キャッシュフロー計算書	285
——における特殊原価概念（意思決定		キャッシュフロー比率	290
のための原価概念）	148	キャッシュフロー分析	285
——における利益概念	150	キャッシュ・マネジメント・システム	312
——における利益の基礎概念	150	キャパシティ・コスト	145
——を取り巻く企業の経営倫理問題	157	給付関連性	9
管理会計史研究の意義	163	競合分析	191
管理可能差異	130	業績管理会計	177
管理可能費	20, 144, 226	競争戦略	186
管理可能利益	151	競争優位性	187
管理不能性	144	業務的意思決定	7, 371, 392
管理不能費	20	業務予算	305
関連原価	148, 365	許容原価	326
関連原価分析	365	組間接費	87
関連収益	365	組製品	86
機会原価	11, 148, 367, 369, 370, 399	組直接費	87
機械作業時間基準	49	組別総合原価計算	86
機会損失	148	経営資本	275
機会利得	148	経営戦略	185
期間原価	14, 28	経営戦略5Ps	188
期間収益	15	経営の基本計画設定	7
期間調整利益額（率）	152	経営目的関連性	9
企業研究アプローチ	164	経営レバレッジ	255
企業研究方法のアプローチ	164	経済性計算	391
企業戦略	186	経済的発注量モデル	387, 388
企業倫理実践システム構築の必要性	159	経済的付加価値	231
企業倫理の現状	157	経済命数	404
技術指向の原価管理	318	継続記録法	29
技術歩留差異	122	継続的予算	259

形態別分類	17	工数稼働率	127
結合原価	97	工数総合効率	127
決済コスト	301	構造的コスト・ドライバー	199
決算書	273	工程	77
月次資金繰り表	303	工程管理	426
月末仕掛品	60	工程別計算	77
限界原価	148, 366, 369	工程別総合原価計算	77
原価維持	317, 435	行動計画	306
限界利益	150, 247, 267	コーペティションの戦略論	190
原価		顧客の視点	215
—— の基礎概念	3	コスト決定曲線	322
—— の諸概念	12	コストセンター	37
—— の定義	8	コストテーブル	329
—— の本質	8, 9	コスト・ドライバー分析	198
原価改善	317, 435	コスト発生曲線	322
原価改善活動	6	コスト・ビヘイビアー	192, 245
原価管理	6, 101, 426	コスト・プール	347
原価企画	133, 317, 325	コスト・プラス法	384
原価計算制度	101	コスト・リーダーシップ戦略	191
原価計算の目的	3	固定長期適合比率	283
原価計算方式	429	固定費	15, 18, 118, 144, 245
原価差異額	106	固定費比率	128
原価差異分析	106	固定比率	283
原価集計	16	固定予算	51, 115, 259, 264
原価収集	16	固定予算差異	264
原価責任部門	121	「異なる目的には異なる原価を」	174
原価センター	227	個別原価計算	46, 131
原価態様	245	個別生産方式	428
原価低減	317	個別法	30
原価比較法	405, 408	コミッテッド・キャパシティ・コスト	145
原価標準	101	ころがし計算	320
原価部門	37	コンティンジェンシー理論	196
研究開発費予算	263	コンプライアンスの現状	157
現金支出原価	149, 368	コンペティター会計	194
現在価値	393		
現実的標準原価	13, 103		
検証可能性	142		

【サ行】

原単位	11	在庫が増加する原因	430
減分原価	148, 366	在庫管理の目的	430
公益通報者保護制度	158	在庫関連の総原価	388
貢献利益	151	最小二乗法	251
		最適セールス・ミックス	381
控除法	326	差異分析	50

索 引 —477

財務会計と管理会計との相違	140	市場指向の原価管理	318
財務キャッシュフロー	286	市場制約	438
財務諸表	273	システムコスト	448
―― を作成するため	3	自製か購入か	371, 373
財務の視点	215	実効税率	395
財務予算	263	実際原価	12, 27
材料外部副費	29	実際原価計算	106
材料内部副費	29	実際原価計算制度	27
材料費	29	実際作業時間	32
差額原価	148, 366	実際作業量	32
差額原価収益分析	365	実際配賦	49
差額収益	365, 366	実践志向アプローチ	164
差額利益	151, 365, 366	自動化	434
先入先出法	30, 63	品切れコスト	387
作業屑	72, 96	支払代行	312
作業区分	77	四半期資金繰り表	303
作業能率	127	資本回収係数	406
サプライヤー	332	資本回転率	276
差別化戦略	191	資本資産評価モデル	401
残余利益	152, 227	資本増減率	293
シェアードサービス	235	資本の循環	273
時間当たりの利益	439	資本予算	305, 391
時間差異	125	資本利益率	275
事業戦略	186	ジャスト・イン・タイム	431, 433
事業部自体の業績測定	225	社内カンパニー制	225
事業部制組織	223	社内ビジネス・プロセスの視点	216
事業部長の業績測定	225, 288	収益性指数法	420
事業部の業績測定	228	収益性測定における ROI と RI との相違	152
事業ポートフォリオ・マトリックス	186	収益性分析	275
資金管理	301	収益センター	227
資金繰り	303	重回帰分析	291
資金計画表	305	集権化	223
資源コストドライバー	347	修正先入先出法	65
資源ドライバー	347	集中戦略	191
資源ベースの企業観	189	重量級プロダクト・マネジャー組織	331
試行錯誤法	417, 419	主産物	96
在庫が増えることの弊害	431	主製品	96
事後管理	435	受注生産	427
自己資本比率	283	純粋先入先出法	64
事前管理	435	純付加価値	295
支出原価	11	準変動費	19
市場価格	5	承認図部品のサプライヤー	332

消費量差異	106
少品種大量生産	428
正味運転資本	307
正味現在価値法	413, 415
将来価値	393
職能部門別組織	223
所要利益率	417
人件費率	297
診断的コントロール・システム	202
進捗度	60
真の変動費	439
シンプレックス法	380
遂行的コスト・ドライバー	199
数量差異	121
図解法	380, 383
スクラップ収入	110
スループット	439
──の最大化	439
スループット会計	438
生産管理	425
生産形態	426, 429
生産指示かんばん	434
生産性	293
正常価格	107
正常原価	13, 103
正常原価法	66
正常減損	72
正常仕損	70
正常性	10
製造間接費	47, 115
製造工程	77
製造歩留差異	121
製造部門	38
製造プロセス	446
製造予算	262
製造リードタイム	429
成長性分析	291
制度としての原価計算	8
正の製品	447
製品原価	14
製品・セグメントを廃止すべきか	372, 377
製品別原価改善	335

制約	437
制約理論	426
セールスミックス	380
積数	92
責任区分別	38
設計品質	337
設備投資効率	296
線形計画法	380
全社的品質管理	336
全部原価	15
全部原価計算	267, 271
全部原価法	384
戦略的業績測定システム	213
戦略管理会計	176, 185
──で用いられる技法	181
──の意義	180
──の概念	180
──の生成	178
──のプロセス	181
──の本質	201
戦略管理会計マトリックス	177
戦略的意思決定	7, 371, 391
戦略的コスト・マネジメント	195
戦略的ポジショニング分析	195
戦略の策定	187
戦略の実行	187
戦略マップ	217
総額法	368
総括配賦法	48
操業度	102
──との関連における分類	18
操業度関連の変数	347
操業度差異	50, 128
総合原価計算	59, 131
総合的利益管理活動	325
総合予算	259
相互配賦法	40
総資本	275
創発戦略	187
総平均法	30
損益分岐点	245, 248
損益分岐点比率	252

索 引 —479

【タ行】

貸与図部品のサプライヤー................332
滞留時間................308
タックスシールド................396, 400
たな卸資産法................29
田中隆雄教授................165
多品種少量生産................428
単一基準配賦法................40
単回帰分析................291
短期予算................259
短期利益計画................245
単純個別原価計算................46
単純総合原価計算................59
中間的生産方式................428
長期予算................259
直接経費................35, 47
直接原価計算................266, 267, 271
直接材料費................47
直接材料費差異................120
直接作業時間................20, 32
直接作業時間基準................49
直接作業者................20
直接時間研究................114
直接配賦法................39
直接法................305
直接労務費................20, 47
直接労務費差異................123
賃金支払高................33
賃金消費高................33
賃率構成差異................125
賃率差異................124
追跡可能性................225
通常の非累加法................80
作りすぎのムダ................432
積上げ法................326
ティアダウン................327
定期的予算................259
ディシジョン・ツリー................421
適合性の喪失................204
適合(性)品質................337
連結原価................97

伝統的管理会計................176
────の体系に関する学説................175
伝統的管理会計と戦略管理会計................176
等価係数................91
投下資本純利益率................440
投下資本利益率................227
投下資本利益率法................407
等価比率................92
等級製品................91
等級別総合原価計算................91
当座比率................281
投資キャッシュフロー................286
投資計画................391
投資センター................227
投資損益法................406, 409
投資利益率法................407
投入材料費................110
度外視法................68
特殊原価................366
特殊原価調査................8, 366
トヨタ生産方式................431
取引収益性分析................276

【ナ行】

内部告発と公益通報者保護制度の動向................158
内部失敗原価................338
内部通報者................158
内部利益率法................417, 418
成行原価................326
日次資金繰り表................303
ミニ・プロフィットセンター................234
ネッティング................312
年額原価法................406
年金現価係数................393
納期の管理................426
能率差異................128

【ハ行】

配送 / 廃棄物コスト................448
ハイタスク................113
配当割引モデル................401
配賦差異................44

「発生主義会計の歪み」を排除する理由········153
発注点在庫量········390
発注費········387
バランスト・スコアカード········212
半製品を加工すべきか········372, 374
販売費及び一般管理費········28
販売費及び一般管理費予算········262
販売予算········262
引取りかんばん········434
非原価項目········21, 131
非現金支出原価········149
非操業度関連········347
非通算方式········321
非度外視法········68
非付加価値活動········357
費目別予算········259
評価原価········338
標準価格········102
標準原価········13, 101
標準原価計算········6, 105
標準原価計算制度········27
標準時間········111
標準時間資料法········114
標準消費量········102
標準直接材料費········107, 111
標準賃率········114
非累加法········77
廣本敏郎教授········169
品質管理········426
品質管理会計········336
品質原価········338
品質適合コスト········338
品質不適合コスト········338
プーリング········312
付加価値········294
付加価値活動········357
付加原価········149, 367
複雑性のコスト········200
副産品········96
複式簿記機構の枠内········8
複数基準配賦法········40
負債営業キャッシュフロー比率········290

負債増減率········292
負債比率········283
物理的制約········437
物量センター········446
負の製品········447
部分原価········15
部分原価法········384
不偏性········142
部門共通費········38
部門個別費········38
部門別個別原価計算········46
部門別配賦法········48
部門予算········259
フリーキャッシュフロー········288, 398
不利差異········50
不良差異········121
プル・システム········433
プログラムド予算········260
分権化········223
平均法········60
ベータ（β）········401
変動原価計算········266
変動費········15, 18, 118, 144, 245
変動費率········118
変動予算········51, 115, 259, 264
変動予算差異········264
方針制約········437
ポーターの経営戦略論········189
保管費········387
補間法········417, 419
補修指図書········55
補助部門········38

【マ行】

埋没原価········148, 367, 369
前工程費········77
増分原価········148, 366
増分分析法········385
増分法········368
マテリアルコスト········448
マテリアルフロー········446
マテリアルフローコスト会計········445

マネジド・キャパシティ・コスト ··············· *145*
マネジメント・コントロール ··············· *207, 208*
マネジメント・コントロール・システム ··············· *207*
見込生産 ··············· *427*
無関連原価 ··············· *148, 367*
無視法 ··············· *66*
ムダの概念 ··············· *432*
目的適合性 ··············· *142*
目標原価計算 ··············· *318*

【ヤ行】

有利差異 ··············· *50*
予算管理 ··············· *6, 257*
予算差異 ··············· *50, 128*
予算スラック ··············· *260*
予算統制 ··············· *263*
予算の編成と統制 ··············· *7*
予実差異分析 ··············· *263*
予定価格 ··············· *107*
予定原価 ··············· *13, 27, 66, 103*
予定配賦 ··············· *43, 49*
予定配賦率 ··············· *43*
4つの視点 ··············· *214*
予防原価 ··············· *338*
余裕時間 ··············· *112*

【ラ行】

ライフサイクル・コスト ··············· *132*
ラグビー型の製品開発 ··············· *330*
利益センター ··············· *227*
利益増減率 ··············· *292*
理想標準原価 ··············· *13, 103*
流動性分析 ··············· *281*
流動比率 ··············· *281*
流動負債比率 ··············· *281*
量的表現可能性 ··············· *142*
理論志向(構築)アプローチ ··············· *164*
臨時注文品の引受け ··············· *376*
臨時注文品を引き受けるか否か ··············· *372*
累加法 ··············· *77*
歴史的原価 ··············· *320*
連産品 ··············· *96*

連続生産 ··············· *429*
連続配賦法 ··············· *40*
連立方程式法 ··············· *40*
労働生産性 ··············· *296*
労働装備率 ··············· *296*
労働分配率 ··············· *297*
ロータスク ··············· *113*
ローリング予算 ··············· *259*
ロット切替え ··············· *428*
ロット生産方式 ··············· *429*
ロット別原価計算 ··············· *429*

【ワ行】

ワークサンプリング法 ··············· *114*
割引回収期間法 ··············· *410, 411*
割引率 ··············· *393*
割増回収期間法 ··············· *410, 412*

ABB ··············· *357, 360*
ABM ··············· *357*
Anthony, R.N. ··············· *208*
ASOBAT ··············· *142*
BOM ··············· *20*
BSC ··············· *212*
CAPM ··············· *401*
CCC(キャッシュ・コンバージョン・
　　サイクル) ··············· *308*
CF ··············· *394*
CVP 図表 ··············· *246*
CVP 分析 ··············· *245, 252*
DCF 法 ··············· *398, 404*
DDM ··············· *401*
ECS2000の概要 ··············· *159*
EOQ model ··············· *387*
EVA ··············· *152, 231*
EVA と RI との相違 ··············· *153*
FCF ··············· *398*
IMA(NAA)による「管理会計人の
　　倫理的行動基準」(1983年) ··············· *154*
IMA による 「職業倫理基準」(2005年) ··············· *155*
JIT 生産方式が管理会計に及ぼす影響 ··············· *435*

Kaplan,R.S.	212	ROI	227, 228, 407
LP	380	ROIC	407
Malmi,T.and Brown,D.A.	210	SPMS	213
MVA	152	SWOT 分析	185
Norton,D.P.	212	TBABC	348
NPV	413	TOC	437
PI	420	TOC 活用による改善	438
ROP	390	TOC 評価指標	439
PTS 法	113	VE	328
RI	227, 228	VE 検討会	327
ROA	276	WACC	399, 400
ROE	276	Working Capital	307

[編著者略歴]

本橋　正美（もとはし　まさみ）

1985年明治大学大学院経営学研究科博士後期課程退学。明治大学経営学部助手、専任講師、助教授、1996年明治大学経営学部教授を経て、

明治大学専門職大学院会計専門職研究科教授。郵政省客員研究官、日本管理会計学会理事、明治大学経営学部会計学科長などを歴任。

現在、公認会計士試験試験委員。

『図解 会計情報システム』（共著、中央経済社）、『マーケティングの管理会計』（共著、中央経済社）、『スタンダードテキスト管理会計論』（共著、中央経済社）など著書多数。

林　　總（はやし　あつむ）

1974年中央大学商学部会計科卒業。プライスウォーターハウス会計事務所、監査法人和宏事務所を経て独立。国内外の企業約200社に対して原価計算システム・管理会計システムの設計導入、ERP システムの導入、ビジネスコンサルティングを行う。

明治大学専門職大学院会計専門職研究科特任教授、公認会計士、税理士。

『経営コンサルタントという仕事』（ぺりかん社）、『わかる！管理会計（ダイヤモンド社）』、『餃子屋と高級フレンチでは、どちらが儲かるか（ダイヤモンド社）』、『会計物語団達也が行く』（日経 BP 社）、『ドラッカーと会計の話をしよう』KADOKAWA）、『正しい家計管理』（WAVE 出版）など著書多数。

片岡　洋人（かたおか　ひろと）

2004年一橋大学大学院商学研究科博士後期課程退学。大分大学経済学部専任講師、助教授、准教授、明治大学専門職大学院会計専門職研究科准教授を経て、

2013年同研究科教授。マサチューセッツ工科大学客員研究員（2013年）。博士（商学・一橋大学）。

現在、日本原価計算研究学会理事、日本管理会計学会理事。

『製品原価計算論』（単著、森山書店、日本会計研究学会 太田・黒澤賞および日本原価計算研究学会学会賞）、『検定簿記講義／1 級工業簿記・原価計算（上）』（共著、中央経済社）、『原価計算セミナー』（共著、中央経済社）など著書多数。

要説 管理会計事典

2016年5月20日　発行

編著者	本橋　正美／林　　總／片岡　洋人 Ⓒ
発行者	小泉　定裕

| 発行所 | 株式会社 清文社 | 東京都千代田区内神田1-6-6（MIF ビル）
〒101-0047　電話03(6273)7946　FAX03(3518)0299
大阪市北区天神橋2丁目北2-6（大和南森町ビル）
〒530-0041　電話06(6135)4050　FAX06(6135)4059
URL http://www.skattsei.co.jp/ |

印刷：亜細亜印刷㈱

■著作権法により無断複写複製は禁止されています。落丁本・乱丁本はお取り替えします。
■本書の内容に関するお問い合わせは編集部までFAX（03-3518-8864）でお願いします。

ISBN978-4-433-66306-3